国家高端智库
NATIONAL HIGH-END THINK TANK

上海社会科学院重要学术成果丛书·专著

道契与地籍图册

近代上海城市空间形态研究 (1843-1943)

Title Deed and Cadastral Map

Research on the Urban Space Form of Modern Shanghai 1843 -1943

·上册·

牟振宇／著

上海人民出版社

本书出版受到上海社会科学院重要学术成果出版资助项目的资助

编审委员会

主　编　权　衡　王德忠

副主编　王玉梅　朱国宏　王　振　干春晖

委　员　（按姓氏笔画顺序）

　　　　　王　健　方松华　朱建江　刘　杰　刘　亮
　　　　　杜文俊　李宏利　李　骏　沈开艳　沈桂龙
　　　　　周冯琦　赵蓓文　姚建龙　晏可佳　徐清泉
　　　　　徐锦江　郭长刚　黄凯锋

总　序

当今世界，百年变局和世纪疫情交织叠加，新一轮科技革命和产业变革正以前所未有的速度、强度和深度重塑全球格局，更新人类的思想观念和知识系统。当下，我们正经历着中国历史上最为广泛而深刻的社会变革，也正在进行着人类历史上最为宏大而独特的实践创新。历史表明，社会大变革时代一定是哲学社会科学大发展的时代。

上海社会科学院作为首批国家高端智库建设试点单位，始终坚持以习近平新时代中国特色社会主义思想为指导，围绕服务国家和上海发展、服务构建中国特色哲学社会科学，顺应大势，守正创新，大力推进学科发展与智库建设深度融合。在庆祝中国共产党百年华诞之际，上海社科院实施重要学术成果出版资助计划，推出"上海社会科学院重要学术成果丛书"，旨在促进成果转化，提升研究质量，扩大学术影响，更好回馈社会、服务社会。

"上海社会科学院重要学术成果丛书"包括学术专著、译著、研究报告、论文集等多个系列，涉及哲学社会科学的经典学科、新兴学科和"冷门绝学"。著作中既有基础理论的深化探索，也有应用实践的系统探究；既有全球发展的战略研判，也有中国改革开放的经验总结，还有地方创新的深度解析。作者中有成果颇丰的学术带头人，也不乏崭露头角的后起之秀。寄望丛书能从一个侧面反映上海社科院的学术追求，体现中国特色、时代特征、上海特点，坚持人民性、科学性、实践性，致力于出思想、出成果、出人才。

学术无止境，创新不停息。上海社科院要成为哲学社会科学创新的重要基地、具有国内外重要影响力的高端智库，必须深入学习、深刻领会习近平总书记关于哲学社会科学的重要论述，树立正确的政治方向、价值取向和学术导向，聚焦重大问题，不断加强前瞻性、战略性、储备性研究，为全面建设社会主义现代化国家，为把上海建设成为具有世界影响力的社会主义现代化国际大都市，提供更高质量、更大力度的智力支持。建好"理论库"、当好"智囊团"任重道远，惟有持续努力，不懈奋斗。

上海社科院院长、国家高端智库首席专家

目　录

上　册

下　　册

序　言

美国著名学者斯皮罗·科斯托夫指出:"没有什么快速而便捷的办法能够帮助我们去理解和欣赏过去。在某个老城里漫步、画速写和思考可以使我们直接受益。当然这也是不可缺少的第一步。但是在我们还没有翻阅档案、历史书籍和旧地图之前,它是不会告诉我们实情的——只有当我们把所有这些依据,其中包括一些相互矛盾的资料放在一起的时候,我们才能对某个城市的中心区为什么呈现出现在的样子作出解释。"①

第一节　研究缘起

城市空间形态研究作为城市研究的重要内容,一直受到学术各领域的关注。在很长一段时间里,城市空间形态研究通常被视为探索城市发展规律的一个重要突破口。著名的城市学家凯文·林奇认为,城市作为一种空间现象,有三个理论分支致力于对它的研究。第一个分支,被称作"规划理论",又称"决策理论",研究怎样制定或应该怎样制定复杂的城市发展决策。第二个分支为"功能理论",更侧重于城市本身,试图解释为什么城市会有这种形态,以及这种形态是如何运转的。第三个分支,为一般理论,用于处理

---

① 〔美〕斯皮罗·科斯托夫:《城市的形成——历史进程中的城市模式和城市意义》,单皓译,中国建筑工业出版社 2005 年版,第 10 页。

人的价值观与居住形态之间的一般性关联，即看到一个城市时，如何认定它是一个好的城市。这三个理论是相辅相成不可分割的。学者更多的是从城市功能理论来探讨"城市是如何成为它现在这个样子的"以及"城市是如何运作的"，因为这是理解城市形态发生和变化的基础。但凯文指出，目前功能理论的实证研究存在一些共同的缺陷，首先这些理论所依据的价值标准是无法验证和不完整的；其次，它们大部分在性质上是静态的。凯文进一步指出，这些规划中没有一个是针对环境质量的，即没有处理城市形态中丰富的肌理和内涵。空间被用一种空洞的办法抽象了。①科斯托夫也指出："人们常常将城市形式看作是一个有限的、完成了的事物，一个复杂的对象。我想强调的是我们所确信的真实情况——即就算城市在产生之初其形态就已经非常完美，但它绝不会是已经完成的，也不会是静止的。"②

近年来，地理学家康臣（M. R. G. Conzen）关于城市形态和城市空间的观点颇受学界推崇。地理学家康臣认为"城市肌理"至少由三个相互关联的要素组成：首先是"城市平面"本身，指的就是街道体系（城市空间结构）；第二，是地块模式，即土地的分割（即土地划分和注册系统）；第三，是地块模式下的建筑及其空间布局（城市景观）。这里所指的平面是小康臣（M. P. Conzen）所称的"由受法律保护的土地所有权构成的土地划分和注册系统"。而"土地使用模式"（Land use pattern）表示的地面和空间的各种用途。③目前关于城市形态的研究大部分集中于第一个层面，这不仅是街道体系是城市空间结构的主体，更容易被理解和把握，而且街道体系的空间数据资料更容易获取。而第三个层面，建筑作为一个具体而实在的个体，特别是作为城市文化遗产的重要载体，对于其建设时间和建筑者也有详细的记载，建筑学界与历史学界均有一定数量的成果问世。只有地块层面的研究，常因缺乏系统而

① ［美］凯文·林奇：《城市形态》，林庆怡译，华夏出版社 2001 年版，第 26—28 页。
② ［美］科斯托夫：《城市的形成——历史进程中的城市模式和城市意义》，第 13 页。
③ 同上书，第 25—26 页。

连贯的数据资料而举步维艰。

如果把城市比作一个有机体，那么地块就是城市的细胞。任何城市的发展都是在土地划分过程中以地块分割、合并、土地产权转移、土地利用方式转变等形式来实现的。土地的空间形态不仅决定着城市形态的空间特征，而且对于城市功能分区，乃至城市的性质起着决定性影响和作用。而且土地划分系统存在延续性，"城市形态常常受制于乡村的土地分割系统"、"乡村已有的土地区划常常影响到以后城市的布局，并决定了城市发展的形态"。①以利兹为例，通过对比不同时期以课税为目的的测绘地图或极其详尽的城镇平面图可以发现，城市形成之前的地产权划分在很大程度上决定了以后城市的形态，"一般来说，小的产权地块及分散的所有权模式将会导致只能容纳 4—8 户住宅的小型城市街块；在这样的地区建筑位置自由，形成较为多变而奇异的设计。在较大的产权地块基础上，则有可能形成较大的城市街块和系统化的道路布局"。②

显然，要探讨城市形态的长时段时空演变规律，就必须把研究的空间尺度放大到地块层面。但研究难度随之增大，因为无论是地块的空间属性（边界、形状、面积等），还是社会属性（权属、功能等），其变化的频繁和复杂程度要远远超过如政区、街区、道路等城市空间其他要素。科斯托夫也指出："我们对土地从乡村状态到城市状态转化过程的研究几乎还没有起步。而无论哪一个时期，城市形成之前的土地划分模式多半是不规则城市形式最基本的决定因素。这一项研究之所以困难重重，是因为即使不是完全不可能，但的确很难通过实地考查或翻阅文字档案来重建城市最初的景观。"③目前学界关于地块层面的城市研究，很大程度上受制于所获取系统而连续的空间和时间数据的可能性，并非每个城市都会保存如此完整的长时段时空序列数据，而上海成为世界上为数不多的几个保留完整数据的城市之一。上海

① ［美］科斯托夫：《城市的形成——历史进程中的城市模式和城市意义》，第38—39 页。
②③　同上书，第57 页。

因保留了近百年的系统、完整的道契和地籍资料，在地块层面的城市形态研究领域，具有独一无二的优势。

地理学家致力于对城市面貌形成的空间过程的复原与研究，并将这项工作作为一切研究的基础。中国历史城市地理学的开拓者侯仁之先生，早在 20 世纪 50 年代初就撰文《中国沿革地理课程商榷》，提出从事历史城市地理研究，必须从地理学的角度出发去分析历史材料。他着重指出，只有"复原"各个不同历史时期的地理面貌，"使今日的地理情况还它原来面目"，[①]才能解决城市起源、城市性质及其演变发展等诸多问题。他进一步指出，尽管这种复原工作是一项艰巨的工作，但是"真正的历史地理的工作，正是从这里开始而不是在这里结束的"。正如辛德勇所评述的，侯仁之先生的理论核心是从现实地理状况出发的，即为说明现代城市面貌的形成过程而研究历史城市地理。[②]

上海作为近代开埠的一座重要城市，在城市化空间过程研究方面已取得丰硕成果，正如周振鹤先生所言，"从大的框架而言，上海现代化城市的形成已基本弄清。但在细部则还远远不够"[③]。这里所谓的细部，显然是缺乏地块尺度的细化研究。鉴于上海在土地资料方面的优势，笔者在认真学习西方城市理论并在总结前人研究成果的基础上，一直在思考是否有可能运用地理学的方法，复原宗地尺度的城市形态演变过程，进而探讨上海在城市化过程中土地是如何从圩田农业用地转变为城市用地的，土地划分系统在不同的时段发生了怎样的变化，地块的地理分布与空间形态又发生了怎样的变化，这些变化对于土地利用方式产生了怎样的影响，进而又是怎样引起城市功能区的演变和城市空间形态的变化的？这些问题显然比以前基于道

---

① 侯仁之：《"中国沿革地理"课程商榷》，转引自辛德勇：《历史的空间与空间的历史——中国历史地理与地理学史研究》，北京师范大学出版社 2005 年版，第 393 页。

② 辛德勇：《历史的空间与空间的历史——中国历史地理与地理学史研究》，第 395 页。

③ 周振鹤：《城外城——晚清上海繁华地域的变迁》，载《"都市繁华——1500 年来的东亚城市生活史"国际学术研讨会论文集》(下集)，第 368 页。未刊稿，复旦大学历史系资料室藏。

路或河浜层面的城市化空间过程研究向前推进了一大步。作为一项综合研究,复原工作仅是研究的初级阶段,更深层的是探讨地块形态演变背后的驱动因素,特别是要分析资本和金融是如何通过土地市场来影响土地形态的,在这一过程中,业主、房地产商和政府各自扮演怎样的角色,发挥怎样的作用? 这些问题的解决,显然需要更详尽而系统的文献和资料。本著作将以近代上海地籍和地籍数据资料为核心,并从地块的微观层面出发,带着放大镜去探究这些问题。

第二节 研 究 现 状

地籍是一个国家或地区为了税收需要而对其所管辖区内的土地进行记录登记的簿册和图集,内容一般包括土地的位置、面积、界址、权属、价值和用途等,有时还涉及土地上的建筑物。土地管理制度是一个国家管理制度的核心,而地籍又是土地管理制度的核心,正如 Volkan Çağdaş 和 Erik Stubkjær 所言,"土地所有权被记录或被管理一般通过地籍系统或者土地管理系统来实现,这取决于不同国家的法律体系,而地籍毫无疑问,是这两个系统的核心,因为它提供了每个地块的系统的和官方的描述"。① 由于地籍涉及自然、土地、经济、法律和社会等多个方面,故关于地籍的研究也必然是多学科的。

地籍制度源远流长,在不同历史时期呈现鲜明的时代特征和地域差异。根据地籍的内容和形式,西方地籍发展大致经过了三个时期:罗马帝国时期、封建帝国时期、近代资本主义时期。罗马帝国奠定了地籍制度的根基,不仅创造了为后世所沿用的土地登记信息、土地用途及其分类与估价方法,

---

① Volkan Çağdaş and Erik Stubkjær, "Doctoral Research on Cadastral Development," *Land Use Policy*, Volume 26, Issue 4, 2012, pp.869—889.

而且形成了地籍图与地籍册并存的地籍制度。但这种图册并存的地籍传统随着罗马帝国的衰亡,在漫长的封建帝国时期一度被抛弃,只要文字和数字,就可以完成征税任务。自然,当权者不会考虑既耗时又费钱的地图编制工作。直到19世纪西方国家相继建立资本主义社会,图册并存的地籍制度作为实现公平税收的重要手段,尤其是精度比文字更胜一筹的地籍图,又重新登上历史舞台并发挥其日益显著的影响与作用。英国在19世纪废除了什一税,已使用地籍图,并且自1798年开始实施地籍测绘。而法国自1789年大革命之后,民主政府在拿破仑懿旨下于1808年制订了地籍测绘计划,稍后于1811年编制了法律文件《方法辑要》,对所有地产采取逐一测绘的办法,到1850年左右基本上完成了全国地籍测绘工作。在法国拿破仑铁骑的推动下,欧洲各国先后推行了法国的地籍测绘制度,奠定了今天西方地籍的基础。①

一、西方地籍研究现状

鉴于地籍在国家税收、国家经济和社会方面的重要价值,西方学界对于地籍的研究颇为关注,既有对世界各地特别是欧美地区地籍的历史进行系统研究的综合性专著,也有对单个地区或某个时段地籍制度演变的个案研究。其中,1992年由Roger J. P. Kain和Elizabeth Baigent所著《致力于国家服务的地籍图:地产地图的历史》分别对荷兰的北部和南部地区、北欧地区(瑞典、丹麦、冰岛、挪威等)、德国、奥地利哈德斯堡地区(米兰、特雷西亚、奥地利等)、法国、英国和威尔士以及欧洲法属、英属的殖民地、租界地区等国家和地区的地籍起源、发展演变的历史,以及与地籍相关的测绘技术、社会基础和经济因素等方面进行了细致入微的研究,这是目前所见第一部基于世界视角对地籍进行长时段系统考察的综合性论著,是地籍研究的集大

---

① Roger J. P. Kain and Elizabet Baigent, *The Cadastral Map in the Service of the State: a History of Property Mapping*, Chicago & London: University of Chicago Press, 1992.

成者。Roger J. P. Kain 是英国埃克塞特大学(University of Exeter)地理学教授。他对英格兰和威尔士的什一税地图,以及法国许多地区的地籍图做过深入研究,在地籍图的研究与利用方面有着颇为丰富的经验。除了本著作外,他还出版了关于 19 世纪英格兰和威尔士的什一税的地图研究的专著①以及相关论文②等,在西方学界产生巨大的影响。

近年来随着大量地籍资料的相继公开,西方对于地籍的研究不断升温。比如,法国历史学界对欧洲地中海地区的大规模的地籍研究和调查持续了几年时间,其成果表现为三部著作,分别从中世纪、近代和当代三个时期展开论述。Gérard Chouquer 系统考察了自古代到近代以来的测绘、地籍和财产税。③André Maurin 对法国地籍的历史演变与革新进行了细致入微的研究。④其他如 Ivan Cadenne 对 1730 年萨瓦地区,⑤André Piganiol 对法国奥朗日(Orange)地籍图的专门研究,⑥以及 Ruth Kark 全面概述了马穆鲁克和奥斯曼帝国地籍调查,以及从中世纪到 20 世纪初它们在巴勒斯坦的应用。⑦E. Baigent 对瑞典 1628—1700 年的地籍图的发展演变及其利用价值的剖析,⑧Egypt.

---

① Roger J. P. Kain, Roger Kain, Rodney E. J. Fry, Harriet M. E. Holt, *An Atlas and Index of the Tithe Files of Mid-Nineteenth Century England and Wales*, Cambridge: Cambridge University Press, 1986.

② Roger J. P. Kain, "Tithe Surveys and Land Ownership," *Journal of Historical Geography*, Volume 1, Issue, 1975, pp.39—48; Richard R. Oliver and Roger J.P. Kain, "Maps and the Assessment of Parish Rates in Nineteenth-Century England and Wales," *Imago Mundi*, Volume 50, 1998, pp.156—173.

③ Gérard Chouquer, "Arpentage, Cadastre et Fiscalité Foncière, de l'Antiquité à l'Epoque Moderne," *Etudes rurales*, Volume 181, Issue 1, 2012, pp.203—236.

④ André Maurin, *Le Cadastre en France: Histoire et Rénovation*, Centre National de la recherche scientifique, 1992.

⑤ Ivan Cadenne, *Le Cadastre Sarde de 1730 en Savoie*, Musée savoisien, 1981.

⑥ André Piganiol, *Les Documents Cadastraux de la Colonie Romaine d'Orange*, Paris: Centre National de la Recherche Scientifique, 1962.

⑦ Ruth Kark, "Mamlūk and Ottoman, Cadastral Surveys and Early Mapping of Landed Properties in Palestine," *Agricultural History*, Volume 71, Issue 1, 1997, pp.46—70.

⑧ E. Baigent, "Swedish Cadastral Mapping 1628—1700: A Neglected Legacy," *The Geographical Journal*, Volume 156, Issue 1, 1990, pp.62—69.

Maṣlaḥat al-Misāḥah和 H. G. Lyons 对 1908 年出版的《1892—1907 年埃及地籍测绘》的整理与再版①等,是对某一国家、地区或城市的地籍深入研究的经典之作。产权作为地籍最核心的内容,受到学者的重视,比如 William Wyckoff 探讨了 1797—1820 年荷兰地产公司在纽约州土地再分或细分过程中发挥的重要作用;②Jean-Philippe Dumas 对 19 世纪的巴黎基于地籍图和宗地地图的土地产权的描述与阐释。③

地籍资料具有文字描述无法比拟的精度和信度,显然,在复原历史景观、土地利用和土地空间形态等方面具有不可估量的史学价值。早在 1929 年,法国历史学家马克·布洛克(Marc Bloch)指出,"地块地图跟其他所有的资料一样,单调而苍白,只有历史智慧的魔棒才会赋予它们灵魂",④并有意识地将地籍图作为重建欧洲乡村历史的重要资料。之后,受布洛克研究的启发,1933 年 R. Jouanne 历时五年撰写了《奥恩地籍图的起源》。该作者利用在奥恩(Orne)档案馆所发现的旧的地籍图资料,重建了奥恩地籍起源与发展的历史。⑤1968 年 Paul Maureille 以法国科雷兹的讷维克地区为例,探讨了地籍、地名与农业史之间的内在联系。⑥G. Timár 研究了布达佩斯的地籍图,并指出,"历史地籍图是理解城市水文和城市地质变化的一把钥匙"。⑦

---

① Egypt. Maṣlaḥat al-Misāḥah and H. G. Lyons, *The Cadastral Survey of Egypt 1892—1907*. Cairo: National Print. Dept., 1908.

② William Wyckoff, "Land Subdivision on the Holland Purchase in Western New York State, 1797—1820", *Journal of Historical Geography*, Volume 12, Issue 2, 1986, pp.142—161.

③ Jean-Philippe Dumas, "Représentation et Description des Propriétés à Paris au XIXe siècle. Cadastre et Plan Parcellaire," *Mélanges de l'Ecole Française de Rome. Italie et Méditerranée*, Volume 111, Issue 2, 1999, pp.779—793.

④ Svend Aakjar, Marc Bloch et al, "Les Plans Parcellaires: Allemagne, Angleterre, Danemark, France," *Annales d'Histoire Economique et Sociale 1*, n°1(1929):61.

⑤ R. Jouanne, *Les Origins du Cadastre Ornais—Etude Suivie du Repeioire Critique des Plans des Archives Departmentales depuis l'an XI*, Alencon, 1933.

⑥ Paul Maureille, "Histoire Agricole, Toponymie et Cadastre: l'Exemple de la Commune de Neuvic en Corrèze," *Études rurales*, Issue 32, 1968, pp.72—93.

⑦ G. Timár, "Historical Cadastral Maps of Budapest: a Key to Understand the Urban Hidrology and Geology of the City," *Geophysical Research Abstracts*, Volume 11, 2009.

Élisabeth Carpentier 利用 1292 年的地籍图复原并剖析了 13 世纪末意大利奥尔维耶托(Orvieto)的城市和农村的空间分布和空间特征。[1]

　　而真正意义上对历史时期地籍进行系统发掘与利用始于 20 世纪 90 年代。西方在推进 HGIS(历史地理信息系统)研究的热潮中,以精度较高的地籍资料为材料进行 HGIS 研究的成果相继问世,比如 Peter Ekamper 根据地籍数据、人口调查资料运用 GIS 方法对 19 世纪中叶荷兰的吕伐登(Leeuwaren)城的社会变迁做了分析[2];Jan Hendrych 等根据地籍图对捷克共和国克热姆泽盆地的景观进行了复原;[3]リオッタサルバトール・ジョン(Salvator-John A. Liotta)和宫协胜利用地籍图和照片资料,复原并探讨了东京浅草"电影城"是如何形成的,以及不同时期建筑样式、土地利用、土地所有权和城市景观的历史变迁;[4]K. Gruel 等人利用拿破仑地籍图、大比例地形图和 google 地图剖析了法国阿洛讷(Allonnes)城西部边界的历史变迁;[5]Dominique Baud 利用地籍档案资料分析了 18 世纪初到 19 世纪末萨瓦地区的景观变迁;[6]Bernard Gauthiez 利用一张地籍图分析了 1824—1832 年法国里昂的城市结构和形态特征,[7]等等。

---

[1] Élisabeth Carpentier, *Orvieto à la Fin du XIIIe Siècle: Ville et Campagne dans le Cadastre de 1292*, Paris: Éditions du Centre national de la recherche scientifique, 1986.

[2] Peter Ekamper, "Using Cadastral Maps in Historical Demographic Research: Some Examples from the Netherlands," *The History of the Family*, Volume 15, Issue 1, 2010, pp.1—12.

[3] Jan Hendrch, Vojtvěch Storm, Nic Pacini, "The Value of an 1827 Cadastre Map in the Rehabilitation of Ecosystem Services in the Křemže Basin, Czech Republic," *Landscape Research*, 2013, Vol. 38, No.6, pp.750—767.

[4] リオッタサルバトール・ジョン,宫協勝.東京・浅草における『映画街』の形成プロセスに関する研究.日本建築学会計画系論文集,2009,74(637)。

[5] K. Gruel, M. Dabas, V. Crad, et al., "Contribution of Large Scale Geophysical Survey to Analysis of the Evolution of the Western Boundary of the City of Allonnes(Sarthes, France): Integration of Google images, the Napoleonic Cadastre and Large Magnetic Surveys," *Archéo Sciences*, Volume 1, Issue 33, 2009, pp.179—181.

[6] Dominique Baud, "Dynamiques Paysagères d'un Finage Savoyard: l'Apport des Archives Cadastrales(début XVIIIe-fin XIXe s.)," *Géocarrefour*, Volume 85, 2010, pp.81—93.

[7] Bernard Gauthiez, "Lyon en 1824—32: un Plan de la Ville sous Forme Vecteur d'après le Cadastre Ancien," *Géocarrefour*, Volume 83, Issue 1, 2012, pp.57—67.

  还有相当一部分研究是关于地籍图发掘和利用在技术或方法论层面的讨论，F. Ghozzi、G. Davtian 和 P. Thomassin 指出运用 GIS 进行地籍研究具有很大的优势。[①]Thierry Hatt 利用 1765 年布朗戴尔(Blondel)地籍图尝试建立法国斯塔拉斯堡历史地理信息系统；[②]Kiril Fradkin 和 Yerach Doytsher 试图建立基于宗地边界重构的城市数字地籍系统；[③]Oliver Faron 讨论了 19 世纪上半叶米兰地籍信息开发的优势和局限性，[④]等等。这些研究基本上是利用 GIS 或其他计算机技术对历史地籍图进行系统的开发与利用。纯方法论的讨论多出自计算机或信息技术科学，早在 1978 年 Bernard Saint-Pierre 和 Jocelyn Pelletier 以 15 世纪地籍和契约档案为中心，分析了历史档案的开发与利用技术从缩微胶卷向计算机转变的重要性。[⑤]而 Gary J. Hunter 和 Ian P. Williamson 讨论了历史数字地籍数据库的发展历程。[⑥]Iestyn Polley 阐述了利用互联网技术可更好地利用和开发地籍数据。[⑦]Sudarshan Karki 等人讨论了以宗地物理变化和产权变化为基础实现 3D 的地

---

① F. Ghozzi, G. Davtian, P. Thomassin, "Apport d'un SIG à l'Etude d'un Cadastre dit Napoléonien," *Géomatique Expert*, Issue 38, 2004, pp.33—38.

② Thierry Hatt, "Pour un Système d'Information Géographique Historique de Strasbourg, XVI°—XXI° Siècle, le Cadastre du Plan Blondel de 1765," *Cahiers Alsaciens d'Archeologie, d'Art et d'Histoire*, Issue 50, 2007, pp.149—164.

③ Kiril Fradkin, Yerach Doytsher, "Establishing an Urban Digital Cadastre: Analytical Reconstruction of Parcel Boundaries," *Computers, Environment and Urban Systems*, Volume 26, Issue 5, 2002, pp.447—463.

④ Oliver Faron, "Intérêt et Limites de l'Exploitation par l'Informatique du Cadastre de Milan pour la Première Moitié du XIXe Siècle," fait partie de "Les Cadastres Anciens des Villes et Leur Traitement par l'Informatique. Actes de la Table Ronde de Saint-Cloud(31 Janvier-2 Février 1998)," Collection de l'École Française de Rome 120, pp.465—488.

⑤ Bernard Saint-Pierre and Jocelyn Pelletier, "From Microfilm to Computer: 15th Century Cadastral and Notarial Archives," *Computers and the Humanities*, Volume 12, Issue 1/2, 1978, pp.165—175.

⑥ Gary J. Hunter and Ian P. Williamson, "The development of a Historical Digital Cadastral Database," *International Journal of Geographical Information Science*, Volume 4, Issue 2, 1990, pp.169—179.

⑦ Iestyn Polley, *Facilitating the Use of Cadastral Data through the World Wide Web*, M A thesis., Department of Geomatics, The University of Melbourne, 1998.

籍系统的必要性和可行性。[①]

二、鱼鳞图册研究现状

中国的地籍历史久远,而起源于宋元盛行于明清的鱼鳞图册,更接近西方近代的地籍图册。鱼鳞图册是南宋以来官府为了征收赋税,清丈田亩后攒造的一种土地登记册簿。南宋的鱼鳞图册原件所剩不多,现存所见的鱼鳞图册原件以徽州府居多,最集中为休宁县档案馆所藏的清代鱼鳞图册约1153 册,最早是元末朱元璋经理鱼鳞册,以及其他地区如安徽、江苏、浙江、北方的陕西、山西等清至民国的鱼鳞图册。[②]鱼鳞图册蕴含了颇为丰富历史信息。以鱼鳞图为例,据栾成显研究,包括鱼鳞总图和鱼鳞分图。鱼鳞总图是以字号为单位,标绘某一鱼鳞字号内所属各号田土位置,状似鱼鳞,而鱼鳞分图,按字号排列,详载每号田土所属各项内容,如字号、都保、业主姓名、土名、田土类型、四至、面积等内容。[③]这些丰富的历史数据与历史信息,是研究明清社会土地制度、地籍测绘与社会经济史弥足珍贵的一手资料。

关于鱼鳞图册的研究以中日学者为主。著名的中国经济史专家梁方仲开风气之先,早在 20 世纪 30 年代,对鱼鳞图册之名称由来、鱼鳞图册之来源、主要内容,特别是明代攒造鱼鳞图册之经过,做了初步但颇为细致的考释,[④]对鱼鳞图册研究起奠基之功。1934 年,日本学者清水泰次最先注意到鱼鳞图册对于中国江南土地制度研究的重要价值,他认真收集鱼鳞图册有关文献记载,并以东京大学东洋文化研究所藏鱼鳞图册为个案,探讨了鱼鳞

---

① Sudarshan Karki, Kevin McDougall and Rod Thompson, "An Overview of 3D Cadastre from a Physical Land Parcel and a Legal Property Object Perspective," 11—16 April 2010, Sydney, "Facing the Challenges—Building the Capacity" XXIV FIG International Congress, pp.1—13.

② 汪庆元:《20 世纪以来鱼鳞图册研究述评》,《古今农业》,2014 年第 2 期。

③ 栾成显:《洪武鱼鳞图册考实》,《中国史研究》,2004 年第 4 期。

④ 梁方仲:《明代鱼鳞图册考》,《地政月刊》,1933 年第 1 卷第 8 期。

图册的性质、由来、作用等，推动了鱼鳞图册研究。①1935—1936 年，仁井田陞相继发表了《中国土地帐籍鱼鳞图册的研究动向》和《中国土地帐籍鱼鳞图册史的研究》，对以往鱼鳞图册研究进行总结，并对鱼鳞图册的研究动向和史学价值进行了评述。②之后在三十年的时间里，中日学者涉足此研究者寥寥。直到 60 年代，韦庆远在 1961 年出版的《明代黄册制度》一书，再次关注鱼鳞图册制度及其实施情况，并对鱼鳞图册与黄册之间的关系做了详细的论证。③这一时期日本也涌现了一批鱼鳞图册的研究成果，比如 1963 年村松枯次发表《关于国立国会图书馆收藏的鱼鳞册》，对日本国立国会图书馆收藏的各种鱼鳞图册作了梳理与论述，并探讨了鱼鳞图册的性质、作用和利用价值等。④鹤见尚弘则是"日本学术界有关鱼鳞图册研究最有成就的一位学者"，⑤在其出版的《中国明清社会经济研究》汇集了他关于鱼鳞图册研究的重要成果：《国立国会图书馆所藏一种康熙十五年丈量的一本长洲县鱼鳞册》《清初苏州府鱼鳞册考察》《关于南京图书馆所藏康熙十五年丈量的长洲县鱼鳞册一种》等。⑥他的研究主要集中于对日本国立国会图书馆所藏康熙十五年苏州府长洲县的鱼鳞图册的系统考察与分析，对于鱼鳞图册以及其包含的田土统计数据进行了缜密的考证，"根据地图、地方志、族谱等文献资料，对鱼鳞册记载的地点与所处地理位置、编成年代、制作经过、鱼鳞册上记载的人物的真实性等各方面进行了详实的考证"。⑦何炳棣在其《中国古今土地数字的考释和评价》一书中，探讨了鱼鳞图册的起源、性质和明代全国推行情况，特别分析了两浙婺州的实施过程及其意义，在鱼鳞图册研究领域达到了很高的水平。⑧赵

---

①②④ 栾成显：《日本所藏鱼鳞图册及其研究》，《中国史研究动态》，1989 年第 2 期。

③ 韦庆远：《明代黄册制度》，中华书局 1961 年版。

⑤ 梁敬明：《鱼鳞图册研究综述——兼评兰溪鱼鳞图册的重要价值》，《中国经济史研究》，2004 年第 1 期。

⑥ 鹤见尚弘：《中国明清社会经济研究》，姜镇庆等译，学苑出版社 1989 年版，第 78—234 页。

⑦ 栾成显：《鹤见尚弘〈中国明清社会经济研究〉介评》，《中国史研究动态》，1990 年第 7 期。

⑧ 何炳棣：《中国古今土地数字的考释和评价》，中国社会科学出版社 1988 年版；何炳棣：《中国历代土地数字考实》，中华书局 2017 年版。

冈在其专著《鱼鳞图册研究》，系统地介绍了鱼鳞图册的沿革及实施地区、丈量方法、材料可信度、实亩与税亩的关系等问题。①

　　20 世纪 80 年代以来，中国学者对于鱼鳞图册的研究逐步深入。②鉴于南宋鱼鳞图册实物无存，刘敏③、周积明④、王曾瑜⑤、何炳棣⑥等学者根据文献记载对鱼鳞图册编制的时间、性质等问题深入展开了探讨。而明清以来，鱼鳞图册的原件遗存以安徽、江苏和浙江等南方地区为多，北方山西、陕西黄河滩地鱼鳞册、台湾东部鱼鳞图册原件等鱼鳞图册实物，开始受到学界的普遍关注，并展开了大量的专题研究，硕果颇丰，且主要集中地籍制度方面。栾成显根据中国社会科学院历史研究所所藏徽州鱼鳞图册原件进行研究，相继发表了《龙凤时期朱元璋经理鱼鳞册考析》《弘治九年抄录鱼鳞归户号簿考》《徽州府祁门县龙凤经理鱼鳞册考析》《洪武鱼鳞图册考实》等学术价值含量颇高的学术论文，在对明初鱼鳞图册缜密的考证的基础上，对于鱼鳞册所载土地和人口等资料进行统计分析，拓展了明代土地制度的研究。⑦汪庆元首次对康熙年间出现的登记地权变动的徽州鱼鳞图册进行考察，又考察了清代顺治土地清丈在徽州的推行，指出清代鱼鳞图册所载土地数字为

①　赵冈：《鱼鳞图册研究》，黄山书社 2010 年版。
②　栾成显：《鹤见尚弘关于清代鱼鳞图册的研究》，《中国史研究动态》，1983 年第 3 期；王剑英：《黄册和鱼鳞图册》，《文史知识》，1984 年第 3 期；栾成显：《龙凤时期朱元璋经理鱼鳞册考析》，《中国史研究》，1988 年第 4 期；章有义：《康熙初年江苏长洲三册鱼鳞簿所见》，《中国经济史研究》，1988 年第 4 期；栾成显：《日本所藏鱼鳞图册及其研究》，《中国史研究动态》，1989 年第 2 期；冯丽蓉：《明清无锡〈鱼鳞图册〉简介》，《史林》，1994 年第 4 期；曹余溮：《明代"赋役黄册""鱼鳞图册"考略》，《档案与建设》，1999 年第 3 期。
③　刘敏：《明代"鱼鳞图册"考源》，《学习与思考》，1982 年第 1 期。
④　周积明：《"鱼鳞图册"始于何时》，《江汉论坛》，1982 年第 10 期。
⑤　王曾瑜：《宋朝的鱼鳞簿和鱼鳞图》，《中国历史大辞典通讯》，1983 年第 1 期。
⑥　何炳棣：《南宋至今土地数字的考释和评价（上）》，《中国社会科学》，1985 年第 2 期；何炳棣：《中国古今土地数字的考释和评价》，中国社会科学出版社 1988 年版，第 11—38 页。
⑦　栾成显：《龙凤时期朱元璋经理鱼鳞册考析》，《中国史研究》，1988 年第 4 期；《弘治九年抄录鱼鳞归户号簿考》，《明史研究》，1991 年第 1 期；《徽州府祁门县龙凤经理鱼鳞册考》，《中国史研究》，1994 年第 2 期；《洪武鱼鳞图册考实》，《中国史研究》，2004 年第 4 期；《徽州鱼鳞图册文书的遗存及其研究价值》，《黄山学院学报》，2005 年第 1 期；《明清徽州土地金业》，《中国史研究》，2010 年第 4 期。

实际丈量所得,并非赋税原额。他通过考察清代徽州的"均图"鱼鳞册,指出明清基层社会的"图"反映了里甲的土地分布,而业户的土地占有与里甲的人户编制并不重合。①栾成显、汪庆元将鱼鳞图册的研究推进到一个很高的水平。其他学者,如章有义对徽州休宁县的明万历、清康熙的江苏长洲三册鱼鳞册进行了系统梳理,并对鱼鳞册中的土地数据进行了统计和分析,得出这一带地权较为分散的结论。②赵冈、梁敬明对浙江兰溪清同治年间的四册鱼鳞图册样本进行统计,指出"从基尼系数上看,江南各省的地权分配几乎都差不多"。③胡英泽对陕西省朝邑县营田庄黄河滩地鱼鳞册,分析了关中东部地权分散的特点。④此外,赵思渊通过对徽州歙县二十六都鱼鳞图册考证,对明末清初所编鱼鳞图册的土地清丈进行评述,并讨论了清代乡村土地市场及其运作原则。⑤这些研究加深了人们对明清土地制度的理解和认识。

关于民国时期地籍图册的整理与研究。早在 1932 年,萧铮创办了"中国地政学会",同年,创办"地政学院",招收大学毕业生,在第一年完成学科训练后,分派往各地调查三个月,返院后需提交实习报告,并在各教授的指导下以实习所获得的资料做研究论文,1932—1940 年先后有 168 个学员完成论文。1977 年这批论文及其收集的珍贵土地资料,集结成 200 册约 6000万字的巨著,即《民国二十年代中国大陆土地问题资料》⑥,成为研究民国时期地籍测绘与土地问题最宝贵的史料文献。之后 1948 年,诸葛平对民国的

---

① 汪庆元:《清代徽州鱼鳞图册研究》,《历史研究》,2006 年第 4 期;《清代顺治朝土地清丈在徽州的推行》,《中国史研究》,2007 年第 3 期;《清代徽州的"均图"鱼鳞册研究》,《清史研究》,2009年第 2 期;《从鱼鳞图册看徽商故里的土地占有——以县〈顺治十年丈量鱼鳞清册〉为中心》,《江淮论坛》2010 年第 3 期;《20 世纪以来鱼鳞图册研究述评》,《古今农业》,2014 年第 2 期;《明清鱼鳞总图汇考——以徽州鱼鳞图册为中心》,《历史研究》,2015 年第 6 期,等。

② 章有义:《明清徽州土地关系研究》,中国社会科学出版社 1984 年版,第 8 页;章有义:《康熙初年江苏长洲三册鱼鳞簿所见》,《中国经济史研究》,1988 年第 4 期。

③ 赵冈、梁敬明:《清末兰溪的地权分配》,《浙江学刊》2008 年第 1 期;赵冈:《地权分配之太湖模式再检讨》,《中国农史》2003 年第 1 期。

④ 胡英泽:《清代山·陕黄河滩地鱼鳞册研究》,《中国经济史研究》,2010 年第 4 期。

⑤ 赵思渊:《清前期徽州乡村社会秩序中的土地登记》,《历史研究》,2021 年第 3 期。

⑥ 萧铮主编:《民国二十年代中国大陆土地问题资料》,成文出版社有限公司 1977 年版。

地籍整理做了系统的总结和归纳，①不少观点对于当下的研究仍具有重要的借鉴意义。近年来，不少学者基于以上两种资料并结合其他文献对民国时期的土地问题和地籍测绘做进一步的探讨。比如，程郁华对江苏省的土地整理问题进行了实证性的分析研究，并对国民政府土地陈报进行了评述；②刘一民以四川为中心，对抗战时期四川地籍整理进行了系统梳理与复原。③邵风雷对 1932—1937 年河南土地整理问题进行了系统的考察与论证。④江伟涛对南京国民政府时期的地籍测量进行了总体阐述，特别对各项调查资料中的土地数字进行了评价。⑤

从历史地理角度出发，根据鱼鳞图册的内容，复原当时的乡村景观或环境变迁，成为近年来中国学界的热点。比如刘炳涛利用陕西省大荔县档案馆所藏清乾隆、道光年间的黄河滩地鱼鳞册资料，研究黄河小北干流西岸地区的环境变迁。⑥侯杨方和车群对青浦县两个村保留的两幅 1∶1000 地籍图进行了地理空间定位，并通过 Mapinfo 软件计算每个地块的面积，并与地籍图上相应地块所标注的面积进行比对，发现误差很小。⑦江伟涛利用 1948 年句容县城地籍测绘所编绘的 34 幅比例尺为 1∶500 的地籍图，运用 GIS 的方法复原并分析句容县的土地利用类型，剖析了城市内部的空间结构。⑧由于地籍图册和鱼鳞图册具有其他历史数据无法比拟的精度，其内容将更

① 诸葛平：《地籍整理》，行政院新闻局 1948 年印行。
② 程郁华：《江苏省土地问题整理研究：1928—1936》，华东师范大学历史学博士学位论文，2008 年。
③ 刘一民：《国民政府地籍整理：以抗战时期四川为中心的研究》，上海三联书店 2011 年版。
④ 邵风雷：《1932—1937 年河南省土地整理研究》，辽宁师范大学历史学博士学位论文，2011 年。
⑤ 江伟涛：《南京国民政府时期的地籍测量及评估——兼论民国各项调查资料中的"土地数字"》，《中国历史地理论丛》，2013 年 4 月。
⑥ 刘炳涛：《环境变迁与村民应对：基于明清黄河小北干流西岸地区》，《中国农史》，2008 年第 4 期。
⑦ 侯杨方、车群：《民国江苏省青浦县两个村镇地籍图及其土地利用》，2008 年 12 月 7 日在复旦大学历史地理研究中心召开的"江南生态环境史研讨会"会议论文。
⑧ 江伟涛：《土地利用视角下的句容县城形态——以民国地籍图资料为中心的考察》，《中国历史地理论丛》，2014 年第 2 辑；江伟涛：《近代江南城镇化水平新探——史料、方法与视角》，社会科学文献出版社 2017 年版。

加丰富而具体，研究问题更加深入而系统。这些研究是基于宗地的大比例空间尺度的研究，对于推动历史地理学的学科发展具有重要的意义。

三、上海道契和地籍研究

以往有关历史城市空间扩展的研究，主要通过复原城墙等主要标志物的位置来实现，既缺乏精确的时间序列，更无法切实地反映城市土地利用方式的发展状况。[①]近代以来，中国沿海城市受西方资本主义的影响，城市空间越出城墙，以史无前例的速度向外扩展，而传统的研究方法和理念已无法处理此类问题。满志敏作为国内最早运用 GIS 的方法研究历史城市地理的先驱，以上海城市空间扩展为例，指出近代城市的空间复原可以分为以下四个层次：第一个层次是基于租界扩展的视角，理清了上海如何从一个县城向郊外发展，水道纵横、农田杂错的乡村地区转变为近代城市，但仅凭这样的轮廓"很难把城市空间的扩展落实到地图上"；第二个层面是基于道路扩展的视角来复原城市空间，其优点是城市道路是连续长时段被记录的空间要素，资料获取"相对比较方便"，但缺点也非常明显，"城市道路并不等同于城市空间"；第三个层面是街区层面，这主要取决于能表现街区内部城市土地利用差异的地图资料，这些细节可以更清晰地表达城市空间的扩展，但问题是此类的地图资料十分缺乏，"这将给研究带来许多的麻烦"；第四个层面是地块，"地块是城市空间扩展中最活跃的基层单元，形态上相对比较稳定，同时在产权转移以及土地用途的改变上，也不乏文献资料记载，故而这是很好的切入点，不过由此带来的工作量必然很大，非一朝一夕所能完成"。[②]

正如满志敏所言，以上的四个层面主要是基于图面表达要求、精度和细

---

① 张伟然等：《历史与现代的对接：中国历史地理学最新研究进展》，商务印书馆 2016 年版，第 139 页。

② 牟振宇：《从苇获渔歌到东方巴黎：近代上海法租界城市化空间过程研究》，序，上海书店出版社 2012 年版，第 2—3 页。

节来考量的,第四个层面显然是每个研究者所追求的,但可遇不可求,因为这取决于资料获取的可行性。近代上海是世界上文献资料记载最丰富的城市之一。上海作为宋元时期兴起的江南城镇,在地籍测绘方面颇为重视,特别是明代以来,已经土地清丈与鱼鳞图册制度逐步完善。清承明制,因土地变动频仍,每隔若干年,当地政府就进行一次土地清丈,至开埠前,已形成了一套完整的鱼鳞图册。上海开埠后,随着西方先进测绘技术的引进,以及新型的土地登记制度,出现两种现代的土地测绘制度:一种以"道契"为主,主要由领事馆和上海道台掌管,主要负责登记和测量西人永租的华人地产;一种以"地籍"为主,主要由租界的行政机构负责,法租界由公董局,而公共租界由工部局,专门负责租界内所有地产的清丈与地籍测绘,以满足征收土地税的需求。至1943年租界被收回时,上海已产生了两套系统而完整的土地文献资料。但这些土地资料深藏于国内外各图书馆、档案馆,长期不被学界关注。近年来随着《上海道契》等土地资料的公开刊行,为研究者深入和拓展历史城市地理研究提供了难得的机遇。

道契的内容十分丰富,不仅记载了买卖双方姓名、土地面积、四至边界、地价等地产信息,还保留了该地产历次土地交易的信息。故土地交易、地价、土地空间形态(面积、边界),均有详实而系统的数据,从而拓展了租界时期土地问题的研究空间。2005年上海市档案馆编辑出版了1911年之前颁发的1万余份上海道契。[①]学界最先从城乡景观入手,发掘并整理出诸如"河""浜""坟墓""土路""路"等自然景观要素,并依据买卖双方姓名、土地面积等社会经济信息,复原并讨论了开埠前的上海乡村景观,开埠后城市化过程中河浜系统的衰退、城市道路系统的形成、城乡景观变迁进程等问题。[②]

---

① 蔡育天主编:《上海道契》,上海古籍出版社2005年版。
② 陈琍:《上海道契所保存的历史记忆——以〈上海道契〉英册》,《史林》,2007年第2期;吴俊范:《从水乡到都市:近代上海城市道路系统的演变与环境1843—1949》,复旦大学历史地理专业博士论文,2008年。

周振鹤、陈琍根据道契记载的每块地产的地址信息，复原出上海县以下图、圩等行政区划的地域范围。①而罗婧根据道契中洋商/行的姓名，并结合上海年鉴和上海行名录等文献，复原了上海开埠初期租界地区洋行的地理分布，分析了不同种类的洋行的兴替，并参考地图、图像等资料，运用GIS复原了部分洋行的建筑景观。②杜恂诚以历年道契的申领面积、契内均价等数据，分析上海道契申领以及地价变化的总体趋势。③笔者曾利用了法册道契，复原了1895—1914年法租界越界筑路区洋商地产的空间分布，并探讨了洋商地产对城市化的作用。④

这些研究均是基于宗地尺度，无论是研究内容还是研究方法，都极大拓展了历史城市地理研究领域。近年来这项研究开始延伸到历史经济地理等其他领域，比如笔者从土地交易、地价等角度出发，利用道契资料探讨了开埠早期英租界的土地市场的发展演变及其内在机制。⑤曾声威利用公共租界的地籍和地价资料，运用历史地理学的研究方法，复原并探讨了近代上海公共租界1899—1930年间城市地价的空间变迁。⑥但总体而言，相对于道契和地籍所涵盖的浩繁信息量，这些研究仅仅是其冰山一角。正如对上海道契研究造诣颇深的陈正书所言：

① 周振鹤、陈琍：《清代上海县以下区划的空间结构试探——基于上海道契档案的数据处理与分析》，《历史地理》，第25辑，上海人民出版社2011年版。

② 罗婧：《上海开埠初期租借地区洋行分布与景观变迁1843—1869》，复旦大学历史地理学专业博士学位论文，2013年；罗婧：《开埠初期英租界洋行分布及景观复原初探》，《历史地理》，第27辑，上海人民出版社2013年版。周振鹤、罗婧：《上海外滩地区历史景观研究(二篇)——城市景观之雏形(1845—1855)》，《文汇报》，2015年4月24日，第21—22版。

③ 杜恂诚：《晚晴上海道契申领总趋势及影响因素分析》，《财经研究》，2011年第8期。

④ 牟振宇：《近代上海法租界"越界筑路区"城市化空间过程分析(1895—1914)》，《中国历史地理论丛》，2010年第4期；《近代上海法租界城市化空间过程研究1849—1930》，复旦大学历史地理专业博士论文，2010年。

⑤ 牟振宇：《上海开埠早期英租界土地交易、地价分布及其驱动力分析(1844—1853)》，《社会科学》，2016年第5期；牟振宇：《小刀会起义对上海英租界土地交易的影响(1854—1859)》，《史林》，2016年第3期。

⑥ 曾声威：《近代上海公共租界城市地价空间研究(1899—1930)》，复旦大学历史地理研究中心硕士学位论文，2013年。

在道契契证的签批栏目以及附件中,又包含了大量土地永租权转移的签批资料,以及中外官员间关于核办道契、解决土地纠纷与诉讼的信函。所以道契档案古今是研究近代上海房地产业史的必备史料,而且是我们研究上海城市土地关系近代化历史进程,研究上海城市近代化历史进程所不可或缺的基本史料。在相当长的时期中,道契又是最为坚挺的贷款抵押品,长期活跃于近代中国金融市场,与工商各业均有密切关系。她是近代上海城市经济生活中重要的经济因素之一,历史受到中外各界高度重视。上海道契档案中几乎记载了 1844—1930 年间,所有在上海的外国企业(包括部分华商)永租土地、转移土地永租权、以道契抵押贷款、道契的遗产继承等经济活动。因此,上海道契档案又是上海近代企业史研究、金融史研究以至城市经济史研究的重要史料。[①]

本书根据近代上海所保留的系统而完整的道契和地籍资料,试图从城市历史地理学的角度,通过重建地块的长时段时空序列,探讨基于地块层面的城市空间形态的演变过程,并通过具体而详实的实证研究,揭示上海城市发展的基本规律,本著作希望对于拓展历史城市地理学的研究有所助益。

第三节　核心数据与主要内容

一、核心数据

本书的主要数据来源是道契和地籍图册。首先是道契资料,主要采用 2005 年由蔡育天主编上海古籍出版社出版的 30 卷本《上海道契》,该书收

---

① 陈正书:《道契与道契档案之考察》,《近代史研究》,1997 年第 3 期。

录了 1847—1911 年间英法美等 29 个国家领事馆登记的道契资料，各国道契的收录情况如表 0-3-1 所示。道契的正文包括第一次土地交易的信息，如土地面积、业主、租主、地价、立契、四至边界等。除正文外，道契附录还记录了之后若干次土地交易的信息，部分道契还收录了不同机构绘制的地产地图，有地保绘制的"地块"图，以及会丈局绘制的地产地图等。另外，还利用了 1871—1941 年英国领事馆的土地登记数据和法国外交部档案馆所藏的法册数据等，总计约 3 万条。

表 0-3-1　1847—1911 年各国驻沪领事登记道契册地统计

国别	英国	法国	美国	日本	比利时	瑞士	意大利
道契编号	1—7500	1—399	1—1700	1—153	1—19	1—23	1—173
国别	德国	西班牙	丹麦	葡萄牙	瑞典—挪威	荷兰	奥地利
道契编号	1—488	1—45	1—11	2—25	1—8	1—2	1—31
国别	俄	挪威	巴西	墨西哥	华		
道契编号	1—56	10—13	1—2	1—2	1—77		

资料来源：蔡育天主编：《上海道契》，上海古籍出版社 2005 年版。

道契，英文 Title Deed，是近代中国中外不平等条约的产物。1845 年中英签订了《上海土地制度》，建立了永租制，赋予外国人在上海土地买卖的权力。道契，就是由外国领事馆登记并经上海道台盖章钦印的颁发给外国人的土地凭证。因道契颁发有一套非常严格流程，且大部分道契经过实地勘丈编制，故精确度明显高于当时并存的"田单"(也称"方单")，即中国传统土地凭证。但道契的数据并非完美无缺，首先道契的数据，并非完全准确，特别是第二次土地交易，很少再进行勘测。在 1889 年会丈局成立之前，不少道契的数据与实际田亩不符。其次，道契所载价格，包含了多层含义，是土地总价，还是土地单价，是单纯土地价格，还是包含了其他价格，应分具体时段具体分析，比如早期的道契价格，不仅包括地价，还包括房屋、坟墓等其他价格。此外，在特殊时期还可能受其他因素影响，比如战争时期，1861—

1864 年太平军攻打上海期间发生的土地交易价格,其价格并非完全为市场价。另外,在开埠前 20 年,道契的地价采用了不同国家的国币单位,外币以墨西哥元(Piastre mexicaine)为主,但也有西班牙元、法郎、美元、英镑等其他多国币种,而有些契仅用"＄"表示,有些地契用了中国货币,以银两为多,而有些契则以铜钱计。由于开埠早期,外贸市场并不稳定,不同货币换算瞬息万变,若统一兑换成一种货币,难度不小。另外道契数据不完整,有些道契丢失,有些道契缺乏地价的记载,至于其他有地价的道契,也仅仅记载了第一次土地交易的价格,至于其他次土地交易价格付之阙如。而且,目前仅公开 1847 年至 1911 年的道契,对于 1911 年之后的道契深藏内阁,未公开,不能使用,给研究造成了很大难度。更大的困难是,道契如何在地图上定位?每个道契仅仅记载了其大概相对位置,即使有"四至八到"的内容,但仅凭这些内容,很难定位到地图上,还需要配合其他资料进行研究。

地籍图册是本书的另一核心数据来源。地籍图册包括图和册两部分。地籍图上除了绘有地产的四至边界、编号等信息外,还标注了马路、河浜、乡间土路和街区巷道等其他地理要素信息,以及码头、跑马场、花园等人文景观信息。地籍册,单独成册,一般包括道契编号、地籍编号、地产主、土地登记的领事馆、土地面积、土地估价、土地总值等地产信息,有些地籍册还包括四至边界、所在街区等信息。截至目前,通过国内外图书馆、档案馆等收藏机构,以及私人收藏等途径,本书共收录公共租界地籍图 19 个年份,法租界地籍图 12 个年份,公共租界地籍册 21 个年份,法租界地籍册 19 个年份。时间跨度为 1849—1943 年。详见表 0-3-2。

表 0-3-2　现存 1849—1943 年上海租界地区地籍图册统计　　　单位:年份

	公共租界	法租界
地籍图	1849, 1855, 1866, 1890, 1896, 1897, 1899, 1900, 1903, 1907, 1911, 1916, 1920, 1922, 1924, 1925, 1927, 1930, 1939	1877, 1880, 1881, 1887, 1895, 1900, 1902, 1926, 1931, 1939, 1941

续　表

	公共租界	法租界
地籍册	1869，1874，1876，1880，1882，1890，1896，1899，1900，1903，1907，1911，1916，1920，1922，1924，1927，1930，1933	1877，1880，1885，1895，1900，1902，1906，1908，1916，1924，1925，1926，1927，1928，1929，1932，1934，1935，1941

资料来源：国内外各收藏机构及私人收集的地籍图册资料，其中公共租界部分，上海市档案馆保存比较完整。

上海地籍测量始于明代。1843年上海开埠后，法租界和公共租界当局出于税收需要自19世纪50年代开始实施地籍测绘，一直到1943年租界历史结束，这项工作没有中断过，从而为上海保留了一套完整系统的地籍数据。由于法租界和公共租界采取了不同的制度，故其地籍图册存在差异。法租界的地籍图，分为总图和若干分图，而公共租界的地籍图不分总图和分图，而是分区绘图，每区仅绘1至2幅地籍图。与道契相比，地籍图册的优点是显而易见的：系统，连贯，空间属性完整。但是历史时期的地籍数据不同于现在的地籍数据，也存在若干缺点，研究发现：

（1）地籍册上标注的时间，比实际上略有滞后。

（2）同样，地籍图上的地块、道路、河道等要素，也不是当时的情形，而是略有滞后。特殊时期，可能很多年用一张地籍图，地籍图上的道路等信息完全失真。比如英租界在1866—1890年近三十年间，主要使用一张《英租界1864—1866年地图》，导致单、田不符或图册不符等诸多问题。在开埠早期，租界当局没有专门的绘图机构，都是雇人绘图，精度也难以保证。

（3）地籍册所载价格，为评估地价，也称为基准价，并非市场价，还应注意不同时期的土地评估标准，包括亩的换算，均存在差异，不能拿来就用，应具体分析。

（4）图册不匹配，由于地籍册制作频率明显高于地籍图，故不少年份仅有地籍册而无地籍图，不得已本书采用了相近年份进行图册匹配，这就使有些地籍册的数据在地图上无法定位。另外,由于不同年份的地籍图精度不一,故不同年份地籍图的叠加拼合工作,同样遇到困难。针对以上问题,一方面采用同一时期的其他数据进行纠误,另一方面采用了 GIS、SPSS 等现代手段对原数据进行了适当处理,尽量降低误差。对于误差过大又无法纠正的数据,不得不放弃,而采用其他数据或替代性数据。

二、主要内容

本书以道契和地籍资料为核心,以近代上海公共租界和法租界为主要空间范围,运用历史地理学和城市地理学等多学科的理论与方法,探讨上海百年基于宗地尺度的城市化演进空间过程,并揭示上海百年城市发展的基本特征与演变规律。

第一章,主要讨论道契和地籍资料所涉及的土地制度和土地测量展开,进而搞清楚道契和地籍是如何产生的,有怎样的精度,这为本书如何利用道契和地籍数据提供重要的研究基础。

第二章,主要讨论公共租界中区,即原英租界地区,土地产权与城市形态变迁,主要围绕以下三个问题展开:首先是这个地区作为租界发展之源,如何从一个农业郊区转变为上海的城市之心;其次是这块地区的土地占有情况如何,是由哪部分利益集团占据了该地区的大部分土地;最后是该地区的城市形态是如何的,不同时期发生了哪些变化?

第三章,主要讨论公共租界西区,即原越界筑路区,城市化之前的乡村景观、城市化空间过程和土地占有情况。首先运用 GIS 的方法复原了越界筑路时期的乡村保图行政区划,河浜、池塘的分布,以及桥梁、园林、庙宇的空间位置,还有聚落姓氏情况。在此基础上,结合文献分析了越界筑路时期的土地占有情况以及越界筑路情况,并探讨了西人在越界筑路区的城市建设过程。其次,该地区在 1899 年并入租界之后,以 10 年为一个阶段,分阶段论证了每个阶段的土地占有情况,筑路等城市建设情况,以及由此带来的城市形态演变，对当地开发的影响等问题。

第四章，主要讨论公共租界北区，即原美租界或虹口租界的土地占有与城市形态演变。首先讨论了 1900 年之前的城乡变迁，以及历年虹口土地评估情况以及所反映的土地占有情况。其次是以 10 年为阶段，分析了不同时间阶段的土地测量与土地评估情况，并分析了各阶段的土地占有情况。在此基础上，以筑路为核心，讨论了城市化过程及城市形态演变。

第五章，主要讨论了公共租界东区的土地占有与城市形态演变。以 10 年为阶段，分阶段剖析了历年土地测量与土地评估情况，并统计分析了土地占有情况。在此基础上，以筑路为核心，分析了该地区的城市化空间过程，揭示了该地区的城市发展基本规律。

第六章，主要讨论了法租界的土地产权以及城市空间演进过程。本章利用了法国外交部档案馆首次公开的法文道契资料，复原开埠初期法租界的土地产权、土地交易与城市形态演变。之后又利用了 1877—1902 年的法租界地籍资料，分析洋商土地占有情况。对于越界筑路区，主要采用了道契资料，复原了土地产权转移过程。第三部分主要讨论了 1902—1939 年的地籍图册资料，分析了法租界的土地产权情况等内容。

限于时间和精力，本书尚存在诸多不完善之处，敬请方家指正。

第一章
近代上海永租制度与地籍测绘

1854 年英租界工部局成立后,最先是利用领事馆的土地登记的地产信息征收土地税。随着租界扩张和土地交易频繁,这种方法已难以满足税收的需要。工部局开始逐步建立一套地籍测绘制度,并委托纳税人大会组建土地估价委员会。每隔几年土地估价委员会对租界的土地重估一次地价,并编制土地估价册。从而形成了一套完整的地籍资料。为了公平税收,工部局对租界的土地实施测丈,绘制地籍图。1889 年,上海道台成立会丈局,专门负责道契测量任务,使土地测量精度有了较大提高。但是,会丈局仍存在舞弊等各种陋习。鉴于此,20 世纪初,工部局成立清丈处,牢牢掌控了租界土地测量大权,并提高了地籍测量的精度。近代上海的土地登记和土地测量制度,既保留了中国传统测绘制度的痕迹,同时又受到了西方地籍测绘制度的影响,逐步实现了从传统向现代的转变。

第一节　上海地区地籍测绘

上海地区的地籍测绘源远流长,可追溯至宋代。限于本书的内容,仅讨论明代以后的地籍测绘演变过程。据文献记载,明洪武元年(1368 年)上海县覆核两浙西路田亩,推行"履亩丈量",绘出田亩方圆、曲直、宽狭,注记田主姓名和四至边界,编制鱼鳞图册。①明嘉靖年间,因嘉定境内征粮田亩标准不一,易生弊端,知县李资坤实行"履亩丈量",按都、图、圩、号四级编排田号,并注记田地四至,以正经界。②万历六年(1578年)上海县鉴于鱼鳞图册紊乱,田亩不符,对所有田亩一律沿丘"履亩丈量",历时4年,即万历十年完成,成为上海地区鱼鳞图册编绘的基础。③明万历八年(1580年)嘉定县又行清丈,用六尺步弓丈量田的四周长度,并绘出地图,在地籍簿册上写明某图、某圩、某号,田亩数,四周步尺,户主姓名。每亩标注一号,积号为圩,集圩为图,依次序编制鱼鳞图册。天启三年(1623年),又行清丈。

清代基本沿用了明代的地籍制度,采取了保、区、图、圩、号五级管理制度,号内分户,并以图为单位编制鱼鳞图册。土地产权凭证为田单,单上标注×保×区×图×圩×号。1843年上海开埠之后,上海地区的地籍制度发生了很大的变化,特别是租界地区采取了永租制,实行了不同于传统的土地登记方法,并颁发了新的土地产权凭证——道契。1853—1855年上海爆发小刀会起义。上海县城被起义军占领,县衙所藏包括方单和鱼鳞图册等所有土地资料,全毁于战火。战争结束后,上海县署对境内土地进行重测,并重新颁发了土地凭证。

一、执业田单、粮串与土地证

这种土地凭证称为"执业田单",又称"方单"。这些田单内容几乎一致,以英册2481号道契中所藏的"执业田单"为例,其内容摘抄如下:

> 江苏松江府上海县为给发田单收粮职业事照得民间田额久未清理,经善后案内详奉:

---

① 《上海测绘志》编纂委员会编:《上海测绘志》,上海社会科学院出版社1999年版,第83页。
② 同上书,第84页。
③ 同上书,第83页。

宪行均归的户承办,遵照按图查丈,所有该户执业细号田亩,除注册外合给

此单收支办粮须至单者。

计开贰拾柒**保壹区拾图念字圩**贰佰叁拾五**号**

业主……,则田……

咸丰五年①

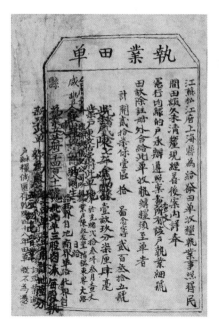

图 1-1-1　英册第 2481 号道契"执业田单"和英册道契 2471 号"芦照"

田单右侧还有一行批注,"如有买卖,以此单位准,同契投税填注,现过户办粮,倘若匿存乾隆四十八年田单,概不为凭"。可知,乾隆四十八年(1783 年)曾颁发过一次田单,为小刀会起义之前的一个版本。据《上海乡

———————————

① 《上海道契》卷1,卷首。

土志》记载:"吾邑自平刘丽川之乱,善后清粮,于是咸丰五年之新单出,而乾隆四十八年之旧单作废矣。"②

但相对于道契而言,田单内容相对简单,信息量少,仅"载明坐落某处之基地一方,并无确定之界限四至,亦未粘附任何地图"③,相对而言精度有限。若出现子孙分析家产时,方单被分割,每人各执一部分,故土地交易时,"若不将其他部分取出并合,则各人所执者,殆难了解"。④这也是道契产生后田单备受时人诟病的主要方面。又,因收藏不慎导致田单腐烂的情况,在交易时经常遇见,英册第3895号就记载了这种情况:

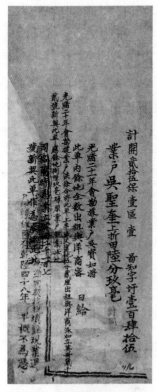

图 1-1-2　乾隆年间"割单"①

局宪大老爷案下切身有祖遗自产宾字圩一百二十七号户名吴金观,则田一亩九厘四毫,田单一纸,早经绝卖瞿四寿堂为业,业经听凭瞿姓转租洋商统合行,转立道契在案,所有该单腐烂因收藏不慎,着潮以致字迹模糊,身自行改墨迹参差,实与县署粮册均相符,倘后察出蒙弊情,惟身是问,合具切结是实。

光绪二十八年四月廿一

二十三保十五图地保吴琴兰⑤

---

① 《上海道契》,第 1 册,卷首照。

② 李维清:《上海乡土志》,清光绪三十三年(1907 年),著易堂,铅印本,中国图书馆藏。第14课,方单。

③④ 《费唐法官研究上海公共租界情形报告书》,第 1 卷下,第 672 页。

⑤ 《上海县二十三保十五图原华人业主具结》,英册道契第 3895 号,《上海道契》,卷 14,第 12 页。

　　田单腐烂或遗失,可通过上海县署所藏粮册查证后,请给印谕。在现实中,还经常发生以田单遗失为名,"随意写立代单之据",以此盗卖田地的案例。据官方调查,"近年来出租与洋商之地,动称田单遗失,随意出立代单,究其实类,皆将田单抵押在外,或将别地之单,盗卖官地、官滩,以及无主之地,甚至一地数卖,捏写代单,以致因地争讼之案,层见叠出,皆由听信奸民混用代单之故。"①据英册道契 1742 号记载了这样一个案例:

　　　　原业主顾桂林将自置上邑二十七保九图克字圩号内田二亩九分八厘六毫,立契出租与克拉夫,即克礼复为业,附交该图圩第三百七十七号顾东升户名田单一纸,计则田九分六厘四毫,又顾桂林所立代单据一纸,称因同号顾坤观,户名田单遗失,计则田一亩九分九厘,日后检出作为废纸,今立代单据为凭等语,当检查该图粮册克字圩三百七十七号业主顾坤观名下,只有则田九分六厘四毫,并无顾坤观一亩九分九厘之单册,是可见田单遗失之说,全属虚语。……光绪十四年五月廿七日②

　　除田单外,华人缴纳的地税收据,又称"粮串",是一种特殊的土地凭证。所谓粮串主要指河浜新涨出的滩地升科后缴纳赋税的凭证,其效力等同于方单。但据费唐调查,"但此项凭证,并非为不容发生异议之确定证据。依照中国法律,诉讼权无时限,且子女承继权亦未经确定。"③而且,业主若将该地售卖,所订契约,必须由地保盖章后方为有效。若地产的四至边界出现分歧,通常由地保出面调和,并须向地保缴纳一定的费用,其数额多寡,视所成交土地面积大小,以及成交之急缓程度而定。这种地产凭证伪造者颇多,由此引发的土地诉讼案例频现。方单以及其他同等效力的土地凭证一直沿

①②　英册道契 1742 号,《上海道契》,卷 6,第 3 页。
③　《费唐法官研究上海公共租界情形报告书》,第 1 卷下,第 672 页。

用至国民政府时期。

1914 年上海县创办上海县测绘事务所，到各市、乡测量绘图，测得全县总面积 1270 方里(317.5 平方公里)，比县署原报数多出 40%。后因黄浦江岸坍涨、租界地变迁，使许多田单和土地不相符合。于 1924 年，成立清丈局，参照宝山县的实例，举办全县清丈。清丈区域除城厢另行勘丈外，分全县为三个区，第一区为闵行、马桥、北桥、塘湾、颛桥、曹行；第二区为漕泾、法华、蒲淞、上海、闸北、引翔；第三区为高行、陆行、洋泾、杨思、塘桥、三林、陈行。全县清丈先从小三角图根测量着手，然后进行导线测量和户地测量，1924 年秋，因经费困难一度停顿，1925 年春恢复进行，直到 1927 年 6 月止，历经三年，完成上海城厢区和漕泾、蒲淞、法华、曹行、塘湾的土地丈量，面积为 142757 市亩，占全县总面积的五分之一。[①]

1927 年上海市政府成立了专门的土地机构——土地局，并对之前所有的方单或粮串等华人土地凭证，统一置换为新的土地凭证，称"土地证"。相比田单，土地证信息精准，内容详细，不亚于道契。据当时的文献记载，"今值土地局有转换土地执业之举，而是项证图，明了亩数，正确四址，详细不亚于永租契，外界均极信任，虽过户时所纳费用，较权柄单为高昂，而该地地价值终可增高。故各业主不待丈量，而亟求转换，故有其理由在也"。至于地形图"若在未经清丈之区内所有地形图，将来俟土地局将该区域完全丈竣公布饬令转换新证时，须到土地局转换改编新号之地形图，因现有地形图之坐落名称仍旧有之名称也"。[②]

二、地保、册书及地图

关于清代上海县境华界鱼鳞图册，毁于 1853—1855 年爆发的小刀会起义战火。目前所见的鱼鳞图册主要是小刀会起义之后上海县重新测绘的，

① 《上海测绘志》，第 82 页。
② 陈炎林：《上海地产大全》，上海书店 1991 年版，第 140 页。

但颇为遗憾的是，上海县城新绘的鱼鳞图大部分未公开。《上海道契》刊登了一些"地保地图"。这些地图虽非严格意义上的鱼鳞图，但同样值得重视，因为地保在鱼鳞图编制过程中扮演重要角色。

在清代，上海在县治以下设乡，每乡推举乡董一人，管全乡事务。乡以下分设若干图，每图推举图董一人，掌全图事务。另设图正一人，专管图内田地房产的买卖过户、承粮付税，图册注记及忙银粮串等事务。但民间所有的不动产买卖、典押均须经过图董、图正加盖公章才能生效。后因事务纷繁，又做了分工，图正改称地保，具体参与不动产买卖、典当、抵押等作证、粮串的填写、分发和催征等事务。①

据文献记载，一图之中充当地保人数不一，视地域大小而定，由地方当局委任。上海县境内地保由上海县署委任，上海特别市成立后由土地局委任。每人任期一年，轮流任职。地保又分为两种，一是值年地保，又称临年地保；一为出官地保，相当于副地保，协助办理人命刑事、官厅差事等业务，但收入无法与地保相比，竖立界石为其唯一收入。②为防止舞弊，值年地保须当地有地产者担任。最初，殷实富裕之家并不愿担任其职，"盖因本图如有粮税短欠，即须代缴，民间有所争执，则应排解，乡人或有行为不端者负有监察之责，职繁而实利鲜也。间有被官吏强迫而任者，常赂人庖代"。③由于地保不入正官制，为增加收入，地保以权谋私，不择手段，"其间有不道德之地保，遂得以操纵之，或勾结乡董，压迫欺骗，诚不亚于土豪劣绅之鱼肉乡民也"④。

上海开埠后，之前不让人看好的地保，一时成为炙手可热的"肥缺"。一方面，在土地交易时，地保的权利极大，"田单等在交割时，卖契上非由值年地保到场盖戳证明不得作为有效"，其他如田单凭证遗失等情况发生，亦由其证明不可。各种流弊由此而生，"结识财户，收买公地，委托私人出售义冢，遇

---

① 刘士铦：《旧上海的图董与地保》，《中国房地产》，1996 年第 4 期。
②③ 《中国经济年鉴》，1935 年，第(F)343 页。
④ 同上书，第(F)344 页。

有年久失主之地，声明遗失单契，补给新证，据为己有之产。至于河边涨滩，或年久公路及小浜等，非由其盖戳证明不能以作荒地，声请升科"等，通过不法手段发家致富的地保不胜枚举。①特别是土地买卖，"各种黑幕，非身历其境者，不能洞悉"。而田单土地转变为道契时也必须由地保在场，并在道契正文上签字方有效。地保勾结洋商伪造凭证变卖公产等情时有发生。另一方面，上海土地交易更加频繁，地价猛涨，地保通过非法手段从中获利更为丰厚。

英册道契第 1814 号记载了一桩涉及地保弄虚作假的土地案：

> 前宪台札委员勘英册一千八百十二、一千八百十四号新契租地一案。遵经卑职等与黄巡检黼会同英领事所派之员，将一千八百十四号契地，查明丈先行禀覆在案。兹查一千八百十二号契地，系据业户顾岐山，将二十七保九图克字圩三百八十四号，户名顾裕龙则田二亩四分二厘七毫，出租于洋商马礼逊，附交前项田单一纸，当查该单地与册不符。正在查究间，据公记行夥朱升以上年十一月间，有充当图保之顾掌升，将田十一亩七分零计田单九纸连住屋抵与伊行，价洋六百元，限期回赎，过期后屡催不踩，今闻将该产借名洋商，请立道契等情，具禀前来，卑职等伏查该业户顾岐山，即顾掌升，系现年地保，既先将己田单，抵押与人，复以他号田单，租于洋商，请立道契，实属任意蒙混，惟该地保尚有英册一千八百十三号新契之地，事同一律，自应并究专案禀复一面由县并按②

关于土地转移过户等手续，并非地保一人，他还有一个助手，名"册书"。册书，又称为书办。地保每年更换，但书办并不更换，且多为世袭，"虽官长时有更换，彼辈终不动摇，所有全邑土地，彼等均能了然于中"，长期掌握着全部土地的档案，"另有秘册，内载各图之土地，某人某户，亩数若干，位置何

---

① 《中国经济年鉴》，1935 年，第(F)344 页。
② 英册道契第 1814 号，《上海道契》，第 6 卷，第 83 页。

在,四邻何人,来历若何,自何人手中购进,均详载册上,若有转移买卖情事,人民请求换契过户,当局官厅即委之册书"①可见,册书在土地转移过户的作用十分重要,据文献记载:

> 册书管理着本乡本村的土地地册,对于所管地有着详细的记载,记载土地情况的册籍被册书视为至宝,册籍上的文字或记号来记录,使得外人无从辨识,只得求助于册书,因此册书职业竟成世袭。上海土地局成立之后,决定对册书进行改革,裁撤了大部分册书,只保留了一部分册书,并将其名改为管册书记。册书对于各乡土地十分了解,即使是被淘汰的册书还掌有许多册籍,记载着土地的情况,遇到产权交易需要查阅时,只得由土地局派人出面借阅,并支付报酬②

册书还有一项重要任务:即绘制地块图。冯桂芬曾指出:"江南州县鱼鳞册始于明太祖,今沿其制,惟不谙绘图之法。"③这说明当时绘图技术仍较落后。1845年中英签订的《上海土地章程》,对于道契绘图亦未作任何要求。1854年《上海土地章程》,第二条规定,"凡欲向华人买房租地,须将该地绘图注明四址亩数,禀报该国领事官",④成为道契立契须绘图的重要条款,但对于谁绘图,如何绘图等过程或细节,均语焉不详。查阅早期颁发的上海道契,道契正文中并无绘图的只言片语。英册第976号道契,立契时间为同治十二年(1873年)闰六月二十九日,在正文的后面附有一段文字"查该地坐落于上邑廿二保五十一图向田业户周日新等完粮地保周春记此批,此项租地饬据沈委员查勘,照现在地面施丈,离出官路八尺,实丈见十五亩

---

① 《中国经济年鉴》,1935年,第(F)344页。
② 周永坤主编:《东吴法学》,第9卷,法律出版社2004年版,第76页。
③ (清)冯桂芬:《丈田绘图章程》《西算新法直解》,卷末附录,光绪二年冯氏校邠庐刻本。
④ 徐公肃、丘瑾璋:《上海公共租界制度》,载《上海公共租界史稿》,上海人民出版社,第19页。

九厘,四址尚无违碍,绘图禀复,前来合即加批盖印存查"①,提到绘图事宜。但之后的道契大部分并无这两句话。直到光绪元年(1875 年)后,即英册第1072 号道契,在正文之后的附注文字中,才有"绘图到道"字样。说明在光绪之前,道契立契时所要求的绘图,并不受重视。

从目前掌握的资料来看,在会丈局成立之前道契图,系掌管土地资料的地保、册书所绘。主要依据是会丈局之前颁发的道契中附有不少地保、册书绘制的地图。比如,英册 469 号第 476 分地道契册中就附有一张地图。图上批注:"呈送二十七保十图内英册四百六十九号契地转与洋商自来水公司地图说。"地图方位为上南下北,左东右西。地图内容丰富而详细,既有宗地四至边界的内容:"东至胡姓地即二图界""北至⋯⋯""南至⋯⋯""西至⋯⋯",也有每条边长的数据。从地图上看,宗地呈不规则形,被划分为若干长方形、梯形和三角形,然后丈量所有长方形、梯形或三角形的边长(丈量单位采用"步""分"),最后将各面积汇总得出该地产的总面积:"丈见积二千一百七十二步四分五厘一毫二丝,合计地九亩五厘一毫"。

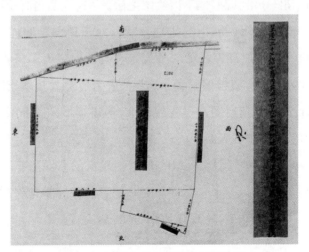

图 1-1-3 《二十七保地保绘制地块图》

---

① 英册道契第 976 号,《上海道契》,卷 3,第 333 页。

　　会丈局复丈英册第 469 号道契,结果与前勘相符。①从这个事件可以看出:(1)地保地图比较准确,即使由专业的会丈局人员重新勘测,结果相同;(2)既然地保地图上的面积,与会丈局勘测一致,说明在当时二者采用了相同的丈量办法和计算方法。

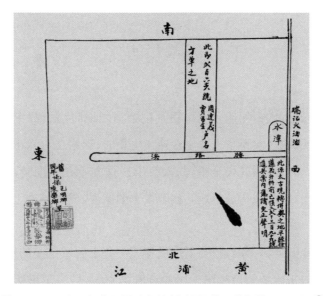

图 1-1-4　二十三保十四图地保绘制地图(英册道契第 3974 号)②

　　并非所有的地保地图均有如此详细的数据,有些只是示意性的地图,比如英册道契第 3974 号所存二十三保十四图地保绘制地块图,地保对此地图附有说明:

　　宪谕现有太古洋行以本图伏字圩二百六十六号周达义、贾富金户田单地请并入英册二千三百九十九号道契着查复等因,查太古现请并契之地与从前已转二千三百九十九号,道契之地当初均系徐遵义管业。

——————————

①　英册道契第 469 号,《上海道契》,卷 2,第 182 页。
②　英册道契第 3974 号,《上海道契》,卷 14,第 124 页。

此地单少地多单，经徐遵义如数缴价升科。现太古所请并契之地寔系单内之地，所有二百六十六号两单之地，早已转入二千三百九十九号道契，推原其故，因当日徐遵义出租时误将二百六十六号两单留出而以升科单尽数丈与洋商，遂有单地互换之错，所幸该两地现已尽归太古管业，尚无妨碍。惟前既失查，现当并契之时，理合声明为此粘图呈请局宪大老爷，电鉴上禀

光绪二十八年九月①

事出其因是，太古轮船公司添租景记公司之地时，发现"少地四分三厘九毫"，经地保调查，实系华人业主徐遵义出租时，误将二百六十六号两单交与景记公司，而以外图升科全单，归入二千三百九十九号准契，以致单地互错。地保绘图，以此来指证单地互换时发生的错误，成为解决土地纠葛的重要凭证。

除地块地图外，《上海道契》里还保存了一些小区域范围的地保地图，这种地图颇类似于传统的鱼鳞图。比如英册第 4000 号道契里所存二十七保三图地保册书绘制的地块图。图名为"二十七保三图羔字圩内号数地图"。图上既有地保的签名（曹祥山），也有册书的签名（方正奎）。与宗地地图相比，内容相对简单，无测量数据。但清晰地标注了各个地产之间的边界，地产之间的公路，以及河浜等内容。每个宗地上标注了地产编号。但并没有解释这个编号的意思。从图名上看，这个编号应该是羔字圩内号，何为内号？根据上文田单的内容可推知，应该是上海县署咸丰三年土地清丈时赋予的宗地编号。这幅地图上包括二十七保三图羔字圩第 114 号至 127 号，宅基地不编号。对于这幅地图，地保、册书还说明了"号数不相联"的特殊情况，抄录如下：

① 英册道契第 3974 号，《上海道契》，卷 14，第 124 页。

具且结二十七保三图册书方正奎、地保曹祥山今具到：

局宪大老爷案下切书等奉，饬查得业户张毛毛将一百十五号户名
张狗则田一亩三分六厘九毫，一百十八号户名俊义一亩九分五毫，又张
庆廷三分，一百十九号户名张狗观三分一厘六毫，二百二十号方俊义九
分五毫，又张狗观四分二厘七毫，又查业户曹海和将二百三十号户名曹
茂春，则田一亩二分二厘五毫。以上田单七纸查明粮册均相符，所查单
号不联，因咸丰五年分清丈时并不挨顺号填单，以致号数不相联，实系
地属昆连书等查明，实在并不蒙混，如有情弊惟书等是问合具且结
是实。

光绪二十八年二月廿九

具切结二十七保三图册书方正奎、地保曹祥山①

文中指出，"咸丰五年分清丈时并不挨顺号填单"，正说明图内的编号
就是咸丰三年上海县重新土地清丈时的土地编号。上文也指出地保册书
地图的作用是，在土地交易时明晰土地面积、四至边界、土地编号、业主等
信息的准确性，以免发生纠葛。又英册第 4113 号道契载，该契系由业户
宝源祥，将坐落于二十七保十一图作字圩二百十二号、户名周凤章则田二
亩八分内划出一亩，租于洋商通和行。经"卑职（即）与黄令矙会同英副
领事所派之员，传同业户，督饬亭耆地保，前往履勘，按址丈量"，丈见一
百四十八步五分六厘，合地六分一厘九毫，与划租的一亩，少地三分八
厘一毫。又发现，"田单上半纸，其号数，查系涂改，显系将他号田单蒙
混"，②说明在勘测过程中，这个单号非常重要，是判断产权的其中一个重
要依据。

---

① 英册道契第 4000 号，《上海道契》，卷 14，第 165 页。
② 英册道契第 4113 号，《上海道契》，卷 15，第 26 页。

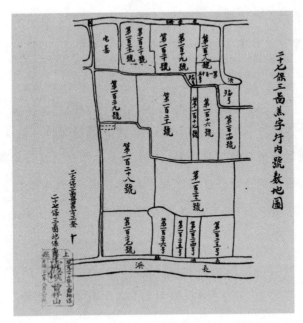

图 1-1-5　二十七保三图地保册书绘制地块图(英册道契第 4000 号)①

三、会丈局及地图

　　光绪年间，鉴于"租界日广，洋商租地日繁，而纠葛也就愈多"，上海道台与各国领事协商，决定成立一个专管洋商租地事宜的机构，即上海会丈局。光绪十五年(1889 年)七月(8 月)，上海道台龚照瑗正式设立会丈局。该局成立另一原因，同治、光绪以来，商务发达，地价骤增，"一亩之价涨至数万金，或十余万金不等，如黄浦滩之地，有亩值二十余万金者，而地皮租买转移之事，自因之而益繁"，于是始有该局之设。②会丈局最先是租房开办，次年迁往北关公所，1908 年迁至天后宫。会丈局下设专职人员。会丈局的职员均系上海道台委任。会丈局的诞生，在近代上海的测量史上占有重要的地位，特别在田单转道契时，对田单上的田亩数据多有纠误。

①　英册道契第 4000 号，《上海道契》，卷 14，第 165 页。
②　陈荣广、伯熙：《老上海》，上册，上海泰东图书局 1919 年版，第 188 页。

会丈局成立后，专门订立《上海会丈局酌议定章》，不仅完善了道契的测量、颁发流程，而且杜绝了地保等以权谋私从中牟利的各种流弊。其主要内容摘录如下：

第一条规定，"凡租赁一地，须各该图地保于未立契以前带同租地西人，与出租之原业户，将所执何号田单赴局验明约以十日为期，由会丈局吊查粮册单地相符，并查无纠葛等情，即知照领事衙门传同租地西人令出租原业户当堂写立出租契由地保加盖图戳，填写道契，送请道宪发动，一经发局，只须订期，会同勘丈，便可禀覆盖已查明事前，不致再有稽搁。"通过调查，确认田单是否真实可靠，从源头消除弄虚作假行为发生。

第二条规定："所租契地如查有单地不符，以及纠葛不清等事，亦须于到局验单后尽十日期内将因何单地不符镠辖不清之处，知照领事衙门转饬该西人退租倘系可以清理之事，俟理清后再行核办"。如英册第 1788 号道契记载："此案王徐炳出租地内，既因何姓昆连之屋纠葛未清，自应俟该业主将纠葛清理，再行勘办。"[①]在会丈局之前，单地不符以及纠葛不清给土地交易造成诸多麻烦，这条内容可避免立契后仍发生土地镠辖情况。英册第 2341 号契记载，"地保前往履勘，查该两契单地不符，未便准予立契"，[②]说明该条款在现实中得以贯彻执行。

第三条规定："西人租地价银每有于未经勘丈印立道契以前，但凭地保于出租契内加盖图戳遽行付价。迨经送契发勘察有单地不符或纠葛不清等事委员，将契禀销，而租赁是地之西人地价已先付过半，且有以为抵有田单，价银全付后竟无可追取者，经讼受亏时所恒有。嗣后须俟会丈局查明相符无纠葛于知照领事衙门，准其立契后，方可斟付银两，若未经会丈局查明知照，准其立契，以前不得先行付款以杜欺朦。"这项条款杜绝了之前承租人提前付款，却因业主以废单或假单蒙骗受害的情况发生。

第四条规定："从前旧契未经勘丈，各地如一地，两契或有侵占官地，须

① 英册道契第 1788 号，《上海道契》，卷 6，第 56 页。
② 英册道契第 2341 号，《上海道契》，卷 8，第 29 页。

令缴价升科及有商令原业主迁坟等事,非经丈委员所能自主,此外分割转租毫无纠葛之地,均随到随勘,断不延搁。"这就杜绝了之前未经勘丈即立契的弊端。英册第 1759 号道契记载,会丈局针对未勘丈土地,明确指出,"以上未经并换正契之副契八号,列未丈之数,共应存地十亩二分二厘七毫,请先于原列英册之一百四十五号正契批明。应俟各契送勘丈见寔地若干,随时于所请并换之正契批注,仍俟前项八号副契换齐道契,再将原列之一百四十五号本契批销、合并声明"。①说明该条款也得以认真执行。

第五条规定:"勘丈所租契地向有勘费,系按照地价大小以八厘计费,由原业华民付给为地保各役加戳纸张饮食车辆等费,今仍归原业主承缴,惟不必由地保经手,因前有侵蚀等弊。"②这一条款可以断绝地保从中渔利的弊端。总之,会丈局制定的这五条内容,对于提高道契数据的准确性做了制度性的保障。

从目前已刊《上海道契》来看,有一处疑点,即会丈局成立当月,由英国领事馆颁发的道契正文中尚未见到该机构运作。比如英册道契第 1807 号,立契时间为光绪十五年(1889 年)十一月初十日,相比机构成立已过了四个月,但正文中未提及会丈局,摘录如下:

> 饬据上海县裴令暨王委员实等会同勘复,坐落于二十五保头图,土名梁家湾,丈见实地一亩五分四毫四丝九忽,四址东至小路暨梁姓地,西至英副册五百六十七号地,南至英册一千六百十一号地,北至公浜。绘图到道,该商应照丈实亩分四址管业,相应批明盖印备考。光绪十五年十一月初十日批③

"饬据上海县裴令暨王委员实等会同勘复",说明这是会丈局运行之前的勘测手续,即由上海道台派送专员会同领事馆派员共同勘丈。直到光绪十九

---

① 英册道契第 1759 号,《上海道契》,卷 6,第 24 页。
② 《上海会丈局酌议定章》,见姚之鹤编《华洋诉讼例案汇编》,商务印书馆 1915 年版,第 609 页。
③ 英册道契第 1807 号,《上海道契》,卷 6,第 76 页。

年(1893年)颁发的道契中,才有关于会丈局勘丈的记载。考虑到立契时间比测量时间有一定的滞后性,但不至于达四年之久,显然这其中有其他原因,笔者尚未见到确凿的材料。搜索《申报》,最早关于会丈局的记载,见于1890年8月27日,"……已革年租地保曹锦昌之母叶氏控上年四月间将从前凭亲属分给与亲生女云娥香粉并中房屋基地收转变卖与廿日初为业,由甘永远出租与仁记洋行主麦格,而照例转唤道契委员勘丈,曹锦昌因欠公款押在县署间,悉前情即行具禀呈控。……陆大令准即移致会丈局止丈,旋由曹叶氏黏抄分家议据投县具诉……"[1],说明在会丈局正式运作之前,仍照例传唤道契委员勘丈。

从会丈局勘丈内容来看,土地测量精度有了很大提高。土地重新勘丈后,之前田单的若干田亩错误数据得到纠正。据英册道契第1759号道契记载:

> "前号副契遗失,查英册该副契载地二亩一分九厘一毫,现由计勒毕马礼牙甘尼地端木孙四户转与义源行,并入英正册七十七号契,该正契原载地五亩八分四厘九毫,合之前号副契地亩应共八亩四厘,从前未经勘丈,今丈见共积一千六百七十五步六分八厘,合计实地六亩九分八厘二毫,核与两契原载亩分,少地一亩五厘八毫,四址……"[2]

说明在会丈局建立之前,有些地块"从前未经勘丈"。又因会丈局测量土地时,勘丈费用由业主按照地价的八厘交纳,只有发生土地交易时才由会丈局勘丈,故道契的有些数据不准确。会丈局在土地勘丈时须业主、地保在场,与之前并无区别,据《申报》记载,"昨日十一点钟时,丈局委员宋莘乐别驾及夏子谷司马乘舆至美界三元宫会集,小憩片时带同地保人等勘视廿五保头图宝源祥公司经手孙四福及刘蓬山倪张氏互控之地,勘视良久,至一点

---

① 《旧案断结》,《申报》,1890年8月27日,第3版。
② 英册道契第1759号,《上海道契》卷6,第20页。

钟时始乘舆而回"。①英册道契第 3942 号也可为证,上海知县暨会丈局总办联衔呈上海道台禀帖中记载了会丈局勘测过程,摘录如下:

> "当传同业户督亭耆饬地保前往履勘,丈见积六百十四步四分,合计地二亩五分六厘,核与原契田单一亩七分四厘四毫之数,多地八分六毫,四址……"

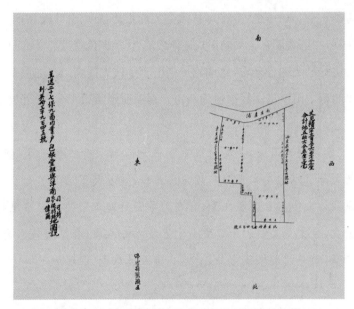

图 1-1-6 英册道契第 3942 号会丈局绘制地块图

该道契附录了会丈局所绘地图,可窥见会丈局地图的基本特征。第一,包括绘图与图说两部分,绘图部分主要表现地产的信息,包括边界位置、各边的数据详实标注,图说部分,包括承租人、出租人、道契编号、地产面积等信息。第二,采用了上南下北、左东右西的绘图方式,但无比例尺、指北针。第三,测量办法,将不规则的地产分为若干个三角形或四边形,测量每个三角形或四边形的边长,并将边长的数据标注在地图上。第四,统一采用了部

---

① 《委员勘地》,《申报》,1894 年 2 月 3 日,第 3 版。

颁弓尺测量法,5尺为步,240步为亩。

会丈局归道台管,其所得收入并不上交国库,而归道台支配,"该局之岁入,不下十余万,最旺之年,有至二十余万金之多,中央政府从未过问也"①。该局官吏,"月薪不过十余两,而每年分润可获万金",又与"地皮公司及地保,互相结合,种种舞弊更不计其数"。②会丈局若干流弊,包括地保舞弊、丈量舞弊、缴价舞弊、给契舞弊等多种,以丈量舞弊为常见,很多情况是洋商勾结地保或会丈局职员,以多量少,损坏业主的利益:

> 租界内租买地皮,承租任与出租人,价格虽已妥协,而丈量地面,必由会丈局派员丈量,乃一定之手续,故各地皮公司,对于丈量员及监督者,每暗中贿赂,其丈量结果,往往以多丈少,以上海地价之昂贵,一份之地,有值数万金,而会丈局既受地皮公司之贿,名为公平丈量,其实予小地主以莫大损害。……继有领事派员会丈,其弊仍不能绝,因地皮公司多为外人之营业,以多丈少,实外国商人之利。中国小地主之不利……③

还有一种情况,有些业主考虑到多丈量出来的土地需要升科,多缴纳土地税,故有时也会贿赂会丈局职员,并不希望丈量出更多的土地。

关于会丈事宜,最先由该局与领事署派员双方会同办理,但由于会丈局存在以上流弊,测量结果与租界当局筑路征地时的测量数据常有出入,光绪二十六年(1900年)工部局成立了清丈局(即地籍处),规定田单转换道契时,在租界或邻近越界筑路地段内,必须工部局或公董局加入会同丈量。④从此测绘事宜由两方变为三方,并规定:"上海租界内之地段于丈量之后,由上海租界工部

①　陈荣广、伯熙:《老上海》,上册,第185页。
②　陈荣广、伯熙:《老上海》,第185—186页。
③　同上书,第188页。
④　《会丈局小史》,载上海通社编:《上海研究资料》,上海书店1984年版,第56页。

局负责绘图",而"上海租界外之地段于丈量之后,由中国会丈局负责绘图"。①

1914年,上海会丈局被收回后,合并宝山会丈局,并在原上海会丈局原址改设上宝会丈局。1927年,国民政府成立后,设立了上海土地局,并于1930年1月12日接管了上宝会丈局,在巨籁达路363号上宝会丈局原址改组为上海特别市土地局沪北临时办事处。②

四、上海土地局与地籍图册

全上海县境的土地勘丈,自咸丰五年(1855年)以来至1921年六十余载从未再重测过,使"粮与地不尽合,单与地不尽符,移照朦混,百弊丛生""厘正经界,实为要务"。③于是上海县地方款产经理处董事会议决定设立清丈筹备处,公推姚文栴为筹备主任。1922年5月,上海县知事正式聘任姚文栴为筹备主任,并聘请秦锡田、沈周为副主任,拟定清丈局章程十八条、清丈规程八十条、公断处规程二十条。

1924年3月,上海全境清丈获江苏省批准,清丈筹备会选姚文栴为总董,秦锡田、刘增祥、胡人凤、黄申锡为董事,同时选出各市乡议董,四月实施上海县全境清丈工作。至1927年6月30日止,上海城厢区及漕河泾、蒲淞、曹塘各市乡次第丈量完毕。上海特别市成立后,才被迫中止。④

上海土地局成立后,开始实施全境测量计划,由土地局第三科执行。测量方法,先测三角点,次测连系三角点的干道线,再次测连系干道之支道线,依据干道线点,测二千五分之一地形。依据支道线点,测五百分之一的户地。地形测量完毕后,印刷万分之一各区区图。户地测量完毕,将湮没无据的旧保图界线一概废除,另行划定新区图圩界垉,编制户领垉册,计算各户亩分,先绘制图稿布告业主,将旧单上缴。待业主签认图稿,换给土地执业

① 《会丈局小史》,载《上海研究资料》,第57页。
② 同上书,第60页。
③④ 民国《上海县志》,卷二,清丈局。

凭证,换证后,再行刊印,并附有详细坵图之地籍册。另制有测丈进行状况图,按月添列,丈竣各地,以资考察。①

清丈过程中,业主若有土地纠葛,或遗失田单,或因割单买卖请求丈量补证的,按照清丈征费,简章办理。凡开辟马路征收用地,则测量征收地和受益地,还有部照升科地。洋商请求转卖永租契地,须由业主签证后分别发给契证。②

自土地局成立到 1931 年,地形测量,占全市面积 62％,土地清丈,占全市面积 29.5％。原宝山区,清丈土地占全市面积 33％。原计划 1934 年完成全市的测量计划,但因一二八事变爆发,测量被迫停止。而且吴淞、江湾、闸北的房屋大部分毁于战火,户地界址变更的,须按地形图重测。③

绘图工作流程是绘图股收到考工股的实测草图后,即从事绘印各种地图,其中户地图,为业户领取土地执业证的证件,每一土地执业证,必附有户地图一张,在钦印发执业证以前,先按户分别绘制户地形图,给证以后,将各户户地地形图,合订为某区某图的鱼鳞图,并编制户地册表,"然鱼鳞图表,以未领去者多,无从编制"。④此外,上海市土地局绘有上海特别市区域图(1∶50000)、上海市区域总图(1∶25000)。上海市区保分界图(1∶50000)、上海市准转道契各图(1∶50000)实测各区图(1∶10000)、实测沪南区图(1∶2500),特别区南区图(1∶1440)、实测市中心区领地图(1∶2500),市中心区领地图(1∶500)、实测地价税区图(1∶625)、实测征收地价税各圩图、公地地图、征收土地及租用土地地图各项地基地形分图、岸线图等各种。⑤一二八事变之后,上海市土地局又恢复了之前的土地测量工作,至 1935 年,实测土地 39.7 平方公里。⑥

关于这一时期编制的鱼鳞图或地籍图册,大部分并未公开。笔者在上海市档案馆发现了上海土地局编制的《上海市土地局沪南区地籍册》,该地

①②③　内政部年鉴编纂委员会编:《内政年鉴》(三)《土地篇》,1936 年,第(D)240 页。
④⑤　同上书,第(D)241 页。
⑥　《中国测绘史》编辑委员会编:《中国测绘史》,测绘出版社 1936 年版,第 583 页。

籍册包括两部分：一，自一图至七图止，1933 年编，计 445 页；二，自八图至十图止，1935 年编，计 209 页。地籍册，包括目录和正表两部分，其中目录实为地块索引，包括页码、图圩号坵编号，正表包括图、圩、号、坵、编号、业主、土地面积、估价等字段。其中第二部分，即八图至十图，地籍表中有8242 条数据，土地面积有效数据为 6366 条，总计 6227.841 亩。

与地籍表对应的是地籍册，包括总图 1 张总图和 35 张分图，总图比例尺为 1∶10000，分图有的标注比例尺，有的没标，标注比例尺的显示为1∶2000。总图和分图并非一年绘成，其中总图绘制较早，为上海土地局于1931 年四月绘制，分图为 1933 年绘制。

总图内容极为详尽，仅图例就包括区界限线、特别区界线、铁路、马路、乡村路、河流、池沼、桥梁、码头、船场、房屋、墙垣、篱笆、坟墓、芦苇、杂树园、桑园、沙滩、荒地等 20 种。图上还用不同字体或颜色的文字，详细标注每条道路、河流、码头或重要地标物的名称。并且，用红色字体标注某图某圩的大致空间范围。

分图内容相对简单，主要表现土地产权关系。每幅分图基本就是一个圩的范围，地图上绘制了图界线、圩界线、号界线、地产边界线，以及道路和河流的界线等信息。图上用数字标注了每个号的编号，以及每个地产的编号，还有用文字标注了道路名。地图上有图名、比例尺，指北针，还有图注等信息，总体而言，无论是总图还是分图，相比之前会丈局绘制地图，制图更加规范，精度更高。

第二节　公共租界的土地测绘与地籍图册

一、永租制与上海道契

1842 年中英签订《南京条约》，英国人获得在上海等五口通商口岸临时

居住、通商的权利,但房屋和土地问题的具体方案依然悬而未决。①1843 年
《虎门附加条款》第七款增加了"租赁"的内容:"地方官必须与英国管事管各
就地方民情,议于何地方,用何房屋或基地,系准英人租赁……英国管事官
每年以英人或建筑房屋若干间,或租屋若干所,通报地方,转报立案"②。
1844 年中美签订的《望厦条约》和中法《黄埔条约》同样增加了"租地自行建
楼",以及所租之地必须由中国地方官"会同领事官酌定"的条文。总之在
1842—1844 年间,英法美等国侨民,获得了在上海及其他通商口岸租地建
房的权利。

　　1843 年 11 月 17 日,上海正式开埠,在土地租赁细则出台之前,来沪的
第一批洋商已迫不及待地在外滩等重要交通地段向当地业主租地。据英册
第 1—62 号道契契文中有如下补充文字:"再查此租地原于二十×年×月×
日租定者,彼此因租地契样式尚未办成,是以先将各业户原立租地议单暂交
该商收执,今既将出租地契样式办成,当将原立租地议单缴回本道署内存
案,本日换给此契为凭。"③从这段契文来看,最初的华洋土地交易,只是洋
商私下里与华人业主协定,双方签订"租地议单"。土地交易符合上海本地
惯例,分为年租和押手,但年租和押手数额不一,由双方协定。比如,在
1844 年最早租地的前 7 号道契中,第 1 和 7 号押重租轻,而 2—6 号道契对
押对租,等等。另据陈正书多年的研究,在当时华洋土地交易一片混乱,不
仅迫租与抗租并存,租地所立契约简陋,仅写一份"租地议单",格式不一,仅
由地保、图董画押,关防不严。而且,由于华人业主土地凭证和产权的复杂
性特征,造成了不少土地纠葛。④总之,中国传统土地制度已无法满足当时
华洋土地交易的实际需要。

　　实际上,即使不考虑当时的迫租和抗租情况,当时的华洋土地交易还遇

①④　陈正书:《道契与道契档案之考察》,《近代史研究》,1997 年第 3 期。
②　徐公肃、丘瑾璋:《上海公共租界制度》,载《上海公共租界史稿》,下文所引均为此版本。
③　蔡育大主编:《上海道契》,卷 1。

见以下问题：一方面，上海土地买卖非常复杂，既有田底权和田面权之分，形式上又有活卖和绝卖之别，由此产生的问题颇多，除非绝卖，原业主随时可以取回土地；另一方面，华人土地凭证极其复杂，依据当时的大清律法，华人不得将土地卖给外国人。鉴于此，中外双方经过长时间的谈判，终于想出了"永租"办法。

1845 年 11 月 29 日，英国领事巴尔福与上海道台就租界确立、租地办法等进行长时间谈判后，双方签订了《上海土地章程》，将江洋泾浜以北、李家场(今北京东路)以南，黄浦江以西准许租给英商建房居住，西界未做说明。直到 1846 年 9 月 24 日，宫慕久与巴富尔才议定，在英居留地的西面辟建一条道路作为西部边界，故该路又称"界路"。当时租界面积 1080 亩。按照《土地章程》规定，租地洋商向华人业主缴纳租金(每亩约 1500 文)，另付十倍于年租的押手，若洋人退租，须将押手退还原业主。租地手续由租地洋人与原业主直接协商，一旦双方达成协议，即由租地洋商向英国领事馆陈报，并将双方的交易合同契纸由领事官转交道台查核。若查无误，再加盖道台钤印，该土地凭证习称为"道契"。

外国商人租地建房之后，只准他们禀报不租，退还押租；不准原土地业主任意退租，更不准再议加添租价，实行所谓"永租制"。同时还规定，该处本地居民不得自相议租，也不得再行建房、召租华商，限制中国人入住租界，采取所谓的"华洋分居"政策。[1]

当时，外国人在英租界"永租"华人地产，均须到英国领事馆登记。英国领事馆为此专门设立了土地股，负责土地登记、颁发道契等业务。据陈正书研究，在 1847 年道契契证制式、契证文本内容正式确立之前，中外土地交易一片混乱：除了中国地契存在各种流弊外，中外租地所立契约形式紊乱，或仅写一份租地议单，有些交易未到领事馆登记，处于失控状态。[2]1847 年底

---

① 《上海租界志》编纂组编：《上海租界志》，上海社会科学院出版社 2001 年版，第 92 页。

② 陈正书：《道契与道契档案之考察》，《近代史研究》，1997 年第 3 期。

上海道台正式签发第一批道契，之前所有的租地单据均换立新契方为有效，即目前所见《上海道契》英册第 1 至 62 号道契。至此，"永租"制才步入正轨。

1853—1855 年上海爆发了小刀会起义，因大量难民涌入租界，土地交易异常活跃，但此时上海道台名存实亡，一时无法颁发道契，不得不采用一种特殊的凭证，待战争结束上海道台恢复后换立新契才生效。"永租"土地的登记手续也发生了新变化。1854 年英法美三国趁机在中国当局未参与的情况下，擅自修改了《上海土地章程》，计十四条，对 1845 年《上海土地章程》多有改动。其中该章程第二条规定，"凡欲向华人买房租地，须将该地绘图注明四址田亩，禀报该国领事官"，取消了 1845 年章程须禀明英国领事官之规定①；该章程第八条，"租地皆注册为凭。凡转租限三日内报名添注，入过期未注，即不为过契矣"②，历次交易附于道契正文后，源于此。该章程后还附录了"租地契式"即道契样式，这是道契的第二种样式，最终被各国领事馆所接受，该样式一直沿用至 1943 年。该"租地契式"规定，"若华民欲在界内租地赁房，须由领事官与中国官宪酌给盖印，"打破了之前禁止华人在租界内租地即所谓华洋分居的限制。

1889 年会丈局成立之后，采取了非常严格的土地登记与申报道契手续：向华人业主购买方单内所载之地的外侨，首先按照《上海土地章程》向该国领事馆申请，待其所成交后，向该管领事代表报告，并须将卖契一纸，载明界限四至之图样一张，以及该地之方单，一并呈由该领事代表转送中国会丈局核验。经查明无误，由该局代表指定日期，届时由会丈局对该地实行丈量。领事馆、请领事馆地契人、以及工部局册地事务所等代表均须到场。然后由会丈局测绘地图三份，送交领事代表，转交外侨租地人审核，倘经租地人认可，则再送交会丈局。该局即将盖印的领事署道契或称永租契送交领

---

① 徐公肃、丘瑾璋：《上海公共租界制度》，载《上海公共租界史稿》，第 56 页。
② 同上书，第 54 页。

事馆。最后,由上海道台,将领事馆道契三份盖印,每份各贴附地图一张。一份留存会丈局备案,一份送还领事馆保存,一份发交购地人收执。领事馆为颁发的每一份道契赋予一个编号,记入该馆地产登记册。①这些手续适应于公共租界,若外侨在法租界购地,适用同样手续,唯一不同在于地图由法租界册地事务所测绘。②册地事务所应是法租界公董局的地籍处,详见本章第三节。至于外国人在租界界外中国政府规定限定许可范围内购地,其取得地产注册手续与上述相同,不同在于地图测绘由中国会丈局办理,而非由租界册地事务所担任。不过测量地产时,租界册地事务所派代表到场,会丈局所绘地图,由租界册地事务所校核。③

表 1-2-1　1843—1943 年在沪外国租地人统计表

Country	Renters	Country	Renters
United Kingdom	10775	Spain	21
France	2985	Denmark	12
United States	1932	Portugal	11
Japan	763	Norway	3
Belgium	188	Netherlands	3
Switzerland	112	Sweden	1
Italy	109	Tatal	16960
Germany	45		

资料来源：Têng-ti Tchang, *Les Titres de Location Perpétuelle sur les Concessions de Shanghai*, Tientsin：Librairie du recueil Sirey, 1940：26.

从内容上看,道契档案由契证正文与附件两部分构成,契证部分记载契文与签批记录,包括经办该契的领事与道台姓名,原业主以及永租人姓名,永租土地的面积、价格、四至等信息,文末则是对土地出租人和永租人权利

① 《费唐法官研究上海公共租界情形报告书》,第 656 页。
②③ 同上书,第 657 页。

与义务的限制条款。道契正文通常包括中文和外文两个版本。道契正文附录部分为历次土地交易的记录,通常为某年月某人将土地多少亩转于某人,或记载该道契是否注销或换立他契等内容。道契的附件,包括地图、交易凭证或其他有关土地的文件,比如土地纠葛案例等。因各种原因,目前仅公开出版了 1911 年之前的上海道契,实际上,上海道契有三万余份,涉及外国租地人 16960 人,详见表 1-2-1。

在现实中,华洋之间的土地交易非常复杂,并非所有的交易均换道契。据英册道契第 1808 号,记载了一份来泰洋行与华人业主签订的永租草契,内容抄录如下:

> 立出租田文契金长生为因正用,今将自己租遗田坐落念柒保拾图念字圩壹伯念贰号内田壹亩正,先召亲族人等无人承受,母子商议情愿央中出租到于李孛记来泰洋行为业,三面言定。时值洋四伯拾元正,当日立契,一并收是其田,是出租之后,任从管业耕种、收册、过户、完粮以及起造房屋、开浜掘井、种竹穿杨、即便出召交卸与失主不涉,倘有来历不明,失主全中保理直此,两相允洽,决无异言反悔,恐后无凭,立此出租田文契存照。
>
> 光绪八年七月日立出租田文契金长生、(中)金胜华、张秀坤、陈惠庭、陶桂林
>
> 计开四址:东至官路、南至官路,西至路,北至蔡地。
>
> 图:徐念租
>
> 代笔:陶如纶
>
> 此单专过道契作为废纸①

---

① 英册道契第 1808 号,《上海道契》,卷 6,第 77 页。

可见,该草契信息颇详,既有业主的签名,还有四址及面积等信息,以及双方承担的责任和义务等,双方签约时,图董(地保)在场并画押签名为证。从内容上,这种草契和执业田单内容非常相似,具有一定的法律效率。这种情况通常发生在越界筑路区或邻近租界的华界地区。故待越界筑路区被划入租界后,这些草契再换立道契,故该草契最后有一句"此单专过道契作为废纸","而当时洋商亦有在界外得产转契者,官厅昧于督察,一例发给,直至会丈局设立。查已转契之图分,愈推愈远,因即设法限止,凡未经转契之图分,一概不予开始再转",①为防止洋商到处"永租"土地,侵吞华人土地,故上海道台画出了准道契区,作为洋商永租土地的范围。非准道契区,不允许洋商租地。据《申报》记载,准道契区,主要包括以下区域:

上海:二十八保五六图,二十八保三图,二十八保十并十一图,二十八保四图,二十八保九图,二十八保南十二图,二十八保北十二图,二十七保北十二图,二十七保十图,二十七保十图,二十三保十五图,二十三保十六图,二十三保正十九图,二十三保四图,二十三保八图,二十三保九图,二十三保六图,二十三保五图,二十三保三图,二十三保分十九图。

浦东:二十二保五十三图,二十二保五十图,二十二保四十三图,二十四保二十一图,二十三保十四图,二十四保十六图,二十四保二十四图,二十四保二十三图,二十四保二区十六图,二十四保正十五图,二十四保十四图。

宝山:结一图,结九一图,结九二图,阙九三图,殷四图,殷五图,殷六图,(此图江湾跑马厅东,有不可转者)金二图,金二十三图,阙三图,阙五图,两二十五图,推八图,殷六图,阙十六图。

吴淞:腾四十二图,腾四十一图,腾三十九图,腾四十图,腾四十图,衣三十六图,衣二十九图,衣十九图,冈三十三图,冈三十二图,冈十四图,周二十八图,周二十图□,周十六图,周十图,衣十三图。

---

① 《上海道契问题》,《申报》,1925 年 8 月 3 日,第 15 版。

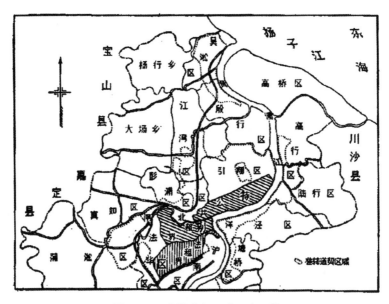

图 1-2-1　准转道契区域示意图①

　　实际上,这样做并没有完全阻止洋商在华界租地,故这种私下华洋交易一直存在,直至 1943 年两租界政权在上海终结。除外,还有一种挂号道契,又称"权柄单",即华人假借洋商的名义设立的道契。据《上海乡土志》记载:"租界民地,惧为洋商侵占,设法转立道契。契内明载永远租与某某洋行云云,却由该洋行出具洋文凭证一纸,谓之权柄单。业主执此,以为既得其保护,而权柄仍在于我。岂知道契有中西官印,而权柄单则洋行私立者也。"②

　　上海市档案馆藏道契档案 26294 卷,档案排架长度 422.4 米,档案起止时间为 1847 年至 1930 年。按照国别分,英国道契,共 12845 卷,自第 1 号道契开始,签发时间为 1847 年;法国道契,共 3217 卷,未见 1—4 号,自 1895 年签发的第 5 号开始;美国道契,共 3535 卷,自 1855 年签发第 1 号开始;德国道契,556 卷,自 1870 年 2 月签发的第 1 号道契开始;华册道契,354 册;

---

① 　徐公肃、邱瑾璋:《上海公共租界制度》,载《上海公共租界史稿》,卷首照片。
② 　李维清:《上海乡土志》,清光绪三十三年(1907 年),著易堂,铅印本,中国图书馆藏,第 15 课,道契。

日本道契,863 卷,始于 1875 年签发的第 1 号道契;俄罗斯道契,56 卷,第 1 号签发时间是 1861 年;奥地利道契,32 卷,第 1 号签发时间 1873 年。还有其他国家道契:意大利道契,218 卷,比利时道契 165 卷;丹麦册 23 卷;挪威道契 21 卷;瑞典道契 7 卷,奥地利道契 32 卷;巴西道契 2 卷,墨西哥道契 2 卷,大西洋册 19 卷,大和册 20 卷。这些国家道契的开始签发时间略晚,基本在光绪年间。巴西册最晚,第 1 号道契签发时间是 1915 年。[①]

宝山、吴淞不属于通商范围,自 1900 年起允许发契。宝山地区主要有:英国册 1538 卷,美国册 275 卷;法国册 222 卷,日本册 171 卷,意大利册 56 卷,比利时册 12 卷,瑞士册 17 卷,西班牙册 43 卷,葡萄牙册 17 卷,丹麦册 2 卷,俄罗斯册 1 卷,挪威册 2 卷,瑞典册 15 卷,奥地利册 10 卷,大西洋册 9 卷,德国册 22 卷,华册 70 卷。[②]

吴淞地区:主要有英册 61 卷,美册 2 卷,法国册 4 卷,日本册 6 卷,意大利册 1 卷,丹麦册 1 卷,德国册 1 卷。[③]

二、测量制度与机构设置

(一) 工部局成立之前的土地登记与土地测量

1845 年《上海土地章程》第一条规定:"关于租地事。地方官与领事官须会同审定边界,确定若干步亩,并以界石标志之"。实际上,这里仅规定由地方官与领事官一起审定地产边界,并没有强制要求重测土地,而在实际工作中,道契的面积是否准确,似乎并不重要,只要不发生异议,通常采用原田单的数据,除非双方发生纠葛,才有可能重测或由地保提供的鱼鳞图册来判定,或见于公堂之上。[④]

---

① 邢建榕主编:《上海档案史料研究》第 8 辑,上海三联书店 2010 年版,第 327—328 页。
② 同上书,第 328—329 页。
③ 同上书,第 329 页。
④ 牟振宇:《晚清上海道契土地数据的再认识(1843—1911)》,《史林》,2021 年第 4 期。

另一方面,之前租界内的市政,包括租界边界的测定,均由道路码头委员会负责,而小刀会起义后租界因人口增多,租界内的事务日益繁重,原来的道路码头委员会,已不堪重任。1854 年,租界的市政机构——工部局应运而生。工部局成立后,趁战乱从上海道台手中攫取了市政权和税收权,并将土地税(地捐)和房产税(房捐)作为新机构运作的重要财政来源。为此,工部局一方面设立市政测量员(surveyor),负责租界内各项测量事宜,包括编制地籍图①;另一方面由租地人大会选举产生土地估价委员会,对租界土地进行合理公正的估价,作为征税的依据。从此之后,租界土地清丈和地籍测绘开始从临时走向制度。

(二) 1855 年至 1899 年会丈局成立之前

这一时期租界同时并存着两套土地登记制度。一种是由各国领事馆主持的土地登记制度,即永租制;另一种是由公共租界的测量员负责的地籍登记制度,主要是满足工部局征税(土地税和房屋税,即地捐和房捐)以及市政建设(比如筑路征地等)的实际需要。由于这两套系统归属不同的机构,并采用了不同的测量方法,测量结果出入颇多,由此产生的土地问题层出不穷。特别是在筑路征地时,工部局测量结果与道契所载面积不一致的现象十分普遍。比如 1856 年 5 月 8 日工部局董事会上讨论了从麦家圈房屋经过并穿过史密斯地产西面的一条新路的征地问题。业主史密斯先生认为测量的尺寸"或多或少"有出入,在他的地产东面他需要"多"付出 87 英尺。②

1856 年,工部局董事会指令曼先生编制一份其管辖范围内的土地和房屋清单,要在所需的一份规划上把土地和房屋系统加以编号,并对每一幢房屋与进行调查,以便为工部局取得征收税款的信息。③工部局意识到测量在

---

① 1869 年,"测量员",改名为"工程师"。详见《1871 年 11 月 9 日会议》,《工部局董事会会议录》,第 3 册,第 842 页。1876 年,再次将"工程师"改名为"测量员",工程师办公室(即管理工程处),改名为"测量员办公室"。详见《工部局董事会会议录》,第 6 册,1876 年 3 月 13 日,第 725 页。

② 《工部局董事会会议录》,第 1 册,1856 年 5 月 8 日,第 586 页。

③ 《工部局董事会会议录》,第 1 册,1856 年 5 月 19 日,第 587 页。

市政工作中的重要性,除了征税外,无论是边界勘定、市政建设、筑路征地、建造房屋,还是滩地升科、疏浚河浜、土地勘丈等,均离不开测量。显然,之前仅靠临时雇用测量专员的方法已无法满足日益繁重的测量工作。故成立一个专门的土地测量机构是颇有必要的。同时,考虑到道契的土地面积多与现实不符,也颇有必要对征税的土地统一实施丈量。早在1863年11月9日,C. I.金先生来函谈及对工部局已征税土地实行丈量事宜。①1863年12月16日董事会议讨论了组建"土地处"(Land Office)②的事宜,并将此事提交领事会议。而这一时期测量事宜主要靠临时雇用测量人员来完成的。比如1863年11月28日,工部局对租界内的华人房屋和西人房屋实施测量,初步估计租界测量大约250幢西人房屋与7782幢华人房屋的测量工作约需639天。克拉克先生认为,测量每幢西人房屋至少约需1名测量员、2名华人以及2名苦力一天的工作量。假如华人房屋的地界划分不太复杂的话,以同样的人力,一天可测量20幢。完成全部租界的测量略图,至少需要5至6个月的时间。③可见这种临时性的雇用工作,既费时,又费力,且时常因雇用费用问题,或其他原因,工作时断时续,效率低下。

1864年1月13日工部局董事会议通过了组建"土地处"的建议草案。1月21日,工部局董事会再次讨论了土地处筹建方案,并希望工程师确定测量租界应采取的最切实可行的方法。④关于筹建土地处的建议,内容如下:

1. 土地处的建立,将有可能引起某些有用的变动,并能提高目前办

---

① 《工部局董事会会议录》,第1册,1856年11月9日,第695页。
② Land office,《工部局董事会会议录》将其翻译为"会丈局",笔者认为不妥,因为这容易与1889年上海道台成立的会丈局相混淆,这实际上是两个不同的机构。根据《上海租界志》,Office在工部局中并无固定的翻译,如Chinese Studies and Translation Office(华文处)、Revenues Office(捐务股)、Local Post Office(工部书馆)、Municipal Registration Office(工部验看公所)。鉴于土地问题在工部局中的特殊重要性,本书将其翻译为土地处。
③ 《工部局董事会会议录》,第1册,1863年11月28日,第697页。
④ 《工部局董事会会议录》,第2册,1864年1月21日,第465页。

事的速度与效率,建议的变动有:

(1) 废除分注册(sub-register)系统,随时发放地契。

(2) 取消旧而复杂的地契,发放新地契。

(3) 定期发放土地分类表①。

(4) 保存并注册统一的土地平面图。

2. 提高半年租地人表中所列土地的费用。据此,凡需组建会丈局的领事馆将能按照实际成交数额征税。

3. 估计支出。

对丈量员的补偿,大约 250 英镑,共 1200 元,

一名欧籍职员的薪金,1800 元,

一名华籍职员的薪金,400 元,

每年文具费用,400 元,

每年共计支出,3650 元。②

由此可见,该机构主要是针对当时的土地登记问题而设立的。该机构的设立还有特殊的历史背景。1860—1864 年太平天国攻打江南地区期间,上海租界因难民涌入人口激增,土地交易异常频繁,在土地交易高峰期,短时期内如何应对如此多的道契申请,以及短时间内频繁转手问题,成为各国领事馆土地登记颇为棘手的难题。而且,由于当时的土地登记和土地注册缺乏合理的管理制度,随着申请道契的数量越来越多,在主注册簿下又增加了副注册簿,道契的编号系统出现紊乱:其一表现为道契册地的分地号与地产地图的分地号已非对应关系。在此之前,无论是 1849 年,还是 1855 年英租界的地产地图,地图上的分地号,即道契册地的分地号,但到 1864 年,地产地图上的分地号,已非道契分地号,关于此问题论述详见下文。

---

① 此处原文为 regular issue of classified land list,可翻译为定时颁发已分类的土地清单。

② 《工部局董事会会议录》,第 2 册,1864 年 1 月 13 日,第 464 页。

其二,出现了两宗或三宗地产共用一个道契号的现象。在 1864 年 1 月 1 日英国领事馆租地人清单(List of renters of land registered at H. B. M's Consulate)里,有多例两宗或三宗地产共用一个道契号的现象。据笔者统计,在 1864 年英租地人清单里,三宗地产采用同一道契号的有 10 例,而二宗地产采用同一道契号的案例则达 162 例。在此类案例中,有一些是地产因筑路或其他原因发生了分割,导致一宗册地分为两块地产,工部局为了管理的方便,分别给这两块土地赋一分地号,这不难理解。令人困惑的是,不同业主的两宗册地共用一个道契号。比如分地号为 171b、102 的两宗地产,共用了同一道契号,即 96,但其租主(即业主)不同,分别是"Allen Thomas"、"Ameerooden Jafferbhoy & Co."。若查对道契 96 号册地原文,①该地的分地号为 102,原业主是陈凤山等,租主是"阿秘鲁丁查费尔拜公司",即"Ameerooden Jafferbhoy& Co.",面积为 2.4 亩。这些信息与 1864 年租地人清单基本一致,但分地号为 171b 的册地,在道契原文中却找不到任何信息。从该册地的交易情况来看,该册地立契时间为咸丰二年(1852 年)十月二十日,之后在很长一段时间里未发生交易,直到光绪五年(1879 年)三月十八日,租主"阿秘鲁丁查费尔拜"将所租的册地全部转于那马丁、费若礼二人。从时间上看,171b 分地与 102 分地不存在交易关系,这说明 171b 分地只是借用了这一道契号码,为什么不采用新号码呢? 史料无考。笔者认为,这是由当时道契管理系统不完善、管理混乱造成的。

1854 年英法美修订土地章程后,道契颁发归各国领事分管,工部局要想获得整个租界的土地信息必须到各国领事处索取。当时为了抄写一份新的土地登记表,临时雇佣了一名华人,月支薪 12 两银。②这不仅增加了工作量,而且在传抄过程中遗漏或抄错难免,尚不论该国领事馆登记的地产信息是否完整、准确。况且,这一时期至界外租地越来越多,仅靠一张名单很难

---

① 英册道契第 96 号第 102 分地,见《上海道契》,卷 1,第 150 页。
② 《工部局董事会会议录》,第 4 册,1870 年 2 月 11 日,第 682 页。

分清哪些地产位于租界内,哪些位于界外。可以想见,成立一个专门的土地机构,并对租界内土地重新登记和重测确实是当时一劳永逸的良策,当时工部局已意识到这一点。

但要把这一计划付诸实践,当时条件不成熟。不得已,雇佣洋行来绘制租界地图在当时十分普遍。《1864—1866 年英租界地图》是研究这一时期英租界最重要的一份地图资料,该地图的绘制也是如此。早在 1864 年 2 月 24 日会议,收到了一份关于绘制英租界的投标书:

> 我们负责提供英租界的准确详图:自泥城浜延伸至黄浦江,以及自洋径浜延伸至苏州河,并包括不时可能需镌版工人或平板工人绘制的部分在内,只标明目前向我们指出的房产所在街坊的轮廓边界线。全区测量按每亩白银 3 两计算。
>
> 平面图按 50 英尺对 1 英寸的比例,标志街道轮廓、江边马路、码头、桥梁等的位置与范围,并对每一建筑按洋行划分,认真描绘。然而我们并不负责具体标明每幢华人房屋或厕所的区间,只标明目前向我们指出的房产所在街坊的轮廓边界线。
>
> 我们也不负责标示下水道或阴沟的位置,走向或连接口。我们需要捕房的协助,以对视距内的街道加以清理,并能在需要临时标记时在马路上立桩。
>
> 我们要求支付下列款项:工程开始时支付 1500 两白银,街道轮廓草图完成时支付 2000 两白银,其余部分按工程进度。①

投标者为怀特菲尔德洋行和地亚士洋行。工部局最终同意并批准了该洋行的设计方案。1864 年 5 月 19 日会议上,怀特菲尔德洋行报告说,租界

---

① 《工部局董事会会议录》,第 2 册,1864 年 2 月 24 日,第 470 页。

的测量已于本月 9 日开始。①而虹口地区的测量任务则交给 67 团杰布少校，测量范围如下：

> 东—虹口港
> 北—这条港抵达靶场前与之相交的地方；
> 西—广隆洋行的堆栈；
> 南—苏州河黄浦江。②

1864 年 9 月 28 日会议，怀特菲尔德洋行来信说，将街道画在英租界平面图上的工作已完成。③1865 年 2 月 1 日会议上，工程师建议，缩小的租界平面图应在英国印刷，印刷品可出售，以支付印刷费，获准。④3 月 9 日会议，董事会得到通知，英租界和部分虹口租界的简要平面图已送往英国制版。⑤3 月 28 日，怀特菲尔德致工部局董事会总办古尔德的信函称："英租界的测量现已按本行合同的条款完工；一收到贵局工程师的完工证明，我们将高兴地尽心移交。"⑥4 月 19 日，怀特菲尔德洋行致函董事会，已完成的英租界测量报告已交工部局工程师，信中还附有该工作的账单，表明结欠 824.79 两银子。⑦工程委员会支付了分期付款的 4000 两银子，但发现了地图上某些不精确之处，请怀特菲尔德进行纠正。⑧租界测绘的调查工作，由克拉克负责调查报告中的不准确之处。⑨至于虹口的测绘工作，1865 年 8 月 7 日，工

① 《工部局董事会会议录》，第 2 册，1864 年 5 月 19 日，第 470 页。
② 《工部局董事会会议录》，第 2 册，1864 年 6 月 15 日，第 479 页。
③ 《工部局董事会会议录》，第 2 册，1864 年 9 月 28 日，第 488 页。
④ 《工部局董事会会议录》，第 2 册，1865 年 2 月 1 日，第 499 页。
⑤ 《工部局董事会会议录》，第 2 册，1865 年 3 月 9 日，第 501 页。
⑥ 《工部局董事会会议录》，第 2 册，1865 年 3 月 29 日，第 502 页。
⑦ 《工部局董事会会议录》，第 2 册，1865 年 4 月 19 日，第 503 页。
⑧ 《工部局董事会会议录》，第 2 册，1865 年 6 月 7 日，第 505 页。
⑨ 《工部局董事会会议录》，第 2 册，1865 年 7 月 8 日，第 510 页。

务委员会报告称,杰布少校的地图已呈交,但由于杰布少校离开上海,该地图未全部完成。为此,该地图的可信度要打一些折扣。①更糟糕的是,当时道契数据并不准确。

1870 年 1 月 6 日工部局董事会上收到了布兰德·门罗洋行的一封信,该行声称他们的土地面积,道契所载为 12 亩 7 分,而经实际测量,他们只占用了 9 亩 6 分 3 厘,因此请求董事会根据实际的土地面积征税,而不是根据道契内记载的面积。②但董事会无法同意这项要求。董事会曾在 1 月份做出决定,土地税系根据领事馆土地登记册上的面积征收的。经双方激烈讨论,最终决定采纳英国领事温思达先生 1867 年 9 月 28 日的一份备忘录的方法,即他们只能向他们的领事提出申请来改变他们地契的面积。不管对土地面积做出什么样的修改,今后只能根据修改后的土地面积征税。③

鉴于以上种种问题,1870 年 2 月 11 日会议上,金斯米尔先生建议工部局对租界境内的土地进行登记。④1870 年 6 月 6 日会议上,工部局董事会看到之前计划成立的"土地处"的土地登记册现已启动。在土地估价表上均注明工部局的册地编号,会议还指出,这项工作完成后便可付印。⑤而绘图事宜仍沿旧制,即采用临时雇人的办法,金斯米尔先生受雇为华人所有的地产立界、完成土地的地图并提供表明册地等边界的正确绘图。当时完成的地产地图分为两种:一种是大比例尺,1 英寸比 50 英尺,即 1:600;一种是小比例,1 英寸比 200 英尺,即 1:2400。⑥1870 年 7 月 4 日会议,安德森先生向董事会提出,必须对土地平面图加以修正。会议决定,聘请金斯米尔先生来修正工部局土地平面图有关西人房子方面的不准确之处,并记录自平面图刊行后所进行的改动,还应记录已设计好的新马路的位置或旧马路位置

---

① 《工部局董事会会议录》,第 2 册,1865 年 8 月 7 日,第 512 页。
② 《工部局董事会会议录》,第 4 册,1870 年 1 月 6 日,第 679 页。
③ 《工部局董事会会议录》,第 4 册,1870 年 4 月 5 日,第 697 页。
④ 《工部局董事会会议录》,第 4 册,1870 年 2 月 11 日,第 682 页。
⑤⑥ 《工部局董事会会议录》,第 4 册,1870 年 6 月 6 日,第 709 页。

的改变情况,但费用不得超过 400 两。①1871 年 2 月 13 日,工部局完成了虹口土地估价表的制定以及虹口和英租界的地产地图:"英租界地产图业已彻底修改,图上标有册地编号,注册号码等等。"该地图的比例尺是 200 英尺比 1 英寸,即1∶2400,在工部局册地编号完成后,土地处建议复制并送英国石印。②财政、捐税及上诉委员会要求租地人在 10 天之内核对并证实册地的边界,"只有这样才能使工部局土地处置于令人满意的基础之上"。③

工部局 1871 年 2 月 27 日会议,通过了一项要决议,即成立"土地处",而之前该处一直只是临时性的。这次会议通过了由总办为其起草的管理章程草案,该草案内容如下:

Ⅰ. 名称,定名为工部局土地处

Ⅱ. 宗旨,对 1870 年《土地章程》第 1 条中所划清位于界内的一切土地进行正确的登记。

Ⅳ. 办公时间除星期六外,每天上午 10 时至中午 12 时,下午 3 时至 5 时。

Ⅳ. 工作范围:

对Ⅱ款所划清位于界内不同小块土地进行订正和登记:

1. 确定所有册地的地界并订正其面积等

2. 记录过户证书

3. 估价细目

4. 装订测量图表

总而言之,一切可能在现在今后属于工部局章程内之土地事务,不论其为华人所有,或西人所有。

---

① 《工部局董事会会议录》,第 4 册,1870 年 7 月 4 日,第 718 页。
②③ 《工部局董事会会议录》,第 4 册,1871 年 2 月 13 日,第 775 页。

Ⅴ. 土地平面图发行已在修正后测量图表上标明的土地区域复制图，每份 2 角 5 分。

Ⅵ. 亩的标准容积所有进行登记的土地容积，均应以每亩 6600 平方英尺计算。

Ⅶ. 册地编号为使验明产业证书更为方便，应将工部局编号附于领事馆注册处，而为工部局征税之目的，工部局编号应充分注有该产业的性质。

Ⅷ. 土地平面图和注册登记簿的公开应将工部局的土地平面图和注册登记免费向租地人或其正式指定的代理人公布以接受审查。

Ⅸ. 关于规章的修改如有必要，可随时对条款作上述修改。

总办约翰斯顿

1871 年 2 月 20 日董事会

该草案对于地籍测绘进行了详细的说明，特别是租界内任何地产均由该处重新登记、订正面积，估价细目，并制作测量图表。故此章程可视作公共租界地籍制度之滥觞。

1878 年 5 月 13 日工部局董事会议上，为研究土地注册和土地转让而设立的委员会提交了一份报告，建议设立一个清丈局，并配备专职丈量员。但会议认为，"二、三年内其费用可能不少于 6000 两"，故无必要，因为"目前工部局有一土地股，所有土地的转让，包括边界等详细情况，均在那里进行注册"。①这里的土地股应该指上文的土地处，说明这个机构已经运作了。但这个机构主要是登记土地，并不涉及测量。因此 1882 年，工部局试图测量虹口时，仍采取了雇人测绘的方式，当时法租界公董局的测量员克莱门特来信，愿意用两年的时间完成一张完整的虹口区的测量图，比例尺为 1：600，

---

① 《工部局董事会会议录》，第 7 册，1878 年 5 月 13 日，第 690 页。

共包括 24 个地段，每个地段包括两张地图，一张是三角测量的册地地图，一张表明册地的业主姓名和面积等信息的地册。①

1887 年 8 月 22 日会议，工部局收到了测量员关于虹口实测图的一份报告，报告称，他已实地测量了下列各块地产，并将测量数字与窦达尔先生提交的虹口实测平面图相比较，其结果如下：

德国领事馆册地：河滨在平面图长 205 英尺，而实际长度为 202.6 英尺；北边长 212 英尺，而不是 209.4 英尺；东边长 181 英尺，而不是 178.5 英尺。

日本领事馆册地：平面图上堤岸长 151 英尺，而实际长为 153 英尺；北边长 153 英尺，而不是 151.6 英尺；在 50 英尺比 1 英寸比例尺的平面图上，与在 200 英尺比 1 英寸比例尺的平面图上，这块册地的东边长度相差 25 英尺。

虹口捕房与 525 册地：闵行路、蓬路、吴淞路、密勒路中间的整个街区画错了。所有这几条马路都错了 2 英尺到 5 英尺。

北苏州路的延伸线：河南北路与拟建的北山西路之间的距离，在平面图上是 396 英尺，而实际距离是 421 英尺。

天潼路：沿这条马路的好几个街区在平面图上都画错了。

三角测量平面图：所呈交的平面图，相当大的部分测量是不完整的。②

可见雇人绘图问题颇多。针对这些问题，董事会要求他在平面图第二副本上填入已缴纳房地捐的各块地产的面积及四至；他应该把整个平面图再复核一遍，找出错误之处，把需要重新测量或重新绘制的部分再重测重

---

① 《工部局董事会会议录》，第 7 册，1882 年 3 月 10 日，第 772 页。
② 《工部局董事会会议录》，第 9 册，1887 年 8 月 22 日，第 597 页。

绘。待他把退回的平面图准确重绘后,董事会才着手检查平面图是否正确,然后决定是否接受。①窦达尔对测量员的实测数据表示怀疑,之后窦达尔重新测量了吴淞路以西的几乎整个地区,又发现了很多以前没有怀疑过的错误之处,因此整个图都要重新绘制,所以不能以每月 4 张的速度完成这部分平面图。关于测绘的其他部分,他认为没有困难,他不能如期迅速提交已经改正的平面图,因为他有意识挑选从错误最多的那部分开始重新工作。会议上有人提出,董事会向他指出这些错误整整一年了,因为他不肯承认这些错误,董事会才不得不花钱请金斯米尔核实。还有人提出,那张测绘图上唯一正确的部分就是金斯米尔测绘的,而窦达尔认为那一部分错误很多,他不得不重测,为此他要花一大笔钱。有人建议,重测部分不该付给他钱,同时,金斯米尔为核实部分平面图索要的钱应该由窦达尔还给工部局。②

会丈局 1889 年成立后,采取了以下的测量步骤,使原来并不精准的道契地块测量精度有了明显的提高:

（一）凡丈量地段因而转换道契者,由上海租界工部局职员到会丈局会同前往该地段执行,丈量一切。

（二）凡丈量地段之时,苟为办理英籍或美籍之道契者,即由英领事署或美领事署派翻译员一人,协同前往查验,以昭慎重。（惟法领事对此向不派员,日领署则派日本书记官,至其他之外国领署对此,类皆派出翻译员充任之,与英美领事署同一办法。）

（三）上海租界内之地段于丈量之后,由上海租界工部局负责绘图。

（四）上海租界外之地段于丈量之后,由中国会丈局负责绘图。

（五）上海公共租界志工部局所绘之图样,除该局存底备查外,须

---

① 《工部局董事会会议录》,第 9 册,1887 年 8 月 22 日,第 597 页。
② 《工部局董事会会议录》,第 9 册,1888 年 7 月 24 日,第 666—667 页。

另誊二纸，以一纸送交英领署备查，以一纸送与中国丈绘生查验。

（六）上海法租界公董局所绘之图样，除该局存底备查外，另誊四纸，以二纸送交法领署备查外，须另誊四纸，以二纸送交法领署备查，以一纸送与会丈局备查，其余一纸送与丈绘生备查，并请查明核对。

（七）凡西人在公共租界与法租界内执有地产者，得领道契之权利。①

查阅道契档案可知，道契正文之后通常会附上会丈局测量的结果，以英册道契第 4000 号为例：

此项租地饬据会丈局复坐落于二十七保三图羔字圩土名夏家堰，丈见实地伍亩贰分伍厘叁毫。四址：东至水沟暨张姓地，南至小路暨张姓地，西至英册三千九百八十三号地，北至浜。绘图到道，该商应照实亩址管业，相应批明盖印备考。

光绪二十八年六月初九日批②

从时间上看，批复的时间，仅略晚于立契时间三个月。正因为有了会丈局的准确测量和记录，道契的正文往往省略了四至边界的内容。

同时也应看到，会丈局存在"地保勾结洋商，以多量少""丈量出多余土地不按时价缴价""给契时间迟缓"等种种弊窦。故上海租界的土地测量问题并未从根本上解决。工部局认为，只有工部局也参与土地测量，方可一劳永逸地解决问题。1899 年 10 月 10 日工部局会议指出，"在目前情况下，绘制地籍图和地籍表时要想获得令人满意的精度是不可能的，在各个领事馆登记土地，又没有一个独立的管理系统，已被证实会导致各种严

① 《会丈局小史》，《上海研究资料》，第 56—61 页。
② 英册道契第 4000 号，《上海道契》，卷 14，第 163 页。

重的漏洞和缺陷。"①

这一时期,公共租界实现了新的扩展,面积大增,正如工程师在工部局年报里所言,"鉴于工部局因租界扩展而面积大增,也有必要对这一重要问题采取补救措施"②。1900 年 9 月 8 日,工部局宣布成立地籍办公室(Cadastre Office),又称"清丈局",该机构由市政检查员(municipal surveyor)负责。③除了收集各领事馆登记的土地信息外,其主要职责是对租界以及租界边缘 1 英里范围内的所有新的永租地产进行测量和登记。④清丈局成立后,立即出台了新的土地登记章程,其核心内容是规定由田单转换道契时,在租界或邻近越界筑路地段内,必须工部局或公董局加入会同丈量,核定亩数,更正界石,出立照会等。从此以后,会丈手续,由二方变为三方,其办理的章程内容如下:

　　1. 地籍办公室一旦收到会丈局测量地块通知后,根据其标注日期和地点(A 的形式),委派地籍办公室的一个职员在场并做好笔录。

　　2. 任何会丈局颁发的地契,若未附带一张官方地块图,均不接受。而一旦收到这种地图后,再将这些地图寄至地籍办公室,并以 B 的形式通知地籍办公室,核查这些地图,并给出评论,之后这张地图再寄回至法国领事,外加一些注解和评论。

　　3. 当地契准备寄发时,应该以 C 的形式通知地产主,只有在他出示了由法租界地籍办公室制作的界石凭证,并证明地产界石已经按照官

---

① Municipal Council Shanghai, *Annual report of the Shanghai Municipal Council*, *1899*, Shanghai: Printed by Kelly & Walsh, limited, Nanking Road, 1900, p.274.

② Municipal Council Shanghai, *Annual report of the Shanghai Municipal Council*, *1899*, p.274.

③ Municipal Council Shanghai, *Annual report of the Shanghai Municipal Council*, *1900*, Shanghai: Printed by Kelly & Walsh, limited, Nanking Road, 1901, p.314.

④ Municipal Council Shanghai, *Report for the year ended 31ˢᵗ December 1900 and Budget for the year ending 31ˢᵗ December 1901*, Shanghai: printed by Kelly & Walsh, Limited, Nanking Road, 1901, p.202.

方地图竖立时,才颁发地契。

4. 一旦收到这份凭证,法租界领事馆以字母 D 形式将地契颁发给业主,同时给法租界地籍办公室寄发一份。

5. 当地产产权发生转移,将以 E 形式登记在领事颁发的公告里,这将在每月的月末送到地籍办公室。

6. 任何在其他领事处登记的土地产权转移,法国领事应该与公共租界地籍办公室(Municipal Cadastral Office,简称 M.C.O)联系,或者通过法国地籍办公室,地产转移到持有法国国籍的业主手里。

清丈局的成立是上海公共租界地籍制度的一个里程碑,其最大的贡献在于将道契测量与地籍测量统一起来。长期以来,因测量技术和测量方法不同,二者测量的结果颇有出入,这给市政工作造成了颇多麻烦。清丈局掌握地产测量权之后,解决了地籍测量与道契数据不符的难题,地籍图册的精度有了质的飞跃。此制度后来为法租界公董局所沿用。[1]1907 年工部局年报指出,"这样的程序自然对四方有利:中国政府、领事馆、工部局和土地业主"[2]。

三、公共租界地籍图册的基本特征

下文以具体的案例,分析不同时期公共租界的地籍图册的基本特征。

(一) 1854 年工部局成立之前

英国皇家地理学会收藏了一张英租界地图,可视为英租界土地地图的代表。这张地图图幅纵 81 厘米,横 151 厘米,比例尺为 1∶960。地图上无

---

① 牟振宇:《近代上海法租界地籍办公室及其与法国的渊源,1917—1943》,《史林》,2011 年第 5 期。

② Municipal Council Shanghai, *Report for the year ended 31ˢᵗ December 1907 and Budget for the year ending 31ˢᵗ December 1908*, Shanghai: printed by Kelly & Walsh, Limited, Nanking Road, 1908, p.129.

题名和绘制时间。关于该地图的绘制时间，目前学界主要有两种看法：一种来自地图研究专家钟翀，主要根据英国皇家地理学会的收藏目录信息，并参考了上海道契的信息，在其主编的《上海城市地图集成》①一书中，将该图的图名及绘制时间标注为：Plan of the English Settlement（英租界平面图，1844—1847 年）。即，认为该地图绘制时间大致在上海开埠后颁发第一份道契（1844 年）至 1847 年之间。另一种来自法国汉学家、上海史专家安克强（Christian Henriot），主要根据地图上标注的编号和洋商地产信息，推断这张地图的绘制时间大致是 1846—1847 年。至于地图到底绘制于何时？从已有的历史文献中很难找到答案，但地图上的信息可为我们提供一些线索。

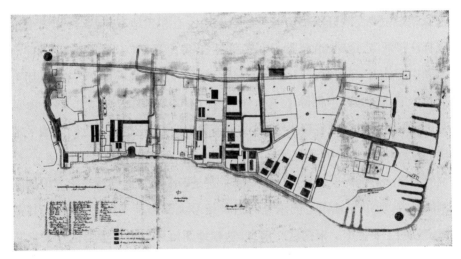

图 1-2-2 英租界地产地图（1846）②

根据地图上的信息可知，这张地图来自英国传教士雒魏林（William Lockhart）的捐赠，协会收藏日期为 5 May, 1858。雒魏林，生于利物浦，早

---

① 孙逊、钟翀主编：《上海城市地图集成》，上海书画出版社 2017 年版。

② http://www.virtualshanghai.net/Asset/Preview/vcMap_ID-750_No-1.jpeg［2017-12-1］.

年在伦敦盖氏医院学习,曾任利物浦一家诊所的外科医生。1838 年被伦敦会派驻中国。道光二十三年十月(1843 年 11 月),和麦都思一同到达上海,一直到咸丰八年(1858 年)才离开上海,在上海待了 15 年,是上海开埠早期颇具影响的大人物。最为人们乐道的是他于道光二十三年创办了仁济医院,对上海的卫生事业做出了突出贡献。早在道光二十三年,雒魏林就成为英国皇家外科医生学会会员。咸丰七年十一月(1857 年 12 月),雒魏林离开上海返回英国。他在英国逗留两年多。在此期间,雒魏林当选为英国皇家外科医学院院士。咸丰八年四月(1858 年 5 月),他将其私人收藏的这张上海地图捐赠给英国皇家地理协会收藏。这与地图上标注的收藏时间基本吻合。

　　要判断雒魏林捐献的这张上海地图的绘制时间,还应从地图上找答案。这张地图主要反映开埠早期英租界的土地占有和土地利用状况:地图上不仅标注了河流、道路、道契册地边界和编号、房屋类型(不同颜色表示)等地产和房屋信息,还附有一张地产信息表。地图左下角附有地产表格,采用英文花体字,较为潦草,但除了一处外,其他尚可辨认。笔者对比了《上海道契》记载的信息,发现表格中第 1—9 号道契的位置,正是地图上同一编号地块的位置,其他可查的道契,也可以与地图上的同一编号地产对应起来,这说明表格上的编码就是地图上的编码。这是一个非常重要的线索。根据陈琍的研究,1849 年地图上的编号与道契编号大部分是一致的,故成为其道契定位的主要依据。根据这一信息,这幅地图就可以根据道契信息来推断绘图时间。

　　该表格共标注了 52 处地产信息。从表 1 来看,中国业主地产共有 10 处,中国坟地 1 处,外国坟地 1 处,上海道台用地 2 处、海关用地 1 处。其余可确认为洋行地产的有 27 处。此外亦还有 8 处标注为"Unoccupied land",颇难理解,应该既不是洋人租地,也不是华人用地,因为华人用地一般标注为 Chinese Renter,故可理解为新出现的无业主空闲用地。

表 1-2-2　1846 年英租界地图上的租地人信息

序号	业主名	序号	业主名	序号	业主名
1	Jardine，Matheson and Co.(怡和)	19	Unoccupied land	37	Unoccupied land
2	Blenkin Rawson & Co.(和记)	20	Chinese renters	38	Chinese renters
3	Gibb(仁记)	21	Messrs McCullock & Empson	39	Bowman(宝文)
4	Holliday Wise(义记)	22	Unoccupied land	40	Empson(奄巽)
5	Wolcott Bates(Am：)(森和行)	23	Chinese burial place	41	Unoccupied land
6	Dirom gray(裕记)	24	English burial place	42	Empson(奄巽)
7	Ripley Shaw(李百里)	25	White & Co.(老惠记)	43	Shaw
8	Dent Beale(宝顺)	26	Platt Hargreaves & Co.	44	Chinese renters
9	Turner(华记)	27	Gilman & Co.(太平)	45	Chinese renters
10	The custom house(海关)	28	Unoccupied land	46	The house
11	Chinese renters	29	McKenzie & Co.(麦根治)	47	Chinese government ground
12	Chinese renters	30	Unoccupied land	48	Chinese government ground
13	Ahmn's new store houses	31	Chinese renters	49	Terry house(德利)
14	Chinese renters	32	P. Richards(隆泰)	50	McDonald(长利行)
15	Ahmn's old store houses	33	Sands James Church & Co.	51	Ahmns Hong
16	Chinese renters	34	Hesherington	52	Unoccupied land
17	Chinese renters	35	Bowstend & Co.		
18	Red Temple	36	Unoccupied land		

资料来源:根据《英租界地产地图》(1846)整理。

这里首先需对该地图反映的是何年的租地信息做一番考证。根据陈琍①和罗婧②对上海开埠早期洋商租地的考证,并考虑最初上海洋商的租地情况,可做如下方法。

第一种方法是根据道契的立契时间来推断。该地图上 1—9 号、第 27 号、39 号和 40 号的地产信息与道契记载是一致的。根据这些地产信息,立契时间最晚的一份道契为 40 号道契,租地时间为道光二十五年四月(1845.5.6—6.4),立契时间为道光二十七年十一月二十四日(1847.12.31)。如果以租地时间为据,那么该地图的绘制时间应该在 1845 年之后。

第二种方法,根据中国业主的信息,并对照道契记载,找出洋商最早租用该华人地产的时间,由此来推断该地图的绘制时间。第 17 号分地,本地图标注为 Chinese renters(中国业主),据道契记载,该分地于道光二十六年八月(1846.9.20—10.19)由英商加勒得(Calder, Alex)租了华人业主"桂余三"的土地。第 52 号分地,本地图标注为 Unoccupied land(空闲用地),根据道契记载,租地时间与 17 号分地同,亦为道光二十六年八月(1846.9.20—10.19),租主为英商祥泰(Rathbones Worthington)。其他华人业主的土地,均在此时间之后才被洋商租用。由此可推断,该地图的时间应该早于道光二十六年八月(1846.9.20—10.19)。

第三种方法,根据洋行信息来推断。但目前此方法很难,主要是因为这些洋行未见于同期的道契记载,也不见其他文献,而是在之后很晚的文献中出现。比如该地图上第 32 号 P. Richards(隆泰)建于 1844 年,最早见于记载是《北华捷报》1850 年③,《1854 年上海年鉴》亦有记载:"Richards, P. F. & Co.",

① 陈琍:《近代上海城乡景观变迁(1843—1863)》,复旦大学历史学博士学位论文,2010 年。
② 罗婧结合《上海道契》第 1 卷《1854 年上海年鉴》《1853 年租地人名单》《北华捷报》等考订整理,制作了《1849 年租地人考订表》,罗婧:《上海开埠初期租界地区洋行分布与景观变迁,1843—1869》,2013 年复旦大学历史学博士论文,第 29—38 页,表 1-1。
③ *North China Hearld*, Vol. 1, No. 1, August 3, 1850, p.1.

为船舶杂货商,杂货及一般代理商。①White & Co.(老惠记),见于记载为 1863 年②;第 29 号 McKenzie & Co.(麦根治),不见记载,1877 年行名录中记有"McKenzie Robt"③。同样,第 26 号 Platt Hargreaves & Co.不见记载,《1854 年上海年鉴》有"Platt Thomas & Co."第 49 号 Terry,1868 年行名录有"Terry, E. R."。

这些洋行虽然名称相似,但是否为同一洋商,尚不能确定。按照当时洋人的命名习惯,同姓相似者颇多,比如宝文兄弟,Bowman, A 和 Bowman, J,仅一字之差,奄巽兄弟,为 Messrs. A. Empson 和 Messrs. C. Empson。在这幅地图上,可确认为同一洋行的,仅为隆泰行,目前所知见于 1850 年的《北华捷报》,但笔者认为不能将 1850 年作为该地图的时间断限,因为该洋行在 1844 年成立,完全有可能在 1850 年之前在上海租地。另外,地图上还有几处洋行,Sands James Church & Co.;Hesherington;Bowstend & Co.;Ahmns Hong,笔者并未发现同一时间的文献的任何记载。

如何解释此类现象?笔者认为这与开埠初期外国领事对洋商租地管理混乱有关。根据陈正书的研究,关于土地问题的一系列中外交涉,始于 1840 年,基本定局于 1847 年。前后历时达 7 年之久,在租地手续细节未落实之前,允许外国人先行租地,以临时方式办理。而道契文本完成于 1847 年 9—10 月,最后一份以临时方式处理的英册第 62 号道契,租地时间为道光二十七年八月初一日(1847 年 9 月 9 日),道契签发日期为同年十二月二十四日,即 1847 年 12 月 31 日。

据道契记载,道契第 1 号第 8 分地,系道光二十四年四月(1844 年 5 月)宝顺洋行大班颠地·兰士禄租的,直到道光二十七年十一月二十四年(1847 年 12 月 31 日)才获得道台签发的第一批道契。从 1844 年 5 月到 1847 年 9 月,经历了 3 年多时间,同一块地产不可避免会发生多次华洋交易以及洋人

① 罗婧:《上海开埠初期租界地区洋行分布与景观变迁,1843—1869》,第 73 页。
② 同上书,第 450 页。
③ 同上书,第 385 页。

退租的情况。而第一批签发的道契，应该是该地产最后一次交易的情况。比如英册第 27 号 36 分地，道契登记的并非首次交易，而是第二次交易或其他次交易，因为出租者并非华人，而是英人"阿各士颠哈"，租地人也是英人"各你理阿士唾恩"。可见当时土地交易的实际情况十分复杂。在第一批签发的前 50 号英册道契中，还存在道契缺失的现象，比如英册第 8 号、10 号、30 号、38 号等缺失。同样，第一批签发道契中的分地号，也不完整，缺失 6，9，10，12，16，44—49 等号。这些缺失的信息，除了遗失的情况外，主要原因可能与当时交易混乱有关。

综合以上分析，笔者初步判断这幅地图的时间断限应是 1845—1846 年，而非学界所认为的 1846—1847 年。[1]地图上还有一条判断时间的证据，即英租界的西界路(今河南中路)，图上显示已筑好。据文献记载，道光二十六年八月五日(1846 年 9 月 24 日)，上海道台与英领事协商确定辟筑一条道路，作为西部边界。由英租界的道路码头委员会组织测量定线，称为界路(今河南中路)。这是租界当局第一次对租界进行丈量，测得英租界面积约 830 亩。[2]由此推断，成图时间应该在 1846 年 9 月 24 日之后。又根据上文道契的记载，这幅地图应该就是根据这次测量的结果编绘的，再结合第二种方法，该地图绘制时间应在 1846 年 10 月 1 日—10 月 19 日。

稍后出现的另一幅英租界地产地图，题为《上海外国人居留地地图，1849 年 4 月》，反映了英租界第一次扩界后的租地分布状况。该地图的信息如下：*Map of Shanghae，April 1849，foreign residences*(上海外国人居留地地图，1849 年 4 月)。该地图由美国纽约 Geo Snyder 社编绘，上海 Bull，Nye & Co.(同珍洋行)彩色石印。美国哈佛大学蒲赛图书馆(Pusey

---

① 法国汉学家安克强先生认为，此地图应该是反映英租界早期城市化的地图，因为地图上的地块的面积明显大于 1849 年地图(地块已发生了分割)。此地图应该反映英租界 1846—1847 年的建设状况。详见 https://www.virtualshanghai.net/Maps/Source?ID=750。
② 《上海测绘志》，第 86 页。

Library)藏,图幅41厘米×55厘米。比例尺约为1∶6600。[1]该地图还有另一版本,藏于英国海道局,图名为"Shanghai, English quarter",时间标为1855年,从图上文字看,此时间应为地图收藏时间,并非地图内容的时间。若对比这两个版本,几乎一致,显然系复制。

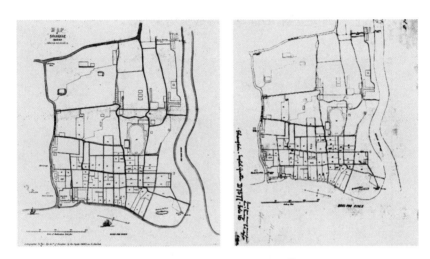

图1-2-3　1849年英租界地图[2]

通过两幅地图对比可以看出1847—1849年英租界空间扩展与地产开发状况。1848年,上海道台麟桂允准英国领事阿礼国扩张租界的要求,于11月27日重订界址,东南以洋泾浜桥为界,东北至苏州河第一渡场,西南到周泾浜,西北到苏州河滨的苏宅,面积增至2820亩。[3]而该地图上标注了扩界后四边界石的位置,可见,该地图是在扩界后绘制的。其次,租地人地产增多了,在空间上呈现沿新辟道路向西扩展的趋势。1849年地图标注编码的地产,共计72块,最大的地块编号为80,对应的正是62号道契。据陈正书研究,英册第62号道契,签发日期为1847年12月31日,但由在道契

①　孙逊、钟翀主编:《上海城市地图集成》,第1卷,第32页。
②　http://www.virtualshanghai.net/Maps/Source?ID=740[2018-1-20].
③　《上海测绘志》,第86页。

没有制备之前，外国人租地都以临时方式办理。最后一份以临时方式处理
的道契即英册第 62 号道契，实际的租地日期是 1847 年 9 月 9 日，可见该地
图反映的是 1847 年及以前的地产状况，1847 年 9 月 9 日之后颁发的道契，
尚未绘制在地图上。

(二) 从工部局成立到 1864 年太平战乱结束

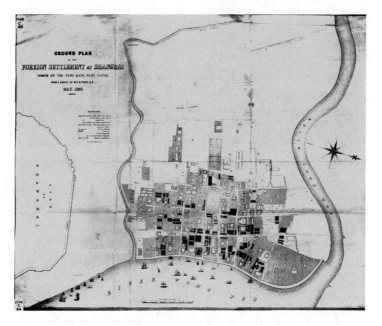

图 1-2-4 《上海外国租界地产地图：洋泾浜以北》(1855)

工部局成立后最重要的地图测绘成果是 1855 年《上海外国租界地产地
图：洋泾浜以北》(Ground plan of the Foreign Settlement at Shanghai,
North of the Yang King Pang Canal)。该地图由英国工程师尤埃尔(F.B.
Youel R.N.)测量编绘，图幅 31×60 厘米，英国国家档案馆藏。①此图还有上

---

① Ground plan of the Foreign Settlement at Shanghai, North of the Yang King Pang Canal,英国
国家档案馆藏，档案号：FO 925/223。

海图书馆和上海市档案馆另外两个版本。[①]该地图是租界地区相对较早,且流传最广的实测地图,有关上海近代建筑、规划及老地图相关的文献中几乎都会提到它。[②]相关的研究也颇为丰富。

与1849年地图相比,该地图显然不是单纯的地产分布图,而是同时包含地产与建筑两个关键要素,不同用途的建筑,如洋房、洋行、中式房屋和货栈等,用不同颜色表示,绘于地产之上。考虑当时地税和房捐为租界最重要的两项收入,推测此图的主要功能是为工部局征税之用。该地图还反映了小刀会起义前后英租界建成区已迅速向西推进。战争爆发后大量难民涌入上海,催生了居住刚需,土地交易异常活跃,1854年和1855年仅英册道契新发71份,面积达588.05亩,英租界出现第一次建筑面积质的飞跃。[③]

从内容上看,该地图之后还附录了一份1855年3月英国领事馆登记的租地人表,内容包括租地人姓名、道契号和地块分号、土地面积和年租税额等信息,即对道契数据的整理汇总,按道契号顺序从1—156号,有些道契号码同时有两个或多个地产,另有32块地产为分割出现的新地产。据笔者统计,该表共涉及地产225块,有118个外国业主,总面积达1626.594亩,与原文本中标注的1621.767亩稍有出入。从地图上看,1855年地籍图上仅有152个编号,最大地块编号是159号,该号分地的立契时间为咸丰五年(1855)二月十六日,而二月十七日,小刀会起义军在清政府和外国势力的围剿下弃城而逃。地图上仅有2份1855年立契的道契分地,说明该地图主要反映1855年之前的道契分地分布状况。

对租界内的土地和房屋加以系统的编号始于1856年。据1856年5月19日会议记录,会议指令弗里曼先生为工部局编制一份在其管辖范围内的

①　罗婧:《上海开埠初期租界地区洋行分布与景观变迁,1843—1869》,第76—80页。

②　张晓虹:《近代城市地图与开埠早期上海英租界区域城市空间研究》,《历史地理》,第二十八辑,上海人民出版社2013年版,第248页。

③　牟振宇:《小刀会起义对上海英租界土地交易的影响(1854—1859)》,《史林》,2016年第3期。

土地和房屋清单，要有目的地在所需的一份规划上把土地和房屋系统地加以编号，并对每幢房屋进行访问，以便为工部局取得征收税款的细节。①

图 1-2-5　上海英租界平面图（1864—1866）②

《上海英租界平面图》（1864—1866），公共租界工部局通过招标，由"怀特菲尔德洋行""地亚士"洋行测量和绘制，伦敦 Mark Lane, Nissen & Parker Litho 43 于 1864—1866 年出版，石印彩色本。廓内图幅横 34 厘米，纵 49 厘米，比例尺 1∶2400，大英图书馆藏。该地图主要反映 1860—1864 年英租界房地产发展状况。与 1855 年地图相似，该地图也是一幅地产和房屋分布图，包括洋房（红色）、洋行（中性色调）、中式房屋和商行（黄色）等信息，地图上有若干数字编号。据 1864 年 2 月 24 日工部局会议记载，该洋行给工部局的信函透露了不少该地图的细节，"我们负责提供英租界的准确详

---

① 《工部局董事会会议录》，第 1 册，1856 年 5 月 19 日，第 587 页。

② Plan of the English Settlement at Shanghae（1864—1866），原图藏大英图书馆，此图引自 http：//www.virtualshanghai.net/Asset/Preview/vcMap_ID-343_No-01.jpeg［2018-1-1］。

图：自泥城浜延伸至黄浦江，以及自洋泾浜延伸至苏州河，并不包括可能镌版工人或平版工人绘制的部分在内，只标明目前向我们指出的房产所在街坊的轮廓边界线。全区测量按每亩白银 3 两计算。平面图按 50 英尺对 1 英寸的比例尺，标志街道轮廓、江边马路、码头、桥梁等的位置与范围，并对每一建筑按洋行划分，仔细描述，然而我们并不负责具体标明每幢华人房屋或厕所的区间，只标明目前向我们指出的房产所在解放的轮廓边界线。"①会议记录还指出该地图的一个重要用途："为了公众提供更多的便利，本委员会决定每星期一和星期五上午 11 时至下午 3 时在工程师办公室为大家提供查询服务。任何部分如需查找，工部局均可提供，有建筑物的地皮每亩收费 5 毛，没有建筑物的地皮每亩 2 毛半。最近从英国寄来的小型简图已经降为每份 5 两银子。谨建议，目前正在准备中的新图应该包括英租界、法租界和虹口租界，并按 200 英尺比 1 英寸比例图的容纳能力，绘入最大量的内容"。②这也说明了该地图的性质，并非严格意义的地籍图，而是内容丰富的城区图，但由于该地图上具有丰富的地产信息（比如地产边界和编号等，详见后文），并作为市政税收的参考，故可视作地籍图。

《上海虹口或美租界平面图》(1864—1866)，公共租界工部局监制，伦敦 Nissen & Parkre 出版，彩色石印本，廓内图幅纵 68.9 厘米，横 105.2 厘米，比例尺为 1：2400，上海图书馆藏，原图有"亚文"钤印。③英国国家图书馆藏有另一版本。这是目前所见最早的虹口区的实测地图，其范围北起今武进路，西至今四川北路，东达虹口港以东地区，至黄浦江沿岸杨树浦一带，反映 1860—1864 年间太平天国攻占江南时期虹口区的房地产状况。美租界发端于 1848 年牧师蓬恩(Boone)率该国侨民在虹口寄居，④初步发展于小刀

---

① 《工部局董事会会议录》，第 2 册，1864 年 2 月 17 日，第 470 页。
② 《工部局董事会会议录》，第 2 册，1865 年 12 月 13 日，第 529 页。
③ 《上海城市地图集成》，卷 1，第 44 页。
④ 《上海公共租界史稿》，第 68 页。

会起义时期,外侨永租土地约 456 亩①,崛起于太平天国时期,永租面积迅速增至 2000 亩。②1863 年 6 月 25 日,美领事与上海道台最终确定了边界:计自壕沟起(即西人与官军在泥城之战时所掘者),沿苏州河至黄浦江,过杨树浦三里之地,由此作一直线至壕沟。③美租界从局促狭小的"虹口"区一跃而为上海面积最大的租界区。新界达 346.67 万平方米,为当时英租界划定面积的 6 倍多。④仅过 3 个月,即九月二十一日,出于"安全和治安"方面考虑,英美租界实现了合并,成为上海公共租界。⑤

(三) 1866—1889 年会丈局成立

该时期是太平天国战后上海租界的恢复发展期。笔者发现这一时期公共租界有地籍册 5 卷(1869,1876,1880,1882,1890)包括英租界和虹口区。这些地籍表均冠名"land assessment schedule",即土地估价表。该土地估价由土地估价委员会确定。该委员会一般由租地人会议临时选举产生,任期不超过 2 届,以防止舞弊。土地估价委员会有一套完善的土地价值评价系统,相对公正、客观与合理,估价值略低于市场价,但又不会偏离太远。从内容来看,这五个年份的估价表具有如下特点:

(1) 所有地籍表均包括原英租界和虹口租界两部分,但均无附录地籍图,而表格内容大致相同,包括租地人姓名,注册领事馆国别,道契号,地块分号,市政编号,四至边界,地产面积(亩),土地估价(银两),土地总值,土地税额等内容。"四至边界"是公共租界早期地籍表的重要特征。比如 1890

---

① 马士:《中华帝国对外关系史》,第 1 卷,上海书店出版社 2000 年版,第 393 页。

② 据 1869 年公共租界土地估价表,1869 年虹口区共有道契 241 份,计 2083.619 亩,其中英册道契 181 份,1620.861 亩,美册道契 55 份,364.033 亩,俄册道契 5 块,82.2 亩。考虑到 1865 年战后土地交易陷入低谷期,故 1864—1866 年虹口区的永租地产接近 2000 亩。详见 *Land Assessment Schedule*(1869), *Schedule and Report of the General Land Assessment Committee of 1869*(*Appointed at a General Meeting of Shanghai Land Renters，Held on the 27th and 28th May 1869*)，*English Settlement*，Shanghai，North China Office.

③ 《上海公共租界制度》,第 68 页。

④ 《虹口区志》编纂委员会编:《虹口区志》,上海社会科学院出版社 1999 年版。

⑤ 《北华捷报》,1863 年 4 月 11 日,第 663 号,第 59 页。

年土地估价表指出，"旧的和未变化的地产的边界，我们遵照了 1869 年地图（约占总数的四分之一），其余地产的边界信息，我们信任来自土地业主或代理业主的信息，或为各种目的而不时绘制的地图，或领事馆登记的信息，领事馆给予我们任何的设施做检测。当有争议的边界出现时，我们将检测这些地产，并至现场测量，我们发现有一些以界石标示的地块的编号是错误的。"①

（2）所有数据并非全来自实测。据 1890 年土地估价委员会致工部局信函可知："1869 年估价表示基于一幅标有各个地产的地图，因为测量是最新的且对估价予以极大关注，我们有理由对二者毋庸置疑的信任"，这幅地图应该为上文提及的《年英租界地图》（1864—1866），"1876 年估价表是基于 1869 年的，并且首次采用了地产的纯面积，以代替道契的数据，所有地块的纯面积均来自那个日期的实测，按照每亩 6600 平方英尺。但遗憾的是，一些少数的情况，接受了由业主提供的面积数据，代替了实测数据，这使整个估价表的信度颇受质疑。之后所有的估价表均是基于 1876 年估价表，只是做了部分修改和补正。"②

（3）尽管笔者并未发现这一时期测绘的地籍图，但据文献记载，每次土地估价均参照了地产地图，比如 1869 年估价表"基于一幅标有各个地产的地图"，而 1890 年英租界土地估价表上有 1864—1866 年地图中地块的编号索引，说明 1864—1866 年地图为这一时期土地估价的重要参考地图。

至于这一时期未见地籍图的原因，主要是因为当时公共租界尚无专门的地籍机构，地图编绘工作一般由工部局招标测绘公司实施，限于成本，每次测量后只是修改文本数据，并不再重绘地籍图。实际上，当时地产测量大权仍掌握在领事馆手中。但道契测量并不完善，道契的数据与实际情况颇多出入，正如 1870 年 1 月 15 日，T.W. Kingsmill 所言："现存系统首要和主要缺陷是，所谓登记了的地产，其精度实在有限……现在没有任何规章强制

①②　Shanghai Municipal Council，*Shanghai Land Assessment Schedule*，*English Settlement*，*1890*，Shanghai：Kelly & Walsh，Limited，Printers，Nanking Road，1891，pp.i，ii.

要求绘制地图，也没强制要求与现在实际地产进行比对，且了解土地的位置、场地或详情，也不是任何官员的义务。"①1889 年 7 月 28 日，上海道台龚照瑗设立会丈局，专门负责与各驻沪领事署派员会通丈量租界内的买租土地。凡外商租租界购置地产的地契时，必须经由该局派员查契。包括租界内外丈量土地事宜，以及其他丈量业务，只要缴纳会丈费，均可由其负责实施。总体而言，会丈局设立之后，道契的数据较之前更为精准，但由于会丈局存在地保以公徇私、丈量员收受贿赂等诸多流弊，丈量之数与实际不符者时有发生。当时有人提议成立地籍办公室，但限于当时条件，此提议未引起工部局的重视。

（四）1890 年之后的地籍图册

1890 年之后随着会丈局成立，工部局的地籍制度日臻完善。1890 年之后所见的公共租界地籍图册相比以前，其进步主要表现在：

图 1-2-6　英租界地籍图(1890)

① "丈量股创建、改名、预算、工程计划、添购用品、测量报告，"公董局档案 1870—1930，上海市档案馆藏，档号：U38-1-1052。

（1）图册并存，每卷地籍表卷首均附以一幅或两幅地籍图。1890年土地估价委员会致工部局信函中指出，"新土地估价表唯一令人满意的是附带了一幅表现每个地产的地图"。①1899年公共租界实现了扩界后，市域大增，由原来的10606亩增至32110亩。②公共租界被划分为：中区、北区、东区和西区四部分，每个区均采用独立的地籍编号，每区地籍图和地籍表，均单独编制。

（2）1890年之后不同年份的地籍表内容统一、格式相同，包括"租地人姓名""道契号及分地号""登记领事馆国别""在地籍图上的编号""四至：北，南，东，西""面积（亩）""每亩估值（两）""估价总值""估价总值汇总"等内容；"No. on Cadastral plan"，即地籍图上的编号，首次出现在地籍表中，而之前各估价表中的诸如"Municipal number"已不复出现。1890年以后不同年份地籍编号前后统一，可以确定为一套稳定的地籍编号系统。另外，该表还包括地籍编号与地籍表页码的索引表、地籍编号与道契编号的索引表，以及估价委员会致工部局的信函或工程师备忘录，详述测量过程、各种问题和精度高低等。

（3）关于土地估价系统，在1900年以后的土地估价中采用了统一的标准，该标准在1899年公共租界土地估价委员会的报告中提到，之后被其他年份的估价表备忘录多次征引，内容如下：

> 任何一个私人地产均依据其优点进行评估，重点考虑该地产的土地利用情况，关于水路，以及来自该地产面临公共道路或交叉路口的临街面而带来的优势。委员会还决定土地评估不应以经营不善或未开发利用土地的收入为准，但会充分考虑土地利用功能，公众有权征收该地产所应缴纳的全部土地税。尽管未将市场价作为估值，但会充分考虑

---

① Shanghai Municipal Council, *Shanghai Land Assessment Schedule*, *English Settlement*, *1890*, Shanghai: Kelly & Walsh, Limited, Printers, Nanking Road, 1891, pp.i, ii.

② Shanghai Municipal Council, *Report for the year ended 31st December 1899 and Budget for the year ending 31st December 1900*, Shanghai: printed by Kelly & Walsh, Limited, Nanking Road, 1900, p.212.

最后一次估价之后该地产的土地交易情况。①

(4) 1890 年以后地籍图的重绘，一般在现存地籍图的基础上进行修订。据工部局市政工程师报告，1896 年地籍图，"对制于 1890 年英租界地籍图和制于 1892 年虹口区地籍图，均做了修正和更新。英租界，添加到地图上 24 个新增地块，面积共计 44 亩。虹口区，绘于图上 174 个新地块，面积达 694 亩"②。1899 年实现扩展后，市政工程师对新扩界区进行了地籍测绘，在地籍图上"373 项官方测量已被关注，每个地块的位置和边界做了标记"，"现存的地籍图，北区和东区的一部分（原英租界和虹口租界）做了修订，为 1899 年估价委员会之用，并且添加了 215 个新道契分地。"③1903 年土地估价委员会将上次估价以来新增的地块添加到地籍图上。④

(5) 地籍办公室的成立。长期以来，由于缺乏严格的测量制度和测量机构，道契数据的精确度长期受到人们的质疑，虽然 1889 年会丈局成立后，此种情况有很大改观，但未从根本上解决问题。特别是 1899 年公共租界的扩展区，"不少地产的边界缺乏界石，定位地块位置并确定其边界的困难，明显增加了。"⑤这些问题的根源在于土地测量长期被领事馆和上海道台控

① *Shanghai Land Assessment Schedule*, *English Settlement*, *1899*, Shanghai: Kelly & Walsh, Limited, Printers, Nanking Road, 1899.

② Shanghai Municipal Council, *Report for the year ended 31st December 1896 and Budget for the year ending 31st December* 1897, Shanghai: printed by Kelly & Walsh, Limited, Nanking Road, 1897, p.176.

③ Shanghai Municipal Council, *Report for the year ended 31st December 1899 and Budget for the year ending 31st December 1900*, Shanghai: printed by Kelly & Walsh, Limited, Nanking Road, 1900, p.211.

④ Shanghai Municipal Council, *Report for the year ended 31st December 1903 and Budget for the year ending 31st December 1904*, Shanghai: printed by Kelly & Walsh, Limited, Nanking Road, 1904, p.170.

⑤ Shanghai Municipal Council, *Report for the year ended 31st December 1899 and Budget for the year ending 31st December 1900*, Shanghai: printed by Kelly & Walsh, Limited, Nanking Road, 1900, p.212.

制,工部局认为只有拥有土地测量权,才能从根本上解决问题。1900 年工部局成立地籍办公室(Cadastral Office),对市政测量员(municipal surveyor)负责。①其主要职责是对租界以及租界边缘 1 英里范围内的所有新的永租地产进行测量和登记。②地籍办公室掌握地产测量权之后,解决了地籍测量与道契数据不符的难题,地籍图册的精度有了质的飞跃。此制度后来为法租界公董局所沿用。③从 1901 年工部局年报中可知,地籍测绘的报告已见于年报中,说明已其工作已正常运转。④1907 年工部局年报指出,"这样的程序自然对四方有利:中国政府、领事馆、工部局和土地业主"⑤。

（五）1900—1937 年的地籍测绘

自 1900 年至 1937 年,每隔四年进行一次公共租界全区域的地籍重测,并编制相应的地籍图册。不同时期各区地籍图册情况详见以后各章节。

四、地籍编号系统的演变

地籍编号系统是地籍管理的核心内容,其主要内容涉及两部分:首先是为新增永租土地赋予编码问题;其次是反映诸如分割或合并等地产变化的地籍图更新问题。纵观公共租界近百年的地籍编号系统的历史演变,大致经历了三次变革,即:1849—1855 年道契编号系统;1864—1890 年市政编号

① Shanghai Municipal Council, *Report for the year ended 31st December 1900 and Budget for the year ending 31st December 1901*, Shanghai: printed by Kelly & Walsh, Limited, Nanking Road, 1901, p.314.

② Ibid., p.202.

③ 牟振宇:《近代上海法租界地籍办公室及其与法国的渊源,1917—1943》,《史林》,2011 年第 5 期。

④ Shanghai Municipal Council, *Report for the year ended 31st December 1901 and Budget for the year ending 31st December 1902*, Shanghai: printed by Kelly & Walsh, Limited, Nanking Road, 1902, p.226.

⑤ Shanghai Municipal Council, *Report for the year ended 31st December 1907 and Budget for the year ending 31st December 1908*, Shanghai: printed by Kelly & Walsh, Limited, Nanking Road, 1908, p.129.

系统;1890年以后的地籍编号系统。这与法租界前后一以贯之的地籍编号系统明显不同。

首先,1849—1855年道契编码系统。

如上文所言,这一时期并不存在严格意义的地籍图册,故这一时期上海地图中出现的地块编码,均来自道契的编码系统。道契的编码包括道契号和分地号,每一份道契同时包含这两种编号。如上文所谈及的1849年和1845年地图上的编码,均为道契的分地号。故通过编码索引,不难将道契定位在地图上。这对于当时小范围的土地管理是比较合理而科学的。

地块编码的顺序,基本遵循了道契颁发的先后顺序,但在地图上,将两条南北向道路围合成一个小区(section),小区的顺序按照由东而西排列,小区内的地块编码排列顺序并无章法可循,或者如外滩小区由北向南排列,外滩以西的第2区则由南向北排列,其他新增永租地产则见缝插针,随处分布。

值得注意的是,1849年地籍图显示,从原永租土地分割出来的新的地产,其编码是在原永租土地编码的后面加上(A),(B)等,如25号地产旁有25(A)和25(B)两新增地产;1855年地籍图亦如此。这说明,这一时期,被分割而新生的地块,其编号采用了在原地块编码后加英文字母的赋值办法。这一方法成为解决地块分割后地籍编码问题的重要方法,被以后的地籍编绘所沿用。

其次,1864—1890年市政编码系统。

随着土地开发不断深入,租界内永租土地产权变化剧烈,或被分割,或被合并,道契的编码开始趋向复杂。1860—1864年公共租界迎来了租地高峰期,土地交易异常频繁,道契管理的难度骤增。笔者注意到1849—1855年间采用的道契分地号作为地图上地块编号的做法,在1864—1866年英租界地图上被抛弃了。1864—1866年地图上的数字,长期不被学界所理解,目前一致认为这并不是道契的分地号,但为何意,无人知晓。也有人猜测工部局采用了另外一套地块编码系统。笔者认为1864—1866年公共租界地图是工部局通过招标方式绘制,地图上的数字,主要是标注房屋和道契地产的相对位置,并非真正意义上的地产编号。但地产编码的编排顺序,并非无规律可循。总体上看,整个英租界按照南北纵向的道路进行分区,区域上按照自东而西排序,每个区内的数字是按照自北而南排序。这种数字编排方法为1890年之后公共租界地产编码所继承。

笔者对比了1869—1890年公共租界各个地籍表后发现,"municipal number"(市政编码)、"section on land plan"(地籍图上的街区),是1869年之前地籍表未曾出现的新内容,考虑到之前的地籍表是道契的汇总表,一般由领事馆制作,不可能有市政编码,新出现的市政编码应是工部局在编绘地籍表时添加的。当时工部局应该还有一幅地籍图,section,指地籍图上的小区,地籍表上共17个小区。但这个市政编码只是临时的,在1876年地籍表,有些地块的市政编号发生变化,有些地块编号未变,小区数量未变。1880年和1882年地籍表上又出现了"new municipal number"(新市政编码)和"old municipal numbre"(旧市政号码),说明又采用了新的编号。总之,这一时期的市政编码系统较为混乱。1890年地籍表,市政编码被地籍编码取代,另增一栏"No.on plan of 1864—1866",即1864—1866年地图上的号码,可见,1864—1866年地图上的编码,既不是市政号码,也不是地籍编码。其作用主要是工部局作为定位道契位置的参考。

第三,1890年之后地籍编码系统。

1890年及之后的地籍表中均出现了"No.on Cadastral plan",即地籍图上的编号,最终公共租界形成了稳定的地籍编码系统。在1899年公共租界扩张之前,公共租界当局将土地划分为两个区域——英租界和美租界(又称虹口或虹口租界),每个区的地籍编号都是独立的,并不统一。在英租界区,工部局选取了6条南北向道路,分成6个小区,地块编号按照由东而西的小区顺序编排,每个小区内的地块又按照由左及右、由北向南的顺序编排。而美租界区,同样选取了南北向干道自西往东划分成 10 个小区(section),地块按照由西而东的顺序编号,每个小区内的地块则按照由南而北的顺序编号。这种编排方法可以追溯到 1864—1866 年英租界和虹口租界地图。

随着公共租界的第二次扩展,越来越多的农田被并入租界,虹口东西土地开发程度的差异也越大。1870 年 8 月 15 日工部局董事会上,金斯米尔先生认为:"洋泾浜租界内的土地业已填平,而虹口租界内大部分土地系农田,因此无法采取这样的办法",因此他建议以虹口为界,将租界划分为东西两部分,"从这一固定点,以东西划分来评定土地的价值,对整个租界来讲是行得通的"。①1899 年 6 月 7 日工部局会议,会上指出,迄今为止纳入收税和统计目的而划分的两个区(上海和虹口)的现行分区,在纳入扩展地区之后就不再具有实际用处。因此,会议同意为了捐务处的方便,必须重新划成若干个小区,而且今后租界的名称应该称之为公共租界。②1899 年 6 月 14 日会议收到了已予批准的扩展租界的平面图。该图把租界分为 4 个区,沿苏州河、泥城浜和虹口浜划线,分别称之为北区、东区、中区和西区。③原虹口地区,以虹口浜为界,划为北区和东区,工程师指出:"从现实情况来看,公共租界的这一地区最近的地籍编码,现在完全不能令人满意,委员会决定,尽管为地块重新编号会给业主引起不适和不便,现在比以往任何时刻更适宜修正编码。"④而西区以前属于越界筑路区,与原英租界以泥城浜为界,划为西区。所有各区,除了英租界之外,其他各区均采用了新的编码系统。1900 年之后,公共租界四个区地籍编码各自编码,趋于稳定,一直到租界历史结束,未发生大的变化。

① 《工部局董事会会议录》,第 4 册,1870 年 8 月 15 日,第 728 页。
② 《工部局董事会会议录》,第 14 册,1899 年 6 月 7 日,第 490 页。
③ 《工部局董事会会议录》,第 14 册,1899 年 6 月 14 日,第 491 页。
④ Shanghai Municipal Council, *Report for the year ended 31st December 1900 and Budget for the year ending 31st December 1901*, Shanghai: printed by Kelly & Walsh, Limited, Nanking Road, 1901, p.193.

第三节　法租界地籍测绘

法租界地籍测绘,既不同于公共租界,也不同于华界。在很大程度上,借鉴法国本土的地籍编绘,特别是拿破仑采取的地籍编绘制度。本节重点讨论法租界地籍测绘的过程、基本特征和渊源等内容。

一、地籍测绘

(一) 老租界区地籍图册及精度

上海法租界成立于 1849 年,租界内洋商"永租"土地,其手续均取法于英租界,唯一的区别在于法租界范围内的土地须至法国驻沪领事馆登记,而英租界内的土地交易则至英国领事馆登记。[①]1862 年 5 月 1 日,法租界公董局成立,并逐步从中国官方手中夺取了租界内征收土地税和房捐的权力。最先董事会要求租地人将房租和地产收益上报,并按照一定比例征税。但大部分地产主置之不理。董事会认为,唯一可行之策是地籍登记。为此委任董事梅纳监督实施土地清查登记工作。[②]但清查工作并不顺利。在 1862 年 6 月 4 日会议上,董事会决定采用统一征税标准,由道路检查员拉加塞统计房租收益,地产收益的标准确定如下:黄浦江和第一条马路(今四川南路)之间地皮,每亩二千两,第一条马路和帝国路(今河南南路)之间地皮,每亩一千两,帝国路以内地皮,每亩三千两。[③]实际上,很多地产主对这一决议并不理睬。而 1863 年 3 月 31 日预算报告中地产税收入颇少,也说明这一决议并未有效实施。董事会不得不指定由法雅和巴隆组成一个委员会,专门

---

① 牟振宇:《近代上海法国领事馆契相关问题考证》,《史林》,2014 年第 1 期。
② [法]梅朋、傅立德:《上海法租界史》,倪静兰译,上海译文出版社 1983 年版,第 331 页。
③ 《公董局 1862 年 6 月 4 日的决议》,转引自梅朋、傅立德:《上海法租界史》,第 333 页。

负责清查并统计每位地产主的产值及税额。①

除了税收原因之外,编制地籍还有另外一个原因:1864 年 4 月 30 日租地人大会上,有人提出地产凭证均是很早以前订立的,而当时已经开辟了许多新的街道,故地产凭证上标明的界限与现实不符。因此大会提议修改租界上的地产凭证,"以便于买卖和抵押"。董事会提议制定详细的地籍图,用中、法、英三种文字把所有地产凭证登记备案,并颁发新地产凭证作为今后唯一有效凭证。新凭证由法国驻沪总领事和公董局总董共同签发,上面用中文注明亩、分、厘,以便征收地产税,每份凭证均有一个与地籍图上相同的号码。旧的地产凭证存放在领事馆档案室或公董局档案室。②

地籍编绘任务最先由公共工程处道路检查员负责。公共工程处成立于 1864 年,由 1857 年的道路委员会转变而来,地籍测绘工作就由当时的"道路检查员"负责。但当时地籍编制既无固定职员,又无固定机构。如第二任道路检查员迪普雷在 1864 年曾协助绘制地籍图,但由于他要的酬金太高,公董局不得不将地籍图绘制任务交给克内威特、怀特菲尔德和金斯威尔,报酬为每亩三两,11 月 14 日的决议是支付一千两酬金。③直到 1864 年 7 月 11 日,驻沪领事白来尼制定了《法租界公董局组织章程》,地籍编绘也由临时性变为制度。本章程第二条规定,"公董局应负担……,编制地籍册,确立税收表和征收捐税"。④这从制度上明确了编绘地籍图册为公董局的重要职责,编绘地籍图册由工程委员会负责。

从当时档案来看,地籍测绘工作从 1864 年开始,但受阻于地产主的抵抗和一些地产边界纠葛,进展十分缓慢。1873 年 3 月 1 日公董局会议上,董事会提议两年内完成地籍测量,但直到 1877 年才出现了目前所见法租界第

---

① 梅朋、傅立德:《上海法租界史》,第 340 页。
② 1864 年 4 月 30 日租地人会议,转引自梅朋、傅立德:《上海法租界史》,第 355—356 页。
③ 梅朋、傅立德:《上海法租界史》,第 360 页。
④ 同上书,第 414 页。

一份地籍图册。值得注意的是，这份地籍图并无地产编号，只是临时性的。真正意义的法租界地籍图册完成于 1881 年。在 1881 年 2 月 2 日工程与警务委员会议上，委员会宣布租界以东部分地籍编绘基本完成。[①]目前所见 1864—1890 年间法租界地籍存在三种模板：1877 年之前有地籍册而无地籍图；1877 年地籍图册并存，但地籍图有地产边界而无地籍编号，且地籍表是按照地产凭证的编号排序的；1881 年及以后的地籍图册并存，每块地产被赋予一个地籍编号，地籍表按地籍编号而非道契编号排序，这是法租界地籍最终版本，与之后出现的地籍图册是一致的。这三种版本代表了法租界地籍产生的三个阶段。

1. 有册无图阶段

所谓有册无图，即仅见税收表，而不见相应的地图。目前所见法租界档案中有一份 1872 年下半年的地产税收表，包括序列编号、地产主姓名、面积（亩、分、厘、毫）、每亩的估价、地产总价、应纳税额等信息，与之后出现的地籍表字段相比，除了序列编号不一致外，其他均相同，故可视为法租界早期地税表。该地税表并未标注资料来源，但 1873 年 6 月 1 日的一份不动产登记表则明确注明其资料来源："根据总领事的土地登记册"[②]，实际上，即为道契的数据。由于法国当局对法租界的"永租"土地，采取了特殊的政策，要求所有的外商，无论国籍，凡是在法租界范围内租地的，均须至法国驻沪领事官登记。据《上海法租界史》记载，从 1853—1854 年间有四十多位英国人向法国领事馆登记申请并成功购置地产。[③]之后太平天国到 1865 年，法租界范围内的华人地产几乎全被洋商"永租"，但这些地产均在法国领事馆做过登记。故领事馆提供一份完整的地产信息并不困难。

①　《1881 年 2 月 2 日工程与警务委员会会议》，公董局档案 U38-1-2747，上海市档案馆藏。

②　Concession Française: Relevé de la propriété immobilière(au 1er Juin 1873)（d'après les regis-tres du Consulat Générale），Ref: 635PO/B/33，Archives Diplomatiques de Nantes.

③　《1854 年 8 月 31 日法国领事爱棠致工部局总董函》，转引自梅朋、傅立德：《上海法租界史》，第 190 页。

2. 有图有册但无编号

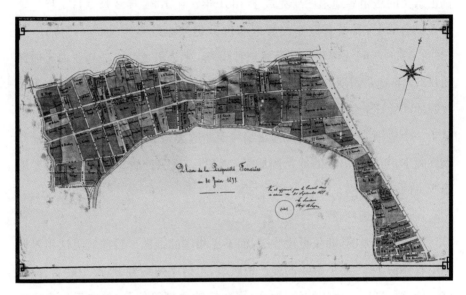

图 1-3-1　1877 年 6 月 30 日法租界地产地图①

《1877 年 6 月 30 日法租界地产地图》(Plan de la Propriété Foncière au 30 Juin 1877)是目前发现最早的法租界地籍图。原图 51×90 cm,根据图上的文字,"Lu et approuvé par le Conseil dans sa Session du 21 Septembre 1877, Le Secrétaire,(signe)M. Saine",可知该地图由公董局 1877 年 9 月 21 日董事会会议审阅和批准,落款签名为法租界总办塞恩。尽管该地图的绘图者不详,但从以上的信息可知,该地图是由公董局组织完成的,具有较高的质量。

该地图上地产信息非常丰富:每个地产边界标注颇为清晰,同一业主的地产采用了同一颜色填充,每个地产上标注了地产主的姓名。与该地图相

---

① http://www.virtualshanghai.net/Asset/Preview/vcMap_ID-1647_No-1.jpeg[2018/1/1].

对应的是《1877 年 6 月 30 日地产税表》，①其字段包括了地产业主姓名、道契编号、地产的四至边界、面积等信息。但无论是地籍图，还是地税表，均无地籍编号。地税表的数据是来自道契，还是实测呢？为此笔者仔细对照了1877 年地产税表和 1873 年 6 月 1 日地产税表，同一地产的面积，即使更名地产主了，其面积还是相同的，这说明地税表的数据也是来自同一数据源。正如上文所述，1873 年 6 月 1 日地产税表，来自法领事馆的土地登记，也就是说，其面积的数据来自道契，显然，1877 年的地产税表中数据，也是来自道契，而非实测。至于这份地籍图是否也是参考道契的地产图而绘制，也很有可能，因为据当时的档案记载，无论公共租界还是法租界，参考道契图来绘制租界地图非常普遍。正如 1899 年的工部局的一份市政工程师报告所言：

现在发行的官方地图是建立在中国地图之上的，这是通过领事从道台会丈局那里取来的，在英国总领事，三份英文地图根据中国地图制作，其中一份附在道契之后，一份发给租户，一份留政府。②

总之，1877 年的地产地图和地税表是为了税收需要而临时制作的，其数据主要来自道契，并非严格意义的地籍图册。

3. 图册并存有编号

真正意义的地籍图册应该是图册并存且有地籍编号。1877 年之后地籍测绘情况如何呢？目前所见，真正意义的法租界地籍图为"Ville de Shanghai-Plan cadastral-Concession française"（《上海城，地籍图，法租界》），现藏于法国耶稣会档案馆（Archives jésuites de la Province de France）。该地

—————————

① Concession Française à Shanghaï, *Rôle de la Propriété Foncière au 30 Juin 1877* (Shanghai：Imprimerie "Celestial Empire"，1877)，Ref：635PO/B/33，Archives diplomatiques de Nantes.

② 《丈量股创建、改名、预算、工程计划、添购用品、测量报告》，公董局档案 U38-1-1052，上海市档案馆藏，第 314 页。

图是法租界第一次扩界后的地籍图,共由五幅地籍分图组成。每一幅地图上均标注了道路和地产信息。道路上标注路名,而每块地产上标注了地籍编号、业主姓名和地产面积。该地图标题上还写了公董局总董维尔蒙(Presidence de Mr E.G. Vouillemont)之名,并标注了时间:1881 年 8 月,说明该图得到法租界总董的审阅和批准。

与该地籍图相对应的是,笔者在法国外交部档案馆(南特)发现了法租界 1880 年、1881 年、1885 年的地税表。①与之前的地税表不同,这些地税表均包含了地籍编号(Cadastral lot),准确说,这些地税表应该是真正意义的地籍表。除了地籍编号之外,这些地籍表还包括道契编号(Consular Title)、地产主姓名(Name)、登记的领事馆(Consulate)、四至边界(East,West,North,South)、面积(Area,单位亩)、土地估价(Value,单位银两 tael)等其他字段。关于四至边界,直到 1887 年地产税表才省去,四至边界的内容显然来自道契,那么 1881 年地籍表中的面积来自实际测量,还是来自道契?据文献记载,1881 年,法租界已完成了东部地区的地籍测绘,实际来看,1880 年左右可能其他区域的地籍测量也完成了:其主要证据在于,1880 年地籍表中,整个租界区的地产均有了地籍编号,而且与之后的地籍册编号相同;其二,1880 年地籍表中的土地面积与 1877 年地税表的并不相同,说明其数据并非来自道契,而是来自实测。但从形式上,这些地籍表仍保留道契的痕迹。

法租界公董局档案里保存了 1887 年 12 月 31 日法租界地籍图②,在法租界的地籍图发展史上具有重要的意义,主要表现在以下几个方面:首先,地籍图包括总图和分图。这个传统在 1881 年地籍图上就呈现了,并被以后

---

① Rôle d'Évaluation de la Propriété Foncière, 1880, 1881, 1885(manuscrit), Ref: 635PO/B/33, Archives diplomatiques de Nantes.

② Propriéré, Foncière de La Concession au 31 Décembre 1895,上海市档案馆藏,卷宗号:U38-1-2764。

所沿袭；总图通常为一幅地图，分图若干，每一张分图有一个分图编号，且分图的范围一旦划定，就不再改变，即使之后再编制新的地籍图，原来分图的范围和编号保持不变。按照区来绘制地籍图的办法为之后所沿袭；其次，该地图的范式，即绘有道路及路名、地块及其编号，以及其他的如河流等内容，但不再标注业主姓名和土地面积，这一模板也为之后的地籍图所沿用；再次，地籍表的内容，并未包括之前的地产边界四至，而是包括地籍编号、业主名、地产面积、土地估价、每年应纳税额。其中地产估价是 1890 年 5 月 13 日的估价标准。这些字段也基本上为之后的地籍所继承，唯一缺少的是道契编号；第四，采用了与公共租界一致的面积计算单位，便于上海整个市区的土地管理。这份档案图注部分为此做了详细说明：

> 在这个表格中的亩是 674.45 平方米，7260 平方英尺，即采用在洋泾浜以北租界的尺寸，在 1890 年 6 月 3 日，法国驻沪总领事宣布在法租界生效，以符合公董局土地税比率的调整。这项新的亩的尺寸，比以前每亩 6600 平方英尺增大了 10%。

另外值得注意的是地籍更新系统，即当地块发生分割或合并时，在地籍表中如何体现呢？笔者注意到，在 1880 年法租界地籍表中，每个地产赋予一个单独的地块编号，从 1 号至 191 号，共 188 个地产编号，缺 61，96，98 三个号码，之所以缺失，很有可能是这三个地产已并入其他的地产中。而在 1881 年法租界地籍表中地块编号仍是 1—191 号，而地块数量增至 197，缺 33，75 两个号码，而新增的号码是 75A，75B，75bis，85bis，115bis，139bis，181bis，181ter，法语中"bis"和"ter"表示数字顺序，分别表示第二和第三的意思，有时被译为乙和丙，现在法国仍被应用于建筑序列编号中。在这里，数字后面加上 bis 和 ter，表示原地块新分割出来的第二和第三个地块。同时，我们也注意到，还有另外一种编号系统，即在原数字上加上 A 和

B……也是表示同一地产新分出的土地，A 和 B 表示序列号，为第二和第三的意思，其他字母，以此类推。这说明当时的地籍更新系统同时并存着两种编号系统：一种是数字加上 bis 和 ter 的形式，一种是数字加上 A，B 和 C 等字母，但前一种系统缺点也非常突出，即若分割出多于两块的地产无法表示，而这种缺陷，第二种系统完全可以克服。总之，1881 年确立的地籍更新系统，成为法租界地籍更新系统的范本，对后世产生了深远的影响。

（二）1899 年扩展区地籍图及其精度

相对于公共租界，法租界地籍系统的一个明显优势就是前后连贯、自成一体，或言之，地籍系统一旦确定，不会轻易改动。地籍测绘通常发生在新扩界之时。1899 年 6 月，租界实现了第二次扩界，公董局立即命工程师勘定新扩展区的边界，绘制租界的新地图。新扩展区的地籍图册的编绘工作也随即展开。1901 年 1 月 10 日，法租界市政工程师邵禄(J.J. Chollot)在 1900 年工作年报里指出，至于土地测量及估价，正继续进行，这项重要的任务将在以后的几个月内完成。①不巧的是，地籍测绘遇见一些波折，1902 年 1 月 10 日，这位工程师在 1901 年的工作年报里指出，当时土地测量员的死亡以及几份态度强硬的土地纠葛，使得地图制作工作停了下来。但他同时又指出，土地测绘工作已差不多完成，并且地图制作可以交给办公室，很快也将完成。②新扩展区比老租界区面积大的多，但地籍编绘任务完成出奇得快，一方面，扩展区地籍测绘是公董局迫在眉睫、重中之重的任务，其他市政工作要让位于它；另一方面，从 1880 年法租界完成地籍测绘，到 1901 年，经过 20 余年的发展，法租界的地籍测绘，无论是技术，还是手续，均有相当成熟的经验，这就使得各项工作开展起来游刃有余。

---

① Rapport Sur les Travaux Accomplis dans le Cours de l'Exercice 1901，公董局档案 U38-1-2768，上海市档案馆藏。
② Rapport Sur les Travaux Accomplis dans le Cours de l'Exercice 1902，公董局档案 U38-1-2769，上海市档案馆藏。

当然困难也是有的：扩展区不同于老租界区，其土地登记要复杂得多。这片区域原系华界，故大部分土地的产权凭证是田单，但在被扩界之前，已有不少洋商至该地区租地，有不少交易的凭证是中国的田单，有些甚至未到领事馆登记。而中国田单本身就存在着面积与现实不符等各种问题，故存在争议的土地纠纷颇多。另一方面，作为新扩展区，其土地登记制度，显然不同于老租界区，在扩展区不同国籍的地产登记，到各自国别的领事馆登记，而在老租界区，不论国别均至法国领事馆登记。故当地籍测量时，一旦发生地籍测量与道契不相符的情况时，公董局须与请法国领事与其他在沪各国领事馆磋商，这会给地籍工作添加不少麻烦。显然，新扩展区地籍测量的难度，相比老租界区要大得多。

尽管如此，公董局董事会在 1902 年 9 月 25 日会议上，看到了新制作完成的地籍图，范围包括了旧租界区以及扩展区①，颇为激动。董事会指出，地籍图应交由市政工程师保管，并授权法国东方出版社（Presse Orientale）将其印刷出版。新编绘的地籍图册，包括一张覆盖旧租界和新扩展区的全图，比例尺 1∶5000，17 张街区（Section）分图（比例尺 1∶200），还有 1 个旧租界及新扩展区地图目录索引。董事会为出版社拨款 912 美元，其中全图 1 张，印制 1500 份，共 100 美元，分图 17 张，印制 1500 份，共 812 美元。董事会提议按照一定价格出售，全套售价 5 美元，整图每张 0.50 美元，分图每张 0.30 美元。东方出版社是一家法国印刷厂，印刷质量颇高。这份地籍图上，地块的编号延续了之前老租界的编号系统，新增土地被赋予新的号码，这可以从 1902 年法租界地籍总图看到。但值得注意的是，其中第七街区和第八街区的地块，原来的号码全部被重新编号。这可能是在地籍图绘制之前，这里因靠近租界区已有了地籍编号，故新扩展区的地籍测绘时，才考虑按照整个区域重新编码。

---

① Séance Générale du Conseil du 25 Septembre 1902，公董局档案 U38-1-2770，上海市档案馆藏。

与地图相对应的是 1902 年地籍表，包括老租界区（Ancienne Concession）和新租界区（Nouvelle Concession）两册，[1]同样由东方出版社印刷出版。标注时间为 1902 年 1 月 1 日，要早于地籍图几个月，而根据封皮上的文字说明，该册是根据 1901 年 10 月 4 日会议选举产生的地产主委员会制作的。正如 1902 年 1 月 10 日的工程师工作年报中所言，地籍测绘已差不多完成，因此这本地籍册的数据来自实测。这本地籍册与 1887 年的地籍册一样，并不包括道契编号。地产表按照地籍编号由小到大排序。地籍表内所有土地面积均以米为单位，前后计算三次，若三次计算结果与登记面积一致时，方换算为亩。[2]可见，其数据具有较高的精度。

地籍图的制作时间晚于地籍册，还有其他的原因，根据道契记载，早在 1900 年之前，便有洋商在此租地，故扩展区既有法租界颁发的领事馆契，又有其他国领事颁发道契，还有中国的田单。即使进行地籍勘测与土地登记，遗漏者却不在少数。另一方面，有些档案指出，当时的地产地图并不精确，如 1900 年 5 月 31 日董事会认为一块待征购土地的地产图并不准确，"我告知你们，此地块地图存在问题，请你们注意这种状况，并且在此进行征地，待征购的是标着黄色的土地。我请求你们改变这幅地图……"。更重要的是，在地籍图编绘过程中，扩展区正发生着巨变，原来的乡野之地已被纵横交错的道路取代，道路两侧逐步矗立起座座住宅别墅。这一巨变意味着地块边界变化颇大，故对地籍的更新也提出了更高的要求。

（三）1914 年扩展区地籍图及其精度

随着租界西扩和大规模越界筑路，无论征地还是税收，均迫切需要准确

---

[1] Concession Française à Shanghai, *Rôle d'Évaluation de la Propriété Foncière au 1er Janvier 1902 pour l'Ancienne Concession*（Shanghai：Imprimerie de la presse orientale, 1902）；Concession Française à Shanghai, *Rôle d'Évaluation de la Propriété Foncière au 1er Janvier 1902 pour la Nouvelle Concession*（Shanghai：Imprimerie de la presse orientale, 1902），Ref：635PO/B/64, Archives diplomatiques de Nantes.

[2] Exercice 1902 Service des Travaux Rapport de l'Ingénieur sur les Travaux Exécutes et les Dépenses Faites dans le Courant de l'Exercice，公董局档案 U38-1-2770，上海市档案馆藏。

的地产面积,而当时唯一依据就是道契面积,对公董局来说这并不完全可信,而地籍测绘又不提供大比例地块图,成立地籍办公室的呼声高涨。1907年3月13日的工程委员会上,M. Tillot 提议成立地籍办公室,他指出现行系统包括地产和地籍两方面,均存在缺陷,一方面就地产而言:

> 在租界,实际的土地面积和写在上海道契里的存在很大差异,这经常引发纠纷;2.在扩展区,一定数量的地产主继续以他们原来土地面积进行支付,即为确定道路边线而征购土地之前的面积。而这种状况是不规范和不公平的,并且他们称,有些可能是相当大的比重,从而引发了一些不快的事;3.收税的收据上经常署名的是旧地产主的名字。

另一方面,就整个地籍系统而言,他认为:

> a)缺乏精确的小地块图;b)为地产的改动,缺乏整个组织以及所有的核对。[1]

他提议该处应该发展为"地籍办公室和检查处"(le Bureau du Cadastre et Service du Contrôle),负责编制地籍图以及该处的检查。但由于各种原因,提议的地籍处(Service du Cadastre)并未运作。1908年12月18日,负责检查的工程师(l'Ingenieur du Contrôle)认为首要的原因是缺乏职员。[2]故当时绘制地图和更正地籍的任务,仍由公董局临时招聘的职员来完成。

1914年4月8日中法订约,公董局越界筑路区全部划归法租界,其面积较旧租界扩大了十余倍,当时地籍管理体制实难以满足地产管理需要。1914年6月11日会议,公董局正式考虑创建地籍办公室,并决定由工程委

---

① Séance du Comité des Travaux du 13 Mars 1907,公董局档案 U38-1-2775,上海市档案馆藏。
② "丈量股创建、改名、预算、添购用品、测量报告",公董局档案 U38-1-1052,第 352 页。

员会来筹备地籍办公室。但工作进展颇为迟缓,直至 1916 年 1 月 24 日,董事会才开会投票通过了建立地籍办公室的决议。此会议规定,法租界地籍办公室将于 1916 年 5 月 1 日正式成立。地籍办公室归总工程师负责,1917 年 1 月 1 日,地籍办公室正式运作。1917 年 5 月 2 日工程师给总办的信里,描述了地籍办公室的具体职能,包括:管理和更新土地登记的地籍册;就地契制作、转移、买卖,官方测量与界石等事宜,与领事和地产主进行沟通;征地和清查地产;绘制官方地图,竖立界石等,管理货单收纳与会计;管理地籍档案;管理和更新土地税册等。①

地籍办公室成立后,便立即着手租界土地测量工作。公董局董事会要求地籍办公室从 1916 年 10 月开始,对租界内土地无论有无房宅,均实施测绘,并制定地产税表。②地籍测绘仍沿袭旧法,地籍图包括一张地籍总图和若干张街区分图,并将法租界分为 39 个街区,其中扩展区为 25 个街区,③老租界为 14 个街区。④地籍测绘采用了标准的地籍样本,这是 1917 年 8 月委员会批准由"Geographical & Topographical Society of China"编辑的 2 个上海地籍图的地籍样本,所有地籍图均以此为模板。⑤

地籍测绘进展顺利,1917 年 1 月 1 日开始测量完成了 9 个街区,从 15 号至 23 号,其中 16 号、17 号和 20 号街区绘制完成并付之印刷,当时地籍测绘的范围,西至圣母院路和金神父路。而对于西门区的测绘则尤为困难,因为存在很多中国人随便放置的堆积物,包括垃圾堆等。⑥至年底完成的地籍

---

① 公董局档案 U38-1-1052,第 257 页。

② Séance de la Commission Municipale du 28 Août 1916,公董局档案 U38-1-2784,上海市档案馆藏。

③ "Secteur"或写"Section",由一个街区(四条马路围合的区域)或者两个街区组成。

④ Compte-rendu des Travaux Exécutes pendant l'Année 1916,公董局档案 U38-1-2784,上海市档案馆藏。

⑤ Séance du Comité des Travaux du 2 Août 1917,公董局档案 U38-1-2785,上海市档案馆藏。

⑥ Compte-rendu des Travaux Exécutes pendant l'Année 1917,公董局档案 U38-1-2786,上海市档案馆藏。

图(不包括老租界)，包括 1916 年绘制的，面积为 1250000 平方米，大约为 14
个街区。1918 年绘制完成的地籍图，从 15 号至 28 号，共 14 个街区，主要位
于亚尔培路以东，测量面积大约 5000 亩，而 1917 年为 3500 亩。[1]1919 年，
法租界扩展区除了 39 号街区大约 1000 亩土地未测量外，其余全部完成，被
测量土地位于祁齐路、宝建路和善钟路以西法租界区，面积约 4000 亩。[2]至
1920 年，租界扩展区地籍测绘全部完成，并将白尔部路、吕班路以及白尔路
以西以南的扩展区地籍图，付印全图一张，上市销售。[3]1921 年，全租界地籍
图，包括旧租界，全部绘制完毕。整个法租界地籍绘制工程从 1916 年开始
至 1921 年 11 月结束，前后持续达六年之久。[4]

　　这一时期的地籍图，相比之前其精度有了质的飞跃，工程师在 1932 年
工程年度报告里写道，"在这之前，找到一份精确的地图几乎是不可能
的"。[5]地籍办公室成立后，与之相应的土地登记程序也得以革新。1915 年
3 月 15 日，工程师建议采纳在公共租界实施多年的土地登记程序。工程师
指出，"这个程序与英国领事馆采用的完全一致，并且我可以说此程序对两
个租界当局均给出了最好的结果"。[6]1915 年 6 月 11 日总工程又把此提议
上报给法国驻沪总领事。[7]与之前最大不同在于，之前地产勘测仅由上海道台
及领事派专员在场，现在改由地籍办公室派职员在场，且道契和地图均须经地
籍办公室核查后方生效。不仅如此，总办 J.Dantin 颁发的一封政令明确规定，
法租界范围内的地产测量和地产地图，均由地籍办公室负责，内容如下：

①　Compte-rendu des Travaux Exécutés pendant l'Année 1918，公董局档案 U38-1-2786，上海市档案馆藏。
②　Compte-rendu des Travaux Exécutés pendant l'Année 1919，公董局档案 U38-1-2787，上海市档案馆藏。
③　Rapport du Service des Travaux(1920)，公董局档案 U38-1-2788，上海市档案馆藏。
④　Rapport du Service des Travaux pour l'Année 1921，公董局档案 U38-1-2789，上海市档案馆藏。
⑤　Programme des Travaux pour l'Année 1932，公董局档案 U38-1-1052，上海市档案馆藏。
⑥　公董局档案 U38-1-1052，第 289 页。
⑦　公董局档案 U38-1-1052，第 285—286 页。

地产主以及在土地交易中涉及的相关业主，根据法租界、领事团与中国当局之间的协议，所有位于法租界的官方测量和相应的地产地图，将全部由法租界地籍办公室绘制。这项工程将于 1917 年 1 月 1 日实施。[①]

之前地产测量和地籍测量分属领事馆和公董局工程处，两者之间难免摩擦。1917 年后地产测量及其地图，改由一个机构负责，即地籍办公室，这才使得地籍测量与地产测量之间长期矛盾得以化解。上海领事团于 1904 年通过的一条章程，要求所有申请土地登记的业主，只有出具了市政地籍办公室制作的边界证书方可颁发道契。1917 年法租界地籍办公室成立后，也采用了此法，且得以彻底执行。比如 1935 年地产主爱尔德地产公司(Algar & Cie)因未提交界标证书，领事拒绝颁发道契。[②]

其次，关于计算方法，在地籍处成立之前，其计算方法为"土地被分成四边形、直角三角形，通过获取一块四边形的面积，通过相对两边和的一半与另外两边和的一半相乘；一块三角形的面积是直角两边相乘再除以二"。[③] 这样计算的结果自然比三角形计算精度为差。比如同一块地产 I.C. 302(原为 B.C. 6272)，旧法计算为 5.921 亩，新法计算为 5.810 亩，相差了 0.111 亩；另一块地产 I.C. 303(原为 U.S.C. 1855)，旧法计算为 0.868 亩，新法计算为 0.871 亩，相差了 0.003 亩。[④]再次，绘图方法更为规范。1929 年 11 月 27 日，公董局总董给总工程师的一条政令，要求统一测量绘图法：1.三角测量点应为一个点外围加一个三角表示；2.边界交叉点通过一个点外围加一个圆圈表示。此外，对线条粗细虚实均做了统一规定。[⑤]这些规定对于规范地籍编制、提高地籍精度均有益处。

①　《土地测量与伪政府、工务局之来往信件，重勘法租界地册图等事，公报 433 号，董事会决议，会议纪要》，公董局档案 U38-1-1062，上海市档案馆藏，第 116 页。
②　公董局档案 U38-1-1052，第 16 页。
③④　公董局档案 U38-1-1052，第 9 页。
⑤　公董局档案 U38-1-1062，第 103 页。

（四）1936 年地籍重测及其精度

从 1917 年至 1927 年十年间,地籍处在测量租界地籍,绘制道契官方地图,绘制新路线、放宽或纠正道路图,为更正路线部署征地事宜,检测建筑许可等方面功不可没。但地籍处并未达到最初的目的,即减少逃税的不动产,实现公平征税。实际上逃税者不仅未减反而增多。首先是田单的土地,这是 1914 年扩界条约第 6 款唯一豁免土地税的土地,当时中国的大地产商或地产公司以中国地契的形式建造了大量的房地产,这些都逃脱了税收。其次对于外国人购买或租用的土地,也只有向领事登记之后才纳税,一些在 1914 年外国人获取的土地,不能在 1927 年税收名册中列出。董事会认为所有一切是由地籍处的体制造成的,"从最开始就脱离了它最主要的税收功能……对政府征税来说,地籍处没有任何作用,土地册继续由领事提供的信息制作"。[①]为此,1931 年 1 月 19 日公董局下达政令,主要是关于地籍处、总工程师和秘书处最小地图的绘制以及相应的职责的革新,内容如下:

1.新路的地图—放宽道路的地图和道路边线地图:这些地图由地籍处绘制,根据总工程师的"指令"实施检查;2.清查征地状况:"征地和核查,根据董事会提议之后第一张特殊地图进行布置,并在地籍办公室长官的职责下确立,由负责征地的部门的长官签名(秘书第二办公室)";3.颁发地契的原件:"原件在地籍技术长官监督下制作,最后由秘书长官签字并负责其后的各项手续";4.公共土地:地籍办公室长官在其监督下绘制公共土地让与的核查地图,这些地图由秘书长官签字,并且给予地籍办公室所有必要说明,为了将这些土地的税全部缴纳给政府。我们很想给予必要说明,从现在起这些规定开始生效。[②]

---

① 公董局档案 U38-1-1052,第 160 页。

② De la Commission Provisoire d'Administration Municipale de la Concession Française de Changhai,公董局档案 U38-1-1052,上海市档案馆藏,第 162 页。

除了为道路及特殊的建设绘制地图，地籍处不再担任公共工程的职责。至于特殊的建设图，不再受总工程师的约束。地籍处的其他工作，与秘书处的关系比其他各处更近。尽管此提议遭到工程师的反对，但董事会认为工程师仅仅着眼于技术上的考虑，并没有考虑对政府财政各处的好处。董事会最终下达了关于地籍处改组的组织和职责章程，内容如下：

（1）地籍处作为公共工程处的职责，被取消；（2）建立一个地籍办公室，附属于秘书处；地籍处职责内必需费用写入每年总办的预算；（3）地籍处职员由秘书处直接任命；（4）职员包括，……（5）由地籍办公室制作：(a)法租界地籍图，(b)土地册，表明土地产权及转移的状况，(c)土地税的名册；（6）地籍办公室负责：(a)更新地图，地册和税册，并对其进行保管，(b)征地的地块的确立与部署，(c)根据官方的测量发给中国官方的原件，(d)制定改变用途的公共用地的分配的地图，(e)核查在道路边线上的以及小道上的建筑许可；（7）地籍办公室坚持总工程的布置，为了道路网络的发展的相关的所有的研究。市政各处的总的领导负责执行现在的规则。

至 1932 年，此地籍图册已使用了约十年，地籍重测又提上日程。一方面，自 1921 年至 1932 年地产已发生诸多变化，土地册已偏离实际。1935 年 1 月 18 日，法租界公董局总办发布一则政令，指出"土地册里的土地面积即为官方测量面积，也就是道契上的面积……这一官方面积，只有在政府对道契进行更正时或者进行征地时才得以修正"。[①]另一方面，未登记在册的道契颇多。1935 年 4 月 4 日，地籍处在给技术部长官的一封信里指出，"法册道契的持有者，并无法册地块编号，请让政府赐予一个新号……估计此类道

---

① 公董局档案 U38-1-1052,第 82 页。

契甚多"①,而 1935 年 4 月 12 日给这一部门的信里,地籍处进一步指出,"仅根据我们文件,不知有多少道契无地籍编号"。②其他未纳税地产,由于缺乏准确的数据,估计不在少数。1934 年 4 月 28 日的一则公董局政令指出,"您非常想得到一份未履行 1914 年 4 月 8 日协议,且拒绝支付土地税的地产表。为此,应拒绝这些地产任何的建筑许可申请,除非提前缴齐所欠之税"。③

早在 1934 年初,公董局已考虑重测地籍。首先,地籍处根据在 94-99-157-229-229A 街区测量工作,估算了重测租界所需时间:一位测量员每天最多可测量 4 亩地,全租界 15150 亩,则需 3788 日,若去掉假期和休息日,以每年 250 工作日计算,完成重测工作需要 15 年。故要在 5 年内完成,就需要同时雇佣三个测量员。④而当时因 Houdekoff 休假离去,只剩下两个操作员。只有一个工人从事测绘,故秘书处建议再雇用一个中国制图员。

从 1936 年 3 月起,地籍重测工作正式开始,至 1941 年基本完成,持续了近五年时间。法租界 1941 年的地籍图册是这次重测的结果。⑤如果对比 1932 年地籍图册可知,1932—1941 年间,无论是地产主,还是土地面积及土地估价,均有不同程度的变化。⑥这也说明了此次地籍重测效果颇著。1935 年 3 月 9 日,由地籍处长官(le chef de cadastre)撰写的一份报告《地籍测绘法之精度报告》,对当时法租界地图的精度进行了总体评述,其中道契地图的精度最高,"几年来我们使用的方法令人满意,且一旦有变,随时更正",建筑许可的测量绘图,"这个精度同样令人颇为满意……",至于

---

① 公董局档案 U38-1-1052,第 14 页。
② 公董局档案 U38-1-1052,第 16 页。
③ 公董局档案 U38-1-1052,第 114 页。
④ 公董局档案 U38-1-1063,第 10 页。
⑤ Conseil d'Administration Municipale de la Concession Française, Changhai, Rôle de la Propriété Foncière,1941,公董局档案 U38-1-1075,上海市档案馆藏。
⑥ 《前法租界 1932 年地册簿》,公董局档案 U38-1-1073,上海市档案馆藏。

地籍图的精度，由于受当地环境的影响，虽未达到理想的精度，但相比之前仍有提高。[①]

二、地籍系统的渊源

关于法租界地籍测绘系统，追本溯源，主要借鉴于法国的地籍测绘系统。关于法国的地籍测绘，首先，它起源于古罗马帝国的地籍测量。它对之后法国地籍的影响是多方面的，最主要表现在三方面：一、图、册并存，这一传统在罗马帝国瓦解后的封建欧洲一度被抛弃，这是因为封建制度下的土地税，代表的是地产主对君主的义务，故当文字可以很准确地表达权利和义务时，地图显得并不必要。二、采用了科学的测量方法，在科技并不发达的罗马帝国时期，已采用三角规测量仪以及借用日晷和子午线来确定水平线的办法。[②]但值得注意的是，直到 18 世纪，三角测量技术才广泛运用于地籍测量中，并被法国地籍所沿用。三、将土地类型作为评估地产价值的标准，罗马帝国地籍，将土地类型分为九大类，根据地产收益确定每类的地价标准。这一传统被法国地籍所继承，而且将不同类型的土地，用不同色彩表示，并标注在地籍册中。其次，法国地籍的经验，还与法国 18 世纪的税制改革尝试与地籍实践有关，比如 1728 年至 1738 年在萨瓦地区实施的以市镇（commune）为单位的地籍测量，以及 18 世纪下半叶，在法国三个中央直属的财政区实施的地籍革新，恢复并发展了罗马时期的地籍传统。法国大革命前夕的科西嘉岛的地籍测绘，为法国地籍测绘提供了更有价值的实践，尤其采用统一的三角测量技术和地籍核查制度。[③]

---

① Rapport sur la Precision des Operations Topographiques du Cadastre，公董局档案 U38-1-1051，上海市档案馆藏，第 34 页。

② M. Cheysson et Saint-Paul，*La Question Technique du Cadastre en France*，S'international de la Propriété Foncière de 1900，Paris：Imprimerie Paul Dupont，1901，p.8.

③ Albitreccia，Antoine，*Le Plan Terrier de la Corse au 18ᵉ Siècle：Etude d'un Document Géographique*，Paris：Presses Universitaires de la France，1942，p.93.

法国地籍测绘实施于 1789 年法国大革命的爆发之后。1790 年 11 月 23 日和 12 月 1 日的法令，废除了封建时代的各项苛捐杂税，代之以单一的地产税，并要求"对所有土地，根据他们的纯收入，按照相等的比例征税"。[①] 从 1811 年至 1850 年左右，用了近半个世纪的时间，才完成整个法国的地籍测绘，除了萨瓦和尼斯，这些地区直到 1860 年才完成。[②]而地籍测绘的所有程序与技术，均依据 1811 年出版的《关于法国地籍的决议、指南、政令与法令的方法汇编》(*Recueil Méthodique des Loi*，*Décrets*，*Instructions et Décisions sur le Cadastre de la France*)。此汇编内容丰富，共有 1444 条，囊括了法国当时及之前的所有关于地籍测绘的指示与方法。此汇编几乎被欧洲所有语言翻译过，成为欧洲地籍立法的根基。

法国地籍相对于大革命之前，其发展主要表现在以下几方面：首先，第一次以国家的名义，对全国土地按照统一的标准进行彻底地土地测量，并编制统一模板的地籍图册；其次，建立一套严格的地籍核查制度，并由专门的机构对地籍图和地籍册进行系统的校对核查，故最终完成的地籍图册较为精准；最后，以整个法国为范围绘制的法国地形总图，建立全法的大三角系统，作为地产测量的参照。[③]因此法国的地籍系统，主要包括三部分：一是大比例地籍图，但其比例尺并未统一，而是根据区域的大小，从 1∶5000 至 1∶500 不等；二是地籍索引，根据地籍图上的地产编号，记录了所有业主姓名，作为图与册之间的索引；三是地籍册，包括地产主姓名、面积、土地类型、估价、税额等，并按照字母顺序编排。但法国地籍并非完美无缺，最大的问题在于地籍图的更新，对于地产分割、再分与合并等变化，只能在每年一次

---

① M. Cheysson et Saint-Paul, *La Question Technique du Cadastre en France*, *S'international de la Propriété Foncière de 1900*, Paris：Imprimerie Paul Dupont，1901，p.12.

② R.J.P. Kain & E. Baigent, *The Cadastral Map in the Service of the State*：*A History of Property Mapping*, pp.228—229.

③ M. Cheysson et Saint-Paul, *La Question Technique du Cadastre en France*, *S'international de la Propriété Foncière de 1900*, Paris：Imprimerie Paul Dupont，1901，p.22.

地籍册更新中看到,而另外两部分即地图和索引,并无相应的更新。

上海法租界成立于 1849 年,地籍测绘工作开始于 1862 年公董局成立之后,而这时法国地籍刚刚完成,对于以法国人为主体的上海法租界当局而言,既有成功的经验可资借鉴,也会避免法国地籍已呈现的各种错误与弊端。而实际证明,法租界地籍与法国地籍存在直接的渊源关系,具体而言:

首先,地籍图册。法租界地籍图册,包括地籍图、地籍索引与地籍册三部分,其中地籍图包括总图与分图,这些与法国的地籍基本一致。地籍表与法国相比,二者均包括地产主、土地面积、土地估价和所在区。不同的是,法国地籍表包括土地利用类型,而法租界地籍表中无,但地产凭证编号,法国地籍表中无。之所以如此,法国地籍系统与地产登记系统,均隶属财政部。相反,法租界地籍系统与地产登记系统隶属不同部门,前者属于公董局,后者为领事馆,这是法租界地籍系统与法国地籍系统最大的区别。

索引是拿破仑地籍系统中重要组成部分,主要是图册索引,总图中有每幅分区图的编号,便于总图与分区之间的检索,而地籍表中又有每块地产在地图上的编号,便于地籍册与地籍图之间的索引。法租界地籍与此基本一致,而且更为详细,每张分区图中包括若干街道,区的编码附于每页页首,街道的编码则直接标注页上,区编号与街道编号均标注在地籍表的每块地产上,便于查找。除此之外,无论是法国地籍还是法租界地籍,均有一份总索引表。不同的是,法国地籍的是业主姓名与地产编号索引,而法租界地籍是地产编号与地产凭证编号的索引,前者是按照业主姓名的字母顺序编排,而后者是按照地块编号的阿拉伯数字顺序编排,在地籍表中也是同样的编排顺序。

再次,地产编码系统。因地产买卖,地产难免出现分割、再分或合并等物理变化。为了使地籍图册在不断更新过程中保持前后一致的编排次序,法公董局的编排方法,据 1932 年 11 月 25 日的一份政令,"关于一块地籍地产被划分为几块,划分的地块应该以最初的编码加上 A、B、C、D 等,以字母顺序排列不能有中断。有个例外是字母 M,保留给道路征地范围内的地块,并且不再用于道路征地范围周边的地块"。①这一编码系统也取法于法国的地籍编码系统。

三、法租界地籍的局限性

尽管上海法租界的地籍测绘,直接借鉴了法国的地籍测绘,但在上海地区,还会受到本地各方面的制约:首先,上海自开埠以来,逐步形成了法租界、公共租界和中国官方三权鼎立的政治局面,租界当局的地籍测绘的权限受到其他两方的制约:一方面,上海的地产登记制度,各国洋商的地产均到其所在国籍的领事馆登记,故地籍测量时,一旦出现地籍测量与道契地产测量不符的情况,法租界公董局必须与其他各国领事交涉,另一方面,由于租界的特殊性质,租界当局并无绝对的权利管理土地,因为土地的所有权仍属于中国,故涉及租界内的田单或土地证的地产,租界当局须与中国官方交涉;其次,地籍测量还受到当地地理和气候环境的影响。

首先,特殊的政治环境。上海三足鼎立的政治局面与租界特殊的性质,使租界当局的地籍测绘,并没有法国那样彻底。其中土地登记制度不完善是导致测量精度受限的重要原因之一:一方面,由于扩展区情形复杂,既有洋人地产的道契,又有中国的田单的土地,特别是田单的土地,地籍处和秘书均无权对其面积和精度进行检测和核查,对于有名无实的道契,即中国人租用的土地,地籍处也只能辨认道契上的洋商名,甚至无法查实真正的业主。对于抵押和租用的土地,情形更为复杂。后期的档案表明,地籍处把大量的工作投入对田单、有名无实的道契以及公共土地的核查上,其目的是将租界内所有的土地纳入到公董局的管理轨道。②

其次,上海地理和气候环境。上海租界地区,在开埠之前是一个河浜纵

---

① 公董局档案 U38-1-1052,第 124 页。
② 公董局档案 U38-1-1052,第 109 页。

横的江南水乡。在租界建立之后并不断向外扩展过程中,大部分河道被填埋筑路,但也有一些河道并未填埋。这给地籍测量造成了颇多困难。一方面,从操作层面看,1928 年 5 月 10 日,总工程师在一份关于更正道契地图的报告书里指出,"使用钢带测量,在地形较好的土地上,100 米有 2 至 3 厘米的误差,但这里大约三分之一土地被堵塞或坑坑洼洼,根据已给的地图,实际边界有可能已发生变化,甚至可能是争议的边界"。[①]由于特殊的地形,测量仪器的直立放置、测量标志等均会产生一定的误差,前者约 0.001 米,后者 0.01 米,[②]当然这些均在允许误差的范围之内。另一方面,河浜产权有河面权、公租权等,极为复杂,[③]这使河边地产边界模糊,给地籍测绘造成一定的困难。对于河滩涨地,只有通过升科方可确定产权,对于未升科而被地产主占用的土地不在少数,因其无边界无法绘制。1928 年 5 月 10 日,总工程师在一份关于更正道契地图的报告书里指出,无边界或有争议的边界,使地籍测量很难给出一个精确的结果,详文如下:

> A)因为有些地产边界并无界石标志,也无一条精确的界线,导致测量颇为困难;B)……C)在一块未划定界线的土地上,我们可能采取一种更不准确的测量,至于桩标,迟早会引起临近地产的抗议。D)当地产主执行同样的边界时,地籍处应该进行一次核查,通常跟踪第二次,因为边界没有被准确地测出。[④]

1935 年 3 月 9 日《地籍测绘法之精度报告》指出,"租界的总测量:实施核查所必需的一些要素的缺失,即总导线测量法及测量细节的核对,妨碍我

① Projet de Deforme pour l'Etablissement des Plans Officiels des Plans Officiels des Titres Consulaires,公董局档案 U38-1-1052,上海市档案馆藏,第 251 页。
② 公董局档案 U38-1-1051,上海市档案馆藏,第 39 页。
③ 张佩国:《近代江南乡村地权的历史人类学研究》,上海人民出版社 2002 年版,第 85 页。
④ 公董局档案 U38-1-1052,上海市档案馆藏,第 251 页。

们完全达到这项研究所预设的目标……",①之所以总导线测量法缺失,与上海河浜纵横的地理环境不无关系。除此之外,距离测量产生的误差主要来自仪器的标准化、弹性、膨胀、水平度、拉直和标记等,这些误差很难控制,主要受上海特殊气候条件的影响更大,报告指出:

1. 就我们测量使用的经纬仪,与长度测量的便利正相反,租界的大部分地区的地平程度因气温的不断的变动影响而被抵消,这样的气温同时部分地破坏了我们的工作。因此在总的多边形距离测量使用了一把钢丝测量计,应该非常注意温度。

2. 就平版印刷中的转写,精度的一个更大的敌人是我们的纸张极易受到大气状况的影响,尽管我们总是努力保证转写纸张的不变。②

---

① 公董局档案 U38-1-1051,上海市档案馆藏,第 34 页。
② 公董局档案 U38-1-1052,上海市档案馆藏。

第二章
公共租界中区地籍图册与
城市土地空间形态演变

上海公共租界（Shanghai International Settlement），是中国租界史上开辟时间最早，持续时间最久，面积最大的租界地。在开埠之前，这一地区虽非"寥落""荒凉""人迹罕至"的郊野之地，但也是以私人则田或升科涨滩地为主的农田区。1843 年 11 月上海开埠，英租界地区从最初的 1080 亩，到 1862 年与虹口地区的美租界合并为公共租界，之后又历经两次租界扩张，至 1899 年租界面积增至 33503 亩，在不到五十年的时间里面积增加了三十余倍。以往历史学家在理解这一问题时，通常将其归于以下几种因素：

第一，基于土地有偿使用和政府税收的视角，西方列强通过政治手段逼迫清政府签署租界扩张的条约，租界面积愈大，税收总额自然愈多。这是西方以政治手段攫取经济利益的典范。此观点在以往的上海经济史专家中十分普遍。目前学界的研究也表明，公共租界工部局城市建设的财政来源主要来自地税与房捐，工部局一方面通过增加税率来扩大税收，另一方面进行逐年的地价重估调整增加税收[1]，更重要的是工部局通过行政手段扩大都市幅员，以达到扩充税基的目的。[2]正如台湾学者郭奇正所言，"以土地有偿

---

[1] 张仲礼、陈曾年：《沙逊集团在旧中国》上海人民出版社 1985 年版，第 35 页。

[2] 赖德霖：《从上海公共租界看中国近代建筑制度之形成》（上），《空间杂志》，1993 年 3 月号。

使用为原则所架构出的租界基本法《土地章程》，实际上也架构出了一套关于市政运作财政自主循环的机制，也在实质空间营造上积极地影响了都市幅员扩张以及都市公共服务提供的内容"，"工部局只要致力于一个良好房地产投资环境之维持，助益于土地税与房捐税基之扩大，即可年年追加城市公共服务之投资，坐收城市幅员的扩张之渔利"。①

第二，越界筑路的视角，即租界当局事先在拟扩张的华界内越界筑路，并逐步完善如铺设下水道等基础设施、设立警察，待时机成熟，将越界筑路所覆盖的华界划入租界。

第三，洋人租地的视角。有学者已注意到，越界筑路只是洋人在界外筑路的外在表现，正是有了洋人租地、建房的实际需要，才会出现越界筑路，也就是说洋人越界租地才是促成租界扩张的真正内因。马学强指出，"租界屡屡出现的越界筑路与外国人经常性的越界租地，彼此交织，以往的论述多聚焦于越界筑路，视其为租界扩张之前奏，实际上大量的越界租地更具有蚕食性"。②

第三种观点显然比前两种观点更加深入：一方面，随着道契、地籍等土地资料的公开，研究尺度已从租界政区、越界筑路，深入到宗地尺度，研究内容更加丰富；另一方面，由于采用了历史地理学空间分析的方法，使洋商租地与租界扩展这两个看似不相关的内容联系起来，这显然是揭露租界扩展内在机制的重要切入点。

租界和租地是完全不同的两个概念。据《费唐报告》可知，

公共租界之最初划定界址，以及其后之推广，均于界内地产之所有权无直接影响，但地产章程规定，外侨得依照上文所摘述之手续，在租

---

① 郭奇正：《上海租界时期中产阶级城郊地的社会生产》，《地理学报》，第 35 期（2004 年），第 53—80 页。

② 马学强：《近代上海法租界与法册道契》，《社会科学》，2008 年第 12 期。

界内取得地产。取得之进行，当然以渐。在一八九九年所定推广租界区域之内，计有六七八〇亩之地，仍由华人地产，执有在中国会丈局注册之旧式中国地契而管业，并非执有在领事馆注册之永租契。上文业经提及，华人所有此项土地，按照地产章程规定，并不估价征收地税，惟地上如建有房屋，则须根据租值，由住户向公共租界工部局缴纳房捐。[1]

鉴于以上的研究现状，本章内容主要以道契和地籍等土地资料为中心，运用 GIS 的方法，从空间和时间两个尺度，复原公共租界的道契册地的空间扩展过程，并与道路扩展过程相叠加，分析二者之间的内在联系，进而揭示上海租界地区街区形成的内在机理。

公共租界是一个动态的概念，1845 年中英订立了《上海土地章程》，1846 年确定了英租界的西界(今河南南路)。1848 年 11 月 27 日，英租界向西推进至周泾(今西藏南路)。同年，美租界在虹口地区成立。1863 年 9 月英租界和美租界合并，成立上海公共租界，统一受工部局(Shanghai Municipal Council)管理。1899 年，公共租界又进行了大规模扩张，面积增至 33503 亩。公共租界的空间扩展过程，详见图 2-0-1。出于管理的方便，公共租界被划分为中区、北区、西区、东区。其中，中区为原英租界区，北区为原虹口区，西区和东区则是新扩增区。四个区域的土地占有体系和街道形成呈现明显的区域差异。本章重点讨论公共租界中区。

公共租界中区是指英租界第二次扩展后的范围，即东至黄浦，西临周泾(今西藏南路)，北依苏州河，南靠洋泾浜的区域，从农业圩田，到实现城市化，前后经历了二十余年时间(1843—1865 年)。这是英租界最早形成和扩展的区域，其起源和发展的历史特征与演变规律颇受学界重视，通常被视为

---

[1] 《费唐报告》，第 658—659 页。

了解上海城市源的关键,研究成果亦颇为丰硕。吴俊范①、陈琍②和罗婧③针对英租界早期的城乡景观变迁、城市化过程和洋行分布状况,做过相当系统的复原和精细的考证工作,在此无须赘述。本章将在这些研究的基础上,根据道契和地籍资料,从土地占有和宗地变化角度出发对中区街区形成的历史特征,特别是空间形成过程,做长时段的总体研究,以便揭示这一区域的发展规律。

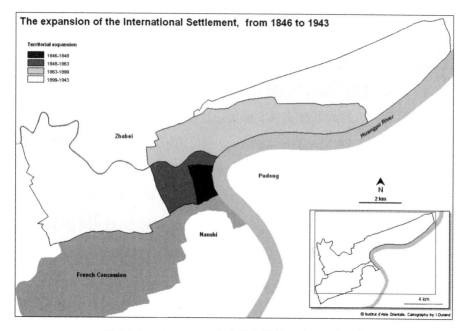

图 2-0-1　1846—1943 年公共租界扩展过程示意图④

---

① 吴俊范:《从英美租界道路网的形成看近代上海城市空间的早期拓展》,《历史地理》第 21 辑,上海人民出版社 2006 年版,第 131—140 页。吴俊范:《从水乡到都市:近代上海城市道路系统演变与环境(1843—1949)》,复旦大学历史地理专业博士论文 2008 年。

② 陈琍:《近代上海城乡景观变迁(1843—1863)》,复旦大学历史地理专业博士论文 2010 年;陈琍《上海道契所保存的历史记忆——以〈上海道契〉英册 1—300 号道契为例》,《史林》,2007 年第 2 期。

③ 罗婧:《上海开埠初期租界地区洋行分布与景观变迁,1843—1869》,复旦大学历史地理专业博士学位论文。

④ http://www.virtualshanghai.net/Asset/Preview/vcMap_ID-435_No-1.jpeg[2018-5-4].

第一节　上海道契与租界早期地产地图及主要内容

一、外滩源地图：一张可弥补道契资料不足的地图

外滩通常被学界视为上海租界城市发展的起始地。学界对于外滩源讨论颇多，以周振鹤、陈琍和罗婧的研究贡献最大。[①]该研究主要采用了上海道契等资料，复原了外滩由之前芦苇丛生的浅滩，逐步转变为洋商租地并实现城市化的过程。道契的定位是按照 1849 年英租界地图确定的，故结论基本可信。但这里仍存在两个问题：1.根据陈正书的研究，上海道契从确定到实施经历了一个过程，目前见到的道契均是在 1847 年换立的，尽管在道契上标示了该道契历次交往的记录；2.1849 年地图距离 1843 年上海开埠已有六年之久，是否能反映租界开埠之初的情形？

英国皇家地理学会收藏了一张英租界地图，这张地图是目前所见关于外滩的最早一张洋商地产地图，绘图时间大致在 1846 年 10 月。这幅地图对于认识上海开埠早期城市发展，特别是"外滩源"问题，具有极为重要的价值，主要表现在：

首先，再次证明"外滩源"不是今天社会上所说的苏州河与黄浦江的交汇处，而是位于今河南中路以东、北京东路以南、汉口路以北的区域，包括其中的外滩部分。从地图上看，最早来沪租地的洋商，即表中第 1—9 号的租

---

① 陈琍：《近代上海城乡景观变迁(1843—1863 年——基于上海道契档案的数据处理与分析)》，复旦大学历史地理专业博士学位论文，2009 年。周振鹤、陈琍：《上海外滩地区历史景观研究(开篇)——近代繁华之前世(1843 年前后)》，《文汇报·文汇学人》，2015 年 4 月 24 日第 19—20 版。周振鹤、罗婧：《上海外滩地区历史景观研究(二篇)——城市景观之雏形(1845—1855)》，《文汇报·文汇学人》，2015 年 4 月 24 日第 21—22 版；罗婧：《上海开埠初期英租界洋行分布及景观复原初探》，《历史地理》，第 27 辑，上海人民出版社 2013 年版，第 239—260 页；罗婧：《上海开埠初期租界地区洋行分布与景观变迁：1843—1869》，复旦大学历史地理专业博士论文 2013 年。

户，分别是怡和、和记、仁记、义记、森和行、裕记、李百里、宝顺、华记等 9 家大洋行。一般认为怡和、宝顺、仁记、义记和广源这 5 家原在广州的英商洋行在 1843 年紧随英国领事巴福尔来到上海，是上海的首批洋行。怡和、宝顺洋行，既是东印度公司的鸦片走私商，也是西方工业产品的代理商。地图上的这 9 家洋行，位于今北京东路至九江路之间的外滩。而苏州河与黄浦江交汇处的南岸，还是一片未开发用地：芦苇丛生的浅滩、小河浜，以及经常被潮水吞没的"fresh land"，意即"新生土地"。1846 年 9 月，英国领事阿利国（R. Alcock）得到英国政府批准，买下了这块后来称为"外滩源"的土地，成为英国领事馆的用地，共计 126.97 亩，原业主为"石炳荣、吴思本、陈圣章"等华人。后来，英国领事馆并未全部使用这块土地，而是保留部分用地后，将其他土地割售给其他洋商。①

其次，本地图可以弥补道契中缺失的地产信息。从 1844 年洋商在外滩租地，到 1847 年颁发正式道契，前后相隔 3 年，同一块土地发生多次交易的情况十分普遍。比如英商李百里洋行大班托马斯·李百里，于道光二十五年四月（1845 年 5 月）向施万兴等农户永租了 4.813 亩土地，同年 6 月，划出 0.86 亩转手卖给了英商裕记洋行。英商融和洋行大班位第，于 1845 年 10 月，永租了 18 余亩土地，11 月即划出一半，转手卖给了英商裕盛洋商，又划出 4 亩多，卖给了英商裕记洋行。又，英册第 27 号 36 分地，出租业主并非华人，而是英人"阿各士颠哈"，租地人也是英人"各你理阿士唾恩"，说明道契登记的并非首次交易，而是第二次交易或其他次交易，可见当时土地交易的复杂程度。故仅凭 1847 年换发的正式道契文件，即已出版的《上海道契》，还不能完全复原这三年时间所有地产交易情况。

而且，在第一批签发的前 50 号英册道契中，还存在道契号缺失的现象，比如英册第 8 号、10 号、30 号、38 号等缺失。同样，第一批签发道契中的分

—————————

① 英册道契 16 号，《上海道契》，卷 1，第 27 页。

地号，也不完整，缺失 6、9、10、12、16、44—49 等号。这些缺失的道契，除了遗失的情况外，主要原因可能与当时交易混乱有关。而这张地图，正好可弥补道契缺失的地产信息。该地图附表（详见第一章第二节）上共有 15 处洋商的信息是道契记载中没有的。笔者又查阅了开埠早期的其他文献，发现这些未在道契中记载的洋商，有些是可以在其他文献中查到的，有些则根本查不到：

第 32 号为"P. Richards"（隆泰），据记载该洋行建于 1844 年，在《1854年上海年鉴》亦有记载："Richards，P.F. & Co."，为船舶杂货商，杂货及一般代理商。第 25 号"White & Co."（老惠记），见于记载为 1863 年；第 29 号"McKenzie & Co."（麦根治），不见记载，在 1877 年行名录中才有"McKenzie Robt"的记录。同样，第 26 号"Platt Hargreaves & Co."不见记载，《1854 年上海年鉴》有"Platt Thomas & Co."。第 49 号"Terry"，1868年行名录有"Terry，E.R."。值得注意的是，查到的文献记载，与地图上的洋商名称并不完全一致，大部情况是同姓，但名不同，则可能不是同一个洋商。另外，地图上还有几个洋商或洋行"Sands James Church & Co." "Hesherington" "Bowstend & Co."；"Ahmns Hong"，笔者并未查到任何记录，可能在沪居留时间较短，抑或去世等其他情况，不得而知。但确实是当时英租界的早期租地洋商或洋行。

综上所述，该地图真实反映了 1845—1846 年英租界土地占有情况，弥补了《上海道契》中没有的 15 处洋商信息，对于了解上海开埠早期的历史弥足珍贵。

该地图还反映了早期租界的洋商租地原则，基本是在原有的土地划分形态下进行的。在正式的道路规划出台之前，洋商租地只是为了满足个人经营和居住之需，并不存在规划的远见。但这并不意味着早期洋商租地无规律可循：

首先是滨江，濒临码头前沿的黄浦江岸，有 1—16 号和 50—51 号共 18

块地产,洋商租用 13 处,占当时洋商租地总数的一半。这里不仅占有航运交通优势,而且是港区和码头区,为城市区位的黄金地段,来沪的洋商自然很清楚这个道理。

其次是交通便利。笔者注意到,最先租地的洋商均位于有"土路"的位置。在最初英租界范围内,南北向的土路至少有 5 条。自东向西排列,分别是黄浦江滩上的纤道,沿今四川中路、江西中路和河南中路路基所在位置的"公路",以及建于清康熙十一年(1672 年)的石路。而东西走向,今北京东路、南京东路、九江路、汉口路、福州路和广东路的东段曾是 6 条"出浦大路"。①这些土路直接与码头区相连,交通方便,有利于经营和生产,是仅次于外滩的重要地段。

第三是地势较高地区。英租界是在农业"则田"和低洼滩地上建起来的。在这种环境下,信奉实用主义的洋商自然会选择宜居的"高地"区。道契记载的"高地",即地势较高的地区。从地图上看,今九江路沿线的地势较高,周边无池塘、河浜分布,该地区成为除了外滩之外,洋商租地最多的地方,共有 4 个洋行,而地势较低的洼地、滩地,比如苏州河与黄浦江交汇的南岸,地图上标志为"marshland",即沼泽地,租地者极少,仅有第 49 号地产,为 Terry house(德利)。

总之,在 1845 年英租界正式划定边界之前,最早来沪的一批洋商抢先在位置绝佳的黄浦滨江—外滩租地。而英租界范围的确定,则是在既定洋商租地事实之后。或言之,从租界建立之初,即已形成先有洋人租地,后有租界划界之举的城市空间扩张模式。从土地开发时序来看,是以外滩为起点,由东而西逐步推进,街区形成的空间过程与地产的扩展基本保持一致。之所以以外滩为起点,是因为外滩集上海航运、码头、靠近县城等各种优势区位于一体,是洋人在沪贸易、居住和航运的黄金地段。对西方殖民者而言,通常会选择航运发达、交通便利的位置建立租界,这是较为普遍的租界选址模式,不仅仅上海,"在各个口岸,外国侨民团体集中于前滩或沿江马路

① 周振鹤、陈琍:《上海外滩地区历史景观研究(开篇)——近代繁华之前世(1843 年前后)》,《文汇报》,2015 年 4 月 24 日第 19—21 版。

一带，装载的货物由此转卸到外国商行所在地段内的货栈。"[1]

二、1844—1853 年英租界土地产权转移的时空变迁过程

英租界创建于 1845 年，1847 年实现了第一次扩界，面积增至 2820 亩。尽管划入租界，但大部分土地仍归华人业主所有，从 1844 年第一个洋商在英租界向华人租地，到 1853 年，英商在英租界共占有 131 宗地产，计 1096.4180亩土地，约占租界总面积的 38.89％。[2]或言之，上海开埠后的 10 年间，英租界近 40％的土地从华人地产转变为洋商地产。

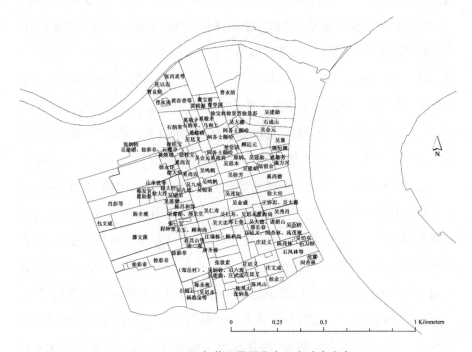

图 2-1-1　1855 年英租界原华人业主地产分布

① John K. Fairbank(1978)，"The Creation of the Treaty System"，in Denis Twichett & John K. Fairbank，*The Cambridge History of China*，Volume 10：*Later Ch'ing*，*1800—1911*，part I. London：Cambridge University Press. p.228.

② 1853 年英国领事馆登记册。

　　根据《上海道契》每份道契正文关于每份地产首次交易的信息,为区别第二、第三次及其后的土地交易,笔者将道契正文中第一次租地,称之为首租。1844 年至 1853 年间,除了 27 和 34 号道契为洋人之间土地交易外,其余均为洋商向华人租地。首租对于上海租界的城市发展的重大意义,陈珓根据道契资料,复原了上海从开埠到 1865 年洋商向华人租地的空间过程,并指出洋商租地对城市化发展具有重要的影响。①其他相关研究,则将首租视为租界地区开始城市化的标志。②笔者根据 1849 年和 1855 年英租界地图,以及地图上编号与道契的对应关系,运用 GIS 方法复原了开埠前十年英租界洋商地产的空间分布(图 2-1-2),并进行了统计分析。

图 2-1-2　1844—1852 年英租界洋商首租地产分布③

① 陈珓:《近代上海城乡景观变迁(1843—1863)》,复旦大学历史地理专业博士论文 2010 年。
② 马学强:《从传统到近代:江南城镇土地产权制度研究》,上海社会科学院出版社 2002 年版。
③ 底图为英租界 1855 年地图。

从时空序列上看,1844—1852年洋商租地呈现从外滩由东而西由中心向边缘逐步扩展的空间特征,同时又具有明显的地域差异:首先,1844—1846年洋商租地主要位于外滩及租界的中北部地区,而1847—1852年洋商租地主要位于租界的西南地区,故总体呈现由北而南的发展趋势;其次,从租界由东而西扩展速度来看,位于租界中心的地区明显快于租界南北边缘地区,呈现由中心带动南北边缘似扇形逐步西移的特征;第三,租界由东而西发展,并非一次完成,而是经过了多次填补、插缝式租地,才逐步完成。即使外滩,1852年仍存有一些华人地产。从地块形态上看,1844—1852年洋商地产面积普遍较大,总平均超10亩,之后呈现逐年减小的趋势,可作为了解当时地块形态的重要依据,但由于洋人每次租地很可能购自多个华人业主的地产,故每份道契的土地,可能是多个华人业主的地产。从空间过程来看,往往租界外围的地产面积普遍大于界内的,之后因分割转让,渐渐变小。

表 2-1-1　1844—1853 年上海英租界洋商地产统计表

时　间	地块数	总面积(亩)	平均面积
1844	7	112.4	16.1
1845	15	151.53	11.66[①]
1846	15	247.68	16.51
1847	25	289	12.57
1848	5	31.4	7.85
1849	6	34.3	5.72
1850	2	10	5
1851	11	49.4	4.49
1852	10	40.12	4.01
1853	1	0.7	0.7
统计	97[②]	965.78	10.5

资料来源:《上海道契》,卷1,上海古籍出版社2005年版。

① 去除两块不知面积者所得平均值。
② 有9块地产无面积的记载。

以上的分析主要基于首租的数据,即道契正文所载洋商首次向华人租地的地产登记信息。实际上,除了正文外,每份道契还在附录中记载第二次、第三次乃至其他多次地产交易信息,主要是洋商之间的土地交易,有转租、添租和割租等多种形式,其中最主要的就是整块转租,后面两种下文讨论。据笔者统计,1845—1853 年共发生 59 次转租,转租面积达 383 亩土地。其变化趋势如下图所示,发生转租的时间主要在 1847 年之后,到 1852 年达到高峰。

从空间分布上看,发生转租的范围较广,既有在 1845 年租界范围内的,亦有在 1849 年第一次扩界的范围内的。其中位于今河南中路和四川中路的界中地区,发生转租的机会更大。外滩码头区,土地开发潜力最大,发生转租的次数却较少,仅有今南京路附近发生过转租,且时间较晚,在 1850 年之后。究其原因,在地价上涨并不明显的情况下,洋商并不愿意将地理区位最优的外滩转租给他人;至于界西地区,由于基础设施尚未配置,且地价较低,对于买卖双方均无利可图。洋商之所以看中界中地区,因为无论是基础设施,还是地理区位,以及地价,均适中,购地者可较快开发,而售地者从增值地价中亦可获益。

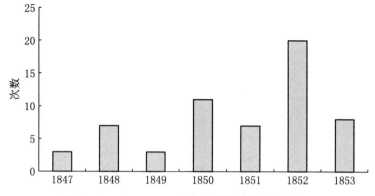

图 2-1-3　1845—1853 年英租界"转租"变化趋势图

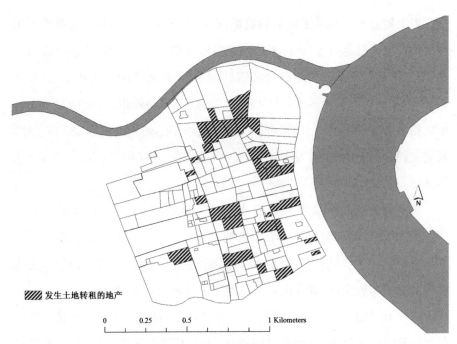

图 2-1-4　1845—1853 年英租界"转租"地产分布图

表 2-1-2　1845—1853 年英租界地产转租统计

分	号	面　积	分	号	面　积
42	13	22.725	21	40	10.5
57	31	17.96	52	57	10.153
57	31	17.96	20	70	10
43	19	17.23	52	28	8.847
43	19	17.23	87	76	8.235
59	46	17	35	11	7.821
75	53	16	40	15	7.663
75	53	16	40	15	7.663
30	35	13.258	79	61	7.102
60	47	10.7	23	73	7
60	47	10.7	21	40	5.931

续　表

分	号	面　积	分	号	面　积
89	77	5.849	13	71	3
97	84	5.75	13	71	3
62		5.5	13	71	3
62	22	5.5	13	71	3
5	17	5.435	13	71	3
91	82	5.101	73	41	2.976
18	60	4.975	73	41	2.976
25	7	4.73	22	39	2.958
25	7	4.73	72	54	2.937
77	50	4.619	50	59	2.5
77	50	4.619	30	35	1.742
5	17	4.2565	19	78	1.502
19	42	4.24	95	83	1.2
71	49	4	79	61	0.52
7	9	3.953	55	29	0.478
72	54	3.5	25	7	0.429
71	49	3.5	64	37	0.255

资料来源:《上海道契》,卷1,上海古籍出版社2005年版。

　　笔者对转租者进行统计,土地转租者有42个,均为洋行或洋商。承租者43个,除了英国医生格之外,亦均为洋商或洋行。从国籍上看,以英美商为主,而相比于割租,转租的美商明显增多。同时发生割租和转租的英商,有华记行、公平行、阿浔尔奄巽—刻勒士得福奄巽公司、娑尔、打喇士、托玛士、李百里公司、融和行等,其中麦金西兄弟公司(Mackenzie Brothers & Co.)转租最多,6份,另有3份为查利士麦金西,亦为该公司的大班之一。宝顺洋行大班皮尔,在割租时未见其名,但在转租的道契里发现了两份。在转租的地产主中美商的势力不容小觑,其中有美商士密(3 份)、花旗医生哈尔、花旗国商人滑百利、配理士公司、商人华地玛公司、花旗商德记行吴鲁国、北土公司等。美商之所以增多,"1849 年 6 月航海法的废除,使美国船只可以直接把货物运到英国,或者在英国各殖民地之间运货"①,因此 1850 年以后,美国来沪的船只明显增多。此外,发生转租的其他洋商,还有英商位立孙(C. Wilson,为 Wolcott, Bates & Co.洋行职员)、功敦、加勒德、位地、雏頡、黑布林、位林霍、华厘、卓恩阁第克士密、合逊教生、启、恭位得、娑尔、麦格剌等。

总之,开埠前十年的土地产权转移主要分为两个阶段,1844—1847 年,为第一阶段,土地产权转移主要表现为洋商向华人永租土地,而 1847 年以后,为第二阶段,主要表现为洋商之间的土地交易。从空间分布上看,洋商向华人产权转移的空间范围较广,且有向郊区不断扩展的趋势,相反,洋商之间的土地交易,主要发生在外滩及区位或交通条件较好的地区。

三、1844—1853 年英租界土地重划与土地形态变迁

如果说首租和转租仅代表土地产权转移,那么添租和割租则反映土地重划和土地形态变迁。添租,即洋商在第一次购地的基础上,继续从华人或其他业主购地,即土地兼并,添租一般发生在洋商首次租地之后。割租,即将土地分割出售,即土地细分。土地合并和土地细分是开埠早期英租界土地重划最重要的两种形式。笔者根据《上海道契》每份道契关于"添租"和"割租"的记录,分别进行数理统计,并运用 GIS 方法,绘之于图(图 2-1-5)。

---

① [美]费正清编:《剑桥中国晚清史,1800—1911》,上卷,中国社会科学院出版社 1985 年版,第246—247 页。

（一）土地合并：添租

土地合并是开埠早期英租界土地重划较为普遍的形式。洋商以永租的形式吞并华人地产，早期颁发道契的土地面积大多超过 10 亩，远大于当地一个华人业主的地产面积，显然这是洋商一次性购买了多个华人业主土地的结果。根据《上海道契》记载，在开埠早期，英商一次性购买多个中国业主土地或同一个业主的多个土地的现象十分普遍。据统计，英册 1—300 号道契中，至少有 79 份道契中记载的原业主是多个中国业主，占总数（1—300 号道契，可见的有效数据为 273）的比例 28.9%。比如英册第 16 号，系"大英钦命管事官"永租了"石炳荣、吴思本、陈圣章"共 3 位中国业主的土地，计 126.97 亩；英册第 15 号道契，原系徐宝林的三块土地（分别为 3.78 亩、1.75 亩和 2.24 亩），永租给"阿得尔奄巽、刻勒士得福奄巽兄弟"，第 24 号道契，原系徐景芳的两块土地（3.53 亩和 2.74 亩）永租给"和记行"，等等。

另一个表现形式是添租，即洋商在购买华人地产后，再次向周边购地。据笔者统计，1845—1852 年共有 14 份地产发生添租，总添租面积 20.89 亩，平均每次添租 1.49 亩。添租发生的原因，首先与第一次租地面积大小存在一定的关系。如果将表 2-1-2 和表 2-1-3 对比可知，1847 年以前，每份道契的面积均在 10 亩以上，故发生添租的机会不多，仅有两份添租，而 1847 年及以后，每份道契面积明显减少，故发生添租的几率也大为提高，发生添租的时间主要发生在 1847 年及其后。

最常见的添租方式是向原业主添租，比如第 1 号道契，"1845 年 4 月，向原业主添租 0.8 分"，第 2 号道契，"1847 年向原业主添租 0.65 亩"。除此之外，还有向相邻地界的其他业主添租的，比如第 18 号 27 分地，"道光二十七年三月二十二日，由英商功敦将所租第三十分地内划出 1.742 亩，转租与该英商（18 号 27 分地）"。还有，自家地产的一契添入另一契，如第 20 号 32 分地，"咸丰元年十二月十二日该商打喇士将另租第 64 分地基内划出 2.691

亩,转入原租第 32 分地添用",从图上看,64 分地和 31 分地相邻。第 21 号
61 分地,则是将一契的余地悉数添入另一契,"道光三十年六月十五日,由
英人将原租第 62 分地基剩余 5.5 亩全数转与该契"。

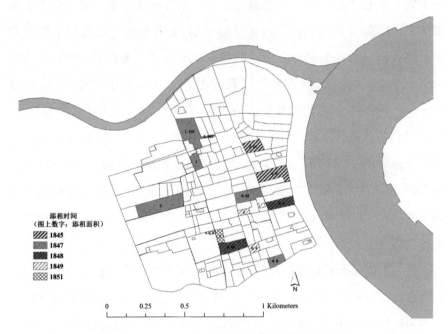

图 2-1-5　1845—1852 年英租界"添租"分布示意图

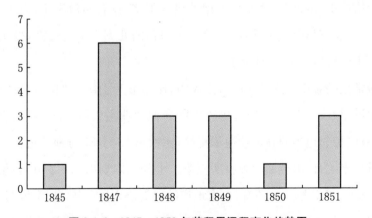

图 2-1-6　1845—1852 年英租界添租变化趋势图

表 2-1-3　1845—1852 年英租界添租统计表

道契号	分地号	添租面积	添租时间	添租价	原地价
1	8	0.08	1845	327.85	79.21
2	24	0.65	1847	29.41	34.6
11	35	2.51	1845		
23	65	1.169	1847		
26	17	0.8	1847	145.32	135.94
41	73	0.983	1847		
43	74	2	1847	48.44	48.44
45	66	1	1847		
29	55	2.5	1848		
47	60	3.45	1848		
61	79	0.92	1848	107.27	69.44
54	72	0.92	1849		
60	18	0.4	1849	62.56	80.80
64	22b	2	1849	85.8	86.51
64	22b	3.3	1850	157.28	86.51
82	91	1	1851	58.82	69.22
86	68	1.686	1851	51.9	53.85
81	92	1.3	1851	107	

资料来源:《上海道契》,卷 1,上海古籍出版社 2005 年版。面积单位为亩,地价单位为海关银两/亩。

大部分地产添租次数仅为一次,也有少数地产多次添租的,比如第 33 号 14 分地,原地仅有 2.13 亩,向原业主进行了多次添租,"道光二十六年十二月初四添租 0.433 亩,付押洋银 100 元;二十七年三月二十八日又添租 0.7 亩,洋银 150 元;同日又添租 1.5 亩,押银洋 150 元,六月初四,添租 0.434 亩,洋银 80 元;二十九年六月二十八日,又向原业主添租 0.5 亩,洋银 100 元;三十年十月二十七,向原业户添租 2.85 亩,洋银 285 元",可见,该业主 1846—1850 年间前后 6 次添租,共得土地 6.417 亩,加上原 8.547 亩土地,共 14.964 亩土地。英册第 64 号 22b 分地,也发生连续添租,"道光二十九年十月初一添租 2 亩,当付押租钱 240 洋元,道光三十年十一月二十八日,向原业主添租 3.3 亩,当付押租并加给高地数目搬坟费,共 750000 文"。添租的价格或许能说明一些问题。将添租地价和原租地价对比可知:在添租地产中仅有 11 份记载了添租价格,其中添租价格高于原地价的仅有 4 份,尚不足一半,而低于原地价有 5 份,还有一份与原地价相等,另一份地产未记载原地价。这说明,添租的价格偏低,或许是洋商添租的一个重要原因。而添租价与原地价差别最大的是第 1 号道契,原租每亩是 79.21 两,但添租的则高达 327.85 两,之所以如此高,是因为添租的是"高地八分",从当时地理环境而言,高地一般是圩田的岸路,所以洋商一旦购买了高地,就无须花巨资填方,故租地内有高地者通常要额外加钱,一般按照每尺 50000 文(34.6 两)的价格计算。若去除高地因素,估计添租价格与原地价不会相差如此之巨。由于租界土地的稀缺性,部分洋商通过添租的形式扩大原有地产面积。

从空间分布上看,添租与首租的时空过程基本同步。从时间上看,在 1847 年发生添租的地产最多,5 份,几乎占总数的一半,而也就在这一年,租界内大部分地产被抢购一空,促使后来沪的洋商向界外更远郊区租地。从地域差异来看,在外滩添租的地产有 3 份,在今四川中路与河南中路(即最初的界路)之间有 9 份,界路以西有三块,这说明添租主要位于在界中。之所以位于界中,也许是因为界中的地价低于外滩,而且交通方面亦有四大出浦大道,可直通码头,故成为洋商眼中既划算又颇具升值潜力的添租地区。

总之,开埠早期发生在租界地区的土地合并,一方面反映了洋商抢占、吞并华人农田,以牟取暴利的贪婪野心;另一方面,也反映了在永租制背景下传统的圩田土地划分系统遭到破坏,并逐步形成了洋商地产形式的新土地划分系统。

(二) 土地细分:割租

一旦土地进入开发进程,就会产生与土地合并不同的土地重划方式:土地细分。这是地产开发的实际需要。在道契文本中,有关于土地分割出售的记录,笔者简称为割租。在开埠早期,因洋商首次租地的地产面积较大,发生割租的几率较大。据统计,1844—1853 年共发生割租 47 次,割租的总面积达 127.824 亩。从时间序列来看,割租自 1845 年即已开始,但高峰期主要发生在 1847 年,在 1847 年之前分割出租的地产,仅有 6 份地产,而 1847 分割转租数达到 17 份,约占总数的三分之一强。这说明割租主要发生在 1847 年及其之后。若对比添租与割租,不难发现二者变化趋势如此吻合。

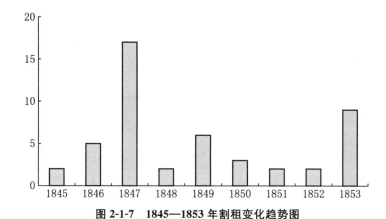

图 2-1-7　1845—1853 年割租变化趋势图

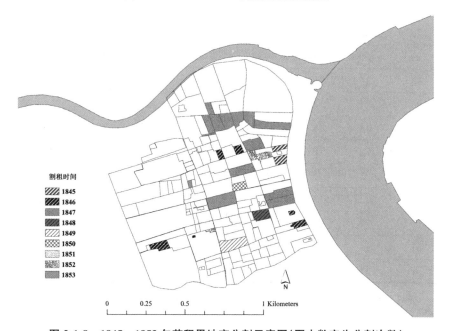

图 2-1-8　1845—1853 年英租界地产分割示意图(图中数字为分割次数)

表 2-1-4   1845—1853 年英租界割租统计表

道契号	分地号	时　间	面　积	道契号	分地号	时　间	面　积
9	7	1845	0.86	41	73	1848	2.838
17	5	1845	5.435	49	71	1848	0.5
20	32	1846	2.69	33	14	1849	0.5
22	62	1846	6.1	47	60	1849	5.25
25	34	1846	0.9745	47	60	1849	10.07
87	96	1853	1.1	54	72	1849	1.483
33	14	1846	0.433	61	79	1849	2.517
11	35	1847	6.582	61	79	1849	4.388
12	39	1847	2.133	7	25	1850	0.429
12	39	1847	3.042	33	14	1850	2.85
15	40	1847	3.042	52	11	1850	1.6
17	5	1847	0.8	20	32	1851	2.691
18	27	1847	1.742	70	20	1851	4
29	55	1847	3.49	65	31	1852	4.256
29	55	1847	0.478	81	92	1852	1.3
33	14	1847	0.7	4	2	1853	13.461
33	14	1847	1.5	4	2	1853	4.487
33	14	1847	0.434	14	41	1853	3.954
41	73	1847	1.169	14	41	1853	1.318
41	73	1847	2.976	24	37	1853	4.705
50	77	1847	0.8	24	37	1853	1.568
50	77	1847	1.181	31	57	1853	3.47
51	11	1847	0.478	87	96	1853	1.7
51	11	1847	0.349				

资料来源：《上海道契》，卷 1，上海古籍出版社 2005 年版。

首先，从割租时间上看，有些地产割租发生在添租之后。比如以第 11

号 35 分地为例。该租地"二十六年五月二十五日,该英商公平行向原业主邢赵氏添租地基一址,量计贰亩伍分壹厘;二十六年十二月十一日,由该英商公平行将所原租第三十五分地基内划出陆亩伍分捌厘贰毫转与英商祥胜行;二十七年三月十七日由该英商公平行将所租原第三十五分地基内划出捌分柒厘壹毫,转与英商义记行租用;二十七年三月十七日,由英商义记行公司将所原租地基内划出玖分贰厘贰毫转租与该英商公平行;三十年三月二十二日由该商公平行玻士德公司将所原租第三十五分地基内剩余柒亩捌分贰厘壹毫全数转与英商公平行薛士施渥租用"。由此可见,此地契经过两次添租,两次割租,添租为先,割租在后。这基本符合土地开发的过程。

笔者注意到,割租与首租面积并无直接关系,并非面积大者一定先割租。比如 1844 年洋人永租的前 7 号地产,每块地产面积均超过 15 亩,但在 1853 年之前仅有 2 块地产发生了分割。最早分割的是第 7 号道契,在租地后第 6 年,即 1850 年,才从原地产中划租出 0.429 亩转与其他洋商,而第 4 号道契,则在 9 年后,即 1853 年才进行分割。相反,最初割租的地产为第 9 号道契,原地产面积却不大,仅 4.8 亩。这说明面积大小并非地产是否割租的重要因素。

其次,从割租面积看,每次割租的面积普遍较小。从表 2-1-5 来看,1845—1853 年割租的 47 份道契 127.82 亩土地,平均每次为 2.71 亩。其中划割 10 亩以上的仅有 2 份,第 4 号道契划割面积最大,13.46 亩,该地产在1853 年直接被分割为二,各占 1/4 和 3/4,全部转租,原地产不存。而另一份划割超过 10 亩的地产,为 47 号道契,在 1849 年划割 10.07 亩转租,而该地产原面积亦大,23.20 亩。其余划割在 4—6 亩之间的有 9 份,1—4 亩之间有 23 份,1 亩以下有 13 份。这说明划租的面积普遍偏小,割租后加快了土地开发。

从空间分布上看,发生分割转租的地产主要位于 1845 年划定的租界范围内。从图 2-1-8 可知,割租分布最密集的地区,位于界路以东至外滩、南北各至两条东西出浦大道(北京路与今汉口路)之间的地区。这些地区,也都是大洋行密集的地区,比如怡和、义记、仁记、李百里、琼记、旗昌等洋行,也是当时的地产大户,因此将地产分割转租,从中营利,亦不难理解。比如外滩的第 17 号 5 分地,该地产在道光二十五年五月间由花旗国商人吴鲁国北士公司向中国业主姚恒源等永租 10.87 亩土地。吴鲁国,即世人皆知的美国旗昌洋行代表吴利国(Henry G. Wolcott),1844 年到上海,不久向美国公使自荐出任美国驻沪领事。①该洋行就在租地不久后即进行割租:道光二十五年五月二十七日,划出 5.435 亩,转与英商裕记租用。咸丰二年(1852年),该洋行将所租剩余土地 5.435 亩转与英商达赖士租用。达赖士,也写作打喇士,为怡和洋行的大班。

　　笔者将 1844—1853 年划租者统计发现,发生割租的地产多为当时的大洋行或其职员所有,比如华记行(4 份)、阿浔尔奄巽—刻勒士得福奄巽公司(4 份)、义记行(3 份)、公平行(3 份)、璞兰金—罗孙公司(3 份)、融合行(2 份)、波文行(2 份),花旗商德记行(1 份),麦金西兄弟公司(1 份)、托马士李百里公司(1 份)、裕记行(1 份)等洋行,属于私人业主的比如打喇士(2份),属于宝顺行,娑尔(Saul, 4 份),属于森和洋行(Wolcott, Bates & Co.)等。至于割租的承租者,有相当一部分也是发生割租地产的产业主,比如裕记行(3 份)、波文行(2 份)、公平行(2 份)、华记行(2 份)、阿浔尔奄巽—刻勒士得福奄巽公司(2 份)等。有一些为新来沪的洋行,比如四美京公司、裕盛璞拉、黑尔克理严士公司、祥胜行即酉北逊,法兰西国人公生号即查记士阿罗你等洋行,以及赐陀尔安、托尔布尼等洋商。洋商之间的割租与承租,用于商业目的的可能性显然更大。

　　笔者发现,承租者除了商人还有其他的身份,比如第 50 号 77 分地,"道光二十七年三月二十八日将第 77 分地地基内划出 1.181 亩,转与修筑公路

① 　吴成平主编:《上海名人辞典》,上海辞书出版社 2001 年版,第 194 页。

会议租用",用于筑路。第21号61分地契,"同治元年二月,划出第61分地2.176亩,转与仁济医院租用",则用于建造医院,还有一些比如承租31分65号道契割租的英民格医生,以及承租32分20号道契割租的花旗医生哈尔,购地目的不详,也有纯地产交易的可能。

以上主要从时间和空间两序列入手,对土地重划与产权转移的三种形式——添租、割租和转租,分别进行了统计分析,初步得出两点认识:时间序列上,添租与割租在先,高峰期均在1847年,而转租在后,高峰期在1852年;空间序列上,位于今河南中路和四川中路的界中地区,为发生土地细分和土地产权转移的密集区。

(三)土地细分与街区形成

开埠早期英租界的街区形成,学界已有讨论,一般认为是利用了原有的圩田土路系统并加以改造形成。①而1845年中英《上海土地章程》对此也做了明确的说明,第二条规定:"洋泾浜以北原有沿浦大路,系粮船纤道,后因坍没,未及修理。现既要出租,应行由各租户将该路修补以便往来。"第三条规定,"出浦大路四条,自东至西,公同行走",出浦大道自南而北应该就是今汉口路、九江路、南京东路和北京东路。这就是在1846年地图上的4条东西向的大马路,而南北向的道路,仅有一条后来称之为教会路(Church Road)的道路,外滩尚未贯通,仅修筑了连接四条通浦大道的部分,即南至今汉口路,北至北京东路。当时的洋商主要分布在四条通浦大道之间组成的区域,以及沿外滩、洋泾浜等滨水地带,沿教会路的道路附近。

早期租界修筑的交通干道都是在原有圩田系统中"土路"的基础上修筑的。随着洋商租地的日渐增多,仅靠原有的几条滨江大道以及原有的河浜岸路、小路等交通,无法满足实际需要。这就需要在原有的基础上修筑新路。筑路是打破原有土地划分系统最为重要的表现形式。仅过3年,也就

---

① 钱宗灏:《上海近代城市规划的雏形(1845—1864)》,《城市规划学刊》,2007年第1期。

是在 1849 年英租界的地图上，看到英租界比较完整的道路系统了：东西向增至 6 条，自南向北依次是今广东路、福州路、汉口路、九江路、南京东路和北京东路；南北向增至 3 条，除了原界路(今河南中路)，在原界路与外滩之间，修筑今四川中路，在界路以西又修筑了今山东中路(南段尚未贯通)；这些道路已构成了大小相等的若干街区道路。这样划分的依据，除了满足交通的需要之外，还为了实现每一个地产主的实际发展需要，保证每个地产至少有一个临街面。比如第 1—4 号分地，租地面积均超过 16 亩，面积极大，同时又为狭长形地产，这显然是圩田系统下的地产空间形态。在农业圩田系统下，仅靠一条滨江道路足矣。但在城市开发的情况下，一条道路显然不够。于是在地产中间开辟了一条道路。又如第 8 号地产，面积 13.8 亩，太大，于是在 8 号和 26 号分地之间的南北边界修筑了一条道路，保证第 8 号地产至少有三面临街。

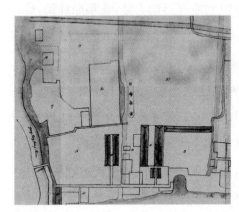

图 2-1-9　1846 年和 1849 年英租界街区变迁

街区道路的形成，推动了街区内部的土地开发，主要表现在大面积的地产，或划分为更细小的地块，或者在地产之间修筑新的支路。比如以在北门街(North Gate Street，今广东路)和教会街(Mission Street，今福州路)之间的土地为例(图 2-1-9)，在 1846 年，仅有 21 号一块地产，面积 35.8 亩，为华记行所有。在 1849 年,该街区内有 21 号、71 号、72 号、79 号等 4 块地产,其中后三块地产,均系英商查理士麦金西在 1847 年永租,均北临教会街,面积分别为 4 亩、3.5 亩和 7.4 亩。又如第 19 号地产,在 1846 年地图上,位于洋泾浜与北门街之间,而这一地块,在 1849 年划分为 18 号,19 号和 19(B)号三块地产。

(四) 地价变动

地价是土地交易中最重要的内容,但在《上海道契》中仅有首租记载了土地交易的价格。英册道契第 1—60 号中的地价,包括押租钱和年租钱两部分,而孰轻孰重则随人意。在 1844 年最早租地的前 7 号道契中,其中第 1 和 7 号押重租轻,分别为押每亩 99880 文/租 3574 文,押 50000 文/租 2500,而 2—6 号道契为对押对租,押租均为每亩 7058 文。由于年租不一,很难比较价格之高下。1845 年《上海土地章程》为此做了统一调整,即"押重租轻",年租统一为每年 1500 文,缴与中国政府。1—60 号道契,在换立新契时,按照"减年租壹千增重押拾千之例,加入押租数内",重新进行了换算,以第 1 号道契为例:

> ……由该英商颠地兰士禄酌分原业户奚尚德等押租钱每亩九十九千八百八十零文,共壹千三百零八百四十七千文,付年租每亩每年叁千五百七十零文,应将遵照定议,减作每亩每年壹千伍百文,以其余贰千零七拾壹文,按照减年租壹千增重押拾千之例,加入押租数内,计增贰百七拾壹千五百九拾文,并将原数共计壹千五百七拾九千四百三拾文,嗣后永定轻租,每亩每年壹千伍百文,共计拾九千六百四十文务应先给,每到年底,预付次年之租,交入银号。[1]

---

[1] 《上海道契》,卷 1,第 1 页。

因年租均为 1500 亩,押租钱可视为地价,如 1 号道契的地价即为 1579430 文。但道契中使用的货币单位为文钱,若换算为银两,便于与之后的地价进行比较。按照道契第 67 号 82 分地的记载,70725 文合银 49 两 8 钱,即 1 银两折合约 1445 文钱,故 1 号道契的亩价折算过程:1579430(文)÷ 13.8(亩)＝114451.449 文/亩,114451.449(文)÷1445(文)＝79.21 两/亩。故 1 号道契的亩价为 79.21 两/亩。其他道契的地价按照同样的方法换算,可得出该时段地价的年均价,制成图 2-1-10。由此可知,1844—1851 年地价基本在 40—100 两之间浮动,除了 1848 和 1851 年略有下降外,总体呈缓慢增长趋势。而真正增长在 1852 年,亩价超过 250 两。不过,仅凭年均地价,只能从时间序列上了解地价变动的总体趋势。实际上,地价具有鲜明的地域差异性,同一时间不同区位的地价差异颇大,故复原地价的地域差异,乃是了解地价变动的关键。笔者根据 1849 年英租界地图,将道契定位在地图上,得出地价空间分布图。

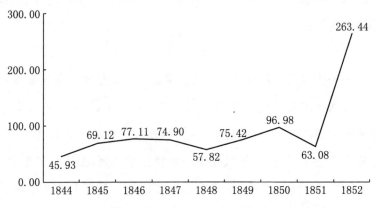

图 2-1-10　1844—1851 年英租界平均亩价(两)变动趋势图

1. 1844—1847 年地价分布

由上图可知,1844 年洋人主要在外滩租地,地价最高者为第 1 号道契, 79.21 两/亩,最低者则是稍稍远离外滩的第 2 号道契,为 34.6 两/亩。但总体变化不大,特别是外滩,有四块土地的地价在 40—45 两/亩之间,故当时人称"黄埔滩之地售与外商,其价较平日为贵,然每亩只制钱三四十千,至多五六十千而已"①。究其原因,外滩尚未开发,"洋人初到此间,无一码头可卸船货,各船均抛锚于本江,货由小船驳岸。"②

然至 1845 年,地价增加较快,其中涨幅最高者仍在外滩,为第 9 号道契,153.319 两/亩。而距离此契不远的另外两块地产,也超过 79 两/亩。这说明外滩附近的地价较去年已有大幅上涨。究其原因,该年英商已开始在外滩建造了码头,"租界前岸太浅,虽小船亦不可近,故各行自筑码头出滩,各如其名,如怡和码头是也"。③第 9 号道契地产,正是李百里洋行购买用作建造码头之地。与码头相近,且有路可通的其他地产,比如位于今南京东路第 23 号道契和第 12 号道契,有路直通怡和码头,其地价亦高,超过了 79 两,与外滩的地价相差不多,甚至高于位于外滩的第 17 号地块,60.92 两/亩。这说明在当时,距离外滩的远近并不是地价的唯一决定性因素,还有距离外滩最远的 22 号道契,地价甚至高于距离外滩并不远的第 13 号道契。

1846 年洋人租地主要位于四条出浦大路之间,特别是今北京路和汉口路之间,其地价亦明显高于其他,比如位于今南京东路的第 37 和 25 号道契,地价超过 80 两/亩。而稍远者地产的地价则在 50—58 两/亩之间。之所以集中在这一区域,是因为 1846 年新成立"道路码头委员会",除兴建了四座位于外滩苏州河口、今南京东路、九江路和福州路的码头,还在原来土路的基础上,修筑了四条"通江大路",即在海关之北(今汉口路)、在旧劳勃渥克(译音)上(Upon Old Rope Walk)(今福州路)、在四段地之南(South of Four-lot Ground)(今广东路)和在领事馆之南(今北京路)。④这些基础设施

① 胡祥翰:《上海小志》,上海古籍出版社 1989 年版,第 1 页。
② 徐润:《徐愚斋自叙年谱上海杂记》,近代中国史料丛刊续编第五十辑,文海出版社 1989 年版,第 284 页。
③ 徐润:《徐愚斋自叙年谱上海杂记》,第 284 页。
④ 徐公肃、丘瑾璋:《上海公共租界制度》,载《上海公共租界史稿》,第 45 页。

成为影响地价的重要因素。

1846 年地价最高的是位于外滩的第 33 道契，地价为 300.88 两/亩，1844—1848 年五年内最高。不过，笔者注意到，地价之所以如此高，除了因靠近外滩外，另一重要原因在于该地有"高地"，在道契中常见这样一句话"另付加给高地，全宽五尺，每亩每尺押租钱五拾千，共五伯七十五千文"，而实际上，每亩的押租钱仅为 184782 文，折银 127.88 两。"高地"为其地价增高了一倍有余。而紧挨洋泾浜的第 26 号道契地产，利用洋泾浜直通黄浦江的交通优势，地价提升至 135.94 两/亩。奇怪的是，同样位于外滩的第 29 号道契，为公益行地产，也建了码头，但地价却不高，仅 69.2 两/亩。

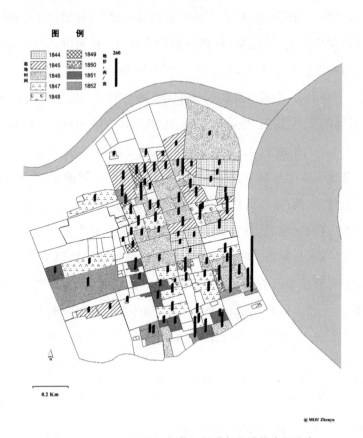

图 2-1-11　1844—1852 年英租界道契及地价空间分布

　　1847 年地价涨幅最高的地区位于第四出江大道与洋泾浜之间,这里因传教士麦都思最先在这里租地而被世人称之为"麦家圈"。这里的地价在 1844 年尚不足 40 两/亩,但三年后,已增至 84.13 两/亩,其南面有 2 块地产超过 80 两/亩,而其西侧的第 47 号道契,地价为 77.91 两/亩。至于该年内租界的西北或溢出了租界最初边界线的地产,因远离外滩,价格略低,其中最低为 43 号道契,48.44 两/亩,而后来用作跑马场的第 62 号道契,地价为 57.62 两/亩。值得注意的是,位于租界内地价最高的并非位于外滩的 55 号道契(83.73 两/亩),而是靠近第 5 号道契的 58 号道契,达 145.99 两。这里靠近怡和洋行码头,又有第一出江大道,故成为地价增长最快的地区。

　　2. 1848—1852 年地价分布

　　单从颁发的英册道契数量来看,1848—1853 年这四年土地成交量并不大:其中 1848 年有 4 份道契(第 63—66 号道契),1849 年有 5 份道契(67—70 号道契和 83 号道契),1850 年有 3 份(第 71—73 号道契),1851 年有 11 份(第 74—82 号和第 86 号道契),1852 年有 12 份道契。这五年的分布如图 2-1-11 所示。由此可见,1848—1850 年租地主要位于界内,面积较小,地价变化不大,其中地价最高的是 1850 年洋人永租的靠近外滩的第 13 分地 71 号道契,135.14 两/亩,地价最低的是 1848 年洋人永租的靠近麦家圈的第 66 号道契,地价仅为 27.52 两/亩。

　　值得注意的是,1851 和 1852 年的地价前后差异甚大,1852 年平均地价 266.44 两/亩,为 1851 年 63.08 两/亩的 4.22 倍。1851 年地价最高的是 19 号 19c 分地,118.57 亩/两,而 1852 年地价最高的是第 93 号 99 分地,678.29 亩/两[①],后者为前者的 5.72 倍。更令人不解的是,两年的租地分布均位于

---

① 唯一可惜的是在 1855 年地图(Ground plan of the foreign settlement at Shanghai)中并未找到 99 分地。据道契记载,该地块"东至华民地,西至华民地,南至大路,北至大路",大致可推断该地位于当时租界的西郊,但根据西郊其他地块的地价大致在 50—100 两之间,如此高不太可能,但不知原因何在,抑或将总价抄错成亩价?

当时租界的西南部，但前后两年的地价差异却如此之大。比如同在洋泾浜岸边且相邻的两块地产，1852 年(102 分地)189.48 两/亩，比 1851(19c 分地)118.57 亩/两，增长 1.6 倍；同样，均位于当时租界最西郊且相邻的两块地产，1852(103 分地)77.76 亩/两①，比 1851(91 分地)51.9 亩/两，增长 1.5 倍。这说明 1852 年地价上涨是十分普遍的。而 1852 年地价最高者，仍在外滩，第 15 分地，地价突破 500 两/亩，为 512.11 两/亩，比临近地产第 14 分地 1846 年 173.01 两/亩，增长 2.96 倍。

第二节　1854—1859 年英册道契与地产地图及主要内容

至 1855 年，界内 1626.594 亩土地被永租，包括 118 个洋商业主 224 宗地产。②1853—1855 年洋商租地增长快的原因是咸丰三年八月(1853 年 9 月)爆发了小刀会起义。小刀会在占领上海县城后，由于强征男子入伍以及后来清军入城后的屠杀，使县城内逃亡者日众，城市重心向租界转移。县城居民原来约有 27 万(一说 30 万)，其后日益减少，仅存四五万。而租界内华人原有五百人，其后迁入者日众，多达两万人。③外国人口，在 1849 年，主要居住在上海县城，之后陆续迁入租界，而小刀会起义之后，几乎所有的外国人

---

① 该地块的道契中地价处有改动的痕迹，"每亩"两字下有"共"字，但从笔迹来看"共"下已盖住了两个字，其中左边盖住的字尚可辨出为"玖"，若连贯起来为"每亩共钱壹千贰百玖拾肆千贰百五拾文"，若为亩价，等于白银 895.67 两。但从该地块的位置来看，该地位于当时租界的最西面，周围地价均在 50—100 两之间，相差如此悬殊，值得怀疑。笔者认为此地价应该为总价，笔者查其他道契的地价处，"每亩"后均无"共"字，唯有此道契有，故以总价较为合理，计算亩价为 77.76 两/亩，亦与周边地价差不多。

② "List of Renters of Land at Shanghae Registered at the British Consulate," 英国国家档案馆藏，档号：FO 925/223。

③ 《上海法租界史》，第 133—134 页。

全部迁入租界。其他文献也记载,"自从县城为叛党占领和毁灭以来,成千上万的华人接连地涌进租界。他们把地皮价格抬高到难以置信的地步。不管什么情况,只要有一块空地可以得到,他们就把它租下来,或者买下来,起造房屋"①。很快,欧洲人注意到难民带来的巨大财源,"不久,欧洲人懂得这种状况对市政经济又巨大的财源可资挹注,从此'租界'二字的意义变更了。"②1845 年,随着向领事馆提交的土地申请日渐增多,英国领事巴富尔与上海道台宫慕久订立新的《上海土地章程》,不仅允许各国侨民在英租界租地,而且打破了华洋分居的格局,为新形势下的土地交易提供了法律依据。

一、从英册道契看 1854—1859 年土地交易

根据 1854—1859 年所颁发的上海道契(表 2-2-1)可知,1854 年为土地交易的高峰期,道契有 45 份,土地交易额高达 345.25 亩。而之后土地交易迅速下降,虽然 1858 年稍有回暖,但 1859 年达到了最低谷,仅有 4 份道契,18 亩土地。之所以出现这种状况,显然受了小刀会起义的影响。1854 年土地交易的高峰期,正是难民潮涌入租界的高峰期。据文献记载,战争结束后,"官兵当局在派出许多兵勇进驻县城后,随即把官兵营房拆除,并且把大部分部队调走。常住户口多半返回城厢。平民一定居下来,复兴工作就开始了。几天内,整个城厢洋溢着蓬勃的生气和活跃的激情。在短短几个月内,一条一条的街道建成了,城内商业像以往那样兴旺发达"③。"中国官方很周到地把县城管理了起来,没有几天就恢复了秩序与和平。居民们,原来留在城里的和曾经逃到租界里的都忙着打扫大街小巷,准备重建家园。官方和慈善机构发放赈粮,外国侨民和中国富商捐款济助饱经忧患的百姓。

---

① 阿利国(Ruther Alcock):《大君之都》,龙门印书公司 1863 年版。转引自《上海小刀会起义史料汇编》,第 583 页。
② 高龙倍勒(A.M. Colombel):《江南传教史》,1896 年出版。转引自《上海小刀会起义史料汇编》,第 896 页。
③ 雒魏林:《在华医药传道记事》,转引自《上海小刀会起义史料汇编》,第 653—654 页。

随着平静的恢复,社会安全的失而复得,县城渐渐地从废墟中复兴了。"①难民返回县城是导致战争结束后租界土地交易进入低谷的重要原因之一。

表 2-2-1 1854—1859 年英册道契"首租"统计

年 份	面积(亩)	道契数	平均面积
1854	345.25	45	7.67
1855	242.80	26	9.34
1856	106.50	21	5.07
1857	48.50	15	3.23
1858	125.90	17	7.41
1859	18.00	4	4.50

资料来源:《上海道契》,卷 1,上海古籍出版社 2005 年版。

1854 年英租界颁发的英道契 45 份,均为洋商向中国业主租用的土地。租主共有 29 位洋商,除了 A. J. Yong(7 份),Rehdem(2 份),隆茂洋行(Mackenzie. W.)(2 份),天长洋行(W.R. Adamson)(2 份)外,其余 25 洋商仅有 1 份道契。就面积而言,10 亩以下的有 20 份,占三分之二强,而十亩及以上者仅有 9 人,大部分为前期出现的洋行的职员,比如宝顺洋行(Dent,Beale & Co.),天长洋行,隆茂洋行,广隆洋行(Lindsay & Co.)等。而租地面积最高者为 151 分 145 号道契,为 171.4 亩土地。租主"H. Macduff & W. Thorburn, H. Macduff"为"Maevicar & Co."洋行的商业代理。

据该道契记载,该契由本国商人(即英商)"马得福、妥尔本"向中国业主"陈大荣等地一段"永租,价值每亩 85485 文,折合银 59.16 两,四至边界皆为华人地产,从 1855 年租界地图来看,大致在第二跑马场的位置。该契之后附有的文字则透露了其他的信息,"查同治元年五月廿五日,英美等民四十八户转租 151 分 145 号道契……"这说明租主实际上是由英美等四十八

---

① 《上海法租界史》,第 165—166 页。

户组成,而"马得福、妥尔本"可能仅为名义上之租主。另光绪十五年五月批文载,"今将英正册一百四十五号契第分列副契七十二号内,已经并列正契五十五号,及未经并换正契八号,各契号数地亩分别抄存备案",并分列 56 个不同号码的副契,每亩的面积均在 10 亩以下,最高者为 8 亩,共计地115.402 亩,均并列正契 55 号。此外还有 8 份未经并换正契之副契,共计10.227 亩。该契其后附录页,又载录副册 27 号、28 号、187 号、188 号、148号、186 号换立新契号以及土地产权转移的信息,每份契约均记录了洋商的姓名。该契立契时间为咸丰四年十二月廿三日,正是小刀会爆发后的第二年,可推测该契为战争期间英美等四十八户洋商租地之合契。

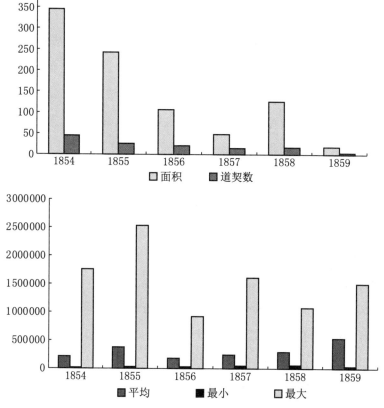

图 2-2-1　1854—1859 年英册道契总面积、地价变化趋向图

1855 年颁发道契 26 份，共 242.8 亩土地，较上年明显减少。从租主来看，共有 20 位洋商，其中租地在 10 亩以上的 8 人，为靠拔、理能（E. A. Reynolds & Beujamiu Cobb），礼茶隆泰行（Richaros），金、好、必（Beak, Cunnicyhaw & Rev. Hobson），赫德、史密（Edwire M. Smith & C. H. Hear），太平行末士波文（Abrahaw Bowman），皮尔（Thomas Chay Beale），法者（William Vacher），柯柏（Benjamin Cobb），而 10 亩以下的黑的（Charles H. Head）、克雷（George G. Gray）、白西非尔（Perceval）、指望行（F. H. Grove）等，多为新出现的英国洋商。1855 年每份道契平均面积为 12.14 亩，且 10 亩以上的占了 40％，明显高于 1854 年。

1856 年颁发的英道契 21 份，共 106.5 亩土地，每份道契平均 5.07 亩。该年租地者共 17 位英商，其中马干突芦（James Macandrew）、亚士卞（W. G. Askinall）租地超过 10 亩，其余低于 10 亩者比如天长祥行、法者、史密等均为以前的租地大户，而昇泰行遏立德（Ullett）、查士挖德士（Charles Waters）、太平行色孟、公益行内蓝令（Race Kice）、架记行（Chace Mahacuso Dhurcesey）、韦柏（Edward Webb）、邱天生（Teansaug Kew）、亚士卞（W. G. Askinall）、搬查海（Dhurunsey Poonjabhoy）、位勒孙（Frank Heboen Wilson）、地部师、博尔着吉（D. Burjorjee）、利兴（Thomas Platt）等大部分为新来沪的洋商。此外工部局亦租土地，时称："筹防公局"，为 196 分 189 号道契，从中国业户"陆文彬"租用的，每亩 263600 文，相当于 182.42 银两，用途不详，多用于公用事业。又咸丰十一年十一月初四日，该地基划出 0.25 亩，转与美民士密四租用。

1857 年颁发的英道契明显减少，仅 15 份道契 48.5 亩土地，平均 3.23 亩。本年只有 11 位英商，其中位立士（Charles Wills）有 3 份道契，面积亦最多，为 20.5 亩，约占该年所有英商租地的一半。其余租用者为各你理阿士唾恩（Corirelius Thorne）、者末士哈各（James Hogg）、者米士宝文（James Bowman）、金顿（Charles S. Compton）卫因时（John H. Winch）堆尔那

（Richard Trannack）韦星孙（Frank Heboen Wilson）布各（Frederick Booker）查尔士、华德师（Charles Waters）。值得注意的是，还有一位希腊人曾来顺（Laeshun Tsang 实际是一位新加坡华裔）。

1858 年颁发的英册道契有 16 份，81.3 亩土地，平均 5.08 亩。该年租地者共有 13 人，其中租地最多者为未士哈各（James Hogg），广隆洋行的职员，已成为租地大户。其他租地的洋商有得来士帖（Thomasell Drysoak）、革列夫顿（S. Clifton）、戈里分威里臣（Craven Wilson）、旗旗克列（G. G. Gray）、天长（W.R. Adamson）、宝夺（G.H. Rinder）、晏诗（H.A. Juce）、阿多逊（John M. Attoson）、惇信行、未士蚊（J.L. Man）、惠德（James Whittall）、雷水（Raeter William Lacey）、堆尔那（Richard Trannack），除了天长祥行为老洋行外，其他大部分为新来沪的洋商。

1859 年土地交易陷入小刀会起义之后的最低谷，仅有 4 份道契 18 亩土地。共有四位洋商，分别为晏诗（H.A. Juce）、西西立巴士（Charles Clemank Rivers）、搭梦斯柏尔（Thomas Bell）、搭马士罗弗威尔（Thomas Tothwell），其中晏诗为上一年的租主。

二、《1855 年英租界地图》与英租界城市形态

1854 年新成立的工部局，希望按照之前道路码头委员会已运行多年的道路网络，继续推进租界城市空间拓展。但事实上，完全按照殖民地棋盘式的道路规划是不可能而且不现实的。1856 年 5 月，工部局计划修筑一条经过麦家圈房屋东端的一条道路，董事会提出，需在征得道路路线两侧所有业户同意，才能在两侧土地未定界限的地方，开拓道路和修筑下水道，并希望今后以某种方式从土地的购买者收回这笔开支。[①]但道路两侧的史密斯和其他业主，因为新路线侵占其用地，提出抗议，并要求道路转向，偏离计划路

[①] 《工部局董事会会议录》，第 1 册，1856 年 5 月 5 日，第 585 页。

线,董事会不得不暂缓筑路。董事会派曼先生和腊肯先生去拜访英国领事,弄清董事会究竟有什么权力划定道路的界限,以及对于现有的界限是否可以通过强制手段来执行。①曼先生和腊肯先生如期拜访了英国领事,会见的结果是维持以下主张:

(1) 划定道路路线是工部局董事会的责任和职权。

(2) 在划定一条道路路线时,工部局不必考虑任何土地买卖的界线问题,以致购置土地者可能因建造一条道路的需要,不仅要放弃侵占这条路线的一半土地,而且要放弃整块土地,而适宜的做法是,土地购买者为一条道路而放弃整块土地,可以要求工部局赔偿其整块土地。

(3) 如果任何人侵占道路路线的土地,又拒绝把他的围墙搬移到正当的界线,工部局可以请求领事帮助,强制执行。②

实际上,工部局既没有权力,也没有对整个租界进行规划的意图。很多道路的开筑往往根据业主地产实际需要进行。工部局根据道路委员的多年经验,制订了一个初步的道路规划,并画在了 1855 年英租界地图上,实际上这个早期的规划没有任何的新意,完全是按照之前的道路网络向外延伸的。即便如此,在筑路征地实施过程仍遇到了很多困难。

1856 年,关于界路朝柯克医生产业西面延伸的路段,董事会查明这条道路西面的土地不能购买,因为工部局不能强制华人业主放弃他们的土地来建造这条道路,因此整条道路只能由柯克医生提供。③

从麦家圈房屋经过的路线,董事会希望史密斯把已建造的南面围墙再向后移,但史密斯坚持己见,不打算拆除这堵围墙,并公然反抗领事或董事会。史密斯还称,工部局在其测量的尺寸有出入,使代表董事会谈判的曼先生不得不放弃两天前在英国领事面前提出的折中方案。史密斯说,在其地

---

① 《工部局董事会会议录》,第 1 册,1856 年 5 月 6 日,第 585 页。
② 《工部局董事会会议录》,第 1 册,1856 年 5 月 7 日,第 585 页。
③ 同上书,第 585—586 页。

产东面,他需要多付出 87 英尺。史密斯建议,如果英国领事促使三茅阁对面的围墙拆除,从他的围墙堵住通道那一点开始,至距离三茅阁转角东面 22 英尺处,再至三茅阁正面的洋泾浜为止,他将让出一条直线的道路。曼先生并没有接受这个建议,但同意英国领事设法使三茅阁围墙拆去,使道路西面的业主放弃土地产权,再来考虑与史密斯的问题。

从这个案例看出,刚成立的工部局对于其职责和权限尚未厘清,也没有合法的征地章程可以参考,使筑路征地工作困难重重。每一条道路的修筑,都不得不依靠工部局董事会成员去和每个相关业主苦口婆心地协商、调解。当时洋行出于安全考虑,地产外围都修筑了围墙,因此要想修筑道路,就必须拆除围墙。但几乎没有一个业主自愿将围墙拆除或者后移,除非给予可以接受的补偿。一向对工部局态度蛮横的史密斯,答应庙街沿线的排水管铺设至麦家圈,条件是购买土地的西人给予他补偿。①

《上海外国人土地地图:洋泾浜北首》(1855),②清晰地展示了 1855 年英租界的土地利用与城市形态。这幅地图被学界广泛利用,影响颇为甚远,成为了解 1855 年英租界城市空间与土地利用的最重要史料之一。其中吴俊范、罗婧利用该地图复原了 1855 年对开埠初期的城市空间和城乡景观变迁进行了研究。③其他学者在论述近代上海开埠早期的历史,也提及这张地图,主要是根据地图的信息,来说明英租界早期城市发展状况。从地图上看,用不同颜色标注了中式房屋、西式洋房、仓库、货栈、码头等不同的土地利用类型。不难发现,当时的英租界是一座典型的西式新城。但当时建成区的范围仅限于南至北门街(North Gate Street)、北到领事馆路

① 《工部局董事会会议录》,第 1 册,1856 年 5 月 19 日,第 586 页。
② 图名:Ground plan of the Foreign Settlement at Shanghai-North of the Yang Kang Pang Canal;测绘者:From a survey by Mr. F.B. Youel R.N.年份:1855;图幅:31×60 厘米。原图藏英国国家图书馆,本图引自 https://www.virtualshanghai.net/Maps/Source? ID=30[2021-7-1]。
③ 吴俊范:《从英、美租界道路网的形成看近代上海城市空间的早期拓展》;罗婧《上海开埠早期租界地区洋行分布与景观变迁(1843—1869)》。

(Consulate Road)，东至外滩(Bund)，西至界路(Barrier Road)的范围，其他范围还是农田。在界路和庙街之间一带，还是农田，英国领事授权董事会在稻田的南侧筑起一道有一扇门的竹篱笆，并安排好今后不得让这块稻田遭受水淹。①

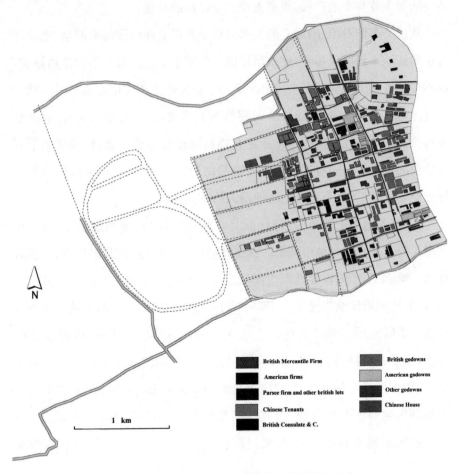

图 2-2-2 1855 年英租界各国道契册地与洋行分布

笔者根据这张地图，并结合道契的数据，运用 GIS 方法复原了这一时期

---

① 《工部局董事会会议录》，第 1 册，1856 年 12 月 15 日，第 593 页。

各国道契册地分布和洋商地产分布(图 2-2-2)。从复原图上看,英租界土地占有者以英商占绝对优势,其次是美商,其他国商人颇少。从土地利用来看,英美洋行、货栈占据主导地位,从空间分布上看主要位于界路(Barrier Road)以东,也就是租界最初划定的范围内。至于界路以外,也有零星洋商分布,还有一些地块标注 parsee firm。同时看到,界路以西地区,还存在着大量的华人租户和中国房屋。

图 2-2-3　1855 年英租界洋商地产分布

与此图对应的,还有一份 1855 年英国领事馆租地人登记表,①学界鲜有注意。该表包括地产主姓名、道契册地号、领事馆登记号、土地面积、每亩年租和总年租等内容。这份土地登记表更能清晰的反映 1855 年英租界的土地占有和土地产权情况。该表格中共有 225 条数据,总计 1626.594 亩土

---

① List of renters,1855,英国国家档案馆藏,档号 FO 925/223。

地,约占英租界全部土地(2820 亩)的 57.68%。或言之,1855 年在英国领事馆登记的洋商土地,已占英租界一半以上的土地。

表 2-2-2　1855 年英领事馆登记超 10 亩洋商地产统计表　　单位:亩

业主姓名	地块数	面　积	业主姓名	地块数	面　积
Macduff, H.C. and Thorburn William 马得福（公易行）	1	161.147	Trinity Church Trustees 圣三一教堂托事部	1	24.290
British Consulate 大英国官署	1	126.967	Mackenzie, C. D. 隆茂行	7	24.093
Beale, T.C. 皮尔（宝顺行大班）	6	96.995	Nicol, G.G. 瞄格	3	23.954
Wills, Charles 惠利士（怡和洋行大班）	9	59.632	Rawson, Thomas Samuel 英商多马士撒森罗孙（和记行）	3	22.120
Kirk, Thomas 长脚医生（格医生）	5	40.353	Dent, Beale & Company 宝顺行	2	21.377
Bowman, James 宝文（宝顺行）	3	40.352	Augustine Heard and Company 琼记行	3	20.193
Crampton, James 葛兰敦（华盛行大班）	4	33.512	Holliday, Wise and Company 义记	4	20.018
Turner and Company 华记行	4	31.608	Sassoon, David 沙逊	5	19.968
Lindsay, Hugh Hamilton 林赛德（广隆洋行大班）	4	30.588	Dirom, Gray and Company 裕记行	5	19.601
Sillar, Brothers 和昌洋行大班	3	28.400	Bowman, A. and John 宝文兄弟	2	19.219
Ripley, Julia 李百里	2	26.678	Jardine, Matheson and Company 怡和行	1	18.649
Gibbs, Livingston and Company 仁记行	2	24.800	Medhurst, W. II, trustee for London Missionary Society 麦都思	2	18.531

续　表

业主姓名	地块数	面　积	业主姓名	地块数	面　积
George Barnet and Company 惇信洋行	1	17.960	Russell and Company 旗昌行	2	12.927
Brine, Robert A. 白兰洋行	3	17.789	Smith and Company, Robert 史密斯洋行	1	12.700
Young, A. J. and Adamson, W.R. 米士央与天长	5	17.684	Gilman, Bowman and Company 太平洋行	2	12.442
Hubertson, George F. 合巴洋行（Hooper, J.）大班	4	17.657	Smith, King and Company 四美行	1	12.392
Watson, John P. 瓦生（丰茂行职员）	1	17.000	Hogg, William 霍格（广隆行）	1	12.330
Perceval, A. 怡和大班	4	16.691	Helbling, Lewis 公易职员	2	12.280
Birdseye, T.J. 吧啫	2	16.246	MacDonald, James 长利洋行	2	10.817
Webb, Edward	2	15.782	McCulloch, A.	1	10.500
Adamson, W.R. 天长	4	15.225	Rathbones, Worthington and Company 祥泰	1	10.153
Medhurst, W. II, trustee to the Cem. Company 麦都思	1	14.100	Dallas, Alex G. 打喇士（怡和洋行大班）	2	10.005
Bull, Nye and Company 同珍行	1	13.258	Dadhabhoy Burjorjee, D.D. 复泰洋行	1	10.000

　　资料来源：List of Renters of Land at Shanghae Registered at the British Consulate，英国国家档案馆藏，档号：FO925/223。

　　注：本表格中的人名均来自领事馆登记表，人名采用"姓，＋名"的方式，这是原始数据的人名书写方式，为保存原样，本表以及之后出现的统计表均采用这种方式。

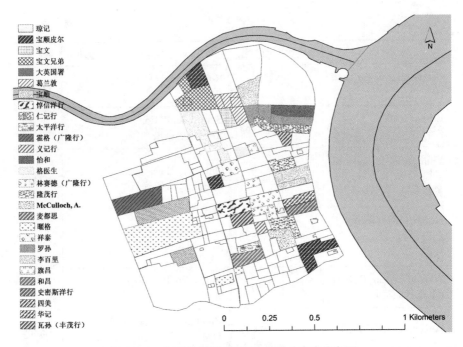

图 2-2-4　1855 年英租界超 10 亩大地产商分布图

　　按照业主进行统计,总计 126 个业主,其中 20 亩以上的有 19 人,计有 857.077 亩土地,占总登记地产的 52.69%。10—20 亩的地产主有 27 人,计有 401.906 亩,占总登记地产的 24.7%。若以 10 亩以上计,约占总额的 77.39%。10 亩以下的地产主有 80 人,计有 367.611 亩土地,占总额的 22.6%。也就是说,约 1/3 多的洋商,占有租界 3/4 的土地。

　　其中 10 亩以上的大地产商共计 46 人,除了格医生、麦都思、圣三一教堂托事部,以及几个无考的英商 T.J. Birdseye(吧啫)、Edward Webb(韦伯)、G.G. Nicol(瞷格)外,其余均是英美洋行或其大班、职员,主要包括公易行、宝顺行、怡和洋行、华盛行、华记行、广隆洋行、和昌洋行、李百里行、仁记行、和记行、琼记行、隆茂行、义记行、沙逊行、裕记行、惇信洋行、白兰洋行、天长行、合巴洋行、丰茂行、同珍行、旗昌行、史密斯洋行、太平洋行、四美行、广隆行、长利洋行、祥泰行、复泰洋行等 29 个洋行。在 46 个大地产商中,单纯洋行的仅有 15 家（不包括李百里和沙逊），其余均是洋行大班或职员。其中怡和行的最多，有 3 个大班的土地，超过 10 亩；宝顺行和公易行次之，有 2 个职员的土地超过 10 亩。说明这一时期洋商大班或职员已经成为英租界土地交易市场的重要力量。

在 1853—1855 年小刀会起义期间，大量难民涌入租界，使土地市场异常火爆，其中有一些洋商低价"圈地"，然后分割销售，从中赢取暴利。其中，在 1855 年，占地最多的洋商"H.C.B. Macduff"，在道契记载里称"马得福"，他是上海英商会的副主席，也是公易洋行（Mac. Vicar & Co.）的大班，是开埠早期的一个重要人物。他与合伙人购买的是英册 145 号 151 分地。查《上海道契》可知，该契地是咸丰四年十二月廿三日，英国商人"马得福、妥尔本"永租了华人业主"陈大荣等地"，共计 171.4 亩土地，大致位于界路（Barrier Road，今河南中路）、教会路（Mission Road，今福州路）和海关大楼路（Customs House Road，今汉口路）。洋商购买时，该地产还是农田，周边也全是华人土地。仅过 1 年，在 1855 年地图上，该地产分割为 151a，151b 和 151c 三个分地，其中前两个分地已建了洋行，其余仍为空地。

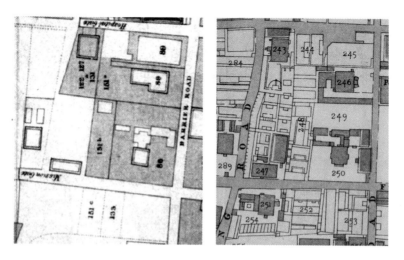

图 2-2-5 1855—1866 年英租界第 151 分地开发示意图

但马得福并没有将这些用地直接用于开发,而是趁涨价之际,很快将土地分割销售,《上海道契》记载了该地产在1855年土地分割过程:

咸丰五年(1855年)二月十一日,英商"马得福、妥尔本"将所租地基151分地划出2.191亩转与英商根纳德;

咸丰五年(1855年)二月十一日,英商"马得福、妥尔本"将所租地基151分地划出2.38亩转与英商合利比另;

咸丰五年(1855年)二月十一日,英商"马得福、妥尔本"将所租地基151分地划出1.1亩转与英商爱顷孙;

咸丰五年(1855年)二月十一日,英商"马得福、妥尔本"将所租地基151分地划出4.758亩转与英商簿格;

咸丰七年(1857年)九月廿五日,英商"马得福、妥尔本"将剩余的161.147亩,转与承办马路董事租用。

在同一日,马得福将其地产分割出几块共计10余亩的土地销售给其他洋商。剩下的土地,他并没有利用,在战争结束后的第三年,即1857年,全部转给了承办马路董事。承办马路董事,实际上就是工部局的职员。至于该地产之后的情况,那是发生在几年后的太平天国时期,即同治元年(1862年)和二年(1863年),马路董事又将土地细分,割售给英美洋商四十八户、英美七人和士密四等。《上海道契》详细记载了这次土地割售的过程:

同治元年(1862年)三月二十六日,马路董事将所租151分地地基划出8亩,转与英民克时利租用。

同年五月二十五日,马路董事将剩余的马路转与民四十八户分用;

同治二年正月十一日,马路董事将所余地基转与英美民七人;

同年七月十八日,马路董事将余地基转与美民士密四;

同年十月十七日,马路董事将余地基转与英美民七人。①

这些分割出来的土地,作为道契的副契,被英国领事馆登记在副册中。据英册第 145 号契附文记载,光绪十五年,曾将道契一百四十五毫契地分列副契 72 号,其中并入正契的副契 55 号,共计 115.402 亩,未换正契的副契 8号,共计 10.227 亩。②经过这次土地分割,原先 160 余亩的大块土地,平均分为二至三亩的小块地产,成为适合开发的城市用地。值得注意的是,两次土地分割均发生在战争期间,也是房地产交易高潮期,投机和暴利成为土地分割和交易的催生剂。

在开埠早期,像马得福那样一次性购买百亩以上的案例并不多见。在1855 年租地人表中超百亩的地产,只有一块,系英国领事馆于咸丰元年(1851 年)七月从华人"石炳荣、吴思本、陈圣章等"购买的第 16 号地(1867年分地号为 582),共计 126.967 亩土地。购买时价格颇低,每亩价格 52171文,约白银 43 两。之后,又换租军工厂地 11 亩。但很长一段时间内,该地产并未开发,这里因英国领事馆存在而修筑了一条马路,这条马路在 1855年地图上称为"领事馆路(Cosulate Road)"。

同治元年(1862 年),英国领事馆仅留 44.15 亩,作为领事馆之用,并趁当时地价上涨之时,将余地分租各洋商。同治六年(1868 年)十二月初六日,大英水师总理衙门,转与英国领事馆 13.017 亩,编列英册 575 号 582 分地,共计 57.167 亩。③从 1866 年英租界地图来看,英国领事馆把其南面和西面的土地售给了其他洋商,自己仅保留东面靠近黄浦江的地块。1866 年,在这些被洋商占去的土地上修筑了两条南北向道路:Upper Yuenming Yuen 和 Lower Yuenming Yuen,道路两旁已建了不少西式洋房和货栈。

①　英册道契 145 号 151 分地,《上海道契》,卷 1,第 197—199 页。
②　同上书,第 198—199 页。
③　英册道契 16 号,《上海道契》,卷 1,第 26—27 页。

详见图 2-2-5。

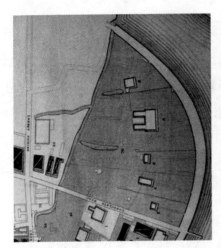

图 2-2-6 1855—1866 年大英领事馆土地分割状况示意图

　　"合买合卖"是近代上海土地交易中一种常见的盈利方式，但在开埠早期这种方式较少。第 62 号 80 分地则是当时的一个特例，系英商"金呢地、士都呱、皮尔、波文、利永士敦、打喇士"合伙购买的 81.744 亩土地，据《上海道契》记载，"代以设公游之所"，即第一跑马场。小刀会起义期间，因地价上涨，他们将该地划分为 10 份约 7—9 亩的土地，于咸丰四年(1854 年)正月十四日，分别转租与白兰、威律士、拔在、威律士、史几那、腾格格、拔在、堂尊、郎利、兰退租用，成为洋商用地。[①]

　　以上的案例主要反映了洋商主要通过地产交易来盈利，但财力所限，1855 年大部分洋商在沪仅有 1 块地产，拥有 2 块及以上地产的地产商，仅为少数。据上表统计，约有 32 人拥有 2 块及以上的地产，约占总地产人数的四分之一：12 人拥有 2 块地产；6 人拥有 3 块地产；7 人拥有 4 块地产数量；7 人拥有 5 块及以上地产。

---

① 英册道契第 62 号 80 分地，《上海道契》，卷 1，第 108 页。

其中占地最多的是惠利士(Charles Wills)，共有9宗地产，总计59.632亩土地。惠利士也是开埠早期的一个重要人物，曾因在苏州河上修筑一座以他名字命名的桥而闻名沪上。但惠利士的大部分土地并不在英租界而在美租界，详见第四章。

占地数量位列次席的是宝顺行的皮尔，共有6宗地产，面积高达96.995亩，仅次于马得福。如上文所言，皮尔还合伙购买了第一跑马场，若考虑在内，其在上海的地产应该超过百亩。除了跑马场，皮尔还拥有一块超50亩的大地产，系英册第152号77分地共计57亩。但该道契遗失，并未载《上海道契》，故无法得知该地产交易的具体细节。在1855年地图上，绘有第77分地。该地块位于领事馆路(Consulate Road，今北京东路)和教堂路(Church Road，今江西路)附近，皮尔，死于咸丰八年(1858年)，故该地产应该在死之前就转租其他洋商了。1855年这里还是大片的农田。但在1866年地图上，被多个地产占用，土地也全部开发，建立了洋房、货栈，包括一些中式房屋。但纵观他的所有土地交易，除了1854年将98号土地划出一部分转租，另外146号在1856年转租外，其他均保留，没有立即销售，也就是"多购惜售"，之所以采取这种方式，一方面等待地价上涨的时期，另一方面可以租地造房，这是上海开埠早期比较常见的盈利方式。

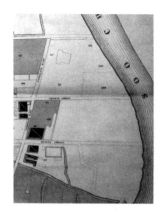

图 2-2-7　1855—1866 年苏州河南岸街区土地开发过程

表 2-2-3　宝顺行皮尔的地产统计

立契时间	道契号	分地号	面　积	转租时间
1846	32	58	5.7950	1859
1854	62	80	8.1420	
1851	88	51	4.2500	1864—1869
1852	98	104	3.9500	1864—1869
1854	146	105	12.0000	1856
	152	106	57.0000	
1855	153	107	14.0000	1858

资料来源:《1855 年英国领事馆租地人表》、《1864 年英国领事馆租地人表》、《1869 年英租界土地估价表》。注:《上海道契》记载,该契中文版遗失,1853 年划出 0.2 转租,W.R.,Adamson 1864 年租地人表中仍存在,但不见于 1869 年英租界土地估价表。故转租时间应该在 1864—1869 年之间。

从 1855 年地图上看,大部分洋商选择在界路以东租地,这也是当时租界比较成熟的城区,仅有少量地产商会在界路以外的郊区租地,但这些界外租地对于推动租界城市扩展起着极为重要的作用。除了上文提到的英国领事馆、第一跑马场外,还有一个"麦家圈",很多著作都提及过,因为开埠早期的一个重要人物——麦都思——而得名。麦都思 1796 年生于伦敦,在伦敦学会了印刷技术,1816 年被伦敦教会派往马六甲,之后 1843 年来沪,是最早来沪的传教士之一。来沪后,和美魏茶、慕维廉、艾约瑟等传教士在上海创建墨海书馆(The London Missionary Society Press),印刷出版中文书籍。麦都思在山东路一带建立了伦敦会的总部,包括墨海书馆、天安堂和仁济医院,被人称为"麦家圈"。

查《上海道契》,麦都思是最早在英租界租地的外国人之一,英册第 2 号道契,即麦都思永租华人吴金盛 11.099 亩土地,于道光二十四年(1844 年)八月立契,用作"本港英商民义冢埋葬之所"[1]麦都思的身份是"承董义冢会

---

[1]　英册道契第 2 号 24 分地,《上海道契》,卷 1,第 3 页。

书纪账"，也就是外国公墓公司的代表。实际上，该地并未直接作为外国坟地之用。道光二十七年（1847 年）正月十八日，麦都思将该地与英商林赛公司的第 74 分地交换。查《上海道契》，第 74 分地原系英商林赛公司租用陈全观等地共计 12.1 亩。同年三月二十八日，麦都思向原业户萧世荣、徐永祥添租 2 亩，该地后来变成了山东路的"外国坟山"之地。

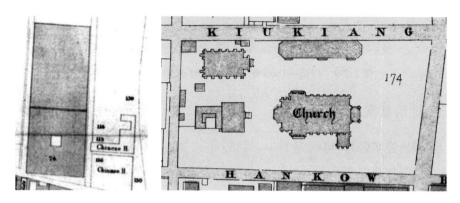

图 2-2-8　1855—1866 年第 74 分地的土地开发过程

　　麦都思，又于道光二十五年（1845 年）十二月，向华人徐彩章等租地计 13.031 亩，为英册第 21 号 61 分地。道光三十年六月十五日，又添租 5.5 亩。同治元年（1862 年）二月初七日，麦都思将所租 4.229 亩转与英商惠德租用。同年同月初十日，麦都思又划出 2.176 亩转与仁济医馆租用（该地后来立英册 875 号）。[1]在该道契的附文中也称"查此契地坐落二十五保三图必字圩土名麦家圈"。在 1866 年地图上，该地块上已建有仁济医院、天安堂等。因为麦都思在这里的土地开发活动，在 1855 年地图上，有一条东西向的道路，称教会路（Mission Road），后改名为福州路（Foochow Road，今福州路）。

---

① 英册道契第 21 号 61 分地，《上海道契》，卷 1，第 35—36 页。

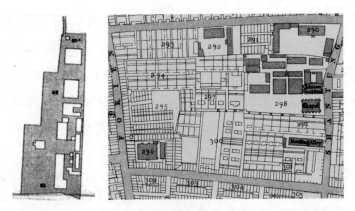

图 2-2-9 1855—1866 年麦都思第 61 分地土地开发过程

三、地价状况

根据道契资料,可得到 1854—1859 年道契首租的亩价,如下表所示。[1] 从地价变化趋向图来看,除了 1859 年,1854—1855 年,地价上涨明显高于其他时期,平均地价上涨了 44.88%,显然受到小刀会战争的影响。而战争结束后的第二年,即 1856 年,地价迅速跌入最低谷,下跌了 38.88%。之后,土地价格又缓慢回升,但直到 1859 年,平均地价才超过战时最高水平。

表 2-2-4 1854—1859 年英册道契亩价   单位:两/亩

年 份	平均值	最高值	最低值	涨(＋) 跌(一)	高低比值
1854	218.356	1764.706	18.408		95.87
1855	316.347	1176.471	29.212	＋44.88%	40.27
1856	181.180	924.370	29.412	－38.88%	31.43
1857	229.708	1613.841	48.443	＋26.78%	33.31
1858	291.726	1079.585	56.228	＋27.00%	19.20
1859	520.553	1497.326	38.062	＋78.44%	39.34

资料来源:《上海道契》,卷 1。

---

[1] 本书中的地价,为道契中的抵押价,年租不计入内。另,由于道契中记载货币有"文""规银""洋元"等不同的货币单位,根据道契第 200 号 207 分地(咸丰六年即 1856 年立契)记载,每亩地价 140 元,若按照 1 洋元等于 0.77 银两的兑换,等于 107.8 银两,本契 4.863 亩共 1021230 文,每亩 210000 文,故可知,1 两等于 1948.05 文。

　　战争对地价的影响还可以从每年亩价的最高值与最低值以及二者的比值中看出,该时段年最高地价出现在战时的 1854 年,为 1764.7 两/亩,而战争结束后的第二年,即 1856 年,在年最高地价中最低,为 924.37 两/亩。另一方面,1854 年最高和最低值的比率最高,分别为 95.87 倍。这说明战时地价并不稳定,而战争结束后的第三年,即 1858 年,地价最高值与最低值之间的比值在五年内最低,为 19.20 倍,说明地价开始趋向稳定。造成地价高低差异如此巨大的另一重要原因,显然与地理区位有关。

　　笔者将 1854—1859 年的 128 份道契进行定位,但仅有 75 份准确定位绘制图 2-2-11。由图可见:首先,以外滩为起点,地价呈现由东而西逐步减弱的趋势,但又存在局部的分布差异,靠近洋泾浜沿岸的地价,明显高于同等位置的苏州河沿岸,而洋泾浜与黄浦江交汇的地区,成为地价上涨最快的地区;其次,中部地区的地价存在南北差异,南部地区的地价明显高于北部地区。第三,苏州河沿岸和第二跑马场地区,因租地数量的增多,成为地价上涨的地区,相反,地广人稀的英租界西北部地区,则是地价最低的地区。下文将具体分析每一年地价的地区分布:

　　1854 年道契分布甚广,东至外滩、西至今西藏中路,南至洋泾浜,北至苏州河均有地产分布,故地价差异颇大,其中洋泾浜沿岸、苏州河沿岸、中部地区和第二跑马场,成为租地的热点地区。出价最高的地产,位于区位最佳的外滩,为 147 号 153 分道契,为 1764.7 银两,不仅高于其他地产,甚至高于与之比邻的 146 号 152 分道契(547.08 洋银/亩),其他附近地产亦超过 190 两/亩;价格位列次席的地区,在苏州河沿岸,地价在 100—150 两/亩;而今河南中路、山西南路之间的南京东路附近地区,成为该年租地最密集的地区,地价上涨幅度最大,其中最高者为 114 分地,为 420.988 两/亩,119 分地,382.353 两/亩,而其余地地产地价主要为 50—100 两/亩,故整体的地价远低于前二者。第二跑马场附近可定位的二块地产 148 分地,地价 113.122 两/亩;而与之比邻的 120 分地,仅70.588两/亩。该年地价最低的地产位于租界最西界,124 分地,仅 35.294 两/亩。

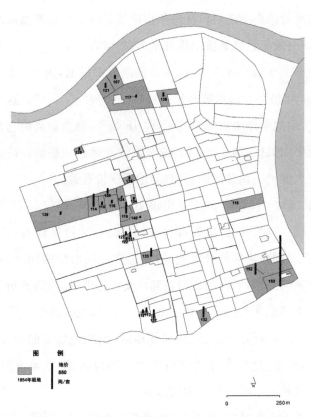

图 2-2-10 1854 年英册道契及其地价的空间分布①

　　1855 年道契分布范围有限，主要集中于洋泾浜和苏州河沿岸，该地区的地价由此水涨船高。洋泾浜与黄浦江交汇处，为该年地价最高的地区。如道契 167 号 174 分和 168 号 175 分地，地价均为 1176.471 两/亩，道契 169 号 176 分地，770.28 两/亩，均集中于此。列居次席的是位于今福州路以南、河南中路与山东中路之间的地区，地价在 200—750 两/亩之间，其中最高的是第 158 号 165 分地，为 711.814 两/亩，该地价甚至高于距离洋泾浜

① 底图采用《上海外国租界地产地图：洋泾浜以北》，英文"Ground Plan of the Foreign Settlement at Shanghai, North of the Yang King Pang Canal, From a surbey by Mr. F.B. Youel R.N., May, 1855"，英国国家档案馆藏。资料来源：http://www.virtualshanghai.net/Maps/Source?ID=30[2015-05-01]。

更近的第 172 号 179 分地（575.585 两/亩）。而其余地区的地价低于 200 两/亩，比如苏州河沿岸的两块地产 182 分和 159 分地，地价分别为 130.719 两/亩和 109.243 两/亩，与上一年该地区的地价持平。

1856 年地价普遍下跌，其中下跌幅度最大的地区是靠近黄浦江的洋泾浜沿岸，这本是以往年份地价最高的地区，但在该年大致在 150—200 两/亩之间。以相邻的第 205 分和 175 分地为例，1855 年立契的 175 分地为 1176.47 两/亩，而 1856 年立契的 205 分地为 171.246 两/亩，仅为前者的 14.56%。其他地区的地价亦呈现不同程度的下跌，如位于今福州路与河南中路相邻的两块地产，1855 年立契的 166 分地，地价为 360.531 两/亩，而 1856 年立契的 198 分地，地价仅为 49.827 两/亩，仅及前者的 13.82%。这可能与 1856 年爆发的金融危机存在直接的关系，后文将进一步详述。该年唯一地价上涨的地区位于第二跑马场，该年立契的 187 分地（117.647 两/亩）和 197 分地（151.972 两/亩），与 1855 年立契的 128 分和 148 分相比，均有不同程度的小幅上涨。

与前几年相比，1857 年的道契分布，主要位于英租界中北部以及苏州河沿岸附近，其中涨幅最大的是苏州河沿岸，比如第 227 分地，地价为 208.783 两/亩，比其相邻 1855 年立契的 107 分地 109.243 两/亩，2 年内上涨了 91.12%。其余地产主要位于今河南中路附近，但南部地产的地价，如第 220 分地 207.612 两/亩，远高于北面的地产，如第 211 分地，仅 72.664 两/亩。

1858 年的道契，主要分布在今河南中路与福建中路之间，其中今南京东路与天津路附近分布最密集，也是地价增幅最大的地区，比如位于今天津路的第 233 分地，为 498.269 两/亩，比其邻居第 211 分地（1857 年立契）72.664 两/亩，一年内上涨了 5.857 倍。而靠近福建中路和南京东路之前的地产，如第 245 分地，为 589.74 两/亩，比 1856 年立契的第 208 分地，69.204 两/亩，增长了 7.522 倍。而其附近的第 230 分和 231 分地，地价亦超过 100 两/亩。

图 2-2-11 1854—1859 年英租界英册道契及其地价空间分布①

　　1859 年道契尽管数量较少，但地价相对较高，相对于周边地区的地价，涨幅也颇高，其中最高的是位于山东中路与福州路的第 252 分地，1497.326 两/亩，比附近最高的地产第 210 分地（1857 年立契）118.376 两/亩，两年内上涨了 11.649 倍，其他地区的地价也有不同幅度的上涨，如位于苏州河沿岸的 248 分地，地价为 480.769 两/亩，比附近最高的第 227 分地（1857 年立契）208.78 两/亩，2 年内上涨了 1.3 倍。

　　综上所述，1854—1859 年间，地价增幅较大的地区，大致在洋泾浜（今

---

① 底图为《上海英租界地图》，英文为 *Plan of the English Settlement at Shanghae*，图幅 34×39 厘米。该地图由英租界工部局经实测绘制，并于 1864—1866 年出版。资料来源：http://www. virtualshanghai.net/Maps/Source?ID=343[2015-08-01]。

延安东路)与黄浦江附近,福州路以南至洋泾浜一处,南京东路、河南中路一处,以及苏州河沿岸地区。

第三节 1860—1868 年英册道契与城市发展

这是开埠后的第二个十年,受 1860—1864 年太平天国运动影响,大量难民涌入租界,促成了英租界急速城市化的过程,原本仅限于界路以东的建成区,但在 1862—1864 年的短短二三年内,界路以西的农田区不仅修建城市道路,而且还建造了大量的中式板房,(与原东部建成区连成一片)成为高密度的建成区。

一、从 1860—1864 年英册道契看洋商地产空间扩展

1860 年第二次鸦片战争结束,西方列强逼迫清政府签订了《天津条约》,华北沿海以及内陆沿长江的十个港口城市对外开放,上海港口的领头羊地位进一步巩固。1861 年因远至汉口的长江流域的开放,上海的贸易增长显著。[①]与此同时,华北各港口进入上海的船只骤增。据领事卜鲁斯(Frederick Bruce)报告,1861—1864 年,上海进口贸易从 1300 万猛增至 2700 万。[②]而对当时只管赚钱而不计后果的西方商人而言,上海是他们实现发财梦的地方。太平天国时期各种投机暴利的消息不胫而走,世界各地青年趋之若鹜,纷纷跑到上海来。[③]《北华捷报》亦言,"上海在贸易商既然具有这种便利的条件,因而传到国外的消息是,不论在违禁品贸易或在合法的商

---

① 〔英〕麦克莱伦:《上海故事——从开埠到对外贸易》,载〔美〕朗格等著:《上海故事》,生活·读书·新知三联书店 2017 年版,第 95 页。

② 《上海故事》,第 102 页。

③ 霍塞:《出卖上海滩》,上海书店出版社 2000 年版,第 39 页。

业方面,人们都可以冒险发财,因此正如我们所预料的,大批外国人涌到上海这个地方来。"①1864 年上海港报告指出:"对于身无分文的勤奋的年轻人而言,若掌握了簿记技艺,学会计算贸易,上海的确是他们所向往的极乐世界。"②1859 年,上海外侨仅 398 人,③到 1865 年,仅公共租界,外国人口急增至 5129 人④,增长了 11 倍多。善于投机的西人日益增多,无疑成为推动房地产业发展的催化剂。

另一个促成上海租界快速发展的原因是发了战争财。长江流域是清朝最富裕之地,其中位于长江中游的汉口,九省通衢,向来被视为"江海贸易之总汇"。但太平事起,长江流域包括汉口在内重要贸易城市惨遭兵燹,汉口票号在山西总号的指示下,"撤回其资本",同时又把它们在汉口的"总管理处迁往上海",其后果是"汉口的四川买卖都转到上海去了";⑤其次是江南地区。苏州、杭州、南京原是清朝最繁华的城市之一,苏州是江南的金融中心,"昔年票号皆荟萃苏垣,分号于沪者只有数家"⑥。但这些城市遭太平战乱后骤见凋零,大部分钱庄和票号随移民大军迁至沪上,"迨东南底定,上海南埠日盛,票号聚集于斯者 24 家,其放银于钱庄,多至二三百万两"⑦,从此惟上海马首是瞻。而这些城市的富豪官绅们,"争趋沪滨,以外侨居留地为安乐土"⑧。还有各级官吏:1860 年 6 月,太平军攻占苏州时,"藩臬各官俱奔上海,制台亦逃上海,预为浮海之计"⑨,1861 年,太平军攻打湖州时,"时

---

① 《北华捷报》第 656 期,1863 年 2 月 21 日,载上海社会科学院历史研究所编:《太平军在上海——〈北华捷报〉选译》,上海人民出版社 1983 年版,第 478 页。

② 《上海故事》,第 102 页。

③ *The Hong Kong Directory with list of foreign residents in China*,Hongkong:printed at the "Armenian Press",1859,pp.83—92.

④ [美]朗格:《上海社会概况》,载《上海故事》,第 36 页。

⑤ 张国辉:《晚清钱庄和票号研究》,中华书局 1989 年版,第 104 页。

⑥⑦ "答暨阳局士采访沪市公司情形书",《申报》,1884 年 1 月 12 日。转引自中国人民银行上海市分行编:《上海钱庄史料》,上海人民出版社 1960 年版,第 15 页。

⑧ 徐蔚南:《上海在后期太平天国时代》,《上海市通志馆期刊》第 2 卷,第 2 期,1934 年,第 1502 页。

⑨ 《上海法租界史》,第 492 页。

城内富绅多徙上洋"①。这些携带巨资来沪避难的官绅富豪们,"都不惜以重金获得居留地一楼止为万幸"②,或合股建钱庄,"拥资产者,皆知钱庄利益稳厚,竞相合股,纷纷组织"③,"租界钱店,当时均系避地官绅所开设"④。于是,租界钱庄"营业蒸蒸日上,大有一日千里之势"。这些钱庄亦为房地产商提供贷款,"存款放款事项,较前繁多"⑤。也有不少富绅将多年的积蓄存于外国银行,当时外国银行并不给任何利息,而要求存款的中国人仍是趋之若鹜。⑥除外,"许多富有的避难者进行各种冒险和投机活动。但是只有一种投机活动被证明是属于中国人的,这就是买卖墨西哥币"⑦这些短时期聚集于沪的游资成为房地产业的重要资金来源之一。1860 年,外国银行发放贷款和折价票券,这是租界以来的首次。⑧

最重要的因素还是大量难民涌入租界。据官方统计,太平军攻打上海期间,上海的人口从 1853 年的 54.4 万人,猛增至 1865 年初的 69 万人,净增 15 万人,新增人口主要是公共租界和法租界,分别增长 8.2 万和 5.5 万。⑨当时两租界内并无完善的人口统计机构,故实际难民数远不止此。1863 年 4 月 30 日普鲁斯爵士致函普塞尔伯爵函指出,1862 年终,上海的全部人口估计为 150 万人,在英租界以内,据官方宣布至少有 50 万中国难民。⑩有学者认为,路途遥远的安徽、江西、福建、山东等地难民也辗转来沪,以致在高峰

① 南京大学历史系太平天国史研究室编:《江浙豫皖太平天国史料选编》,江苏人民出版社 1983 年版,第 193 页。
② 徐蔚南:《上海在后期太平天国时代》,《上海市通志馆期刊》第 2 卷,第 2 期,1934 年,第 1502 页。
③ 郭孝先:《上海的钱庄》,《上海市通志馆期刊》第 1 期,1933 年,第 804 页。转引自中国人民银行上海市分行编:《上海钱庄史料》,第 15 页。
④ 姚公鹤:《上海闲话》,上海古籍出版社 1989 年版,第 116 页
⑤ 郭孝先:《上海的钱庄》,《上海市通志馆期刊》第 1 期,1933 年,第 804 页。
⑥ 张国辉:《晚清钱庄和票号研究》,第 118 页。
⑦ [美]朗格等著:《上海故事》,第 116—117 页。
⑧ 同上书,第 116 页。
⑨ 邹一仁:《旧上海人口变迁的研究》,上海人民出版社 1980 年版,第 4 页。
⑩ 马士:《中华帝国对外关系史》第 2 卷,第 131 页。

之际,仅仅城区人口就保持在三百万左右。①虽然这一数据无考,但当时难民数量之众毋庸置疑。②据工部局 1861 年 8 月 7 日会议记载,"由于最近几个月来华人人口猛增,需要增添多少船只运送垃圾,要由总办作出决定"。③这些难民涌入租界后,除了要解决温饱问题,最重要的就是要找一个落脚、居住的地方。于是,一个千载难逢的房地产契机出现了。

善于投机的西商们发觉土地交易的利益远比贸易和航运来得更快更大,"便顿时抛弃了丝茶的旧业而专心于价值立时暴涨的地产"④,"西人于是大营建筑的投机,以最迅速的工程,最简陋的材料,就空地兴建大批房屋,以供给华人居住,而转瞬间获得千倍的巨大利益"⑤。来上海的于布内男爵写道:"这惶惶不安和危难重重的四年也是投机事业最疯狂,大发横财,穷奢极侈的时期。据说中国难民多得不计其数,得给他们房子住,大家都赶着造房子。适合当地人习惯的房子像耍魔术般地一片片建造起来。有钱的商人把他们的资金都投在造房子上,没有钱的人借钱造房子,职员、买办、邮差、佣人,所有的人都投入这个投机事业里去,并且都从中赚了钱。上海泡在黄金里……"⑥为了增加房屋的居住面积,租地人往往在屋外加建踏脚梯级,以致有许多街面被占用。⑦1862 年,居住费用增长了 400%。⑧"原有的住房很快就住满了;在租界内的空地和租界边沿地区的田野上,或由外国业主本人,或由短期租地造屋的买办们迅即造起了住房。同实际支出比较,利润是如此之大,以致本来是可以在四、五年内就能收回全部资本的。"⑨霍塞在其《出卖上海滩》里说的更为具体:

---

① 于醒民:《上海,1862》,上海人民出版社 1991 年版,第 13 页。
② 陈文斌:《太平天国运动与近代上海第一次移民潮》,《学术月刊》,1998 年第 8 期。
③ 《工部局董事会会议录》,第 1 册,1861 年 8 月 7 日,第 622 页。
④ 霍塞:《出卖上海滩》,第 40 页。
⑤ 徐蔚南:《上海在后期太平天国时代》,《上海市通志馆期刊》第 2 期,1934 年,第 1502 页。
⑥ 于布内:《漫游世界》,第 2 卷,第 260 页。转引自《上海法租界史》,第 374—375 页。
⑦ 《工部局董事会会议录》第 1 册,1862 年 6 月 4 日,第 640 页。
⑧ [英]麦克莱伦:《上海故事——从开埠到对外贸易》,载《上海故事》,第 96 页。
⑨ 李必樟译编:《上海近代贸易经济发展概况:1854—1898 英驻上海领事贸易报告汇编》,上海社会科学院出版社 1993 年版,第 109—110 页。

　　以前没有人要的地皮，此刻都开辟起来，划为可以造屋的地盘。难民需要住屋，上海先生们便立刻加工赶造起来。租界范围以内的空地，不多几时便卖得分寸无存。到了后来实在没有地皮可卖，便把自己行址四周的墙垣拆去了，将行屋以外的空地也一起卖掉，而地价也一天比一天涨起来。他们后来甚至跨出租界的界限，向乡下人买进空地，转卖出去，地价因此愈加高涨。要说别人了，就是英国领事公馆也效仿旁人的行为，将领事公馆里边的空地也卖了一部分出去。地价这时候更加高涨上去，竟是漫无止境。这就是贵族独占式的上海之末日，也就是成为一个未来的大都市的起点。以前一片荒芜的空地，现在已成为纵横界划的街道，密排着匆匆赶造起来的低次房屋。中国人在油漆未曾干燥之前，即已搬了进去。他们携带着家眷和鸟笼，很自在的住在里边，开起店来，做他们的生意，付他们的房租。①

　　租界内土地很快被抢购一空，洋商们又跑到界外购地，"这时租界以外五哩之内的地皮都被人纷纷收买，有些人千方百计的借了钱真是马上可以发财，地产投机已成了上海人的日常信条，数百万的洋钱已经从这片黄泥滩里边榨了出来，洋行里的练习生也跟着囊橐充充，高兴非凡"②，"所有的白种人，不论国籍，不论老幼和等级都已发了财了。"③据 1862 年《北华捷报》报道："据说，所有投机活动都被证明是好的，100 倍，1000 倍，或者某些情况下 10000 倍地获利，加入投机活动不获利的情况反而是个例外。投机利润也不止一些。"④房地产业的畸形繁荣给上海的城市面貌带来了巨大变化，据《北华捷报》载：

---

①②③　霍塞：《出卖上海滩》，第 41 页。
④　转引自《上海故事》，第 116 页。

从外表上看,上海租界在刚告结束的一年(1862)内所经过的改变是惊人的。每条大马路上都有高大的洋房兴建起来,中国行庄的数目也大有增长。这些表明租界的财富日益增长和重要性的迹象,可以从每条都有新行庄开张,新公司成立的情况而得到证实。所有这些新开张的行庄都是营业鼎盛,而所有这些新成立的公司,又都是完全依靠当地的财源筹集资本的。[①]

杜恂诚曾统计过 1845—1911 年间颁发的所有道契并指出,晚清有两大道契申领高峰期:一次出现在 19 世纪 60 年代初,另一次在 1895—1909 年间。[②]可见第一次土地交易高峰期即太平天国时期,这是上海开埠前五十年土地市场发展最重要的时期。从目前刊行的《上海道契》来看,1860—1869 年间颁发的道契仅有英、美、俄三国道契,另外,笔者从法国外交部档案馆中收集到 1852—1865 年法国领事馆契。这四国道契几乎囊括了当时全部的土地交易。而对于以上四国之外其他国租户,数量较少,且多至英国领事馆登记,比如英册道契常见"西洋商人",即西方非英国侨民。这四国道契基本可以反映这一时期洋商租地的全貌。

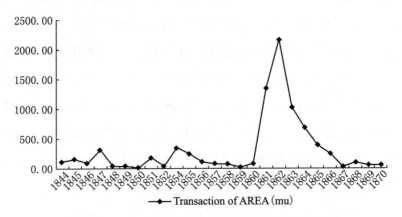

图 2-3-1　1844—1870 年间英册道契首租变化趋向图

① 《太平军在上海——〈北华捷报〉选译》,第 494 页。
② 杜恂诚:《晚清上海道契申领总趋势及影响因素分析》,《财经研究》,2011 年第 8 期。

表 2-3-1　1860—1870 年颁发道契的数量和面积统计

	1860		1861		1862		1863		1864		汇总	
	道契	面积	道契	面积	道契	面积	道契	面积	道契	面积	道契	面积
英	16	77.5	170	1346.28	179	2186.45	95	1023.38	46	686.47	506	5320.08
法	7	27.037	55	393.442	60	338.218	24	107.181	12	71.3306	158	937.2086
美	11	82.221	17	149.408	42	155.952	27	337.31	15	55.386	112	780.277
俄	1	10.5	6	54.845	4	36.892	9	48.088			20	150.325
总	35	197.258	248	1943.975	285	2717.512	155	1515.959	73	813.1866	796	7187.8906
	1865		1866		1867		1868		1869		汇总	
英	19	393.57	15	253.776	8	26.156	8	94.253	8	51.153	58	818.908
法												
美	5	60.739	3	8.969	3	37.444	5	21.008	3	10.448	19	138.608
俄	8	55.237							2	28.846	10	84.083
总											87	1041.599

资料来源：(1)《上海道契》，卷 2、卷 3、卷 26 和卷 30，上海古籍出版社 2005 年版。（2）法领事馆契，Transcriptions des actes de ventes des terrains de la Concession françaiseantérieurement au 9 septembre 1872，收藏于法国外交部档案馆（南特馆），档号：635PO/C/203。

通过对 4 国道契统计可见，以 1865 年[1]为界分为战时和战后，仅战时洋商向华人永租（即首租）的土地高达 7187.891 亩，是之前所有英册道契之和（1868.05 亩）的 4 倍。若考虑遗失缺漏情况，则实际交易更多。首租的高峰期出现在战争最激烈的 1861，1862 和 1863 年，仅英美俄三国颁发的道契是开埠后十年间签发道契数的五倍多，与之前所有年份的道契总数相比，增长了近 1 倍。[2]最高峰值出现在 1862 年，仅英法美俄四国颁发的道契，其土地

---

① 以 1864 年 7 月 19 日天京被清军攻陷为标志，将太平战事分为战时和战后，但由于不少土地交易是在这一日期之前谈判，但交易完成在这一日期之后，且不少土地交易战后仍在继续，故选取了 1864 年 12 月 31 日为界。

② 陈琍：《近代上海城乡景观变迁（1843—1863）》，第 195 页。

交易额达 2717.51 亩。一直到 1895 年之前,任何年份均未曾超过此数值。笔者还发现另一份作证材料,即 1864 年英国领事馆登记资料。这份资料显示,至 1864 年,英册道契共计 868 份,面积达 7226.4295 亩。可见与笔者统计的道契数据十分接近。

当然,这一时期所颁发的英册道契,并非全在英租界。据 1869 年工部局的土地登记调查资料,1869 年,英租界内共有 554 宗洋商地产,总计 2842.809 亩土地。这说明,其他的英册道契土地均不在英租界。长期从事道契研究的陈正书曾指出,"短时期内,上海租界内外(包括一度被冷落的法租界)迅速被永租的土地,至少在 5000 亩以上。"①看来这一观点并不夸张。

从空间上看,1860 年之前,洋商地产主要分布在黄浦江以西至今福建中路区域内②,而此区域以西地区,仍属大片农田区。在 1853—1855 年小刀会起义期间,开始有部分华人地产被洋商永租,其中最大一次华洋交易是,1854 年被跑马总会选为第二跑马场的道契 145 号 151 分地,面积达 171.4 亩土地。1860 年太平战事逼近上海时,这里成为租界最大的难民区,地价、房租猛涨。1861 年,跑马总会将第二跑马场土地全部高价抛售,并很快开发。据当时《北华捷报》记载,"在旧跑马场修筑的几条新路开通了,这一地区迅速涌现出大量的中式房屋"③。跑马总会另在泥城浜(今西藏南路)以西今人民广场附近购置了一块 80 余亩的土地,连同已永租的附近土地,营建了第三跑马场。老跑马场成为战时土地交易热点区,"1862 年的土地狂热使得这一带成为投机商们竞逐的对象"④。总之,1860—1864 年间,今福建中路以西地区是土地交易的热点地区,该地区内颁发道契的总面积近 1000 亩,至 1864 年洋商永租的范围基本覆盖英租界全境。

---

① 陈正书:《上海通史》(卷 4.《晚清经济》),上海人民出版社 1999 年版,第 72 页。
② 陈玳:《近代上海城乡景观变迁(1843—1863)》,第 204 页。
③ *The North-China Herald*, February 9, 1861, No. 550.
④ [美]朗格:《上海社会概况》,载《上海故事》,第 48 页。

二、从 1860—1866 年英租界地图上看英租界道路网络

以往学界简单地将英租界道路网络概括为棋盘式路网结构,这种道路网络既满足了洋商地产开发的交通需要,还实现了临街开发、沿街开店和土地管理便利等多重成效,也是西方殖民者在世界各地使用最多最成熟的一种土地划分网络。从图上可以看出,英租界当局希望照搬棋盘式道路网,但受原地形、土地产权等因素影响,最终形成的英租界棋盘式网络是非常不规整的。从外滩到界浜(今西藏南路)的东西向道路中,完全贯通的仅有 5 条:南京路(今南京东路,地图上英文标注 Nankin road 或 Maloo(马路))、汉口路(Hankou Road)、福州路(Foochow Road)、广东路(Canton Road),且主要分布在南京路以南。而南北向道路中全贯通只有 4 条:四川路(Szechen Road)、江西路(Kiangse road)、河南路(Honan road)和福建路(Fokien road)。这几条道路也是租界最早开筑的道路,是在原有圩田道路的基础上修筑的。干道围合的区域成为租界最初的街区,保证了地产开发的临街和交通的基本需求。这些南北向和东西向道路形成的道路网络格局,基本上是 1855 年时的租界范围,由此也奠定了租界道路的网格基础,以后租界道路空间基本上是在这个网格基础上向外扩展的。1861 年,随着华人大量涌入虹口,土地开发明显加快,新筑路明显增多,1855 年工部局曾对英租界地区进行过一次道路规划,基本是理想的棋盘式路网,成为英租界工部局筑路的重要依据,但实施起来却并非易事。主要有以下几种情况:

(1) 笔直路线还是折中路线。夸克路(也有文献翻译为派克路,即 Park Road,今南京东路)的延伸是租界西扩的一个典型:原计划道路是一条笔直的路线,但执行过程中遇见了麻烦。董事会建议,恰隆洋行的霍林斯·沃恩与该道路北面的产业业主,可以建造围墙,但距离规划的延伸路线不少于 30 英尺,通往界路的路线必须是一条直线。[①]1861 年 6 月 19 日的会议上,工

---

① 《工部局董事会会议录》,第 1 册,1860 年 11 月 14 日,第 604 页。

部局董事会讨论了这条路线的延伸路线问题。道路检查员告诉董事会,有一部分路段被达拉斯圈入他的私产,董事会命令总办采取步骤,要按照1855年租界地图所划定的路线修筑这条道路。①在派克门路的延伸路线,有一处华人打谷场,工部局总办写信给领事,命令拆除一切屏障,把木料收藏于捕房。②

1863年底,泥城浜西界已立桩标出,并在E.M.史密斯和龙飞马房地界间商定一条折衷路线。③翌年四月,有人再次提请工部局注意延伸自南京路西端向北沿泥城浜的这段江边马路是否可行的问题,董事会遗憾地认为由于遭到个别业主(吉尔里上尉)的反对,这一改进被推迟。④可见,笔直路线的实线,还取决于路线内土地业主的态度,如果遭到个别业主的反对,就会推迟筑路计划。

关于大马路的延长:达拉斯反对把大马路延长路段拓宽60英尺,由于在其与这条道路平行的地产上,工部局有通行一条小路的权利,因此董事会决定放弃这一权利而要求道路检查员使主要通道保持60英尺的宽度。同时还命令马路尽头处的栅栏门要加长,并开放另外一条大门通道。⑤

(2)是否筑路,取决于业主土地开发的实际需要。1861年5月8日,伯顿医师向工部局提出一条从苏州河至武圣殿的一条新道路,获得董事会批准。但董事会要求伯顿医生从华人手中购买土地并准备支付筑路费后,这条道路将在董事会的监督下进行建造。⑥达拉斯的申请获得批准,准予把原来中国人的一条小路放宽至7英尺,条件是要求他另加宽13英尺。⑦1861年8月21日的会议上,总办向董事会提交了格里布尔的一份建议,为公共

---

① 《工部局董事会会议录》,第1册,1861年6月19日,第620页。
② 《工部局董事会会议录》,第1册,1861年5月4日,第616页。
③ 《工部局董事会会议录》,第2册,1863年11月28日,第473页。
④ 《工部局董事会会议录》,第1册,1864年3月30日,第696页。
⑤ 《工部局董事会会议录》,第1册,1862年12月31日,第666页。
⑥⑦ 《工部局董事会会议录》,第1册,1861年5月22日,第617页。

租界,包括美租界和法租界在内,制订一份新的规划,并附有一切主要道路的标高图。此外,他还提出了租界的全面排水管道系统规划。董事会认为,只要该计划切实可行,准备同意接受。①同时董事会也会考虑筑路的轻重缓急。同年 8 月 21 日会议指出,要求采取紧急步骤开通从打绳路起朝北经马路通往苏州河的那条路。②

（3）道路是否修筑,还要考虑租界的整体发展需要,在整体利益与个人利益博弈过程中,工部局采取了整体利益高于一切的原则。1861 年 5 月 22 日,一位叫怀特的业主,也向董事会申请,要求准予占用马路末端他的地产以北的一部分空地,以改善那里的马路。③但未获得董事会同意,工部局声称这块有争议的土地是属于公众的,必须留作公用。④

（4）筑路是否实现,关键在于是否实现了征地。关于广东路的延伸:这条马路在 1855 年地图上标注为北门街(North Gate Street)。但北门街延伸路段必须通过的一些华人商行,董事会决定由英国领事估计这些商行的价值并相应付以一笔补偿金。⑤另外,1862 年 8 月 20 日会议,指令代理总办与英国领事联系,因从北门街至旧跑马场打算开辟一条新道路,请求领事馆派人对于建议要拆除的华人房屋进行估价。⑥经过了一段很长时间的讨论,董事会认为他们无权因修筑道路的需要而放弃向西人业主支付一笔赔偿金的做法,并指令总办亲自与该地段的业主联系,以便调停此事。⑦

关于福州路的延伸:这条马路因靠近外滩有海关大楼,又称海关路,早在 1861 年工部局已计划延伸,但在征地上仍困难重重,计划路线上有个庇而生先生,他们来信要求偿付因延伸海关路而被取走的土地和房产。指令

①　《工部局董事会会议录》,第 1 册,1861 年 8 月 21 日,第 622 页。
②　同上书,第 623 页。
③　《工部局董事会会议录》,第 1 册,1861 年 5 月 22 日,第 618 页。
④　《工部局董事会会议录》,第 1 册,1861 年 6 月 26 日,第 620 页。
⑤　《工部局董事会会议录》,第 1 册,1862 年 7 月 23 日,第 645 页。
⑥　《工部局董事会会议录》,第 1 册,1862 年 8 月 20 日,第 647 页。
⑦　《工部局董事会会议录》,第 1 册,1862 年 12 月 31 日,第 666 页。

道路检查员去访问庇而生先生，通知他的要求无法满足。①1863 年 4 月 29 日，董事会同意惠特洛先生对因继续修筑北门街而占用的房地产的补偿要求。②

　　第二跑马场的道路(图 2-3-2)：1862 年工部局开始对第二跑马场的地区实施新的道路规划，总办亲自与原跑马场的拥有产业的租地人进行联系，多半同意筑路，并听从董事会处理，但也有个洛雷罗先生提出了反对意见。董事会决定在报上刊登公告，请求跑马场的租地人于 25 日 10 时到达工部局董事会会议室，然后一起奔赴现场，讨论筑路及各方利益。③5 月 28 日会议，收到一位洛雷罗的 5 月 24 日来信，他表示同意在跑马场的地产延长北门街(即广东路)的计划。道路检查员经调查，旧跑马场一带因地势低落，那里的排水管下沉不能超过 6 英尺，在这些排水管道的上面，至少需要把道路垫高 2 英尺。④1862 年 10 月 13 日，指令总办巡视跑马场旧址上开辟的一条新道路，以查明那里有无任何侵占土地现象。道路检查员奉命按照总办提出的计划在马路建造防御大门。⑤道路检查员还报告说，他跟随总办一起测量了在跑马场旧址上开辟的一条新道路的路宽，当时他查明霍格先生在这条道路的一端侵占了 2 英尺 3 英寸土地。指令总办写信给霍格先生，通知他犯有这种侵占行为，并要求他立即退出所侵占的道路土地。⑥

　　位于"老闸区"的华人地区，工部局修筑了几条新的道路。道路检查员和巡捕房巡管利用职务之便，在计划路线附近购买了土地。董事会认为，不能过分谴责他们利用泄露秘密或依靠获悉的内部机密等方式挣得财产，但会损坏工部局成员的形象，应该避免或制止。

---

① 《工部局董事会会议录》，第 1 册，1862 年 5 月 28 日，第 639 页。
② 《工部局董事会会议录》，第 1 册，1863 年 4 月 29 日，第 678 页。
③ 《工部局董事会会议录》，第 1 册，1862 年 4 月 16 日，第 637 页。
④ 《工部局董事会会议录》，第 1 册，1862 年 7 月 23 日，第 645 页。
⑤ 《工部局董事会会议录》，第 1 册，1862 年 10 月 13 日，第 651 页。
⑥ 《工部局董事会会议录》，第 1 册，1862 年 10 月 22 日，第 652 页。

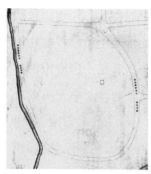

图 2-3-2　1855 年、1862 年和 1864—1866 年第二跑马场土地开发过程

董事会一方面承认市政当局有权把他们的钱用于他们认为最有利的投资，但另一方面，必须给予他们这样的印象，在执行董事会的指令过程中，当该指令还没有向公众公布之前，有人利用可能知晓的任何消息，借机获取土地或以任何其他方式谋取私利是严重的不当。目前的例子不得不使董事会表示遗憾，这就是两位巡官明明知道那里开辟一条道路已遇到一些困难而他们偏偏在那里选购了一块土地，从而在不小程度上使困难复杂化并引起诉讼案件。不管这些诉讼案件是否有根据，最好尽量避免。[①]

三、从《1864—1866 年英租界地图》看英租界城市空间形态

这一时期，受狂热的土地交易市场影响，英租界城市建设发展迅速，在欧式新城的内部又出现了新的城市形态。在 1855 年，英租界还是一个靠近黄浦江滩的欧式新城，到 1866 年，在欧式新城的西部又矗立起一座排列有序的高密度里弄建筑的中式新城。30 年后，1894 年来上海旅行的奥地利人海司（Ernst Von Hesse-Wartegg）描写了当时所见英租界的情景："从外滩延伸出去几百米远的马路上，才开始了中国人的城区，那里一点也没有香港那种令人恶心的肮脏，中国区的马路也保持着相当的宽度和显而易见的清

---

① 《工部局董事会会议录》，第 1 册，1861 年 9 月 11 日，第 624 页。

洁,穿过中国人区域,就又进入了漂亮的、维持得很好的林荫大道,两边浓荫遮蔽的花园里,是现代化的别墅。只有在真正的、城墙围着的中国城和法租界的一部分地方,还能看到狭窄而龌龊的小巷子,这是所有的中国城市都有的景象。"①这里描写的中国城,就是在这一时期建起来的。太平天国进攻江南时期,大量难民涌入上海,为了满足急剧暴涨的人口的住房需求,营建了大量供出租的中式房屋,使英租界呈现出"东欧西中",即东部欧式城,西部中式城的分布格局。

图 2-3-3 1862 年和 1864—1866 年英租界地图②

从 1866 年英租界地图上可以看到,南北及东西向完全贯通的道路还不及所有道路的一半,这就造成了英租界街区大小不一的状况。有些面积较大的地块,又进行了细分,通过重新筑路的方式,划割出面积较小的街区地块。街区面积的大小,直接影响了土地开发的类型,颇为重要。分割街区的道路具体而言分为以下几类:

（1）首先是次干道,是指仅次于南北或东西贯通的干道,因产权或其他复杂原因未实现贯通。类似的道路较多,比如南北向的山东路（Shantung

① 王维江、吕澎辑译:《另眼相看——晚清德语文献中的上海》,上海辞书出版社 2009 年版,第 153 页。
② *Plan of the English Settlement at Shanghai，1864—1866*，英国国家图书馆藏。又见 http://www.virtualshanghai.net/Maps/Source?ID＝343[2017-7-1]。

Road,今山东路)、山西路(Shanse Road,今山西路)等,以及东西向的北京路
(Pekin Road)、天津路(Tientsin Road,今天津路)、宁波路(Ningpo Road,今
宁波路)等,其中北京路(Pekin Road,今北京东路),东起外滩,西至浙江路,
因浙江路西面的河浜未实现延伸,而天津路和宁波路则出现了断头或改道
的状况:天津路因 370—375 号地块被阻断为两段,宁波路因 369 号上的河
浜未填埋被迫改道,直至今日,宁波路仍是不直接连接的两段路。山西路南
段,也发生了偏东变道。

图 2-3-4　宁波路和天津路

(2) 支路,指在两条距离较长的道路之间新修的道路,因其长度明显小
于南北向或东西向的干道,我们称之为支路,在地图上同样用干道的颜色标
注。据统计,图上的支路有 Woo-Sien road, Chili Road,也是以 road 命名,
另一条道路用 ka 命名,上海话"街"也读这个音,故判断是"街",King Loong
Ka 可能就是青龙街。还有一种说法,ka 念"宅",因为有些英文标注的地图
上,"宅"标注为"ka"。还有一些支路并没有名称。这些支路将原来的街区
分割为二,形成两个或多个更小的街区,这就改变了原街区的土地划分系
统,有利于街区内部的开发。

(3) 街区内部的小路,1866 年地图上以弄(long)、里(le)、宅(ka)等命
名。这是由街区开发的性质决定的。此类的小路一般分布在新开发里弄住
宅区。街区内弄堂的出现与这一时期洋商以盈利为目的的联排式木板房有
密切的关系。此类建筑是战争期间为了满足短期内暴增的人口的居住需求

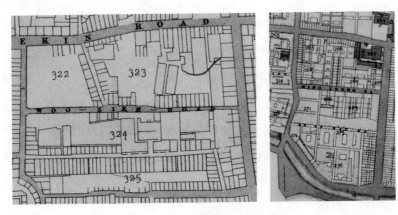

图 2-3-5 324 号地块上的支路

而在 1866 年地图上,标注为中式房屋。中式房屋,一般认为是用中国传统建筑方法建设的砖木结构房屋。对于 1866 年地图上存在的中式房屋,以往学界解释得不够。陈从周先生等老一辈学者认为,1866 年前后建造的主要是简陋的木板房,并认为这种木板房是上海里弄住宅的滥觞。表现在地图上,这种房屋的形态是高密度联排式整齐排列,受空间限制,每个小区由一条或两条主弄及其若干支弄组成。如图 2-3-6 430 号地块上的建筑,如梳子状密集排布的建筑,就是按照英式的联排住宅建造的木板房,这是传统中国不曾存在的一种新式房屋类型,后来发展为上海的石库门建筑。可见,从建筑类型上看,归为中式房屋并不准确。值得注意的是,此类建筑因开间不同,在地图上又表现为不同的形式,有些开间比较大的石库门建筑,如 201 号和 202 号地块上的住宅,开间较大,看上去没那么密集,但小区的空间结构与其他的里弄并无区别,也是由一条主弄及其两边各 3 条支弄组成。这条主弄,或者称之为弄,或者称之为里,或者称之为 ka。还有一些是没有命名的。

地图上比较常见的联排式房屋是临街店铺,一般是前店后屋或前店后院。比如 393 号地块右面的一排临街的联排式建筑系商铺,中间有个天井,后面住人。

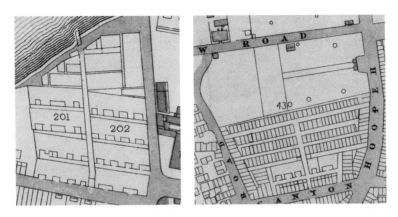

图 2-3-6　201 号、202 号和 430 号的联排式住宅

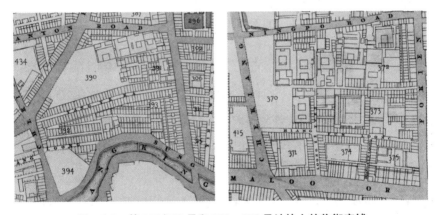

图 2-3-7　第 391/393 号和 372—375 号地块上的临街店铺

　　地图上还有一类中式建筑,在空间形态上与联排式木板房明显不同。该建筑占地比较大,由正屋、厢房以及中间的小天井组成,初步推断是江南传统的四合院,在上海叫"绞圈房子"。如图 2-3-8,如 300 号地块上有 4 套四合院,均为二进式四合院,而 81 号地块旁边的四合院,保存非常完整,是三进式四合院。另外 275 号、276 号地块上也是这类房屋。总体而言,在英租界此类住宅并不多,且主要分布英租界的中东部地区,也就是在 1850 年代建造的。而在 1860 年代,建筑最为活跃的租界的西区地区,见不到此类住宅。相比联排式木板房,此类建筑因占用面积大,但实际居住面积小,故

在出租方面不占优势。在寸土寸金的租界地区，此类房屋逐步被淘汰。

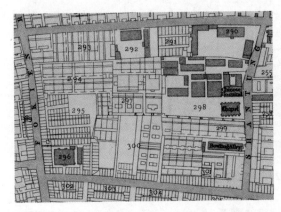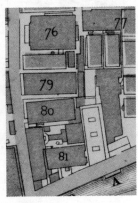

图 2-3-8　300 号和 81 号地块上的中式四合院

还有一类建筑较难判断，主要分布在租界西区，在 1866 年算是城郊地区，因占地空间较大，故其建筑的空间形态与租界东部地区略有不同。如 420 号地块上的房屋，也是沿街整齐排列，建筑围合为一个四方形或半四方形，不同排之间空出道路，利用行走，而建筑内部又留出类似天井的空间，用作采光或公共休憩场所。从开间来看，都不大，应该是联排式房屋。429 号地块上的房屋，建筑较为凌乱，同样开间不大，可能是联排式房的另一种建筑形式。

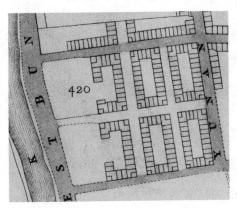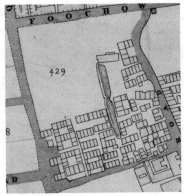

图 2-3-9　420 号和 429 号地块上的木板房

综上所述,1866 年前后的英租界,城市空间形态呈现如下的特征:(1)整体有序和局部无序,道路网络整体上呈现棋盘式路网结构,分干道、次干道和支路系统,但不少局部地区并没有按照整齐划一的道路规划,而是呈现不规则状况,导致街区大小不一;(2)街区内部出现了联排式的木板屋住宅,成为后来上海石库门或里弄住宅区的雏形。其空间形态是由一条或多条主弄及其分弄构成,这种空间形态成为近代上海城市特有的城市形态,并对之后的城市发展产生了深远的影响。

第四节　1869—1890 年英租界土地估价与城市变迁

一、《1869 年土地估价表》及其主要内容

从 1869 年开始,出现了由土地估价委员会制作的土地估价表,之后每隔几年就进行一次土地重估,一直到 1943 年在沪租界历史的终结。从 1866 年到 1900 年,由土地估价委员会制作了 1873 年、1876 年、1880 年、1882 年、1890 年、1896 年、1899 年等多个年份的土地估价表。当然,并非每次估价均进行土地重测,但基本反映当年或前一年的地产状况。

(一) 编制经过

《1869 年土地估价册》是 1869 年 5 月 27—28 日租地人会议提名的土地估价委员会成员对土地重新估价后编制的。据《财政、捐税及上诉委员会报告》记载,该委员会将工部局的土地平面图交给金斯米尔修改,并由他负责确定租界内各种册地的现状和界限。等地图修改完成后,土地估价委员会再进行土地估价。[①]直到 12 月 2 日,英租界几乎所有土地均进行了估价,估价委员会还根据 1869 年修订的《土地章程》第九款的规定编写了备忘录,内

---

① 《工部局董事会会议录》,第 3 册,《财政、捐税及上诉委员会报告》,第 724 页。

容是比较有关的土地估价和房产估价,以作为核定税率之用。[1]说明,这次土地估价虽然没完全重测,但对各种宗地册地的现状和界限进行了更新,比较精确地反映了当时的土地占有情况。

(二)土地估价委员会报告

《1869年土地估价表》[2]由《北华捷报》印制,主要由三部分构成,第一部分为前言,为地产委员会编写的报告,第二部分为英租界的土地估价表,第三部分为虹口租界的土地估价表。

该报告署名为土地估价委员会(General Assessment Committee)的5个成员,分别是:F.C. Adams, H. Hoppiun, J.I. Miller, M.S. Gubbay, F.B. Johnson。落款为上海,1870年4月28日。该报告对本次土地估价的起因、编制过程、土地估价原则做了详细的介绍。这是公共租界的第一次正式的官方土地估价,对之后的土地估价产生了重要影响,故具有非常重要的价值。具体内容详述如下:

第一部分,主要阐述了道契中记载的位置和四至八道存在很大的错误,还有工部局提供的地产地图也存在一些问题:

> 关于评估财产的地点,委员会发现,除非做出某种令人满意的界定,否则对评估工作实际上毫无用处。根据前一届土地估价委员会的经验可知,各国领事馆登注册的土地清单上的位置和情况的描述存在很大的缺陷。尽管,工部局已经开始明确各种地产的情况,并登记了外国人的姓名,但工部局所拥有的地产图(land plan)也存在一定程度的错误。

第二部分主要阐述了地块位置确定的办法:一个地块一个地块地对比领事馆土地清册与地产地图。该报告指出,地产委员会提供的估价表上,详

---

① 《工部局董事会会议录》,第3册,1869年12月2日,第741页。

② Schedule and Report of the General Land Assement Committee of 1869, appointed at a General Meeting of Shanghai Land Renters, Held on 27th and 28th May, 1869, Shanghai: printed at the "North-China Herald" office.

细记载了该地产准确的位置和四至八道。

　　随后，委员会委派 Kingsmill 对各个领事登记的土地与地图进行一个地块一个地块逐一比对。这项工作开展至今，洋泾浜租界和虹口租界内几乎所有注册土地的位置，已经准确无误的确定了。除此之外，委员会还提供了许多有价值的信息，除非它迅速变成确凿的（tangible）形状，否则在几年的过程中就会不可挽回地消失。

　　该信息已包含在提交给工部局办公室的估价表中，并指明了每个地块的位置（position）、地点（locality）和边界，只要在提交给工部局评估原始资料中可确定的，并对所遇见的每个案例的特殊情况做了批注。

　　第三部分主要阐述了土地估价的办法，重点考虑以下原则：以该地产与租界中心点的距离、可达性和有用性，以及周边地产的价值。至于房屋类型等其他因素，不作为整体估价的主要评判标准。该报告还指出，应该从长计议，为符合整体公共利益，必须以区位和可达性作为最重要的评判标准。

　　至于几块地产的土地估价，委员会首要任务是对于外国租地人占有的两个租界的整个区域进行比较估价（comparative asessment）。为此，仔细考量到中心点的距离，出于建筑目的的可进入性（access）和有用性（availablility），还会考虑该地产与其相邻地产的估值。然而，委员会似乎并不过分重视偶然的情况，例如在其地产上或相邻地区的房屋建筑风格。这种建筑风格对于任何一块地块相对于附近其他地块产生的影响。相反，委员会把主要的精力放在了估价表的编制上，无论特殊情况如何，该表格尽可能展示土地价值。

　　除了采取这一总的原则之外，委员会认为，最好从长期考虑地点（locality）和可达性（accessibility）而不是临时影响（temporary influence）来维护公共利益。

该报告还指出,为了保证估值的准确度,还增加了一份比较估价表,主要是确定评估值与市场价的比例关系。至于有争议的估值,由业主提出后进行改正,估值的基准值是以外滩5000银两为标准。这个值在当时并不算高:

> 在此基础上准备了一份比较估价表(schedule),通过增加或减少一个似乎使几处房产尽可能接近其公平市场价值的一般百分比,进行估值的任务变得不那么困难了。估价结果,在听取了几个反对委员会估价的租户上诉后进行了修订,现将公布的估价表提交给纳税人(Rate-payers)以供他们最终批准。

委员会的估价是基于外滩地块5000银两的估值。但是,如果土地承租人认为这个估值太高,进行评估的原则不会受到之前减税的干扰。

第四部分,主要阐述了其他问题:

(1)道契记载的土地面积的准确度问题,有不少道契的土地面积与实际不符,或大或小,均会对业主产生影响,详文如下:

> 除了准备编制估价表外,委员会还不由自主地受到其他事件的困扰。
>
> 在两租界注册的名字为外国人的土地的轮廓图(delineation),证实了在道契里所载的土地面积有很多谬误,与实际面积存在很大的差异。在一些情况(case)下,这些差异会让业主蒙受沉重的负担,而在另一些情况下,注册的土地面积与实际不符,会导致该地产对公共财源(common fund)的贡献低于其公平份额。委员会建议对于这一问题提交给纳税人大会,并建议采取一些步骤来弥补这些缺憾。

(2)虹口北界问题:鉴于当时尚未确定,地产委员会建议工部局修筑一条北部的界路:

委员会建议立即界定虹口租界的北部边界,迄今为止尚未确定,即是出于土地估价的目的,也是有益于更好地管理这个租界;为此,建议修筑一条围绕受工部局管辖的租界的大道。

（3）现行土地章程体系,存在一些缺陷,使问题变得更为复杂和令人不满。该报告指出,自 1862 年、1865 年和 1867 年成立的估价委员会的报告来看,这些弊端不是后来生成的。

其中,委员会认为亟待改进的弊端主要来源于以下两点:地产位置和地产边界缺乏明确的界定,以及追踪地产从一个领事馆契转换为另一个领事馆契所产生的困难。委员会指出,可以确定现行印制出版的地产估价表上,有不少地产的道契信息是错误的。委员会有理由相信,这些情况并不构成全部违规,但这种情况随时可能会出现。另外,地产边界模糊的情况有很多,而对于地产分割后很长一段时间里,被分割出去的地产仍记录原业主的姓名,使土地所有权的记录存在很大缺陷。

最后,为了改进这些问题,特别是各国领事馆土地登记上的诸多弊端,委员会建议工部局成立一个土地处（Land Office）。该办公室主要负责所有土地的变动,以及与土地位置、边界和状况（circumstance）的相关文件。委员会还建议工部局对每块土地的状况进行登记,赋给边界和位置已经确定了的每一个地产一个市政编号。通过这一市政编码,未来的土地变动,或新的道契,应该添加在各国领事馆的土地清单上。这样就可以避免以上各种弊端,并应对可能发生的各种变化。此外,它还有一个优势,即不试图干涉领事登记土地或土地章程中关于土地取得或转让的若干规定。工部局土地处实际上旨在处理有关土地本身的情况,而不对所有权、变更或转让进行记录。

由上可见,土地估价委员会的这份报告比较清晰地阐述了当时土地登记的一些实际问题,并提出了若干新建议。显然,对于工部局而言,这份报告对于工部局的土地管理具有很强的实际参考价值。

（三）土地估价表

第二部分为英租界土地估价表,表格顶部为标题:General Land,即总

土地清单。表格中主要字段分析如下:

(1) Name of Land Renter(土地承租人姓名),指永租中国土地的外国业主姓名,并按照英文字母顺序编排。

(2) Number of Lot(道契分地号),指各国领事馆的道契分地号。从目前公开的道契来看,仅见英国领事馆早期颁发的道契,之后也没有道契分地号。

(3) Number of Title Deed(道契编号),指各国领事馆的道契编号。

(4) In what Consulate Registered(注册土地的领事馆),包括英、美、法等各国驻沪领事馆。

(5) Boundaries(North, South, East, West)四至边界,在委员会的报告中也指出,之所以列此项,主要是因为道契中记载的位置和四至是不准确的。

(6) Municipal Number(市政编码),工部局注册土地赋予的土地编码。

(7) Section on Land Plan(地图上的第几区),这说明还有一张本表对应的地图,令人缺憾的是,在相关的资料中均未发现这些地图。

(8) Area as per Title Deeds(每份道契上的面积),单位为 m. f. l. h,表示亩分厘毫。

(9) Value Per Mou(每亩土地价值),单位银两,指海关银。

(10) Total Value(整个地产的总价值),系每亩单价乘以土地面积得出。

(11) Grand Total,总价汇总。

(12) Munipal Taxes at 1 percent(地捐),即工部局征收的土地税,表格中的数值是按照土地总值的百分之一计算的。

(13) Chinese Government Ground Rent(中国土地税),这是由业主每年12月31日交给中国政府的,按照每亩1500文。

(14) Remarks,备注,对有争议的问题,比如没有找到相应道契的土地,在这里作出说明。

（四）统计分析

1869 年土地估价册,包括英租界和虹口租界（即美租界）两部分,本节仅对英租界的地产数量、各国领事馆登记土地情况,地产主或地产商的数量,土地占有情况等方面进行统计,结果显示如下：

1. 土地估价表上记载宗地地产共计 594 份,土地总面积为 2842.81 亩（有效数据为 555 条）。表格中的地产主,均系洋商,且以英商（暂以英国领事馆登记的土地业主作为英国人）最多。除了美商 4 个,占有 16 宗地产,俄商 5 人,占有 6 宗地产,还有 USC（英联邦?）7 人,占有 10 宗地产外,说明英租界的土地几乎全被英商租用。

2. 全区共有地产业主 232 个,土地占有的分布情况如下：其中 20 亩以上的地产主有 36 个,计有 1611.505 亩土地,占全区总地产面积的 56.69%,这说明租界一半以上的土地由大地产主占有。具体名单,详见表 2-4-1。10—20 亩的地产主,有 41 人,占有 543.869 亩土地,约占全区总地产面积的 19.13%。10 亩以下的地产主有 155 人,占总人数的 66.81%,但仅拥有 687.435 亩土地,仅占全区地产总面积的 24.18%。

表 2-4-1　1869 年英租界面积超 20 亩地产统计表　　单位:亩

租地人	面积	租地人	面积
Smith, Edwin Maurice 史密斯	227.990	Hanbury, D.B.	50.053
Cushney, Alexander	110.296	Whittall, James	49.235
Gower, Samuel John	105.778	Whitehead, Thomas and Thompson, William N.	46.750
Hanbury, Thomas	104.131	Ince, Henry Alexander	43.226
Jardine, Matheson and Company 怡和行	69.922	Cameron, William 葛兰敦	42.761
British Consulate 大英钦命管事官	59.480	Sassoon, Reuben David 沙逊	40.000
Hogg, William 广隆大班	56.701	Crampton, S.A. and H.	36.448

续　表

租地人	面积	租地人	面积
Hanbury, Sampson（Mrs.）	35.451	Trinity Church	24.290
Sassoon, R. D., Bickersteth, J. P., Campbell, J., Vacher, W. H., Chapman, F., and Baumback, J.A.	33.654	Richardson, Charles Lennox（Estate）	24.236
Hogg, James 霍格	30.873	Young, Arthur John	22.922
Russell and Company 旗昌行	30.450	Wright, Joseph William	21.862
Shaw, Brothers and Company 李百里	30.322	Dallas, Barnes	21.821
Grew, Henry Sturgis	30.095	Dent, Wilkinson	21.377
Thorne, Cornelius	29.683	Lindsay, Hugh Hamilton	21.280
Burton, George William	28.109	Cushney, Alexander, and Burton	20.916
Probst, Sassoon, Bickersteth, Campbell, Vacher, Chapman and Baumback	26.979	Cowie, George James Webster	20.730
Sassoon, Solomon David	26.880	Turner and Company	20.588
Lords Commissioners H.M. Treasury	25.782	Gibb and Duncanson	20.434

资料来源：*Schedule and Report of the General Land Assessment Committee of 1869* (*Appointed at a General Meeting of Shanghai Land Renters, Held on the 27th and 28th May 1869*), English Settlement, Shanghai：Printed at the "North-China Herald" Office。

3. 在 20 亩以上的大地产主中，相比开埠初期，最大的变化是超过 20 亩的大地产主的数量明显增加了。业主的身份，包括个人和洋行两种。其中私人地产主，大部分是在沪洋行的大班或重要洋行的职员。下文选择重要的几个地产商进行分析。

百亩以上的大地产商，仅有四个，分别是：史密斯、"Alexander Cushny"、"Samuel John Gower"和汉璧礼，为人熟知。史密斯是开埠早期租界里著名的大地产商，是 1869 年唯一一个在英租界地产超过 200 亩的大地产商。其土地主要集中在洋泾浜北岸，至北门街之间的区域。他购地之后，兴建里弄,造屋出租,推动了该地区的发展。汉璧礼是开埠早期上海西方社会的大人物,本人名下的土地超过 110 亩,若加上"D.B. Hanbury""Sampson Hanbury (Mrs.)"名下的土地,总计租地接近 200 亩,其土地主要集中在英租界中部福建路(今福建中路)一带。

在英租界个人名义租地仅次于史密斯的是一个叫 Alexander Cushny 的洋商。据罗婧考证,他于 1856—1858 年间来沪。① 他还与 Burton 合伙购买了 20 余亩土地。但有关他的事迹,记载甚少,待考。同样,还有 Samuel John Gower,无考。从其拥有的土地数量来看,应该是名副其实的大地产商,土地交易为其主要的盈利手段。

租地在 50—100 亩的地产商,也有四个:怡和洋行、大英钦命管事官、广隆大班霍格(William Hogg)、D.B.汉璧礼(D. B. Hanbury)。广隆洋行的大班威廉姆·霍格(William Hogg)和他兄弟詹姆斯·霍格(James Hogg),约在 1854—1855 年来沪,至 1869 年在英租界租地接近 90 亩。霍格兄弟为上海跑马场最早的发起人之一,并积极参与了第一、第二和第三跑马场的创建。二人还于 1861 年创建了兆丰洋行。

沙逊家族,是开埠早期英租界著名的鸦片商和贸易商。沙逊家族在上海租地,主要以个人名义租地,包括以下四人:"A. D. Sassoon""D. Sassoon""Reuben David Sassoon"和"D. S. Sassoon"。最早在上海租地的是大卫·沙逊(A.D. Sassoon),在咸丰元年租地。1855 年,A.D. Sassoon 租了 3 块土地(英册第 8 号、第 42 号和第 79 号);D. Sassoon 租了 1 块土地(英册第 75 号)册地,R.D. Sassoon 租了 1 块土地(英册第 76 号),D.S. Sassoon 租了 4 块土地(英册第 126 号、第 136 号、第 141 号、第 66 号)。可见除了个人,还有以老沙逊洋行(Sassoon, David, Son & Co.)的名义租地。到了 1869 年,沙逊家族以R.D. Sassoon 租地最多,达 73 余亩土地(包括合伙人),另外

---

① 罗婧:《上海开埠初期租界地区洋行分布与景观变迁,1843—1869》,第 136 页。

"Solomon David Sassoon"租地 26.88 亩,若加上老沙逊洋行的 13.2 亩土地,沙逊家族在英租界的土地超过 110 亩,仅次于史密斯,位居次席。可见,沙逊家族凭借着其创办的沙逊洋行雄厚的势力,已开始展现出追赶之势。

地税表中以"Company"为名的业主,即洋行,共计 16 家,按照占有土地量的多少排序,分别是:Jardine, Matheson and Company(怡和行,69.922 亩),Russell and Company(旗昌行,30.45 亩),Turner and Company(华记行,20.588 亩),Shaw, Brothers and Company(李百里,30.322 亩),Adamson, William Rushton and Company(天长行,16.348 亩),Sassoon, Sons and Company, David(老沙逊行,13.2 亩),Heard, Augustine and Company(琼记,11.89 亩),Barnet, George and Company(惇信,11.02 亩),Wilkinson Alfred and Company(信和行,10.021 亩),Olyphant and Company(同孚,8.41 亩),Dent and Company(宝顺行,5.795 亩),Pallanjee and Company(广昌行,5.451 亩),Trautmann and Company(惇裕行,3.391 亩),Scheibler, Matthaei and Company(广源行,3.014 亩),Little and Company(立德行,3 亩),Bull, Purdon and Company(同珍洋行,2.28 亩)等。这些洋行,大部分为较早来沪的老牌洋行,如怡和行、宝顺、华记、李百里、天长行、老沙逊、旗昌行、广昌行、广源、同珍等,均系在 1860 年之前来沪。只有少部分洋行,如同孚行、信和行、立德等洋行,为 1860 年之后来沪的新洋行。

二、《1876 年土地估价表》及其主要内容

(一) 编制经过

在 1876 年之前,公共租界工部局于 1873 年组织了一次土地估价,可惜笔者尚未找到该年份的土地估价表。在 1873 年之后的一次土地估价在 1876 年。1875 年 6 月 28 日会议上,工部局董事会对 1873 年的估价普遍不满,一致认为有必要重新进行一次重估地价。[①]8 月 30 日会议批准。在 9 月

---

① 《工部局董事会会议录》,第 6 册,1875 年 6 月 28 日,第 685 页。

6 日的会议指出，"现在对租界内所有土地及房产进行一次再估价是极其适时的。大会决定重新估价的值，将于 1876 年 1 月 1 日正式实施，大会授权董事会知名 3 名纳税人组成房地产估价委员会。"会议规定，在房地产估价结束之后，应把每一册地及房产的固定房地捐额通知每一位租地人，房地产业主或在沪代理人。任何租地人，或房地产主，或在沪代理人不同意时，可在通知之日起 14 日内以求书面上诉。①

　　同月 7—9 日，公共租界纳税人大会通过了对英租界和虹口租界的土地评估决议。土地评估工作持续到 11 月份。因其中的一位委员克拉克患病，11 月 22 日的会议上，决定以 100 两酬金聘用金斯米尔先生代替他。估价委员会秘书来信称，因为克拉克患病，工程师办公室的工作又很繁忙，各种册地的测绘工作看来不可能在纳税人会议所定的时间内完成。②何时结束，在之后的工部局会议录里并未具体交代。1876 年 8 月会议，W. H. 福格的第50 号、99 号和 153 号册地，位于松江路（洋泾浜北岸岸路，今延安东路）与外滩交叉处，地产估价为 7000 两，业主认为估价太高，董事会认为这个估价与外滩其他册地相比，确实高了不少，会议同意将其估价降低为 6000 两。③

　　（二）估价委员会报告

　　《1876 年英租界土地估价表》是根据公共租界纳税人 1875 年 9 月 9 日通过的决议编制的。在卷首刊登了估价委员会编写的报告，对于估价的过程、遵循的原则、困难与问题进行了说明。在报告里，特别指出：编制如此的估价，涉及公共道路的土地，不包括在评估土地的范围之内。

　　为了获得公众关于租界不同地区土地估价的意见，委员会要求不同地区的土地业主提供关于其地产的详细信息：围墙内土地测量值，让与道路的土地，他们认可的每亩土地价值，以尽可能避免事后上诉。但很遗憾，委员

① 《工部局董事会会议录》，第 6 册，1875 年 9 月 6 日，第 696 页。
② 《工部局董事会会议录》，第 6 册，1875 年 11 月 22 日，第 712 页。
③ 《工部局董事会会议录》，第 6 册，1876 年 8 月 14 日，第 749 页。

会并没有如愿得到想要的信息。在收到的所有回复中，委员会仅发现了一两个业主提供了所有的信息，一般情况下是业主不予回复。

关于获取每块地产的面积，工程师向总董表示，"并无实际困难"，因为每块要评估的地产均有地图可参考。但是委员会并不相信从这些地图可以获取准确的土地面积，因为有些地产已发生了分割或再分割，但在地图上并没有标注。同样，各国领事馆，也没有按照要求提供有关土地边界、土地变更以及被道路占用土地的所有信息。虹口租界，更为糟糕，没有一张全图，道路也没有准确的界定，用于公共用地的土地的信息付之阙如。

为此，工部局总董安排 Oliver 根据英租界的地图计算出每个地产的纯面积，并不包括滩地(foreshores)和道路，前者并没有出现在地图上，但记载在道契中。

鉴于虹口没有地图，且土地价值中等，委员会决定按照道契上记载的信息进行评估，如果不准确或不能令业主满意，就由他们上诉，并提供准确的信息。与英租界不同，滩地是包含在评估之内的，这些滩地是被填写或声明，并具有可用性。

对于英租界的土地评估，委员会发现没有必要对 1873 年的土地估价做出一些材料上的改变，因为委员会认为，因为筑路侵占了部分土地，剩余部分土地按照每亩价值增长。委员会还指出，可接受的外滩土地价值是每亩 6000 或 7000 两，土地估价采用了 1869 年确定的土地估价标准。

委员会回顾了最近一次土地估价，发现了很多土地估价很不规则，这归功于上诉委员会(Appeal Committee)提供的有关土地价值上诉的材料，有些土地的估价因为上诉而降低了，但相邻的业主没有提出上诉，其地产也没有相应更正。因此委员会建议，无论业主是否提出上诉，一旦地产的价值进行更正，周边地产的价值也应做出相应修正。

至于租界内为华人拥有、未在任何领事馆注册的土地，委员会发现，直到 1873 年(包括该年)，是包含在为市政目的筹集公共基金的纳税人年度表决提案中,但 1874 年,却不包含在提交给纳税人大会的议案。没有任何原因,可能是工部局的疏忽。委员会针对此事,咨询过总办(Secretary)Clark 先生,被告知,可征收的数量太少了,还不够支付收集工作的酬金。委员会建议,在将来,华人土地纳入到每年纳税人的年度表决提案(annal vote)。委员会指出,华人拥有土地的数量正在逐年增加,现在已相当可观了。

至于评估房子的价值,委员会接受了这种办法,即将实际租金(actual rental)作为房屋评估的合适值。如果旧租金征收的比例较高,而租金被认为异常低时,他们就作出相应的减少,使承租人处于与现在租约一样的境地。

(三) 主要内容

《1876 年英租界土地估价表》与 1869 年的基本相同,除了字段次序略有变化,其他相同,在此不赘述。下面主要对表格中的内容进行统计分析:

1. 本表格中共有宗地数据 600 条,比 1869 年仅增加 6 条,土地总面积为 2484.282 亩,比 1869 年减少了 358.528 亩。土地总值为 1493432.85 银两。

2. 全区地产业主数量 237 个,与 1869 年相差不大。但地产占有情况发生的很大变化,其中 20 亩以上的地产主 25 人,比 1869 年减少了 11 人,占有土地总面积 1357.77 亩,比 1869 年 1611.505 亩减少了 253.735 亩土地。占全区总地产面积比重从 1869 年的 56.69％减少至 54.65％。

20 亩以上的大地产主中,对比 1869 年,土地锐减不足 20 亩,或者已消失的土地业主有 16 个,1876 年新增 20 亩以上的大地产主仅有 5 个,1869 年和 1876 年均存在的地产主共计 18 个。从土地增减来看,1876 年这些业主的土地大部分减少了,仅有少数几个土地面积增加。

其中,100 亩以上的大地产主,仍为 4 人,只有 Gower, Samuel John 消失了,该业主也不见于本年度的土地估价表,可能去世,不详,待考。其他三个不变:美商史密斯 E. M. Smith,相比 1869 年土地略有减少,但仍高居榜首,仍是当时英租界唯一拥有土地超 200 亩的业主。而 Alexander Cushny 和汉璧礼,在英租界拥有的土地与 1869 年相比,变化不大,略有增减。值得注意的是，1869 年土地估价表上的"D. B. Hanbury""Sampson Hanbury (Mrs.)"在 1876 年不再出现。若这两个业主的地产是汉璧礼其他名义的购地，那么 1876 年汉璧礼的土地是明显减少了。

其中百亩以上的新增成员是怡和洋行，成为这一时期土地增购最多的洋行，1876 年比 1869 年在英租界占有土地的面积，多了 128.641 亩。1869 年，怡和洋行占有 6 份道契，共 69.922 亩土地，1876 年，怡和洋行占有 16 份道契，共 198.563 亩土地。对比两个年份可以发现，只有 4 份道契是继承了 1869 年的，其余 12 份道契均系新购进的道契，只有 2 份道契不见记载，估计已售卖。由此可以推测，这一时期怡和洋行以购进土地为主。

沙逊家族在这一时期购地较多。1869 年，沙逊家族（主要是 R. D. Sasson 和 S. D. Sasson，奇怪的是没有写 A. D. Sassoon），总计 100.534 亩土地，到了 1876 年，沙逊家族地产增至 122.864 亩，比 1869 年多了 22.33 亩。其中 A. D. Sassoon 占有 72.356 亩，R. D. Sassoon 占有了 30.267 亩。S. D. Sassoon 占有了 20.241 亩土地。

律师高易（George James Webster Cowie）在这一时期购地数量明显增多，亦值得关注。在 1869 年，高易占有 10 份道契，共 20.73 亩，但 1876 年，高易拥有 31 份道契，共 57.707 亩土地。与其他业主相比，高易的道契面积普遍较小，1869 年，平均每份道契面积为 2.073 亩，1876 年为 1.8615 亩，而怡和洋行，1869 年平均每份道契面积为 11.654 亩，1876 年为 12.41 亩。高易行地产之所以如此小，很可能这些都是挂号道契，实为华人地产，待考。

3. 10—20 亩的地产主有 25 人，占有 331.059 亩土地，约占全区总地产面积的 13.33%，比 1869 年占比减少了 5.8%。综合统计，10 亩以上的地产主占有总面积的比重从 1869 年的 75.82%减少至 59.03%。尽管如此，仍占了半数以上，也就是说，49 个业主占有了英租界近 60%的土地。

4. 中小型地产主的数量和土地继续保持上升趋势，据统计，10 亩以下的地产主数量 187 人，增加了 32 人，占有地产的面积总计 795.453 亩，占全区地产总面积比重明显上升，从 24.18％上升至 32.02％。

表 2-4-2　1876 年英租界土地登记表中超 20 亩的地产信息　　单位：亩

业主姓名	土地面积	业主姓名	土地面积
Smith，E.M.	222.356	Sassoon，R.D.	30.267
Jardine，Matheson & Co.	198.563	Iveson，Egbert	29.470
Cushney，Alexander	120.248	Ince，H.A.	27.050
Hanbury，Thomas	109.258	Shaw，Brothers & Co.	26.451
Sassoon，A.D.	72.356	Lords Commissioners of H. M. Treasury	25.782
Hogg，Wm.	70.739	Thorne，Cornelius	23.935
Cowie，G.J.W.	57.707	Milne，F.M.	21.947
British Consulate	55.684	Wright，J.Wm.	20.658
Whitehead，Thos.，& Thomson W.N.	38.184	Hanssen，H.P.	20.241
Mcloughlin，Eugene	32.659	Sassoon，S.D.	20.241
Council for the Foreign Community of Shanghai	31.692	Trinity Cathedral	20.163
Crampton，S. & A.H.	31.647	Richardson，C.L.（trust）	20.022
Russell & Co	30.450		

资料来源：*Shanghai land Assessment Schedule*，*English Settlement*，1876。

三、《1880 年土地估价表》及其主要内容

1880 年 2 月 16 日纳税人大会通过了 1880 年土地估价的提案。在 1880 年 7 月 16 日会议，工部局董事会宣布了土地评估委员会的提名成员：布里奇先生、戈里先生、弗朗西斯先生、索恩先生、芜德先生、W.布兰德先生、希契先生和毛礼逊先生，董事会建议从中选出得票最多的前五人组成土地估价委员会成员。①在 1881 年 1 月 3 日会议，收到了印制新土地估价表的

---

① 《工部局董事会会议录》，第 7 册，1880 年 7 月 16 日，第 712 页。

投标书,说明本次土地估价表已完成。[①]

《1880 年土地估价表》与 1876 年的基本相同,在此不予赘述。笔者主要对该表的内容进行统计分析:

1. 该表格共有数据 633 条,占有土地 2401.794 亩(实际统计 2514.844 亩),比 1876 年增加 30.562 亩。值得注意的是,在表格中首次出现 unregistered,即未注册的土地,共 20 份,面积总计 75.141 亩。这些未注册的土地,大部分系华人所有,在表格中还记载了华人业主的姓名,如 Kin-Chin-San、Yao-Tann-Yang 等,也有一些未注册的土地为洋商所有,比如有一块土地,地块编号为 118,业主为 A. Fincham。

2. 各国领事馆登记土地的份额已悄然发生了变化,美国、德国、俄国等其他国家领事馆登记的土地开始多起来,情况如下:英册道契 588 份,共2329.285 亩土地;美册道契 16 份,共 72.134 亩土地;德册道契 4 份,共15.541 亩土地;俄国道契 3 份,计 22.743 亩土地;美册道契。可见,英册道契仍占据绝对的优势,其他各国领事馆登记的土地是微不足道的。

3. 本年度英租界共有业主 236 个,比 1876 年差 1 人。20 亩以上的大地产主,共有 27 人,占有 1436.11 亩土地,占总数的 57.1％;10—20 亩的中地产主 27 人,占有 346.465 亩土地,占总数的 13.78％。10 亩以下的小地产主182 个,占有 719.248 亩,占总数的 28.6％。与 1876 年相比,小地产主占有土地的比重,从 32.02％下降至 28.6％。

百亩以上的大地产主仍有 4 个,其中变化最大的是史密斯,1880 年比1876 年在英租界的土地减少了近 60 亩,之所以减少如此多的土地,是因为同年底史密斯离开了上海。怡和洋行取代史密斯,跃居英租界地产榜首的位置,Alexander Cushny 和汉璧礼地产变化不大。

在 50—100 亩的大地产商中,沙逊家族占据两席,分别是 R.D. Sassoon和 A.D. Sassoon 在英租界的土地呈现继续增长趋势。新增成员是 F.B.

---

① 《工部局董事会会议录》第 7 册,1881 年 1 月 3 日,第 726 页。

Forbes,他是扬子江保险公司的主席。高易的地产数额与1876年基本相同，有一部分（名字后加 estate）是其所有，有一部分（名字后加 trust）是挂号道契。

在20—50亩的中型地产商中，相比1876年，1880年新增20亩以上的大地产主有6个：R.H. Artindale、H.P. Buckley、Francis A. Groom、J. Bell Irring、Harry Lester；而退出20亩以上大地产主行列的有5个：Eugene Mcloughlin、F.M. Milne、H.P. Hanssen、Shaw Brothers & Co.、Cornelius Thorne。Shaw, Brothers & Co., 为老牌洋行，这一时期已退出了20亩地产主行列，也不见于本年度的土地估价表。另外，圣三一堂的地产超过20亩，但姓名后面写了"trustee"，应是为他人委托管理的道契册地，即挂号道契。

表 2-4-3　1880 年英租界土地登记表中超 20 亩的地产信息　　单位：亩

业主姓名	土地面积	业主姓名	土地面积
Jardine, Matheson & Co	197.102	Council for the Foreign Community of Shanghai	31.758
Smith，E.M.	163.241	Grampton, Mrs. Sarah Ann	31.647
Cushny, Alexander	128.464	Iveson, Eghert	30.862
Hanbury，Thomas	121.709	Iace, Heary Alexander	27.05
Sassoon，A.D.	72.046	Lords Commissioners of H.M.'sTreasury	25.782
Hogg，William	70.739	Artindale, R.H.	25.249
Cowie, Gee J.W.	66.637	Lester, Harry	23.47
Forbes, F. B. (Chairman, Yang-tsze Insurance Company)	65.001	Adamson,W.R.	21.516
British Consulates	55.684	Wright，J.W.	20.658
Sassoon，R.D.	50.508	irving, J.Bell	20.496
Whitehead Thos, and Thompson W.N.	38.189	Groom, Francis A	20.259
Buckley，H.P.	33.715	Trinity Cathedral(trustee)	20.163
Russell & Co	32.857	Richardson, C.L.(estate)	20.022

资料来源：*Shanghai Land Assessment Schedule*，*English Settlement*，1880。

四、《1882 年土地估价表》及其主要内容

(一) 编制过程

1882 年 3 月 31 日会议,拟召开特别会议重新评估土地。总董说,拟议中的特别会议将要求纳税人会议批准对租界土地重新进行评估。他指出,在江边册地的价格未曾上涨之际,后面的册地却已大大上涨,因此他认为土地税可以下降到千分之三,这样将会使江边册地业主和后面册地业主所处的地位比目前更为平等。①4 月 27 日会议,纳税人通过了土地评估,并确定了土地评估委员会的名单:安德森先生、泰斯先生、弗朗西斯、估倍先生以及梅博阁先生。②同年此次土地估价基本完成。12 月 11 日会议指出,根据上诉委员会的意见,会议决定对伦敦会和长老会所用土地的地税仍按目前数额不变,并免征袄教公墓、回教公墓和同仁医院所在地的地税,但对袄教公墓租给华人的部分土地,要和其附近土地以同样的税率征税。③在 1883 年度地产税的预算中,1883 年征收土地税比 1880 年多了 5827719 银两:详见下表:

表 2-4-4　1880 年和 1883 年英租界和虹口土地总值汇总表　　单位:银两

	1880	1883	增值额
英租界	6118265	10340650	4222385
虹口	1945325	3550660	1605334
总计	8063590	13891310	5827719

资料来源:《工部局董事会会议录》,第 7 册,1882 年 12 月 28 日,第 813 页。

(二) 主要内容与统计分析

《1882 年英租界土地估价表》与 1876 年、1880 年的内容基本相同,在此

---

① 《工部局董事会会议录》,第 7 册,1882 年 3 月 31 日,第 776 页。
② 《工部局董事会会议录》,第 7 册,1882 年 2 月 27 日,第 780 页。
③ 《工部局董事会会议录》,第 7 册,1882 年 12 月 11 日,第 810 页。

不予赘述。笔者主要对该表的内容进行统计,分析如下:

1. 该表格共有数据 651 条,比 1880 年多了 18 条,占有土地面积 2421.557 亩(实际统计面积为 2486.169 亩)。比 1880 年多了 84.375 亩。土地总值 10340660.05 银两。征税总额 41862.6 银两。

2. 各国领事馆登记分布如下:英国领事馆:611 份,2332.001 亩;美国领事馆:18 份,85.085 亩土地;德国领事馆,3 份,10.424 亩土地;俄罗斯领事馆,3 份,6.965 亩土地。另外,还有未注册的土地,15 份,51.694 亩土地。

3. 本年度共有地产主 241 个,比 1880 年多 5 个。20 亩以上的大地产主,共有 30 个,比 1880 年多 2 人,占有 1358 亩土地,占总面积 56.08%;10—20 亩的中型地产主,共有 29 个,共 397.211 亩土地,占 16.4%;10 亩以下的地产主,共有 182 个,占有 730.958 亩土地,占 30.19%。相比 1880 年,第一层次的比重略有下降;第二和第二层次的比重均有小幅提升。

4. 20 亩以上的大地产主的变化,主要表现在以下几个方面:

百亩以上的大地产主,仅剩下了怡和行和汉璧礼 2 个,自 1869 年长期占据英租界榜首的美商史密斯,此时已去世,在本年度估价表上也不见其地产,另一百亩大地产商,"Alexander Cushny"本年度地产减少了 50 余亩。

50—100 亩的地产主 6 个,新增的是"Alexander Myburgh"(梅博阁),在 1880 年,该业主仅有 3 块土地,7.154 亩土地,仅过 2 年,该业主就拥有 24 份道契册地,占有土地 90 余亩,是这一年度土地增购最多的业主。在库寿龄主编的《上海史》指出,梅博阁于 1882 年 7 月,替补立德担任工部局董事,之后又于 1883—1884 年(总董)、1884—1885 年(董事)和 1885—1886 年(董事)任工部局董事。①1881 年 1 月,梅博阁还被选为法租界公董局董事会的副总董。②这一时期梅博阁购地如此之多,与其特殊身份有着密切的关系。

亨利·雷士德(Henry Lester)是近代上海著名的大地产商,涉足房地

① (英)库寿龄:《上海史》,第 2 卷,上海书店出版社 2020 年版,第 436—437 页。
② 汤志钧主编:《近代上海大事记》,上海辞书出版社 1989 年版,第 371 页。

产业始于 1869 年,当年在英租界仅有 1 份地产,为英册 854 号 861 分地,面积 1.2 亩,每亩 900 银两,总计 1080 两。1869—1880 年,雷士德并未把房地产作为其主业。1876 年,雷士德在英租界仅有 7 份道契,但面积都很小,只有 8.67 亩,总值不过 13706 银两。之后加快了购地进度,1880 年,雷士德在英租界已经拥有了 15 份道契,土地面积增至 23.47 亩,土地总值增至 48890.65 银两。尽管如此,在当年,雷士德只能算是一个中等规模的地产商。但 2 年后就不一样了,1882 年,拥有了 21 份道契,总计 75.86 亩,土地总值高达 287721 银两,比 1880 年增长了 4.88 倍。此外,还有一份道契,为雷士德与合伙人 Johnston J.(M.D.)合伙购买,共 5.956 亩。故雷士德在英租界的土地已经超过了 80 亩,在当年英租界排第五,若加上合伙人的购地,排第四。仅次于之前的老牌大地产商,可谓后起之秀。

20—50 亩的地产商,新增的有:E. O. Arbuthnot、Mrs Sarah Ann Crampton、W.C. Warl.、T.R. Wheelock;退出 20 亩地产之列或消失的地产主有:Eghert Iveson、Lords Commissioners of H.M.'s Treasury、Trinity Cathedral(trustee)。其中在新增地产主中,Geo B. Hill 购地最多,拥有 4 份道契,土地总数超过 40 亩。

表 2-4-5　1882 年英租界超 20 亩的地产商汇总　　　　面积:亩

姓　名	道契数	面积	姓　名	道契数	面积
Jardine, Matheson & Co	28	180.916	British, Consulate	2	55.684
Hanbury, Thomas	33	126.732	Sasoon, A.D.	8	49.352
Myburgh, Alexander	24	91.512	Hill, Geo B.	4	44.75
Cushny, Alexander	15	78.401	Whitehead Thes and Thompson W.N.	2	38.098
Lester, Henry	21	75.86	Russell & Co	6	36.917
Hogg, William	16	70.73	Crampton, Mrs Sarah Ann	3	36.647
Cowie, Geo J.W.	37	61.372	Groom, F.A.	6	34.729

续　表

姓　名	道契数	面积	姓　名	道契数	面积
Council for the Foreign Community of Shanghai	7	32.974	Warl，W.C.	5	24.737
Henderson，D.M.	6	28.813	Wheelock，T.R.	5	23.971
Sassoon，R.D.	7	28.72	Adamson，W.R.	3	21.516
Buckley，H.P.	4	28.71	Wright，J.W.	2	20.663
Arbuthnot，E.O.	1	27.575	Irving，J. Bell	1	20.496
Ince，Henry Alexander	3	27.05	Sassoon，S.D.	2	20.082
Lords Commissioners of H.B. M.'s Treasury	1	25.782	Richardson，C.L.（estate）	2	20.022
Artindale，R.H.	9	25.189			

资料来源：*Shanghai Land Assessment Schedule*，*English Settlement*，1882。

（三）地产分布空间复原

由于土地估价表上并未附地图，这就使空间复原工作造成诸多麻烦。不过，在土地估价表的字段上有一字段"Number On Land Plan"，即在土地地图上的编码，可以参考。这里并没有指出，这幅地图的任何信息。如果对比1890年土地估价表即可发现，该字段与1890年英租界土地估价表中的字段"Number on plan of 1864—1866"中的数字，如果是同一道契，则是一致的。利用这一重要信息，再对1864—1866年英租界地图进行数字化，最后通过数据库连接实现空间复原。

按照上述的办法，将本年度的土地估价表在1864—1866年英租界地图上定位，可以得出本年度的地产分布图。由于1864—1866年地图上的土地，在1882年发生了很大的变化，尤其是土地分割比较严重。在1864—1866年地图上，地块的编号为1—436号，数字化之后，在矢量图上一共有434条数据。而在1882年土地估价表上，则有651条数据，比1864—1866年，已多出了217条数据，系土地分割的结果。在地图上，可以定位的地产数量有413条，得出该年度洋商地产分布图，然后再绘制超20亩地产商分布图。

图 2-4-1　1882 年英租界地产分布示意图

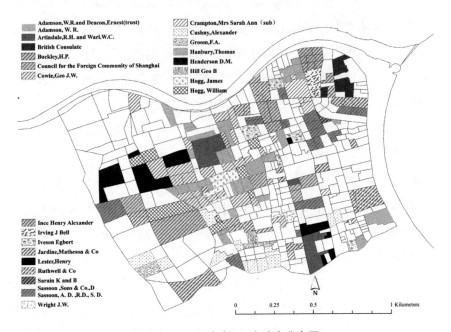

图 2-4-2　1882 年超 20 亩地产分布图

从图 2-4-1 和图 2-4-2 来看,1882 年英租界地产分布呈现鲜明的积聚性特征,具体而言,就是同一个业主的多个土地相连,或距离较近。这一特征可以让我们推测出早期洋商购地的基本特征:即先购置一块土地,然后不断在该地周边购进土地,从而形成一个较大面积的地产。下文以 20 亩以上的大地产主为例进行具体分析:

20 亩以上的大地产商分布在英租界的大部分地区,但主要分布在北京路与南京路之间、广东路、福建路、洋泾浜北岸、苏州河南岸、外滩等城市化发展水平较高的地区。而租界西北部城市化较低的区域,大地产商的分布也较少。可见,大地产商主要瞄准的是区位好、交通设施好的城区土地。这些土地价值明显高于其他地区,发展潜力更大。按照地产分布的特点,这些大地产商的土地分布大致分为以下几种类型:

(1) 集中分布型。指一个地产商的地产主要集中的一个或两个街区内,有些规模较大的地产商,占据了整个街区。比如大英领事馆,占据了今北京东路以北、圆明园路以东的大片区域。旗昌洋行的地产,也集中在一起,差不多了占据了今广东路、福州路和四川中路围合的街区。

Henry Alexander Ince 在苏州河南岸拥有 3 份道契册地(B.C. 225,B.C. 234, B.C. 79)共 27.05 亩,在 1864 年地图上占据了今虎丘路与四川中路、香港路之间的整个街区。其中 B.C. 225,即英册道契 225 号,16 亩,是一块较大面积的土地,在 1864—1866 年地图上占据 cad.22—26 号 5 个地块。

R.H. Artindale 在英租界有 9 份道契册地,共 25.189 亩土地,在可定位的 5 份道契册地中有 4 块位于洋泾浜以北与今广东路、河南中路、江西中路围合的街区内,其中有一块道契册地(B.C. 514)面积 10.589 亩,他的另一个地产位于这个街区的不远处,今河南中路与江西中路交叉路口。

Mrs. Sarah Ann Crampton 在英租界占有 3 份道契册地,共 36.647 亩土地,这三份道契册地连在一起,占据了北京路上的南北两个街区(今四川中路和江西中路之间)其中最大一份地产为 B.C. 19,土地规模达 28.089 亩。

在土地估价表上，标注了 sub，意思是该土地的分地，应该是出于开发的需要进行了分割。

著名地产商雷士德，在英租界的地产，集中分布在两个街区，一块位于今南京东路、福建中路、广西北路与北京东路围合的街区内，另一块位于洋泾浜北岸，今河南中路与广东路、江西中路与广东路交叉的街区。

James Hogg，在英租界拥有 2 份道契册地，共计 9.073 亩土地，这两块地产相连，均位于今南京东路(靠近福建中路)一带。

J.W. Wright，在英租界拥有 6 份道契，共 20.663 亩土地，可定位的 3 份道契册地，连在一起，位于今河南中路、福州中路、广东路、山东中路交叉围合的街区，今邵通小区。

Shanghai Real Property Association(上海房地产协会)，在英租界拥有 3 块道契册地，连在一起，共计 16.554 亩土地，位于广东路、四川中路和福州中路、河南中路围合的街区内。

在开发相对滞后的租界西北角，有一个大地产商 M.W. Boyd 占有了 5 份道契册地，共 17.111 亩土地。为该地区最大的地产主。

(2) 相对集中型。指没有前一类分布那么集中，而是相对集中在某条街道。以汉璧礼的地产分布较为典型。汉璧礼在英租界拥有 33 块地产百亩以上的地产，从可定位的 26 份地产来看，其地产主要分布在今福建中路以东至今河南中路，即英租界的中部地带，以今福建中路、南京东路及其附近分布最多。

大地产商沙逊家族地产，在英租界分布较多，但相对集中在外滩、南京路等街道附近。其中在南京路上有 8 块地产，均为 A.D. Sassoon 所有，位于外滩的地产(B.C. 4)系老沙逊洋行(Sassoon，Sons & Co.，D.)所有。而 S.D. Sassoon 和 R.D. Sassoon 的地产分布较为分散，前者位于苏州河以南，后者位于洋泾浜以北的附近区域。

(3) 分散型，指一个地产商的地产分布在 3 个及以上街区。这类地产商主要是地产规模较大的地产商。高居榜首的怡和洋行的地产，在英租界至少分布在 9 个街区（四条马路围合的区域），即使如此，也有 5 块地产集中分布在今南京东路。其他几个地产分散分布在跑马场以南的松江路、福建路与福州路交叉口、今河南中路与广东路交叉口等地区。

霍格兄弟地产，也较为分散，其中威廉·霍格的地产，主要在第二跑马场及附近约有 10 余亩的土地，另一块较大的地产（B.C. 133）位于今南京东路，面积超过 10 亩，其他小块地产分布较为分散。

著名律师高易的地产，大部分位于英租界的中部地区，在可定位的 27 份道契册地中，以分布在今南京东路、九江路一带最多。

五、城市变迁：地块分割、土地开发与地价变动

（一）土地开发与地产分割

1870 年至 1890 年之间英租界城市发展集中在之前尚未完全开发的地区，包括英租界的西北部、第二跑马场和其他局部地区等。这些地区的土地分割较其他地区为多，注册土地明显增加。据 1864—1866 年英租界地图上的一个编号的土地，到 1882 年被分成若干份道契册地。据统计，在 1864—1866 年地图上 422 块有编号的地产中，只 268 块地产未发生分割变化。其他编号地产均发生了分割：79 块地产各自被分成 2 份道契册地，32 块地产各自被分成了 3 份道契册地，18 块地产各自被分成 4 份道契册地，9 块地产各自被分成 5 份道契册地，7 块地产各自被分成 6 份道契册地，1 块地产被分成 7 块道契册地，2 块地产各自被分成 8 块道契册地，2 块地产各自被分成 10 块道契册地，2 块地产各自被分成 11 份道契册地，最多的一块地产为编号 429 的地产，被分为 15 块道契册地。笔者将其绘制于图，由图可见，分割数量在 5 份及以上的地块，均位于福建路（Fokien Road，今福建中路）以西的地区，说明 1865—1882 年间，这里土地开发分割较为频繁，土地开发异常活跃。

图 2-4-3　1882 年土地分割示意图

图注：图上的数字表示在 1864—1866 年地图上一个编码的地产包含的 1882 年土地估价表上的道契数量。一般情况，在英租界，地产地图上一个编码的土地，包括一份道契册地，比如 1849 年和 1855 年英租界地图即是如此，一个道契号对应一个分地号，分地号即为地图上的编码。所以，一块土地包含的道契册地越多，说明该地产土地分割越严重。

1. 英租界西部开发

这一地区主要是指福建路（今福建中路）以西，至西界周泾（今西藏中路）之间的区域。在 1866 年该地区尚未完全开发，有些道路尚未贯通，还有一些圩田河浜留存，以及低洼地。该区内建筑较少，仅分布在部分路段，如南京路等道路的沿路一带，远离道路的地区，空地或闲地较多。其中南京路以北地区，仅修筑了天津路西路、广西路北段和厦门路西段，以及其他一些小路。而北京路尚未实现向西延伸。

厦门路的修筑是这一时期在该地区发生的一项重要举措。据《上海地名志》记载，厦门路"清咸丰十年（1860 年）后筑，同治四年（1865 年）以福建厦门命名"。但从英国海道测量局 1861 年编制的一张地图上，这一地区在

1861 年并没有路,只有一个工厂 Silk factory(怡和丝厂),而在《1864—1866 英租界地图》上,看到厦门路已存在,位于广西路与泥城浜之间。这是耆紫薇先生任董事会总董时修建的。①1870 年 4 月 28 日会议,董事会批准了厦门路延伸,与福建路连接,并延长云南北路至厦门路。②

　　1877 年 4 月 23 日会议,工务委员会向董事会提交了莱斯特先生的建议,莱斯特先生代表业主们建议按照房地产估价每亩 300 两标准出售第 768 号及 776 号册地的部分土地,用于延伸厦门路,路面可宽达 25 英尺。工务委员会建议接受,因为这条路的延伸是由纳税人会议决定的,而对方所开的价格也合乎情理,而且厦门路自泥城浜至广西路的段业已向公众开放。会议接受了这一建议,但在出让契据备妥之前,董事会希望能搞清楚莱斯特先生是否有权出让这块土地,使这最马路的宽度由 25 英尺扩至 30 英尺。③这一地区有一个怡和丝厂,对于该地区的发展有着重要的意义。1877 年,怡和丝厂在厦门路附近的人行道上修筑了一条围墙,而遭到了起诉。怡和洋行认为工部局对厦门路从泥城浜到广西路之间的这一段没有拥有任何权利。或言之,从未有人认为这一段是工部局的道路,因此工部局不能插手此事。④

　　1877 年 5 月 28 日会议,宣读了莱斯特来信,在第 768 号册地(地契第 761 号)及第 776 号册地(地契第 769 号)上,除了上面有几间华人房屋的部分土地之外,业主愿以房地产估价的标注,即每亩 300 两出让他们的土地,其面积足以使厦门路路面拓宽至 30 英尺,若给以相当补偿,他还愿将册地上的华人房屋后移。会议还收到了道路平面图,标出所需土地,共计 1.665 亩,未建房屋,另有 0.26 亩,建有华人房屋。该业主担保在紧急情况下交出

①④　《工部局董事会会议录》,第 7 册,1877 年 4 月 9 日,第 591 页。
②　《工部局董事会会议录》,第 4 册,1870 年 4 月 28 日,第 703 页。
③　《工部局董事会会议录》,第 7 册,1877 年 4 月 23 日,第 594 页。

土地并将保证记录于领事馆中地契上面。①

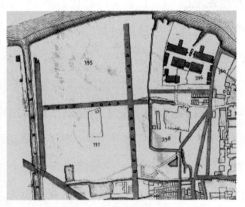
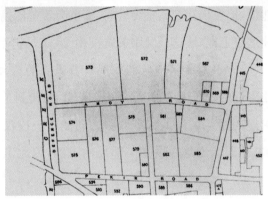

图 2-4-4　1861 年、1866 年和 1890 年的厦门路的延长

资料来源：《上海及周边 1862》②《上海英租界地图 1864—1866 年》③和 1890 年英租界地籍图。

1873 年 10 月 6 日。白敦先生在会上说，工务委员会正准备建造一条马路通过宁波路、北京路、浙江路和福建路等四条马路当中的大片地区。那里

① 《工部局董事会会议录》，第 7 册，1877 年 5 月 28 日，第 598 页。

② City and Environs of Shanghai, 1862, https://www.virtualshanghai.net/Asset/Preview/vcMap_ID-345_No-1.jpeg [2022-2-1].

③ Plan of the English Settlement at Shanghae, https://www.virtualshanghai.net/Asset/Preview/vcMap_ID-343_No-01.jpeg [2022-2-1].

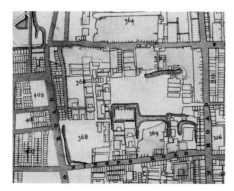

图 2-4-5　1866 年和 1890 年顾家巷(宁波路以北,浙江路以东)的修筑

有一条小道,已通行了几年。实际上这条小道已由工部局在那儿装置了公共路灯杆,但不为工部局所有。因此要把它改建成一条工部局的马路,只需要在小道的一端拆去一些极为简陋的房屋就行了。一些地产的业主(米基、冈德里和其他的人)都愿意出让他们的部分土地,以便拓宽并建成这条大道。①道路筑成后,被命名为顾家巷(Koo-KA-Long)。这条支路使原有的街区细分为二,有利于街道内部地块的开发。

南京路以南地区,为原来的第二跑马场,在 1866 年这一地区已成为开发用地,并在跑马场内修筑了广东路、福州路、九江路和汉口路向西延伸路段,还有一条南北向道路,对当时的土地开发而言还远远不够。1871 年 11 月 29 日,该地区的一个非常重要的土地业主,也是这一地区最大的房地产主——史密斯给工部局写信,建议在他旧跑马场的地产上修筑几条马路。工务委员会同工程师视察了拟建道路的地皮。史密斯报告称旧跑马场内共有 6290 英尺的道路,其中有 2300 英尺是有房屋的,有 3990 英尺通过空地,详见表 2-4-6,大约有一半拟建道路是完全开辟新路线,有四分之一状态不良的私人道路改建为公众开放的马路,而最后四分之一则是把已通行的马路放宽至 30 英尺。

另外这片土地低洼潮湿,坑坑洼洼,一下雨就积水,当地居民还在这里

---

① 《工部局董事会会议录》,第 4 册,1873 年 10 月 6 日,第 662 页。

堆放各种脏物,委员会认为筑路是改善环境的重要途径,史密斯还建议把地面填高到与它在马路的新房同一水平。若董事会接受他的建议,道路必须在三个月修筑起来,并填平洼地。另外还需要支付给史密斯一笔数额不小的补偿金。这笔补偿金,主要用于拆毁2300英尺的房屋,把它们往后移,路面拓宽30英尺,以及把道路两边填高。工务委员会建议董事会采取史密斯的修路计划。虽然当时尚未得到这些道路,还要冒一些风险,需要修建的道路越来越多。对于这个计划最大的反对意见:这个计划不能约束那些地产业主固守这些尚未设计好的道路路线,更有甚者,这将使垃圾堆积更为严重。鉴于英租界细部地势低洼,沼泽遍布,工务委员会极力赞成这一修路计划,这将改善整个租界的卫生条件。该计划获董事会批准。

表 2-4-6　1871 年旧跑马场道路状况　　　　　　　单位:英尺

计划路线编号	计划道路名	有房屋	空地	尚未确定界线	已有马路但是私路,且状态不佳	已通行的马路
A	无名	—	690	600	—	—
B	宁波路	110	890	—	—	1000
C	天津路	—	460	460	—	—
D	九江路	850	—	—	850	650
E	汉口路	50	600	—	—	—
F	云南路北端	—	380	—	500	—
G	英华街(马路之北)	100	400	250	—	—
H	无名	—	250	—	350	—
J	英华街(马路之南)	350	—	400	—	—
K	上广西路	400	—	440	—	—
L	云南路(基尔平房旁)	440	—	320	—	—
M	云南路(福州路和汉口路)	—	320	—	—	—
总计		2300	3990	2940	1700	1650

　　资料来源:工务委员会报告,《工部局董事会会议录》,第4册,1871年12月8日,第848—849页。

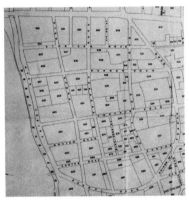

图 2-4-6　1866 年、1870 年和 1890 年的跑马场①

经过这次筑路,第二跑马场三条南北向的道路得以贯通:云南中路、广西中路和浙江中路,与东西向广东路、福州路和汉口路,交织成跑马场完整的道路网络,由此改善了跑马场的交通状况,推动了该地区的城市发展。

2. 未开通的路段

1870 年英租界除了福建路以西地区之外,大部分地区已经城市化,但有些路段因为各种原因未能贯通:有些是因为计划路段正好横贯一个原来

---

① 分别是《上海英租界地图(1864—1866)》和 1890 年英租界地籍图,以及《英法美租界街道图(1870)》,英文名为 Street plan of the English, French and American settlement(1870), https://www.virtualshanghai.net/Asset/Preview/vcMap_ID-179_No-1.jpeg [2022-2-1]。

的村落,对地产破坏尤其严重,因遭到当地业主的激烈反对而作罢,而有些则是筑路之前已经开发的土地,计划路段上有新的房屋或其他建筑,因业主索赔过高而不得不推迟计划。同时也看到,因未贯通道路,其环境和卫生条件,都不如已筑路地区,并且街道内部的土地,因缺乏交通而受到了局限。而整个租界的道路网络,也因为这几条未贯通的道路而使交通部分受阻。因此延长或打通之前未筑完的道路,是 1870 年之后工部局对英租界的重要市政举措。对于这些未贯通的计划路段,修筑的难度要远远大于新修筑的道路。因此工部局通常会考虑筑路对于整个地区的开发所能带来的益处,而非仅仅考虑个别地产商的利益。

1870 年 4 月 28 日,工部局董事会审查了两个租界的地图,其目的在于决定在地图上需要添加几条新的马路路线。会议研究后,批准了所附平面图上注明的几条马路路线,并规定有机会时可根据《土地章程》第 6 款的规定加以延长,这些道路大部分是之前的断头路或待延伸路段。主要涉及以下几条道路:

(1) 将山东路从南京路延长至宁波路。

(2) 从福建路至浙江路开辟一条马路。①

(3) 将广东路向西延伸。②

(4) 延伸九江路(在福建路和湖北路之间)。③

(5) 将无锡路放宽,并使其与山西路和福建路相连接。④

(6) 将龙宅园从南京路延伸至北京路。

(7) 将英华街向南延伸,以便与靠近洋泾浜的一条被误称为浙江路的

---

① 以上两条均未实现,在 1890 年地图上,并未筑路,仅有顾家巷(Koo Ka Long)等三条弄堂小路。

② 这条马路延伸应该是拓宽浙江路与广西路之间的路段。因为这段道路非常狭窄。

③ 福建路和湖北路之间路段,非常狭窄,应该就是拓宽这一路段。

④ 在 1864—1866 年地图上,山西路和福建路中间有一条小巷,标注为 WOO-SIEH ROAD,应该就是这条无锡路。这条道路东与山西路相接,西与福建路不相连,而是连接了 Chili Road,即直隶路。

马路进行连接。

（8）将云南北路延伸至厦门路。①

这些道路计划的实现并非一蹴而就。除了以上这些计划道路外，还要重点讨论这次会议提出的其他几条道路的修筑：

（1）放宽冰厂街或将通过四川路和江西路之间居民村的现有几条马路中的一条进行拓宽，命名为二摆渡。

从《1864—1866 年英租界地图》上看，在四川路和江西路之间有一个居民村，位于苏州河南岸。乡村内部的地产较小，比较凌乱，大部分临街。村里有一条东西贯通的道路，连接四川路和江西路，名 PING-CHA-KA，应该就是冰厂街。还有几条南北向连接冰厂街的小巷。放宽这条道路，显然有助于改善这里的交通，并推动这个村落的发展。

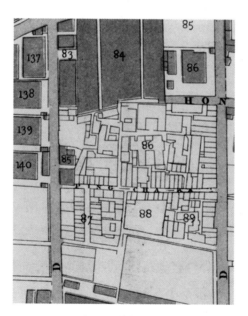

图 2-4-7　1864—1866 年四川路与山西路之间的乡村和冰厂街

---

① 《工部局董事会会议录》，第 4 册，1870 年 4 月 28 日，第 703 页。

（2）将台湾路从山西路延长至福建路。

据《上海地名志》，该道路"19 世纪 60 年代初筑，清同治四年（1865 年）以台湾命名"。从 1866 年英租界地图上看，实际上最初仅修筑了靠近西部的一小段，中间遇到了 328 号地产和 330 号地产。1870 年 5 月，工程师对计划路线进行判断，并提出急需延伸的马路的报告，会议审阅该报告后决定暂缓延长台湾路。①修筑该路对 328 号地产破坏极大，几乎横穿了该地产。遭到了计划路线内的地产主的极力反对，工部局不得不推迟。②直到 1871 年 8 月 7 日，T.W.金斯米尔于 7 月 24 日让与了筑路所需的土地后，才将该路段自福建路到老闸捕房隔壁四明公所的路段打通。③实际上，该路的延长也只是部分实现，在 1890 年地图上已存在台湾路，但并未筑至山西路，而只是东至一条弄堂。

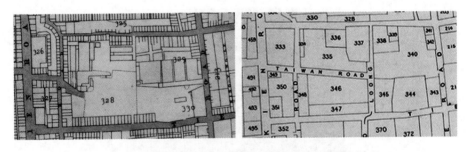

图 2-4-8 1866 年和 1890 年的台湾路（左）和宁波路（右）

（3）将宁波路以较直的路线和福建路进行连接，并拓宽宁波路。

宁波路，原计划路线是连接四川路与周泾的一条东西向道路。但限于条件，最先修筑了四川路与直隶路（Chili Road）的东部路段，后又修筑了福建路以西的路段（1871 年 8 月 7 日会议上，通知已经完成了该路段从福建路

---

① 《工部局董事会会议录》，第 4 册，1870 年 5 月 30 日，第 707 页。
② 《工部局董事会会议录》，第 4 册，1871 年 5 月 15 日，第 798 页。
③ 《工部局董事会会议录》，第 4 册，1871 年 8 月 7 日，第 828 页。

到门牌××号房屋的延伸路段。①），中间不连接，成为一条断头路。道路的平均宽度为 30 英尺。另外，在山西路与直隶路之间的东部路段，道路非常狭窄，迫切需要拓宽，但因拓宽损坏了路两侧的地产，同样遭到地产主的反对而推迟。②

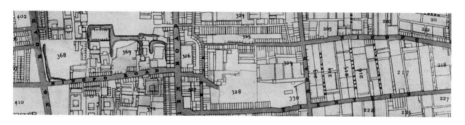

图 2-4-9　1864—1866 年的宁波路

（4）将香港路从四川路延长至江西路。

该路的修筑颇费周折。延伸路段西侧有村落和滨江的 83 号、84 号和 86 号地产。在 1870 年因个别地产主的反对而未实现修筑。直到 1873 年 6 月 16 日会议才决定，为了实现前任董事会所作延长香港路至江西路的预定计划，授权工务委员会采取必要的步骤。③但在征地问题上，关于赔偿金问题并未与业主达成协议。1876 年 12 月 11 日，会议宣读了麦基洛普先生来信，他又重提给他 400 两的要求，并请董事会予以考虑。此事 1875 年的董事会已研究过，并已否决。麦基洛普先生提不出新的事实，董事会不能接受他的要求。董事会一定得遵守他与白敦先生在 1873 年所签订的关于延长香港路的协议的条款。④鉴于董事会的坚定态度，麦基洛普在 1877 年 1 月致函董事会，要求董事会重新考虑支付给他 100 两银子的决定。⑤董事会未做讨论，而是交给了工务委员会处理。之后董事会会议记录中再也未见该道

---

① 《工部局董事会会议录》，第 4 册，1871 年 8 月 7 日，第 828—829 页。

② 《工部局董事会会议录》，第 4 册，1871 年 5 月 15 日，第 798 页。

③ 《工部局董事会会议录》，第 5 册，1873 年 6 月 16 日，第 635 页。

④ 《工部局董事会会议录》，第 6 册，1876 年 12 月 11 日，第 769 页。

⑤ 《工部局董事会会议录》，第 7 册，1877 年 1 月 15 日，第 580 页。

路的相关信息，推测已达成了协议，并筑路。

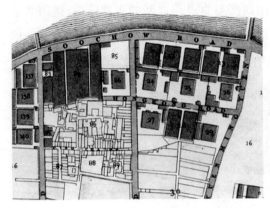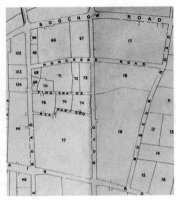

图 2-4-10　1866 年和 1890 年的香港路

（5）将广西路从湖北路延伸至洋泾浜。

这一地区位于跑马场以南，长期以来未得到开发，在 1864—1866 年地图上，该地区只有东部得到了开发，并建有一条松江路（值得注意的是：洋泾浜北岸的那条马路，在 1864—1866 年地图上也叫松江路）。另外南北向的云南路贯穿其西部，而广西路则未实现延伸到洋泾浜。1876 年 5 月 22 日会议，宣读了莱斯特先生 5 月 18 日来信，提到了将松江路延长至云南路，广西路延长至松江的工程计划。根据工务委员会的建议，会议批准了莱斯特所提的松江路延长工程，但广西路延长工程，还需进一步调查。①

图 2-4-11　1864—1866 年和 1890 年跑马场至洋泾浜之间的地区

① 《工部局董事会会议录》，第 6 册，1876 年 5 月 22 日，第 736 页。

（6）将盆汤弄与天津路进行连接。

天津路也是一条断头路，最先修筑的是东段，连接江西路至福建路，西段，连接浙江路至泥城浜，但靠近泥城浜的一段因一条河浜的存在未修筑。这两段并不相接，中间隔着一个街区。盆汤弄并不在这个街区，而是福建路东面的那个街区，是一条小弄堂，在《上海英租界地图 1864—1866 年》上，标注为"Buu-Tong-Loong"。天津路两段之间的那个街区，也有一条弄堂，地图上标为"Hiang Fun Loong"，看音标应该是香粉弄。从地图上看，香粉弄和盆汤弄几乎在一条线上，而与天津路并不在一条直线，不知道为什么会提议盆汤弄与天津路相连。

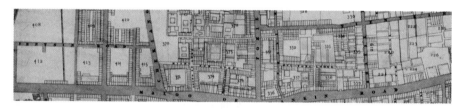

图 2-4-12　1864—1866 年的天津路两段

对于这些道路的修筑，其难度要超过城市化初期的道路修筑。因为这些道路是要对私人业主的土地或房屋造成一定的破坏，因此费用超出了一般道路，故工部局通常采用了维持现状的办法除非由地产主提出申请，因为筑路得到计划路线内的业主的同意，不仅可减少业主高价赔偿带来的压力，而且还会加快筑路的进度，包括筑路费用的开支都会大为减少。弗朗西斯 1870 年 10 月 8 日给工部局董事会致函称，建议建造一条从四川路北端至江西路北端的马路。之前 1868 年他曾提议工部局拓宽此路，获董事会同意。内容是关于这条拟议中的要通过他部分地产的马路。但需要拆迁路线上的房屋，遭到反对的业主诉诸会审公堂，请求不要干扰他们的房屋。董事会答应向拆迁房屋的业主支付合理的赔偿金，富礼赐和陈君认为应该给 1500两，但董事会认为这会超出预算，董事会决定交给比塞特重新估价。①

---

① 《工部局董事会会议录》，第 4 册，1870 年 10 月 17 日，第 739 页。

1872年初，工务委员会拟修筑一条自北向南的新马路，通知华人地主提出条件。代理总办说，让华人土地所有者提出条件是有困难的。金斯米尔受工务委员会委托，对费用等事征询各方意见，他建议在拟议中的马路线沿途张贴工部局通告，以探寻华人的条件，获准通过。但考黎尔担心这条马路虽能改善市容，但很费钱，而且为私人地产所有者所不能理解，他认为拟建的马路对整个社会不会有多少裨益。[1]这条南北向的道路，位于马路（也就是南京东路）至苏州河之间。在这种情况下，工部局计划筑路通常由工务委员会对该地区进行考察后才做下一步的准备。

1872年工务委员会决定修筑位于汉口路与南京路之间的浙江路，工务委员会业已决定提出，以每亩500两的价格买进实测为6600平方英尺的土地，尽管获得了业主的同意，但要求工部局将土地恢复原状。[2]董事会认为前届工务委员会将马路穿过程锦士先生的地产，既未得他的同意未通知他，确实做得不符合手续。因此业主代理商霍锦士先生要求恢复原状乃是理所当然的。费隆先生说，在恢复之后，若霍锦士先生仍进行阻挠，工部局就可以按现有计划穿过他的地产。[3]

1874年3月31日，有个业主建议工部局在圆明园路和诺门路之间修建一条越过西乐戏园的马路。会上宣读了戏园受托管理人3月18日的来信，来信同意以500两的价格把地皮出售给工部局，条件是，受托管理人可在任何时候以拱形物覆盖该马路的一部分，以便在它上面进行修路。董事会认为，如果为了戏园的利益有此需要的话，可以考虑修路。[4]

1875年3月22日会议，基昌路西边路线拉直，第743号册地，道契736号，平面图交给会议，经总董签字后入生效。芜得先生指出，根据《土地章程》第6条规定，凡土地出让于公用者，必须得到纳税人会议批准。这一事

---

① 《工部局董事会会议录》，第5册，1872年3月11日，第540页。
②③ 《工部局董事会会议录》，第5册，1874年3月31日，第587页。
④ 《工部局董事会会议录》，第6册，1874年3月31日，第611页。

件正好可以适用这一条,会议并不认为这一次是工部局出让土地,而仅是拉直一条马路线,由地产主出让土地作为公用。①

1875年4月,有人提议从江西路到河南路,在福州路和广东路之间修筑一条新的马路。这条马路将穿过E.M.史密斯册地第143号和60号甲,并附有一张拟议的马路平面图。工务委员会视察了这条路的地点,并认为这条新的道路距离广东路太近,对公众不会有多少好处,这条路哪儿也不能通,但所需的征地费就要高达1750两,"人民需要的是打通街区,但为此需要而修筑的马路要离中心处较近",加买赞成修筑此路,理由是经过一段时间这条马路会延伸到外滩,也会朝西延伸,并会减轻广东路的拥堵状况。勒末真赞成是根据环境卫生的理由。活姆和芜得的观点是,路线邻近的业主应以很低的价格出让,因为新路会改善其产业价值。地纳提议,最好防止在这条路上建造华人房屋,还要防止外国人建造的房屋出租给那些名声很坏的人。另外这条路的宽度是23英尺,但纳税人会议要求新建马路的宽度为40英尺。最终会议决定接受E.M.史密斯关于在河南路和江西路之间建造一条新马路的建议,并为执行该工程,工部局拨款1750两款项,但筑路费不得超过300两。②1875年4月12日会议批准法律顾问提出的向E.M.史密斯及地产协会兑换之汇票,因为建造这条新马路将穿过他们的册地第60号B道契第15号,册地第60号A道契第18号,册地第143号道契第137号地产。③

鉴于筑路征地所面临的各种困难,1877年,工部局的一个法律顾问来信称,"董事会欲达到其目的的唯一办法是起草并通过(若有可能的话)一部新的《土地章程》。这部《土地章程》应临时授权董事会在某种情况下强迫业主出让所需土地。就我们所见来说,这件事情十分重大,并非一提附律所能

① 《工部局董事会会议录》,第6册,1875年3月22日,第666页。
② 《工部局董事会会议录》,第6册,1874年10月19日,第640页。
③ 《工部局董事会会议录》,第6册,1875年4月12日,第669页。

凑效。而且拟议中的《土地章程》中若不把强迫出让土地作为重点的话,我们实在看不出来,今后可能授权董事会在此类性质的问题上所采取的措施如何能加以实施并为人们所遵守"。董事会一致认为这样一种办法会引起业主的强烈反对,自然也不会被纳税人会议批准通过。①可见,租界当局权衡个人与政府之间的利益冲突时,试图找到二者之间的平衡点。

总体而言,这一时期租界的道路已较为完善。据文献记载:"市政当局维护的租界里的街荒和租界外的道路,保养得能与世界上任何一个城市相媲美。"②

(二) 地价变动

土地开发与筑路活动,给租界带来最大的好处就是推动了地价上涨。从 1869 年至 1900 年的 20 年间,英租界的地价呈稳步上升的趋势,1890 年比 1869 年增长了 2.43 倍,年均增长率为 6.05%。其中 1880—1882 年的年增长率远高于其他年份,高达 30.03%。

1869—1879 年为前一个十年,地价相对而言较为缓慢,远低于后一个十年。1876 年前后,对于租界的房地产市场而言并不美妙,这主要是由当时经济不景气造成的。昂贵的房租使经商者面临更大的挑战。还有,由于太平天国运动之后大量难民返乡,造成了房地产市场的萧条。一位领事参赞称道:"1865 年开始时,上海港的贸易前景也许比以往任何一年的前景都要阴暗些。在叛军失败后大批华人的离开上海,使许多商人陷入困境,因为经营华人住房所产生的巨额利润曾导致他们把自己的,以及能筹到的资金都投资于房地产商。"③"对于许多历史悠久和信誉卓著的商号来说,这是一

---

① 《工部局董事会会议录》,第 7 册,1877 年 1 月 8 日,第 579 页。
② 徐雪筠:《上海近代社会经济发展概况(1882—1931)——〈海关十年报告〉译编》,上海社会科学院出版社 1985 年版,第 19 页。
③ 《参赞威妥玛附于 1864 年度上海贸易统计表的备忘录》,载李必樟译编:《上海近代贸易经济发展概况:1854—1898 年英国驻上海领事贸易报告汇编》,上海社会科学院出版社 1993 年版,第 90 页。

场灾难。钱庄收回了进来商业造房多半赖以进行施工的贷款,结果就引起了许多商号的破产",①加上 1866 年伦敦爆发金融危机,并波及上海,给摇摇欲坠的上海经济致命一击。1867 年,英国领事文极司脱给阿礼国的一封信里指出:"商业的亏损确定了房地产的跌价,这是滥做生意和各地区局势安定的结果。被抛至市场上来的财产的售价是完全偏低的。从合理的商业活动中抽不出来多少资金。三年前价值 90000 两的一块地,合伙关系解散时在法院判决的拍卖上,由于无人竞标竟以 16000 两之值亏本出售。租金大概已经跌到它们可能达到的最低点。"②

这两个事件产生的影响是深远的,是造成 1869—1878 年十年的房地产市场的不景气的一个重要因素。尽管 1867 年之后略有恢复,但远不能与 1865 年之前相比。英国领事文极司脱指出:"1867 年 4 月 8 日我在写上年度的贸易报告时,地产和不动产的市况达到了最萧条的程度;随着商业的复苏,地产的价值已有所恢复。大部分空房已有人租如对于租界将会兴旺的信心开始形成考虑未来价值的一种因素。房租虽然已不再像前几年那样高,但是适合商业用途的房屋还是能从租户那里获得有利可图的房租。"③

1869 年,房地产市场继续恢复,土地价值保持稳定。领事麦华陀 1869 年度上海贸易报告指出:"如果出现任何变化,那就是变得更好些。去年年底同头几个月比较,无人居住的房屋要少些,但是看来仍然不足以诱使资本家投资建筑新房。我应当说总的看来,目前所能得到的房租与建筑成本相比,未能使建筑业获得合理的利润。坐落在租界内的中国房地产情况则有明显的好转,这可归因于中国居民人数的稳步增加,因为外地口岸和邻近地区的居民感到,在商业萧条时期,到上海总比到中国的任何其它地方更容易

---

① 《参赞妥玛附于 1864 年度上海贸易统计表的备忘录》,载李必樟译编:《上海近代贸易经济发展概况:1854—1898 年英国驻上海领事贸易报告汇编》,第 90 页。
② 《领事文极司脱致阿礼国爵士函》,载李必樟译编:《上海近代贸易经济发展概况:1854—1898 年英国驻上海领事贸易报告汇编》,第 117 页。
③ 同上书,第 139 页。

找到就业的机会。"①由此可见,尽管房地产市场恢复了,但远不能与1865年之前相比,外国地产商仍对地产投资信心不足。1870年,欧洲人的房地产的价值,"既未下降也无提高。房租仍与1869年的房租几乎一样"。相对而言,中式房屋,因为中国人数的增加,情况有所改善,"房租已见上升,对式样较好房屋的需求也见增加"。②1865年,英美租界内中国住房,"都是不堪居住的茅舍",到了1870年,"这些房子几已全被拆毁而代之以一种好得多的房屋。"领事马安认为,"这就证明了较富裕阶层的中国居民住进了租界"。③

好景不长,1874年上海贸易又出现了萧条衰退的状况。这一状况影响了房地产市场。领事麦华陀在1874年度上海港贸易报告里指出:"鸦片市场的萧条情况是与本口岸中、外贸易的普遍衰退同时存在的。进出口贸易的同时萧条使本口岸的房地产价值受到严重的影响。就1874年全年的贸易而言,从事贸易的人们对此是深感不满的。"④

以投资回报为导向的房地产市场更青睐中式房屋,因为中式房屋成本低而回报率高。领事麦华陀在1874年度上海贸易报告里指出,主要是中式房屋造价成本低,但租金回报率高,而西式房屋造价成本高,而租金回报率低,这是造成这一现象的主要原因:

> 为了供中国人居住之用,坐落在租界最中心地区的大商业公司和土地的利用却都有明显减少的趋势。后一特点可归因于大规模和高成

---

① 《领事麦华陀1869年度上海贸易报告》,载李必樟译编:《上海近代贸易经济发展概况:1854—1898年英国驻上海领事贸易报告汇编》,第215页。

② 《领事马安关于12月31日为止的1870年度上海港贸易报告》,载李必樟译编:《上海近代贸易经济发展概况:1854—1898年英国驻上海领事贸易报告汇编》,第238页。

③ 同上书,第239页。

④ 《领事麦华陀1874年度上海谁贸易报告》,载李必樟译编:《上海近代贸易经济发展概况:1854—1898年英国驻上海领事贸易报告汇编》,第331页。

本建造的、适合外国人使用的房屋很难获得有利的房租，而适合中国人使用的房屋却能以较少的成本很快地造起来，而且如果地点得当的话，就一定会迅速找到房客，获得有利可图的房租。这类财产的价值估计相当于 6 到 7 年的租金.很容易按投资获得 12%—15% 的利润。①

当时有不少纳税人，倾向于希望租界当局立法，反对中国人租住房屋的任意增加。但是在巨大的利润面前，这些声音是不会引起当局注意的。麦华陀甚至担心，"这种祸害显将继续发展到租界实际上变成了一个中国人的城市，外国人被赶到郊区居住"。②1875 年华人住房取代洋房的趋势更加明显。其结果是"较大房屋的价值有所下降，以及中国居民的比例有所上升。"另外，促成了郊区的发展。"迁出租界的外国居民更喜欢住在乡下，因而在市区界线以外，别墅式住宅像雨后春笋般地已在四面八方建筑起来。"③

1878 年，英国领事达文波指出，"拥有洋房的人们已经心情沉痛地感受到贸易普遍萧条的影响，还有许多大洋房无人租赁。少数房屋被富有的中国人租用，但这是例外。必须指出，房租普遍下降了 10%—15%，有两三所旧洋房已被拆毁，现在它们的地基上已经盖起了中国式住房""其他的洋房都已从住宅改为办公住房，在建的房屋也随着时局的改变而作了调整，因此支付不大的租费就能租到一间办公室或者一套附有茶叶或蚕丝陈列室的办公室套间。只有生意做得很大的进出口商才需要仓库。现在虹口公和祥码头公司以及法租界各家轮船公司的仓库都乐于代客贮存货物。外国租界内仍在建造大量的中国住房，租界后部已迅速出现了一个中国城市的面貌。正如外国人已从大部分贸易中被挤出一样，他们正在逐渐被其中国邻居挤

---

① ② 《领事麦华陀 1874 年度上海港贸易报告》，载李必樟译编：《上海近代贸易经济发展概况：1854—1898 年英国驻上海领事贸易报告汇编》，第 357 页。
③ 《领事麦华陀 1875 年度上海贸易报告》，载李必樟译编：《上海近代贸易经济发展概况：1854—1898 年英国驻上海领事贸易报告汇编》，第 394 页。

出租界,而这原先是拨给他们专用的"。①由于中国住房的增多,西方人隐约感受一种到要被挤出租界的紧迫感。这时,因地价上涨,房租高昂,不少人到租界以外的郊区购买别墅,而在市区工作。据文献记载,

> 中国人涌入租界产生的后果是:迫使外国人,特别是那些低收入的外国人,每年寻找远离闹市中心的住所,而闹市中心现在已为中国人独占。租界内,外国住房的租金正逐渐上涨,因为在每一幢旧的外国房子拆毁后,中国人的住房就取而代之。②
>
> 凡是买得起房子的人在郊区买一幢别墅,每天到市区办公的生活方式,已愈来愈成为一种风尚。现在上海所有的贸易几乎都是在外滩或其附近的洋行里做成的。坐落在离黄浦江较远的街道上的大多数洋房已被拆毁并改建为中国人的店铺和住房。上海既没有许多漂亮的公共建筑,1879 年间也没有新建的什么房屋可供我们夸耀。③

1880 年以后,上海房地产市场有了很大改观,特别是 1880—1882 年成为整个 20 年间地价上涨最快的二年。1880—1890 年十年间,地价上涨水平高于第一个十年。这主要是由于人口增长促成的。据《海关十年报告》记载:"中国人的增长比例较小,为 56%。在 1880 年是 107812 人,到 1890 年达 168129 人。住房供应似乎没有跟上人口增长的速度。在应该纳税的住房中,外国人住宅只增加 32%,中国人住宅只增加 37%。评定的房租额,前者只增加 18%,后者只增加 45%。评定的地价涨到 1882 年的一倍多,增加了 113%,在 1880 年总计为 8063590 两,而 1890 年为 17204258 两,平均每

---

① 《领事达文波 1878 年度上海贸易报告》,载李必樟译编:《上海近代贸易经济发展概况:1854—1898 年英国驻上海领事贸易报告汇编》,第 505 页。
② 徐雪筠:《上海近代社会经济发展概况(1882—1931)——〈海关十年报告〉译编》,第 21 页。
③ 《副领事阿连璧 1879 年度上海贸易报告》,载李必樟译编:《上海近代贸易经济发展概况:1854—1898 年英国驻上海领事贸易报告汇编》,第 552 页。

亩地价 1880 年为 1647 两,1890 年则要 3360 两。"①

　　人口增长是地价上涨的根本动力,西方人对这一时期的上海房地产业表达了非常乐观的态度:"中国人有涌入租界的趋向。这里房租之贵和捐税之重超过中国的多数城市,但是由于人身和财产更为安全,生产较为舒适,有较多的娱乐设施,又处于交通运输的中心位置,许多退休和待职的官员现在在这里住家,还有许多富商也住在这里。其结果是中国人占有了收入最好的地产,其中最好的,上面建筑为了中国纨绔子弟提供消遣的各种娱乐设施。这类纨绔子弟在太平天国前把苏州和杭州看作地上的天堂,而现在他们发现这些天堂的乐趣在福州路一应俱全。"②

表 2-4-7　1869—1890 年英租界地价统计表　　　单位:银两/亩

年份	有效数	最高值	最低值	平均值	平均值增长百分比	平均值年均增长比
1869	544	8670	120	1587		
1876	535	7000	250	2215	＋39.57％	4.88
1880	549	8500	500	2601	＋17.43％	4.10
1882	651	8750	1500	4398	＋69.09％	30.03
1890	703	10000	2250	5449	＋23.90％	2.71

　　资料来源:*Shanghai Land Assessment Schedule*,*English Settlement*,*1869*,*1876*,*1880*,*1882 and 1890*。

　　根据土地估价表中的土地估值的信息,运用 GIS 方法,将英租界土地价值的空间分布绘制于图。由图可见,1882 年英租界的地价分布呈现如下的特征:

　　(1)从整体上看,东、南地区的地价高,西、北地区的地价低。如果从苏州河与黄浦江的交汇点与洋泾浜与周泾的交汇点之间连接一条直线,其中

---

① 徐雪筠:《上海近代社会经济发展概况(1882—1931)——〈海关十年报告〉译编》,第 19 页。

② 同上书,第 21 页。

5000 银两/亩的高地价区,主要位于该线以东以南地区,而 5000 银两/亩以下的低价区主要位于该线以北以西。

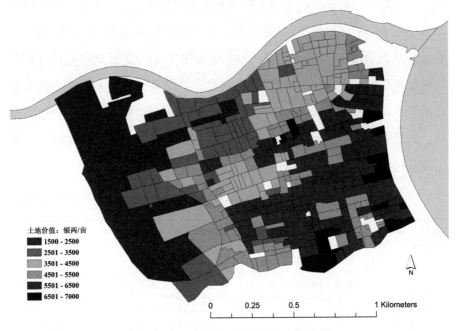

图 2-4-13   1882 年英租界地价空间分布

(2) 地价最高的地区:主要包括外滩、洋泾浜北岸、广东路东段、福州路东段和南京路东段地区。地价在每亩 5500 两/亩至 7000 两之间。其中,外滩的地价水平最高,福州路次之。福州路的地价水平,整体上高于当时的南京路。南京路的地价水平,与广东路处于伯仲之间,排第三。

(3) 而地价最低的地区,位于今云南中路、贵州路以下至周泾的英租界西部地区,地价在 1500 两/亩至 2500 两之间。苏州河沿岸至北京路,是第二个低价区,地价在 1500 两—4500 两之间。当时第二跑马场地价也属于低价区,在 1500 两—4000 两之间,仅有少部分地块地价在 4000 两/亩。

第五节　1890—1899 年土地估价、
地籍图册与城市变迁

一、1890 年英租界土地估价、地籍图册及主要内容

（一）编制过程

1882 年之后，原英租界区域内的土地估价在很长一段时间没有更新。1889 年 2 月 19 日，玛礼孙在给工部局的信函里指出，自上次地产估价公布以来已历六年之久，在此期间，单是在英国总领事馆登记的册地就有 300 块，该行建议在新的地产估价表公布之前，将 1882 年以来在工部局公告内公布的新册地的地产估价再次付印，以小册子形式发行。①他的提议得到董事会的批准。新的估价表由约翰思德福编制，不仅包括原来整个土地估价表，还包括所有新的册地在内。②

1890 年 2 月 12 日会议，宣读了纳税人年会的提案，其中第七项授权工部局选派 3 名以上纳税人对租界内的所有地产重新估价，并授权他们可以雇佣专职助手，提供 1 千两白银的酬金。会议一致同意对进行估价的纳税人给予 1500 两白银的酬金。③3 月 18 日，董事会决定邀请戈里、弗朗西斯和毛礼逊 3 位先生组成委员会，遵照纳税人年会所他听过的决议重新估价租界内全部地产。④3 月 25 日，总董要求由该三人组成的地产估价委员会将全部所有的册地面积及地产界限填写进去，并得到该委员会的同意。⑤6 月 17 日会议，会议宣读了地产估价委员会主席来函，函称，英租界的土地估价表

---

① 《工部局董事会会议录》，第 9 册，1889 年 2 月 19 日，第 702 页。
② 《工部局董事会会议录》，第 9 册，1889 年 3 月 12 日，第 707 页。
③ 《工部局董事会会议录》，第 10 册，1890 年 2 月 12 日，第 653 页。
④ 《工部局董事会会议录》，第 10 册，1890 年 3 月 18 日，第 660 页。
⑤ 《工部局董事会会议录》，第 10 册，1890 年 3 月 25 日，第 661 页。

已按 1869 年所做的那样，验明每一块册地的位置和边界，然后估价每亩的价值，并核对每块册地的面积，即将完成。①8 月 12 日，完成了这次土地估价，②前后历时近五个月。

值得注意的是，这次地价评估还产生了一张地籍图，*Cadastral plan of English Settlement，Shanghai，1890*（即上海英租界地籍图），为英租界第一张以地籍图命名的地图。但这张地图并非实测地图，而是根据 1864—1866 年地图改绘的。正如图上的文字所说明的：该图主要来自 1864 年地图，并作了一些补充和修正。其中，河南路以西的苏州河的高低水位线，完全来自 1863 年地图，未做任何修改。

（二）土地估价委员会报告

在《1890 年英租界土地估价表》附有土地估价委员会给工部局董事会的信函，是土地估价委员会关于此次土地估价的报告，披露了土地评估过程中的若干细节，值得我们关注。该报告由土地估价委员会成员 R. Franois、G. James Morrison、J.M. Cory 于 1890 年 7 月 30 日提交给工部局董事会。

该报告首先指出了这次土地估价的缘起：最近一次的土地估价表，虽然在一些重要的方面相当正确，但在细节上却非常不准确，甚至颇具误导性。有不少地块，插入了旧的道契边界，而位于人口稠密地区的地块，被认为具有原始地块的边界，实际上这些地块只是原地块的一部分，还有很多地产被描述为以某地为界，实际上，这些某地早已在登记册上注销若干年了。有人曾试图采用官方新地块的边界来纠正旧地块的边界，这样会更加糟糕。

报告指出，对于新土地评估，要达到满意的目标，只有一个前提，即有一张可以展示每个地块的地图，并确定每个地块经过实际测量，按照每亩等于 7260 平方英尺的换算方式。土地评估委员会特别强调：对于英租界而言，利用手头的资料准备编制一张地图和土地估价表是有可能的。委员会指

① 《工部局董事会会议录》，第 10 册，1890 年 6 月 17 日，第 678 页。
② 《工部局董事会会议录》，第 10 册，1890 年 8 月 12 日，第 691 页。

出,所需要的这张足够准确的地图,是用于市政目的,并非以如此高的精度,处理可疑的边界或争议的面积,以用于私人销售目的。

该报告指出,1869 年土地估价是基于一张展示各地块的地图,而且当时采取了新的测量,并且土地评估做得非常仔细,有理由认为是可靠的。1876 年土地评估是建立在 1869 年土地评估基础之上,并且首次采用了土地的纯面积(net area)代替了道契上记载的面积。所谓的纯面积,实际上指是那时经过准确测量了,以每亩等于 6600 平方英尺的换算办法得出的面积。但很不幸,在一些案例中,土地面积由业主提供、并被接受,代替了实际测量面积,这使得整个土地估价表不可信。之后所有年份的土地估价表,均基于 1876 年土地估价表,只是在上面进行了修正和增补,均有问题。

对于这些问题,土地估价委员会采取了如下办法:对于确认各土地边界的办法是,对于旧的未发生变化的(约占总数的四分之一)依靠 1869 年地图;对于剩余的土地,不得不求助于土地业主或代理人,还有各个时期的出于各种目的绘制的地图,以及各国领事馆。各国领事馆为土地估价委员会提供了各种便利。对于一些记载不一致的地产,进行了仔细考察,并经过实地的测量。这项工作发现了若干有界石的土地,标注了错误的编码。

该报告指出,一些保留在领事馆土地清单上的土地,实际上已注销若干年了,或被归并到其他地产上了。还有一些在最近一次土地估价表上的土地,在地图上却找不到。对于这些土地,在 1890 年编制的土地估价表上,全部忽略不计。当然这些土地的税收,也应该相应改变,但不可能,委员会只能尽量追踪,也不可能发现更多,以影响市政收入。

该委员会指出,这次土地评估并不能按照预期设想的那样取得令人满意的结果,主要原因:旧的测量明显是准确的,但很多年过去了,土地已经发生了很大的变化。要在一张满足要求的大比例尺地图(1∶2400)上准确的标出地块边界,是不可能的。测量土地,有必要使用大比例地图,但 1869 年地图,并没有显示近 20 年的道路放宽或延长,也没有显示苏州河高水位线的变化，因此任何试图获得测量的努力都是徒劳。土地估价委员会对两个地方的土地进行了重测，一个地方位于旧球拍场，一个位于广东路西末端，但是其余大部分的土地，只能大致准确地绘制出道路的变化，然后测量土地的面积。如果新测量值与旧测量值之间存在很小比例的一致（因道路征地和亩的不同大小的换算所造成），则接受新测量结果。如果二者存在差异（并且发现了很多差异），则重新检查地产的边界，而且按照许可地图上展示的地产状况测量土地面积。委员会指出："尽管这一办法比从一个准确的地图上测量显得更为复杂和不能令人满意，但这是我们可以接受的最好的办法，并且我们相信，这种办法获取的结果，对于市政目的而言，精度已经足够了。"

在地籍图上，委员会为每一个地块准备了一个市政编码，而土地估价表也是以此市政编码为基础。至于法租界的地籍图，委员会为领事馆登记的道契和分地的号码做了一个注解，以便更好地理解市政编码的意思。委员会特别指出，在编制的土地估价表上，所有地块的四至边界，都完全重写，并没有参考旧的土地估价表。

至于土地估价，委员会仔细考量并讨论了几个街区（district）的土地价值，并以此作为土地评估的基准值，对各个地块进行评估。然后把土地价值标注在一个草图上，这样就很容易发现一些不合常规的估价。然后再对比新旧地价的差异，这样任何不平常的估价都会引起注意，但委员会并没有把旧估价表作为评估的基数。

关于地籍图，委员会建议在伦敦印刷，并指出："这是无数劳动汗水的结晶，尽管该图比例较小，但证明是有用的，地图上每一个边界都是委员会成员夜以继日、非常艰难的辨认并确定的。"

关于土地随时随地发生的变化，委员会建议，当一个地产被分割，旧的号码应该删除，新分割处的土地须重新赋予一个新的编码，从1001号开始。对于新增加的地块，应该有编号，对于分割的地块和新增地块，使用无差别的循环(rotation indiscriminately)编码。委员会指出，这尽管不是一个科学的方法，但会让任何一个处理编号在 1000 以下的土地的人明白，应该参考 1890 年土地估价表和地图，至于 1000 以上编码的土地，他应该咨询市政部门。委员会指出，这是一项非常仔细的土地注册工作，这个系统比之前的编码、亚编码系统要好得多。如果这一系统执行得当，将会立即将一个分地从地图上准确定位，即使在一个小比例的英租界地图上，从这些可接受的描述中定位一块土地，是一件很简单的事情。

至于虹口租界，委员会指出，手头的文件档案资料，并不足以支撑该地区采用英租界同样标准的办法。亩的换算，采用了每亩等于 7260 英尺的换算值。委员会指出，很遗憾，只能如此处理，结果必定令人不满，但可以确认，当工部局获得这份相对准确的土地估价表，可以很容易编制出一幅可以展示每个地块边界和面积的地图。

(三) 主要内容

与之前的土地估价表相比，主要的变化有以下几点：

1. 表格前附有一张地图，该地图清晰地绘制了每个地块的边界，并在每个地块上标注了地块编码。地图上的编码，即地籍编码(cadastral Number)记录在土地估价表中，便于使用者快速查找每个地块在地图上的位置。

2. 在地图之后，还附有一个表，Index to cadastral plan lots，即地籍地块索引表。该表有两个字段，一个字段为 Cadastral Lot No.即地籍图编码，另一个字段为 Page in Schedle，即估价表的页码。这张索引表对于查找地块的信息提供了极大便利。

3. 备忘录(Memoranda)。这是对该表格的注释说明，内容如下：

在道契分地号(Consular Lot)一栏，带星号 *，表示此处登记的只是原领事馆注册土地的一部分；

在道契编号(Consular Deed)一栏，缩写字母 S，表示"sub"，即分割地。

"亩"，等于 7260 平方英尺。

华人业主的姓名很难用字母顺序排列，方便起见，将所有华人业主，统一置于表格末尾，采用中英双语的标注办法。

这份表格中的整个租界土地面积和土地估价总值如下：

纳税土地：2193.327 亩，土地总值，12397810 银两。

华人土地：14.2 亩，纳税额 56745 银两。

4. 土地估价表。本年度的土地估价表做了很大的改进。相比之前的土地估价表，主要变化：

(1) 新增一个字段：No. on cadastral plan，即地籍图上的编号；这是英租界首次采用新的编码系统，成为之后英租界地籍编码系统的基础。

(2) 删减三个字段：一是 New Municipal Number，新市政编码，这是 1890 年之前的土地评估时的编码系统，在 1890 年土地评估时，弃之不用，采用新的地籍编号；一是 Municipal Taxes at 4/10ths of 1 per cent per annum，即每年的地捐额（按照 4/10 的比例）；一是 remarks，即备注。

(3) 一个字段有变化：在 1890 年土地估价表上，标注为 No. on Plan of 1864—1866，即在《1864—1866 年英租界地图上的编码》，而在 1882 年土地估价表上，标注为 Number on Land Plan，即地产地图上的编码。经过比对，发现二者实际是一样的，只是 1882 年没有标注得那么清楚而已。

(四) 统计分析

笔者对公共租界 1890 年编制的原英租界的土地估价册进行了系统梳理，发现了以下的几种主要变化：

1. 宗地地产数量 702 条，比 1882 年增加了 51 条，但估价的土地总面积继续减少，纳税土地的面积为 2207.527 亩(实际统计为 2198.989 亩)，比 1882 年少了 214.03 亩。土地总值 12454555 银两(实际统计为 8711485.5 两)。

2. 全区地产业主数量 262 人，与 1876 年多 25 人。与 1876 年相比，地产占有情况仍发生巨大变化。

其中 20 亩以上的地产主 22 人，比 1876 年减少了 2 人，占有土地总面积 1030.561 亩,比 1876 年 1135.414 亩减少了 104.853 亩。占全区总地产面积比重从 1876 年的 45.7％略有增加,46.87％。

在 20 亩以上的大地产主中,变化最大是百亩以上的大地产主,仅剩下怡和洋行。90 亩以上地产主 E.M Smith 已消失不见于册,Alexander Cushney 的地产,从 120.248 亩至 65.196 亩,减少了近一半。同样原是百亩大地产主的 Thomas Hanbury,此时略有减少,为 97.282 亩。Alexander Myburgh,地产变化不大。沙逊家族的地产,已出现了 11 个业主,地产总数超过 200 亩,为当时上海最大的地产主。其中有 5 个业主的地产,超过 20 亩。

相比 1882 年,新增的 20 亩以上的大地产主有:B. D. Benjamin;C. Dowdall(道达);J.M. Forbes;E.E. Sassoon;Shanghai Land Investment Company;Shanghai Municipal Council;Yangtsze Insurance Association, Limited。从公司性质来看,除了工部局,还有律师,地产商和保险公司。C. Dowdall 为著名律师道达,也是著名的地产商,除了自身经营房地产外,还经营挂号道契,1890 年首次成为英租界超 20 亩的大地产商。"Shanghai Land Investment Company",即上海业广有限公司,首次成为英租界超 20 亩的大地产商,后来执上海地产市场之牛耳。Yangtsze Insurance Association, Limited,即上海赫赫有名的扬子保险公司。

退出 20 亩地产商行列或消失的地产商有:W.R. Adamson(天祥洋行);E.O. Arbuthnot;H. P. Buckley;Council for the Foreign Community of Shanghai;F.A. Groom;Geo B. Hill;J. Bell Irving;Lerde Commissioners of H. B. M.'s Treasury;C. L. Richardson (estate)(利纪生洋行);Russell & Co(旗昌洋行);W. C.Warl;T.R Wheelock(会德丰洋行),从公司性质来看,有地产商,也有航运和贸易公司。

3. 10—20 亩的地产主有 28 人,占有 409.67 亩土地,约占全区总地产面积的 18.63,比 1876 年占比增加了 5.3％。若以 10 亩以上计,占总面积的比重从 1876 年的 59.03％增至 65.5％。或言之,英租界一半以上的地产仍掌握在 10 亩以上的少数洋商的手中。

4. 中小型地产主的数量继续上升，据统计，10 亩以下的地产主数量 212 人，增加了 25 人，占有地产的面积总计 758.758 亩，比 1876 年略有减少，占全区地产总面积比重从 40.97% 减少至 34.5%。

表 2-5-1　1890 年英租界土地登记表中超 20 亩的地产信息　　　　单位：亩

业主姓名	土地面积	业主姓名	土地面积
Jardine, Matheson and Company 怡和	128.628	Benjamin, B.D. 平治门	34.342
Hanbury, Thomas 汉璧礼	97.282	Forbes, J.M.①	31.166
Myburgh, Alexander 梅白格	90.216	Sassoon, E.E.	30.395
British Government	75.013	Crampton, Sarah Ann	29.944
Cushny, Alexander	65.196	Henderson, D.M.	27.469
Hogg, William 霍格	64.761	Sassoon, R.D.	25.277
Sassoon, A.D. 沙逊	61.375	Ince, Henry Alexander	24.798
Lester, Henry 雷士德	46.177	Dowdall, C. 道达	22.546
Shanghai Municipal Council 工部局	41.734	Yangtsze Insurance Association, Limited 扬子保险公司	21.805
Cowie, George J.W.（Estate）高易	37.184	Artindale, R.H.	20.497
Whitehead, Thomas, and Thompson, W.N.	34.713	Shanghai Land Investment Company 上海业广地产公司	20.043

资料来源：*Shanghai Land Assessment Schedule*，*English Settlement*，1890。

（五）空间复原与空间形态

根据土地估价表中的租地人信息，绘制 1890 年英租界超 20 亩以上的大地产主地产分布图（图 2-5-2）。由图可见，与 1882 年相比，20 亩以上的大地产主占地范围明显扩展，尤其是之前发展相对滞后的西、北部分，即今福

---

①　William Forbes & Company，仁记洋行。

建中路以西至周泾,北京路以北至苏州河的地区,20 亩以上的大地产商的地产明显增多。但总体而言,20 亩以上大地产商地产分布格局并未发生根本性的变化,仍以区位较好的东、南地区为主。具体而言具有如下特征:

(1) 20 亩以上的大地产商,地产有变小的趋势,分布亦日趋分散。怡和洋行的地产,本年度共占有 29 份道契,共 128.628 亩土地,而 1882 年是 28 份道契,共 180.916 亩土地,怡和洋行拥有的每份道契册地的平均面积,1882 年为 6.46 亩,而 1890 年为 4.435 亩。由此可推断,怡和洋行把之前的大面积地块进行了分割或出售。在 1882 年怡和洋行中超过 10 亩以上的道契册地有 6 份,而到了 1890 年,仅剩下 4 份。也就是说,面积大的地产首先发生分割。

比如怡和洋行的英册第 799 号道契,在 1882 年面积为 23.704 亩,而 1890 年变为 3.8 亩。这块地位于第二跑马场,1864—1866 年地图上的第 421—428 号地块。在 1882 年,这块地皮估值仅 1800 两,到 1890 年估值翻了一倍,达 3500 两。这说明怡和洋行 1890 年趁地价上涨卖掉了大部分土地。另一地土地(Cad.697)为英册道契第 798 分地,在 1882 年为 21.644 亩,土地估价为 2750 两/亩,到 1890 年,土地变为 15.556 亩,土地估价为 3250 两/亩。减少的土地,应该也被怡和洋行卖掉了。

沙逊家族,此时整个家族的地产已超过了 200 亩,相比 1882 年明显增加了。其中 S.D. Sassoon 和 R.D. Sassoon 的地产分布在洋泾浜以北的广东路附近,A.D. Sassoon 和老沙逊洋行的地产主要分布在外滩、南京路附近,M.E. Sassoon、J.E. Sassoon、F.D. Sassoon 的地产,主要位于第二跑马场、跑马场以东广东路、洋泾浜北岸、外滩一带。E.E. Sassoon 的地产数量仅次于 A.D. Sassoon 分布最为分散,在南京路、苏州河南岸、洋泾浜北岸和第二跑马场,均有其地产分布。

梅博阁的地产,分布较为分散,在英租界的中西部地区均有其分布,特别是福州路西段,第二跑马场及附近一带。还有一部分地产位于今北京东路和天津路、河南路一带，其他地区的地块较小，且非常分散。

图 2-5-1　1890 年公共租界英租界区超 20 亩地产商的地产分布

（2）今福建中路以西至周泾的英租界西部地区，街区内的地块重新进行了细分，土地分割为适合开发的用地。但相比发展较为发达的东部和南部地区，仍有不少土地，连成一块较大面积的地产土地，归属一个业主所有。

厦门路以南至南京路之间的土地已经得到了很好的开发，土地分割成较小的地块。而厦门路以北至苏州河一带，地块面积普遍较大。周泾与苏州河交接处，很大一处地产（Cad. 573）为"Whitehead，Thomas，and Thompson，W.N."所有，面积 29.374 亩。在其附近的土地 Cad.572，为英国领事馆所有，土地面积 23.438 亩。另一块 Cad.567，为怡和洋行所有，为怡和洋行当年最大的一块土地，位于苏州河南岸，面积 18.036 亩土地。而在 Cad.446 和 445 东侧的两个较大面积的用地，还属于未注册用地。

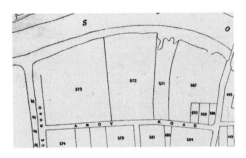

图 2-5-2　厦门路以北至苏州河沿岸的土地空间形态（来源：1890 年英租界地籍图）

第二跑马场地区,已得了进一步的发展。在 1890 年土地估价表上,该地区被分成 80 块地产,总面积 287.33 亩土地,平均每块被分割的土地面积为 3.592 亩,其中最大的土地 Cad.633,面积为 14.056 亩,为 A.D. Sassoon 所有。据土地估价委员会估值,1890 年第二跑马场土地总值为 1117609 银两,平均每亩土地估价为 3888 两/亩,最大的土地估值为 6500 银两/亩。

这些土地为 45 个土地业主所有,均为洋商。其中占地最多的是 Thomas R., Wheelock 为会德丰洋行的大班。该洋行的地址位于法租界外滩,自 1880 年出现一直维持到 1940 年。另外,怡和洋行、沙逊和玛礼孙等 6 个洋商的土地超过 10 亩。沙逊家族中有个 5 成员在这里占有 44.103 亩土地。这些地产商在这里购地后,在这里建成了大量的里弄住宅,第二跑马场成为名副其实的住宅区。

表 2-5-2　1890 年第二跑马场土地占有情况汇总

面积:亩;总值:银两

业　主	面积	总值	业　主	面积	总值
Wheelock，Thomas R.	19.588	58764	Morriss, H. and campbell, R.M.A.	13.733	41199
Jardine, Matheson and Company	18.310	60035	Richardson, C. L., (Estate)	13.018	58340
Sassoon，A.D.	14.056	42168	Iveson, E., Miescher, K., and Sarasin, R.	12.622	69421

续　表

业　　主	面积	总值	业　　主	面积	总值
Sassoon, M.E.	10.688	46194	Sibbald, F.C. (Dr.)	4.352	23936
Burkill, A.R.	9.726	29178	Morel, E.	4.346	23903
Ford, Charles	9.577	43096.5	Lester, Henry	4.320	19440
Shanghai Municipal Council	9.529	33351.5	Dowdall, C.	4.197	15838.5
Cushny, Alexander	8.554	31884.75	Huntington, E.C., and Harwood, William	4.177	16708
Parsee Cemetery Trustees	8.180	53170	Cooper, John	3.752	14639
Spence, Mrs. J.	7.950	31275	Chinese Polytechnic Institution	2.755	9642.5
Allen, Y.J. (Rev.) (trust for Women's Board of Missions, U.S.A.)	7.936	23808	Johnston, Jas., M.D.	2.747	13735
Myburgh, Alexander	7.610	33158.5	Dixwell, G.B.	2.676	14718
Sassoon, D.E.	7.200	24550	Thorne, Misses Isabel and Mary	2.617	7851
Yangtsze Insurance Association, Limited	6.867	27468	Ma Kie Tehong 马建忠	2.349	7047
Schultz, H.M.	6.866	20598	Dhurmsey, K.M.	2.080	8320
Little, L.S. (Dr.)	6.723	20169	Trautmann and Company (Estate)	1.792	5376
Hogg, William	6.564	28648	Macartney, Halliday (Sir)	1.650	7425
Sassoon, E.E.	6.449	32245	Church Missionary Society (Trust)	1.430	8580
Bassett, Thomas	6.139	18417	Cowie, George J. W. (Estate)	1.085	3797.5
Sassoon, R.D.	5.710	22840	Ezekiel, M.D.	0.987	3454.5
Barnes, F.D.	5.183	25915	Mahomedan Cemetery	0.872	3488
Lang, William	4.943	14829	Morrison, G. James	0.771	2698.5
Tootal, J.B. (Estate)	4.654	16289			

资料来源:*Shanghai Land Assessment Schedule*, *English Settlement*, *1890*, Shanghai: Kelly & Walsh, Limited, Printers, Nanking Road。

二、1896—1899 年英租界土地估价、地籍图册及主要内容

　　1896 年 4 月 7 日,工部局总董说,根据纳税人年会通过的决议,任命一个委员会重估地价,但鉴于当时已经有了租界册地平面图,故重新估价要容易得多,无须和 1890 年那样需要向该委员会支付 3000 两,支付 1500 两足矣,获会议通过。①但要聘用的格拉顿却以事务繁忙为由拒绝担任此项任务,安布鲁斯也拒绝了这项工作。总董在 4 月 21 日的会议上说,董事会提出的 1500 两对这项工作并不够用,于是会议决定拨款增至 3000 两。②最终格拉顿、科佩、列德被任命为估价委员会。③绘图工作交给达拉斯负责。达拉斯给董事会写信,承诺为估价委员会提供以下地图:

　　1. 本月 30 日交来一份虹口草图副本。10 月 5 日以前绘制完毕。

　　2. 10 月 15 日以前交来一份英租界准确的平面图。

　　3. 11 月 15 日以前交来一份虹口全图。④

　　估价委员会于 11 月 10 日提交了报告,并阐述对各地册地进行估价所遵循的具体规章制度。⑤至翌年 3 月 2 日,估价委员会致函董事会,称新的英租界土地一览表已批准并付印。而对应的地籍图须两周后石印。虹口一览表和地籍图在三个星期后分发。公布这些地籍图意味着此次估价委员会工作的结束。⑥

　　在这份土地估价表中,附录了 1895 年 10 月 31 日土地估价委员会的报告。让我们更清楚的了解了本次土地估价的若干细节内容:

---

① 《工部局董事会会议录》,第 12 册,1896 年 4 月 7 日,第 531 页。

② 《工部局董事会会议录》,第 12 册,1896 年 4 月 21 日,第 533 页。

③ 《工部局董事会会议录》,第 12 册,1896 年 6 月 2 日,第 540 页。

④ 《工部局董事会会议录》,第 12 册,1896 年 9 月 29 日,第 564 页。

⑤ 《工部局董事会会议录》,第 12 册,1896 年 11 月 10 日,第 568 页。

⑥ 《工部局董事会会议录》,第 13 册,1897 年 3 月 2 日,第 483 页。

首先,关于土地估价的原因,该报告分析如下:租界及租界边缘地区的快速发展,特别是虹口地区因缫丝厂以及工厂企业的兴建吸引了大量的人口,地价上涨迅速。

其次,关于土地估价系统,该报告指出如下几点:土地优劣,土地用途,土地与水路的关系,土地的临街等。这些估价标准成为公共租界土地评估长期使用的准则。

再次,关于地籍编码,该报告指出,还是采用上次土地估价的地籍编码,也就是在新增的土地上以临近土地的数字加上字母,按照字母顺序添加。同样的方法,用于虹口,一般是采用该地块距离最近的或相关联的已注册土地的号码,对于自上次土地评估赋码之后的新增土地,委员会采用了新的编码,在地图上用红色字体表示,从 3001 号开始,为了现在或将来的税收之用,将采用大量的编号。至于远离中心的边缘地带,发展相对滞后,很难用以一种令人满意的或永久的方式来重新给土地编码。

关于英租界的地籍调查和地籍图。报告指出,因大量的土地产权和边界更改,英租界的地图非常不准确,委员会认为,立即进行一项地籍调查是颇为紧急的,这项调查应该把每条道路、巷道和划分的街区包括在内。事实上,测量员部门(Surveyor's Department)有时并不能提供给委员会反映最近几年新地块的英租界地图,这自然拖延了土地估价的准备工作,因此委员会建议对现有的地籍图需要进行及时更新。

关于租界的公共干道(Public Road)、巷道(Passage)和小路(Alleyways),委员会强烈建议工部局尽可能早的控制和接管这些道路,这主要出于公共利益的考虑。因为当时有大量的公共道路仍归私人所有。出于公众利益考虑,应该要求他们放弃,由工部局接管。已有不少业主愿意将其私有道路交给公用。

关于面积。所有的面积单位是亩,1 亩为 7260 英尺,所有的估价是按照业主们可用的实际建成面积来计算的,至浚浦线(临近河浜的土地),或道路和巷道的道路线。至于岸线(Bund Line),委员会建议,位于苏州河黄浦江的岸边土地,应该将其岸线画在工部局展示的或出版的地图上。每一块滩地应该通过一条非常明显的线来表示其岸堤(bund),至于没有岸堤的滩地,浚浦线(River Conservancy boundary)应该标出来,河岸滩地的价值,很大程度上取决于建造堤岸的限线(limit)。

关于道路的名称,委员会认为,用省名命名,用了这么多年,没有觉得不舒服和不便,随着租界的增长,这些道路名称会进一步增加,并将变得更加复杂。

1899 年,租界实现了新的扩展。2 月 1 日会议,安徒生提议应从纳税人会议获得必要的授权,以便翌年在租界内进行土地再估价。①获得董事会的批准。土地评估,由莱韦森任地产估价委员会的干事长,②格拉顿担任委员。③4 月 12 日会议,工部局决定公布北京外交公使修订的新的《土地章程》。④后经纳税人修改,英国女王批准,4 月 26 日公布并决定实施。

同年 6 月 7 日会议,会上指出,迄今为止,收税表和其他统计表均按照上海(即英租界)和虹口两个分区,实现租界扩展之后,这样的分区"不再具有实际用处"。会议同意为捐务处的方便重新划分为若干小区,今后租界的名称也应该称之为公共租界。⑤6 月 14 日会议,收到了扩展的租界平面图已予批准。该图把租界分为 4 个区,沿苏州河、泥城浜和虹口浜划线,分别称之为北区、东区、中区和西区。⑥7 月 5 日会议,任命威克斯负责扩展区的测绘事宜,3 个月为限,月薪 225 两。10 月 11 日,租界扩展平面图移交董事会议,由总董签署,并交中国馆员签署。⑦

按照 1899 年 3 月 13 日纳税人会议第六项决议,以及 1900 年 3 月 13 日的第五项决议,实施租界及扩展区的土地估价。1900 年 3 月 29 日会议,决

① 《工部局董事会会议录》,第 14 册,1899 年月 2 月 1 日,第 470 页。
② 《工部局董事会会议录》,第 14 册,1899 年 4 月 26 日,第 483 页。
③ 《工部局董事会会议录》,第 14 册,1899 年 8 月 9 日,第 498 页。
④ 《工部局董事会会议录》,第 14 册,1899 年 4 月 12 日,第 481 页。
⑤ 《工部局董事会会议录》,第 14 册,1899 年 6 月 7 日,第 490 页。
⑥ 《工部局董事会会议录》,第 14 册,1899 年 6 月 14 日,第 491 页。
⑦ 《工部局董事会会议录》,第 14 册,1899 年 10 月 11 日,第 508 页。

定请求组成 1899 年委员会的先生们继续以原来的身份去办理即将要办的扩充区域估价工作。①4 月 5 日会议,宣读了格拉顿和科佩来信,二人表示愿意担任 1900 年土地估价委员会成员,而工程师助理 C.H.戈弗雷被任命为该委员会干事。②10 月,土地估价委员会完成了租界和扩展区的土地估价,并向工部局董事会提交了报告——《1899 年土地估价委员会报告》,并附录了相应的地籍图和地税表(Schedules)。③该报告指出,这次土地估价的区域,是按照 1899 年 6 月 20 日纳税人会议通过的决议,将新扩展后的整个租界,包括旧租界区,分为"中区""北区""东区""西区"四个区域。12 月 20 日,估价委员会提交了可供发表的公共租界西部地区的报告、工作进程和计划。④

笔者对 1896 年和 1899 年英租界土地估价表进行统计,可以发现这一时期英租界的土地分配结构具有如下的特征:

1. 地产总数和地产主的数量继续呈增长趋势,1896 年的地产数量为 697 块,1899 年为 769 块,地产主的数量,1896 年为 243 人,1899 年为 256 人。1896 年总面积为 2190.866 亩,而 1899 年总面积增至 2484.153 亩。

2. 20 亩以上的大地产主数量明显增长了,而 1869—1890 年呈下降趋势,这是相比 1890 年最大的变化。从总面积来看,1896 年为 1183.8 亩,1899 年增为 1419.213 亩。占英租界总估值面积的比重,1896 年和 1899 年分别是 54.03％和 57.13％。与 1876 年 46.87％相比,增长明显。从人数来看,1896 年和 1899 年,均为 31 人。

首先看土地减少的业主:

在 1890 年排名第一的怡和洋行,在 1896 年土地数量锐减,仅剩下 17 份

---

① 《工部局董事会会议录》,第 14 册,1900 年 3 月 29 日,第 534 页。

② 《工部局董事会会议录》,第 14 册,1900 年 4 月 5 日,第 536 页。

③ "Report of the Land Assessment Committee of 1899", Municipal Council Shanghai, *Report for the Year Ended 31ˢᵗ December 1900 and Budget for the Year Ending 31ˢᵗ December 1901*, Shanghai: Printed by Kelly & Walsh, Limited, Nanking Road, 1901. p.190.

④ 《工部局董事会会议录》,第 14 册,1900 年 12 月 20 日,第 574 页。

道契册地,69.959 亩。比 1890 年,减少了 12 份道契 58.669 亩土地。1899 年又略有增加,19 份道契,共 90.566 亩土地,但未超过 1890 年的水平。

同一时期,土地减少的大地产商还有:律师高易,汉璧礼、霍格兄弟,在英租界的地产均有不同程度的减少。雷士德的地产,1896 年比 1890 年略有减少,但 1899 年又有小幅上涨,变化不大。

1890 年出现但在 1896 年退出 20 亩大地产主行列的是:B.D. Benjamin; J.M. Forbes; D.M. Henderson; Henry Alexander Ince; Alexander Myburgh。

其次,看土地增长的业主:

1896 年新增的 20 亩大地产主是:W.R. Adamson(天祥); A.J. Young and C.W. Adamson; China Merchants' Steam Navigation Company(轮船招商局); C. Dowdall and F. Ellis(道达行); C. Dowdall and J.C. Hanson; S.A. Hardoon(哈同); S. Komuro; Edmund Leach (Colonel); Alexander McLeod; G.J.Morrison and F.M.Gratton; Henry Morriss; Union Insurance Society of Canton。

1899 年相比 1896 年新增的 20 亩大地产主是:Jas. Alex Berry; Dowdall，Hanson and McNeill; Charles Ford; D. Gilmour and H.S. Morris; G. McBain 在 1896 年出现,而在 1899 年消失的是:C. Dowdall and F. Ellis; S. Komuro。

沙逊家族,在英租界的地产进一步增长,共计 58 份道契册地,共 233.827亩土地。这些土地归沙逊家族的 8 个人和老沙逊行所占有,其中占地最多的是 A.D. Sassoon (大卫·沙逊)的地产,10 份道契,61.315 亩土地,另外还有 E.E Sassoon, R.D. Sassoon, S.D. Sasson, J.E. Sassoon 的土地总数也超过 20 亩。从空间分布来看,沙逊家族的地产,几乎遍布在英租界,主要集中在今南京东路、北京东路、九江路,洋泾浜北岸和第二跑马场等处。

后来执上海房地产牛耳的哈同,在 1890 年土地估价表上还没有出现,到 1896 年,哈同在英租界拥有 13 份道契,共计 39.767 亩地产,土地总值 29.3万银两。1899 年,土地面积增至 45.597 亩,土地总值 40 万银两,表现出很强的增长势头。一般认为哈同的地产在南京路，但是最初哈同也并没有在南京路买地，而是在英租界地价较低的边缘地区。在1896年，哈同在第二跑马场有6块地产，连在一起，位于九江路的最西端，共计32.043亩，每亩的估值为5500—6500银两，低于同年度英租界整个区的平均价(8030银两)。另外几块地产分别位于第二跑马场的东南边缘，靠近今福建中路广东路，福建中路福州路，以及宁波路山西南路，每亩估价均较低，约6500—7500银两，只有一份地产的地价较高，Cad.423号，每亩16000银两/亩。1896—1899年哈同卖掉了2块地产(Cad.205和206)，购进了3块地产(Cad.554、626和639)，其中一块位今南京东路的地产，靠近广西北路，地价每亩9000两，面积5.33亩，总计47970两，这是哈同购买的最大额地产。

从下表中可以看出，新兴的建筑设计洋行成为这一时期房地产市场的一股重要力量：

玛礼逊(也写作玛礼孙 G. James Morrison)洋行，上海著名的建筑设计洋行，最早出现在1880年，位于香港路1号。1890年，玛礼孙和合伙人葛来敦(也写作格来登，F.M. Gratton)只有4份道契，共9.909亩土地(其中属于玛礼孙个人3份道契6.975亩土地)。主要位于今九江路与河南中路的交叉处。到了1896年，玛礼孙和合伙人葛来敦共拥有11地道契册地23.051亩土地，还有一份土地为玛礼孙与 Ed. Davis 合伙，为3.273亩土地，故1896年共计12块道契册地26.324亩土地。1899年，玛礼孙洋行在英租界的土地增加至14块，共27.523亩土地。

马立司(Henry Morriss)，上海著名的建筑师。在1890年，马立司和合伙人(R.M.A. Campbell)在英租界拥有4块共计20.143亩土地。1896年，马立司个人名义在英租界拥有10份道契册地，共21.834亩土地。但好景不长，到1899年，在英租界的土地仅剩下一块土地，Cad.616，"H. Morrris and C.J. Dudgeon"，2.718亩土地。

上海业广地产公司，在1890年，在英租界拥有5块土地，共计20.043亩土地。1896 年增至 10 块土地,共 44.027 亩,增长了 1 倍多。1899 年土地略有减少,共计 7 块土地,41.516 亩土地。

雷士德,上海著名的建筑师和地产商,在 1890 年和 1896 年之间,地产未发生大的变化,分别是 46.177 亩和 43.251 亩土地。1896—1899 年间,在英租界的土地明显增多,1899 年至 19 块土地,共计 70.308 亩土地,比 1896 年增长了 62.56％。

除了建筑设计公司,律师行也是当时英租界一股特别强劲的势力:

老牌律师高易行,自 1882 年以来,在英租界的地产逐年下降。1882 年,该行有 37 块土地共 61.372 亩土地,到 1890 年,减少至 30 块土地共 37.184 亩土地。1896 年,又减至 24 块土地,共 28.977 亩。1899 年,略有增长,25 块共 29.977 亩土地。

实际上,高易行由上海著名的律师道达(C. Dowdall)及其合伙人 J.C. Hanson 和 F. Ellis 继承,成为这一时期土地增购最多的业主。在 1890 年,土地估价表上仅存在道达一人的地产,计 14 份道契 22.546 亩土地。而到了 1896 年,道达拥有 27 份道契,60.998 亩土地,道达和其合伙人 F. Ellis 名义,有 11 份道契,23.245 亩土地;道达与 J.C. Hanson 合伙名义,有 27 份道契,共 60.887,还有一份道契,为道达和 E.D. Dowdall 合伙名义的。道达及其合伙人总计有 66 份道契,共 147.408 亩土地。这些土地,并非全是道达行的实际地产。根据该行的业主,有些是挂号道契,实为华人土地。还有律师哈华托,W.A.C. Platt,首次在 1899 年土地估价表上出现,共有 4 块土地 4.87 亩土地。

轮船招商局是唯一入围 20 亩以上大地产主的华人企业。轮船招商局成立于 1872 年,由李鸿章创建,“购置轮船、承办漕粮”。到了 1874 年,招商局的船队由 8 艘船组成,总吨位 4349 吨,到了 1877 年增至 16 艘船。该局采用的方针,“货少利薄归洋人,货大利厚归本局”,很快通过低廉的价格,以及附加捐税的支撑,在与太古洋行和旗昌洋行的竞争中,大获全胜。1891 年旗昌洋行破产,两年后旗昌洋行的地产转给了招商局,价格是 41 万两。

轮船招商局获得了外滩黄金地段的地产。①在 1896 年中区的地籍册上,该局共有 3 块地产,为 Cad.53,Cad.54,Cad.55,土地总值为 406386 银两。

3. 10—20 亩的中等地产,1896 年和 1899 年均为 22 人,从总地产面积来看,相差不大,1896 年为 321.556 亩,1899 年为 325.531 亩。

4. 10 亩以下的小型地产主,1896 年有 190 人,占有 685.51 亩土地,而 1899 年有 203 人,占有 739.409 亩土地,略有增长。

表 2-5-3　1896 年英租界超 20 亩的地产统计　　　　　单位:亩

业主姓名	土地面积	业主姓名	土地面积
Hanbury, Thomas	87.441	Crampton, Sarah Ann	29.944
British Government	75.013	Cowie, George J.W. (Estate)	28.977
Jardine, Matheson and Company	69.959	Sassoon, R.D.	27.485
Cushny, Alexander	65.196	Sassoom, J.E.	25.489
Sassoon, A.D	61.315	Leach, Edmund, C.B. (Colonel)	24.798
Dowdall, C.	60.998	Wheelock, T.R.	24.611
Dowdall, C. and Hanson, J.C	60.887	Dowdall, C. and Ellis, F.	23.245
Shanghai Land Investment Co	44.027	Union Insurance Society of Canton	22.914
Lester, Henry	43.251	Morrison, G.J. and Gratton, F.M.	22.280
Hogg, William	41.092	McLeod, Alexander	22.244
Shanghai Municipal Council	40.675	Morriss, Henry	21.834
Hardoon, S.A	39.767	Komuro, S.	20.948
Whitehead Thomas and Thompson W.N.	37.615	Adamson, W.R., Young, A.J., and Adamson, C.W.	20.646
Sassoon, M.E.	36.769	Artindale, R.H.	20.497
Sassoon, E.E	32.396	Weir, Thomas	20.321
China Merchants' Steam Navigation Company	31.166		

资料来源:Shanghai Municipal Council,*Shanghai Land Assessment Schedule*,*English Settlement*,*1896*。Shanghai:Printed at the "Shanghai Mercury" Offtice, 1896.

① (英)库寿龄:《上海史》,第 2 卷,第 407—409 页。

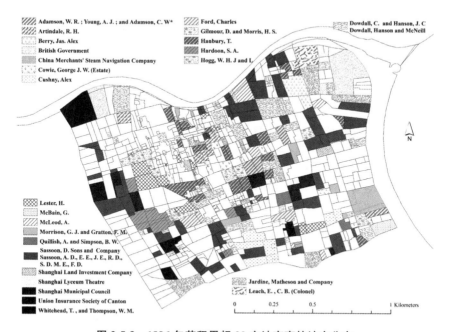

图 2-5-3　1896 年英租界超 20 亩地产商的地产分布

图 2-5-4　1899 年英租界超 20 亩大地产主分布

从空间分布上看,20 亩以上的大地产主,1866—1899 年,20 亩以上的大地产主的地产,分布较广,以租界中部最为集中。相比 1890 年,其分布呈现如下特点:

(1)总体而言,20 亩以上的大地产主的地产,几乎遍布英租界,其中以今四川中路与福建中路之间的城市中心区分布最多。从局部来看,以南京路、九江路、福州路、广东路等重要交通要道,分布最为密集。

(2)中区的边缘,比如西部跑马场,跑马场以北至苏州河,洋泾浜以北,苏州河以南的地区,成为这一时期 20 亩以上大地产主购地的主要场所。

(3)大地产主的地产,呈现比较明显的积聚性特征:比如汉璧礼的地产,主要位于"老闸",即今福建中路南京路以北的路段附近;哈同的地产,主要位于第二跑马场;轮船招商局的地产,均位于洋泾浜以北的外滩;雷士德的地产,主要位于南京路西段。这些土地并非一次性购买,而是经过多次购买之后,才逐步形成一个较大范围的地产。一次性购买大面积的情况较为少见。

Alexande Cushny,来沪较早,1859 年,将得利洋行(James. MacDonald & Co.)改组为"Alex. Cushny & Co.",成立自己的公司。1897 年又成立"Cushny & Smith",即祥利洋行。其地产主要分布在洋泾浜北岸,推测是继承了原地产大王史密斯(Smith)的地产。

也有一些洋行的地产较为分散,其中最显著的是大律师行—道达洋行,在租界的各个角落均有分布。还有沙逊家族的地产,分散在英租界各处。

(4)大地产商的地产分布格局一旦形成,总体上保持相对稳定的状态。大部分地产商购地之后并不急于出售,或者将土地出租给华人,或者直接建房出租,或者等地价上涨之后再抛售。总之,从土地业主的姓名来看,土地产权,相对而言,比较稳定。挂号道契的隐形地产主,产权变动可能比较大,但限于材料无从得知。

表 2-5-4 1899 年英租界超 20 亩的地产表   单位：亩

业主姓名	土地面积	业主姓名	土地面积
Hanbury, T.	96.603	Hogg, W.H.J. and L.	41.092
Sassoon，A.D.	94.904	Sassoon, R.D.	35.303
Jardine, Matheson and Company	90.566	Whitehead, T., and Thompson, W.M.	34.713
British Government	75.013	Adamson, W.R.; Young, A.J.; and Adamson, C.W.	33.421
Dowdall, C.	59.732	Leach, E., C.B. (Colonel)	32.978
Dowdall, C. and Hanson, J.C.	56.317	China Merchants' Steam Navigation Company	31.166
Sassoon, M.E.	54.818	Cowie, George J.W. (Estate)	29.977
Lester, H.	53.027	Sassoon, J.E.	29.649
Cushny, Alexander	52.631	Morrison, G.J. and Gratton, F.M.	26.752
Dowdall, Hanson and McNeill	49.265	Union Insurance Society of Canton	25.544
Berry, Jas. Alex	48.994	Quillish, A. and Simpson, B.W.	22.956
Sassoon, E.E.	47.478	McBain, G.	22.395
Ford, Charles	46.309	McLeod, A.	22.244
Hardoon, S. A.	45.597	Gilmour, D. and Morris, H.S.	20.600
Shanghai Municipal Council	42.443	Artindale, R.H.	20.497
Shanghai Land Investment Company	41.516		

资料来源：Shanghai Municipal Council, *Land Assessment Schedule*, *English Settlement*, *1899*。

综上所述，1869—1899 年的三十年间，英租界土地占有情况呈现以下特征：首先土地垄断现象比较严重，特别是 10 亩以上的地产，占总面积的比重在半数以上。其次，中小型地产主的数量和土地面积呈逐步上升趋势，这既是城市发展的基本趋势，也是土地所有者之间相互竞争的结果。第三，大地产主之间竞争激烈，竞争之后的结果是，百亩以上的地产主逐步消失。第四，土地市场异常活跃的时期，土地兼并现象越严重。

三、地价变迁与空间结构

1890 年至 1899 年的十年间，是英租界土地价格迅速上涨的十年。根据 1890 年、1896 年和 1899 年土地价值数据，对这十年的土地价格进行统计分析，并运用 GIS 的方法，绘制各个年份的地价空间分布图。由此可以得出如下几点认识：

1. 在时间序列上，地价呈逐年上涨的趋势。1890 年平均每亩估价为 5449 银两，1896 年增至 7945 银两，增长了 45.8%。1899 年，地价又上涨至 9865 银两，比上一个年份增长了 24.1%。1899 年比 1890 年，平均每亩地价增长了 81.04%。

促成地价上涨的主要原因是人口增长，特别是华人的增长。"当地中国人的人数在这十年中增加了一倍以上，从 1890 年的 168129 人一跃而为 1900 年的 345276 人。这一情况，部分是由于公共租界在 1899 年的扩大，即使不算那些居住在乡村、草棚和船上的人，公共租界境内纳税居民后五年的实际增加数仍有 83795 人，而前五年的增加数为 76030 人。纳税华人数量的增加，在前五年(当时在发展方面并未发生特殊情况)比人口总数的增加要快得多。"更重要的是，居住在租界的华人，有不少是富裕阶层，他们有钱购买西式建筑，在租界里过着优渥富足的生活。"那些已经生活在公共租界的居民，利用了沿着欧洲文明方式前进的机会，已逐步享受到较高的生活水平。我们可以从洋房数比外国人口数增加得更快这一事实看到这方面的迹象，因为中国人所居住的洋房数正在与日俱增。"①

此外，这十年是一个"建筑与再建筑"的年代，房屋再建，居住社区更新，这也是促使地价上涨的另一主要原因。"很多中国人现在居住的住房比十

---

① 徐雪筠：《上海近代社会经济发展概况(1882—1931)——〈海关十年报告〉译编》，第 74 页。

年前好得多。公共租界各处拥挤简陋的棚屋正被拆除,取代它们的是高大、宽敞和更为坚固的建筑。"①

表 2-5-5　1882—1899 年英租界地价统计表　　单位:银两/亩

年　份	最高值	最低值	平均值	平均值增长百分比
1882	8750	1500	4398	
1890	10000	2250	5449	100％
1896	17000	3000	7945	＋45.8％
1899	35000	3000	9865	＋24.1％

资料来源:1882,1890,1896 和 1899 年英租界土地估价表。*Shanghai Land Assessment Schedule*, *English Settlement*, *1882*, *1890*, *1896*, *1899*。

2. 根据各年土地估价数据,运用 GIS 方法,绘制 1890 年、1896 年和 1899 年的地价空间分布图。根据这些数据和空间分布图,可以得出如下几点认识:

首先,从时间序列来看,英租界整体上都上涨了。1890 年,英租界东、南部分土地的地价超 5000 银两/亩,主要位于第二跑马场以东、北京路、天津路以南,福建路以东的区域。租界西、北部分土地的地价在 5000 银两/亩以下。而到了 1896 年,英租界 5000 银两/亩以下的土地,只是租界西北角(天津路以北、浙江路以西)、租界西南角很小一部分地区。其他大部分土地的价格在 5000 银两/亩。1899 年,5000 银两/亩以下的土地,仅剩下苏州河南岸的几块土地。

其次,从空间序列来看,1890—1899 年英租界地价整体上,呈现东、南地价高,西、北地价低的空间格局。这种格局逐步演变为东西之间的空间差异,由外滩城中心向西部城郊区,地价逐步下降。整个租界的地价空间结构是由外滩、南京路、福州路构成的锯齿状空间结构。

① 徐雪筠:《上海近代社会经济发展概况(1882—1931)——〈海关十年报告〉译编》,第 74 页。

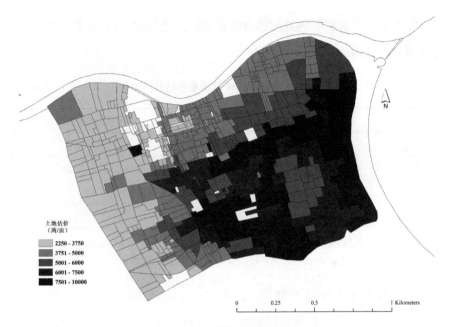

图 2-5-5　1890 年英租界地价空间分布

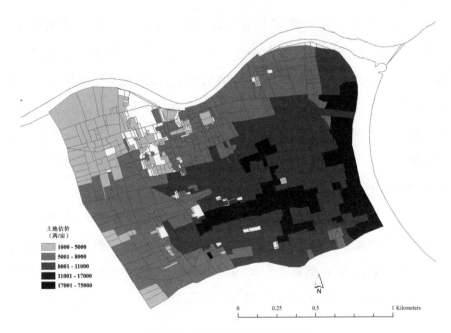

图 2-5-6　1896 年英租界地价分布

土地估价
（两/亩）

3000 - 6500
6501 - 9500
9501 - 12500
12501 - 17000
17001 - 35000

0   0.25   0.5   1 Kilometers

图 2-5-7 1899 年英租界地价分布图

第三，在 1890 年，英租界的高价带有四条：一条是外滩，这是地价最高的地区，就这条道路而言，南部外滩的地价水平高于北部外滩的地价；第二条是南京路，土地估价值仅次于外滩；第三条是福州路；第四条是洋泾浜北岸。除了外滩，其他三条横向的高价带，都是道路东段部分的地价，高于西部路段的地价。没有哪一条道路的地价表现出中轴线的优势，而是齐头并进，不相上下。而从 1896 年的地价水平来看，福州路的地价水平，甚至高于南京路。

第六节 1900—1911 年地籍图册与城市变迁

1900 年以后，公共租界中区的地产已趋于稳定，土地估价每四年进行一次。1902—1911 年之间总共发生了三次土地估价，即 1903 年、1907 年和

1911 年土地评估，产生了三个年份的土地估价表和地籍图。

一、1903 年中区土地估价、地籍图册及主要内容

因 1896 年土地估价委员会已注意到该区的土地已发生了若干变更，故在地图上有很多不准确的地方，有必要重新测绘。于是自 1901 年 5 月开始按照新的地籍图规范重新勘测。所有的永久性参照点（permanent marks）已在道路交叉口做好标记，从而使测量线的确定相对容易些。[1]1902 年 1 月 30 日，工部局工务委员会对中央区的重新估价进行讨论，结果董事会以 5 票对 3 票的多数，批准了中区早日重新估价的决定。[2]2 月 27 日会议上，董事会少数派认为，隔 3 年进行重新估价是"不妥当、不方便的"。[3]但总董认为此事应该不加评论的提交纳税人会议决定。3 月 27 日会议，估价委员会干事来信报告董事会，宣称该委员会请求纳税人大会批准其对东区、北区和西区土地进行估价，如果顺利，新的估价将在 1903 年 7 月 1 日生效，得到董事会的认同。[4]董事会认为，中区估价的日期也不能延迟。

7 月 10 日会议，宣读了土地估价委员会干事来信，信中谈道：1. 每块册地的四至，不应载入新印的清册中，其理由是采取了正确的地籍图后，"此举便无必要"；2. 1900 年领事的和地籍的册地四至颇为混乱，须建立另外制订本租界所有册地的清册，其上标明各块册地的领事号码、所属地区、地籍编号以及载入清册的页码。该提议获得会议批准。[5]

7 月 14 日会议，估价委员会的干事来信，称中区的土地估价工作已完

① Municipal Council Shanghai, *Report for the year ended 31st December 1901 and Budget for the Year Ending 31st December 1902*, Shanghai：printed by Kelly & Walsh, Limited, Nanking Road, 1902, p.226.

② 《工部局董事会会议录》，第 15 册，1902 年 1 月 30 日，第 535 页。

③ 《工部局董事会会议录》，第 15 册，1902 年 2 月 27 日，第 538 页

④ 《工部局董事会会议录》，第 15 册，1902 年 3 月 27 日，第 542 页。

⑤ 《工部局董事会会议录》，第 15 册，1902 年 7 月 10 日，第 555 页。

成。①7月21日会议,土地估价委员会向董事会提交了中区土地估价平面图,会议讨论了所标地价,夸根布西认为所定标准太低,但该重估价最终通过,注意到价值平均增长了27.5％。②10月30日,因公共卫生附则的决定有所修改,故董事会决定将北区、东区和西区的土地重新估价将在1903年7月1日生效,而中区的新估价在1月1日实施。③

笔者对1903年中区土地估价表进行统计分析,得出结果如下:

1. 土地估价表中登记地产721份,共计2221.419亩土地,相比1896年(2190.866亩),土地面积减少了30.556亩。平均每份地产为3.085亩土地。土地估价总值为30096335两,平均每亩土地估价为11887两。

2. 登记土地的各国领事馆分布如下:英国领事馆664份,2067.065亩土地;美国领事馆24份,共有71.716亩;德国领事馆12份,计23.701亩土地;意大利领事馆3份,计3.238亩土地;日本领事馆,1份,5.934亩;俄罗斯领事馆1份,2.676亩。另外还有2份地产同时登记了英国领事馆和美国领事馆,有13份未在领事馆登记的土地,计16.107亩土地,系华人地产。

3. 土地估价表中共有地产主260人,其中华人业主13人。其中20亩以上的地产主,共有27个,总计占有1167.608亩土地,约占登记地产总面积的52.56％。其中50亩以上的地产主,仅有9个。其中,沙逊家族,在英租界的道契册地达64份,计276.131亩土地,总数远超其他洋行,为这一时期中区最大的房地产商。

高易律师行,在英租界的土地面积增长最快:其中高易(G. J. W. Cowie)拥有23块27.151亩土地,道达(C. Dowdall)个人拥有22块土地,共计52.815亩土地,道达与J. C. Hanson合伙名下,28块土地共57.384亩土地,"C. Dowdall, and J. C. Hanson, and D. McNeill"名下,拥有20块土地共

---

① 《工部局董事会会议录》,第15册,1902年7月14日,第556页。
② 《工部局董事会会议录》,第15册,1902年7月21日,第557页。
③ 《工部局董事会会议录》,第15册,1902年10月30日,第572页。

56.955 亩土地。高易律师行各律师地产汇总，在中区拥有的地产也超过
190 亩，是仅次于沙逊家族的第二大地产商。

哈同，在该地区的地产增长迅速，已增至 66.908 亩，跻身于中区 50 亩
以上的大地产商之列，列第四位。相比 1899 年，哈同在南京路的地产，由之
前的 1 块增至 3 块，新增的两块地产——Cad. 427 和 Cad. 428 连在一起，计
8.8 亩，土地估价为 15000—16000 两/亩，位于南京路山东路。

20—50 亩的地产商共计 18 人，除了工部局、中国轮船招商局、高易和
一家保险公司外，其他也都是房地产商，包括德和洋行、玛礼孙等重要的建
筑公司出现在中型地产商之列。当然也有一些地产商退出了 20 亩以上的
地产商行列，分别是："W. R. Adamson; A. J. Young; and C. W. Adamson"、
"Charles Ford"、"D. Gilmour and H. S. Morris"、"G. McBain"、"A. Quil-
lish and B. W. Simpson"。

10—20 亩的中型地产主共计 23 个，占有 337.666 亩土地。相比之前略
有增加，1896 年为 321.556 亩，1899 年为 325.531 亩。

10 亩以下的地产主有 210 人，比 1899 年增多，占有 716.145 亩土地，人
均 3.41 亩，其中最小地块为 0.145 亩。

表 2-6-1 1903 年英租界超 20 亩地产商占有地产统计　　　　单位：亩

姓　　名	面积	姓　　名	面积
Hanbury, Sir T.汉璧礼	87.153	Dowdall, C., and Hanson, J. C. and McNeill, D.高易	56.955
British Government 大英帝国	75.013	Dowdall, C.连厘	52.815
Jardine, Matheson & Company 怡和行	74.096	Shanghai Land Investment Company 业广	51.397
Hardoon, S. A.哈同	66.908	Cushny, Alexander	48.397
Sassoon, A. D.沙逊	61.290	Sassoon, E. E.	47.478
Dowdall, C. & Hanson, J. C. 道达	57.384	Lester, H.雷世德	45.974

续　表

姓　名	面积	姓　名	面积
Sassoon, M. E.	44.592	Sassoon, R. D.	27.440
Hogg, W. H. J. & L.	40.900	Leach, C. B. (Colonel)	24.798
Municipal Council 工部局	38.907	Thompson, W. J., Webb, M. L., and Whitehead, H. C.	24.444
Hanson, J. C. & McNeil, D. 高易	33.659	Union Insurance Society of Canton	23.759
China Merchants' Steam Navigation Company 轮船招商局	31.166	Morrison, G. J. and Gratton, F.M.玛礼孙	23.191
Berry, Jas. Alex.	29.944	Artindale, R. H.	20.497
Sassoon, J. E.	29.649	McLeod, A.	20.449
Cowie, G.J.W. 高易	29.353		

资料来源：Shanghai Municipal Council，*Land Assessment Schedule*，*Central District*，1903。

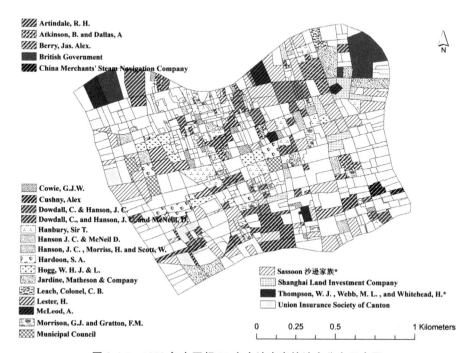

图 2-6-1　1903 年中区超 20 亩大地产商的地产分布示意图

从空间分布上看，相比 1899 年，20 亩以上的大地产商占有土地的分布具有如下特点：

1. 见缝插针式空间增长。实际上 1899 年，20 亩以上的大地产商已占据了英租界的大部分地区，但仍有一些土地为小业主所有。1899—1903 年间，之前为中小业主占有的土地，被 20 亩以上的大地产商购去。以今福州路、四川中路、汉口路和江西中路围合的街区为例：

1899 年时，该街区被 G. J. Morrison and F. M. Gratton(玛礼孙)，Jas. Alex, Berry, North China Insurance Company, A. C. Westall, F. R. Larkin and H. R. Kinner, S. Schultz, A. J. How, J. C. Hanson and F. C. Heffer, D. Gilmour, A. C. Westall; F. R. Larkin and H. R. Kinner 占有，可见，除了玛礼逊，其他大部分土地为中小业主。

到了 1903 年，A. C. Westall; F. R. Larkin, and H. R. Kinner 的土地被德和洋行购去，North China Insurance Company 的土地被通和洋行，D. Gilmour 的土地被爱尔德洋行购去。如此一来，该街区的大部分土地被通和行、爱尔德、德和、玛礼孙等大地产商占有。

2. 土地分割，即同一地产被分割为更小的地产。这是城市化快速发展的重要表现。土地分割现象主要发生在苏州河南岸、外滩以及洋泾浜北岸，以及租界东部城区。据笔者统计，1903 年与 1899 年相比，同一地籍编号的地产，有 31 处的地产面积减少，主要分布在公共租界的中部、苏州北岸、外滩等地方。见图 2-6-1。这些减少的面积或为分割出的新的地产，或者被征用为道路用地，或者他用。位于郊区的土地分割，通常是面积较大的地块，如位于苏州河和泥城浜拐角的地产，属于"T. Whitehead and W. M. Thompson"所有，在 1899 年共有 29.374 亩，地籍编号为 Cad.573，到了 1903 年该地产一分为二，Cad.573 和 Cad.573A，其中 Cad.573A 为分出的地产，卖给了上海煤气公司(Shanghai Gas Company)建了煤气厂，共计 9.415 亩，剩余 19.105 亩留为己用。

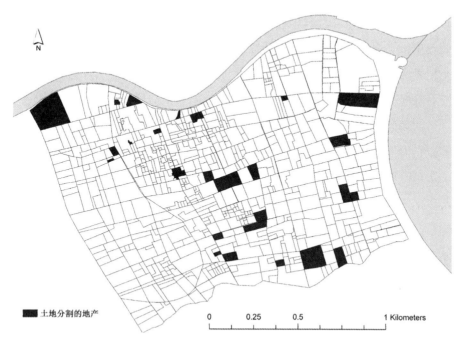

土地分割的地产

0   0.25   0.5   1 Kilometers

图 2-6-2　1899—1903 年中区土地分割的地产分布

二、1907 年中区土地估价、地籍图册及主要内容

1903—1907 年是上海租界地区土地交易的又一高峰期,土地交易频繁,地价上涨幅度大。1905 年 1 月 4 日,有人建议要求全面增加土地估价,增加幅度是原估价的三分之一。因为当时的人们普遍认为当时的估价数太低了。为了税收公平起见,必须修订土地估价。获得董事会的一致通过。[①]但会后有人提出了异议,会议决定按照安布罗斯先生的建议,给顺泰码头的 7 亩土地降低估价,每亩估价降为 4000 两白银。同时对 3 家提出要求的纱厂,其估价仍维持原状。

1907 年 3 月 6 日,纳税人会议通过了第五项决议草案,要在专职人员的协助下完成土地的重新估价,而非像以前那样由纳税人的一个委员会来进

———————

① 《工部局董事会会议录》,第 16 册,1905 年 1 月 4 日,第 551 页。

行这项工作。①6 月 5 日会议,中区的土地估价完成,施高塔和阿尔格已在提交的中区平面图上标注了作为纳税依据的估价。②6 月 12 日会议,讨论了在全租界实行土地估价减少 20％的建议,其中缪森、泼兰的斯及伯基尔诸先生反对降低土地估价,但鉴于委员会一致的建议,董事会最终同意降低估价。③

笔者对 1907 年中区估价表进行统计分析:

1. 估价表中登记的土地有 730 份,共计 2249.324 亩土地,相比 1903 年的土地总数,略有增加。1907 年中区的土地总值为 78530988 两,每亩平均价格为 33947 两。相比 1903 年,土地增值了 1.61 倍。

2. 估价表中各国领事馆登记的情况如下:英国领事馆 665 份,2103 亩;美国领事馆 29 份,93.425 亩;德国领事馆 9 份,20.09 亩;意大利 4 份,3.273 亩;日本领事馆 3 份,6.943 亩;俄罗斯领事馆 1 份,2.676 亩。此外,还有 17 份 15.528 亩土地,均系华人地产,其中有 10 份标注为未注册,另有 7 份地产,标有华人业主的姓名。

3. 估价表中共有业主 255 个,包括 6 个华人业主。按照土地占有的数量,20 亩以上的地产主有 21 人,占有 1080.416 亩土地,约占地产总数的 48.02％,相比 1903 年,略有下降。

这一时期,大地产在中区土地占有的格局发生了很大变化,这一年汉璧礼(T. Hanbury)去世,其地产转到"T. Hanbury and F. A. Bower",名下其地产数量仍高居中区榜首。

位列次席的是雷士德,也是这一时期上升最快的地产主,短短 4 年内增购了 34.854 亩土地。主要购买了道达律师行、W. S. Jackson 和 Union Insurance Society of Canton 等业主的地产。雷士德地产主要分布在租界的中西部地区,集中在今湖北路、浙江中路沿线、第二跑马场和洋泾浜以北、老闸等地区。

---

① 《工部局董事会会议录》,第 16 册,1907 年 3 月 6 日,第 684 页。
② 《工部局董事会会议录》,第 16 册,1907 年 6 月 5 日,第 700 页。
③ 《工部局董事会会议录》,第 16 册,1907 年 6 月 12 日,第 701 页。

哈同,地产略有增长,仍保持第四位,新购了玛礼孙等的地产,可定位的 4 块新增地产,均位于南京路。

怡和行,从 1903 年第三位下滑至第五位,"J. C. Hanson, D. McNeill", 上海业广地产公司,老沙逊和"Alexander Cushny"等洋行,保持增长,位列 第六至十位。道达及其合伙人开办的洋行,位列 11—15 位,地产面积略有 下降。沙逊家族在中区的地产总数略有减少,尤其是"R. D. Sasson"消失, "E. E. Sasson"地产亦有减少,"J. E. Sassoon"保持不变。只有"M. E. Sasson"略有增长,总体是减少的。

通和洋行,为后起之秀,是这一时期增长较快的地产商,本期增购 10.896 亩土地。主要从"I. J. Thorne and J. A. Maitland","R. D. Sassoon" "C. Dowdall, & J. C. Hanson","A. E. Algar"等地产商购地。通和洋行的 地产,主要分布在今北京路东段、南京路中段(山东北路至湖北路)、四川中 路南段等地区。

"Jas. Alex Berry"和"G. J. W. Cowie(estate)"地产略有减少,仍在超 20 亩大地产商之列。而"E. Iveson"和"G. McBain(estate)",则是这一时期 首次入围超 20 亩大地产商的两个地产商。

也有一些地产商退出了超 20 亩的大地产商行列,共计 9 个地产主,有 些地产商甚至不在本年度的估价表了:轮船招商局,减少了 15.131 亩;高 易,减少了 9.514 亩;"R. D. Sassoon",消失;"C. B. Leach",减少了 17.218 亩;"W. J. Thompson, M. L. Webb, and H. C. Whitehead"消失;"Union Insurance Society of Canton",减少了 14.279 亩;玛礼孙,减少了 9.845 亩; "R. H. Artindale"减少了 9.025 亩;"A. McLeod"减少了 3.043 亩。

10—20 亩的地产主有 28 人,占有 419.06 亩土地,相比 1903 年,有了明 显的增长。

10 亩以下的小地主有 206 人,计 749.848 亩土地,相比 1903 年,人数减 少了,但占有土地的面积却增加了。

表 2-6-2 1907 年中区占地超 20 亩的地产商统计表　　　　单位:亩

土地业主	占有土地面积	土地业主	占有土地面积
Hanbury, T. (Sir) and Bower, F. A.	86.012	Sassoon, E. E.	46.800
Lester, H.	80.828	Sassoon, M. E.	45.042
British Government	75.013	Dowdall, C. and Hanson, J. C.	44.489
Hardoon, S. A.	69.813	Hogg, W. H. J. and L.	40.567
Jardine, Matheson and Company	68.265	Shanghai Municipal Council	39.611
Hanson, J. C., McNeill, D.	63.583	Atkinson, B. and Dallas, A.	30.884
Shanghai Land Investment Company	63.373	Sassoon, J. E.	29.649
Sassoon, A. D.	62.995	Berry, Jas. Alex	28.509
Cushny, Alex. (estate)	61.051	Iveson, E.	22.335
Dowdall, C., Hanson, J. C. and McNeil, D.	51.503	McBain, G. (estate)	21.897
Dowdall, C. (estate)	48.197		

资料来源:Shanghai Municipal Council, *Land Assessment Schedule*, 1907。

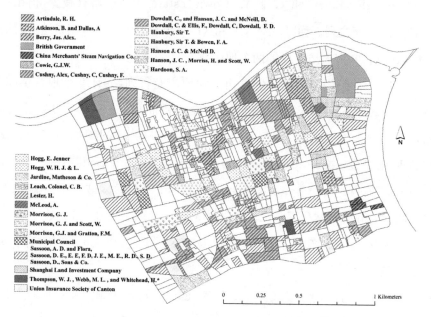

图 2-6-3 1907 年中区超 20 亩大地产商的地产分布

从空间分布上看,相比 1903 年,1907 年 20 亩以上的大地产主的范围进一步扩大,尤其表现在第二跑马场、洋泾浜北岸、苏州河南岸等地区。这一时期,土地开发仍十分活跃主要表现土地分割和土地合并现象非常普遍。同一地籍编号的地产,对 1903—1907 年土地面积进行比较统计,发现有些地产的面积增加了,有些地产的面积减少了。面积增加的地产,可以视为合并了周边的地产,而面积减少的地产,可以视为土地分割。土地合并和第分割是土地形态空间变动最重要的两种方式。笔者运用 GIS 方法,对土地合并与土地分割的地产的空间分布进行复原,绘制土地空间形态变动示意图(图 2-6-4)。

图 2-6-4　1903—1907 年中区土地空间形态变动示意图

由图可见,1903—1907 年间土地空间形态变动,呈现如下的特点:

1. 总体而言,中区的大部分土地保持稳定状态,未发生分割和合并现象。也就是说,中区已进入了相对稳定的发展时期,是城市化已发展到一定阶段的标志。

2. 土地开发仍十分活跃，主要表现为这一时期土地分割现象多于土地合并现象。土地分割现象主要分布在城市化水平较高的中东部城区，也包括少数边缘地区。土地分割的面积，普遍较少，大部分分割出的土地面积少于 1 亩，而超过 1 亩的地产仅有 15 块地产，主要位于外滩及周边地区。其中土地分割最多的是轮船招商局，将 Cad.54 中割出 4.693 亩土地卖给了外方传教会（Missions Etrangeres），每亩估价已上涨至 27500 银两。Cad.55中割出 2.397 亩土地卖给了日本大阪商船会社（Osaka Shosen Kaisha）。另外，还有 5 份地产，是原业主分割土地后仍保留部分土地，另有 8 份地产，在土地分割后易主。

3. 土地合并现象，主要发生在苏州河南岸和洋泾浜北岸，即中区的边缘地带，以及第二跑马场和中区的部分地区。先看苏州河南岸 4 块土地合并的案例，只有一块地产是在土地交易的过程中，在原有的土地上同时增购了附近的土地。即 Cad.445，1903 年土地面积 4.455 亩，1907 年土地变为5.684亩，增加了1.229 亩。业主原为 W. S. Jackson，后为 H. Lester，即由雷士德购买了 W. S. Jackson 的地产。另外三块地产，土地业主姓名不变，只是土地面积从 1.41 亩增至 4.626 亩不等。位于洋泾浜北的 4 块土地合并超过 1 亩的地产，均是原业主并购了周边的土地，使其面积扩大。位于第二跑马场 Cad.646 地产，原系哈同的地产，1903—1907 年间，哈同又并购了周边的土地，使该地籍编号的地产从原来的 8.551 亩，增至 13.733 亩。

三、1911 年中区土地估价、地籍图册及主要内容

1911 年 3 月 8 日会议，董事会收到了业广地产公司和租界内其他许多业主签名的信件。信中建议本年内对租界内的土地重新估价，并于 1912 年1 月 1 日开始执行。董事会一致认为，在当时情况下重新估价是合理之举，但在 1907 年 7 月 1 日开始执行的中区和 1908 年开始执行的其他区的地产

估价施行已满 5 年之前,工部局不宜对此问题提出正式建议。但支持纳税人会议通过这项决议。①8 月 2 日的会议,指出由爱尔德建筑律师事务所签署的关于中区的平面图已递交董事会,平面图上标有对各块土地新的估价,并以公函的方式通知各方,准其在一个月期间内提出不同意见。②对于滩地,比如领事馆地契,董事会建议估价员采取另外一种土地估价标准。③9 月 27 日,董事会收到了中区 36 块土地估价的上诉书,这些上诉书交给估价员并作出解释。④

笔者对这份 1911 年中区估价表进行统计分析,初步得出如下几点认识:

1. 中区登记的地产共计 751 份地产,共计 2219.933 亩土地,土地总值 67379104。相比 1907 年,地产数量略有增加,但土地面积和土地总值均有下降。

2. 各国领事馆登记情况如下:英国领事馆 694 份,2197.449 亩;美国领事馆 29 份,67.58 亩;德国领事馆 11 份 20.679 亩;意大利领事馆 4 份 3.222 亩;日本领事馆 3 份,6.943 亩,俄罗斯领事馆 1 份,2.676 亩;1 份标注英美领事馆;还有 8 份系华人地产,13.14 亩。

3. 估价表中共计业主 255 人,其中华人业主 7 人。

20 亩以上的大地产主有 21 人,占有 1139.649 亩土地。比 1907 年仅多一人,名单也大致相同。从地产数量上看,怡和行再次跃居中区首位,雷士德仍保持第二的领先优势;英国领事馆的土地位列第三。前三甲中怡和洋行的地产数量变化最大,1907—1911 年,从上海业广地产公司、哈华托律师行、"J. McKie、Meyer and Clark"等业主购置了 10 处地产,共计 25.215 亩

---

① 《工部局董事会会议录》,第 18 册,1911 年 3 月 8 日,第 531—532 页。
② 《工部局董事会会议录》,第 18 册,1911 年 8 月 2 日,第 557 页。
③ 《工部局董事会会议录》,第 18 册,1911 年 8 月 23 日,第 560 页。
④ 《工部局董事会会议录》,第 18 册,1911 年 9 月 27 日,第 562 页。

土地。其地产分布较为分散,主要在外滩、苏州河南岸的老闸、第二跑马场的南部等地区。

排第四位的是上海业广地产公司,比 1907 年提升了 3 位,在中区占有土地 70 余亩。1911 年比 1907 年增购了 6 块地产,共计 15.101 亩土地,主要从"H. J. Mandl""A. McLeod","E. Jenner Hogg",通和行和爱尔德洋行购买的。

紧随其后的是"Cecil Hanbury",代替了 1907 年位居榜首的"T. Hanbury and F. A. Bower"这些都是原汉璧礼(T. Hanbury)的地产,在汉璧礼死后,不仅地产数量在减少,而且业主的名称也在不断更替中。

这一时期,沙逊家族在中区房地产业龙头老大地位仍无人撼动。据本年度估价表统计,共计有 48 份地产 238.647 亩土地,被 12 个地产主拥有,其中超 20 亩的地产主仍有 4 个:老沙逊(A. D. Sassoon)、新沙逊(E. D. Sassoon)之子"E. E. Sassoon"、"M. E. Sassoon"、"J. E. Sassoon",但从地产数量来看均有不同程度的减少,分列第 7、11、16 和 17 位。"B. Atkinson and A Dallas"和"Jas. Alex. Berry"的地产数量略有下降,而"G. McBain"变成了"C. M. McBain, J. Prentice and R. S. F. McBain",新增的成员是义品放款银行。

高易律师事务所,本年度有四个业主的地产超过 20 亩:"C. Dowdall, J. C. Hanson and D. McNeill"、"J. C. Hanson and D. McNeill"、"C. Dowdall and J. C. Hanson"、"J. C. Hanson, D. McNeill and L. E. P. Jones",土地总额为 171.56 亩,比上一年度略有下降。

10—20 亩的地产主有 31 个,计 440.113 亩土地。相比 1907 年,又有增长,若对比 1903 年,人数增长了 8 人,占有土地增加了 102.447 亩。

10 亩以下的地产主有 218 人,占有 740.171 亩土地,比 1907 年,人数增加了 12 人,但是面积却少了 9.677 亩,说明土地在细分,每个地产的面积在减少,这是城市化发展的反映。

表 2-6-3　1911 年中区超 20 亩的地产统计表　　　　　　　单位：亩

地主姓名	占有土地面积	地主姓名	占有土地面积
Jardine, Matheson & Company	85.2	Dowdall, C.（estate）	43.277
Lester，H.	77.797	Hogg，W. H. J. and L.	40.567
British Government	75.013	Dowdall, C, and Hanson, J.C.	39.355
Shanghai Land Investment Company	70.847	Hanson, J. C, McNeill, D. and Jones, L. E. P.	37.714
Hanbury，Cecil	70.765	Sassoon，E. E.	30.759
Hardoon，S. A.	67.749	Sassoon，J. E.	29.580
Sasson，A. D.	62.92	Atkinson，B. and Dallas，A	27.189
Cushny, A.（Estate）	51.89	Berry，Jas. Alex.	24.129
Dowdall，C，Hanson，J. C. and McNeill，D.	48.3	Iveson，E.	22.335
Hanson，J.C. and McNeill，D.	46.191	McBain，Mrs. C. M. Prentice，J. and McBain，R. S. F.	21.897
Sassoon，M. E.	44.942	Crédit Foncier d'Extrême-Orient 义品放款银行	21.233

资料来源：Shanghai Municipal Council, *Land Assessment Schedule*，1911。

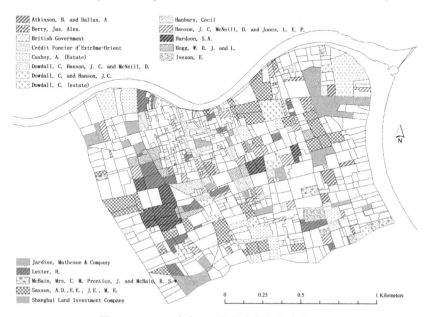

图 2-6-5　1911 年超 20 亩大地产商的地产分布

从空间分布来看，20 亩以上的大地产商的分布格局，与 1907 年相比并未发生大的变化。详见图 2-6-5。

综上所述，1900—1911 年的 11 年间，中区的土地占有情况具有如下的特征：(1)全区的地产数量和地产面积趋于稳定，1911 年无论是地产人数还是地产面积，均达到最高；(2)土地占有情况，以英美领事馆登记的土地为主，还有德、日、意、俄等其他国登记的土地，华人的地产数量已减少到微不足道的地步；(3)20 亩以上的大地产主，仍占据了租界地产半数以上的土地，若以 10 亩以上计，约占总数的三分之二，而 10 亩以上的业主的数量，才是总业主数量的五分之一。也就是说，中区的大部分土地仍掌握在少数的地产主手里，这一现状在这一时期略有减轻，但并未发生实质性的改变；(4)10 亩以下的小地产主的数量，总体上呈上升的趋势，但无论如何增长，这些小地产主占有地产的面积仅及中区地产总面积的三分之一，也就是说，这些业主仅占有中区很小一部分土地，且都是小面额的地产。

四、地价变迁与空间结构

1900 年至 1911 年的十一年间，是中区土地价格上涨最快的十一年。根据 1900 年、1903 年、1907 年和 1911 年土地价值数据，对这十年的土地价格进行统计分析，并运用 GIS 的方法，绘制各个年份的地价空间分布图。由此可以得出如下几点认识：

首先，从整体上，以 1907 年为界，1907 年之前，地价上涨迅猛，1907 年比 1903 年上涨了 1.57 倍，比 1899 年上涨了 2.1 倍。1907 年之后，地价下降。1911 年比 1907 年地价下跌了 14.02％。

其次，从空间序列来看，中区的空间结构并未发生根本性的改变，呈现东、南高，西、北低的空间格局。即以外滩、南京路、福州路和洋泾浜北岸为高价带，呈现由市中心向市郊区由东向西地价逐步降低的趋势。福建路以西、南京路以北至苏州河的区域，以及第二跑马场及其以南的地区，仍为中区地价最低的区域。

表 2-6-4　1900—1911 年英租界地价统计表　　　　单位:银两/亩

年　份	最高值	最低值	平均值	平均值增长百分比
1899	35000	3000	9865	100％
1903	37500	4000	11887	＋20.5％
1907	120000	12000	30533	＋156.9％
1911	90000	11000	26250	－14.02％

资料来源:Shanghai Municipal Council, *Land Assessment Schedule*, *English Settlement 1899*;Shanghai Municipal Council, *Land Assessment Schedule*, *Central District*, *1903*, *1907 and 1911*。

但随着地价上涨,地价空间结构也逐步发生了变化。最重要的变化是南京路地价表现出强劲的增长趋势。在 1903 年,整条南京路的地价已超过 10000 银两/亩。同时,可以看到,福州路东段(跑马场以东)仍表现出很强的竞争优势,特别是福州路的中段,有些土地的价值,甚至高于南京路。

但是到了 1907 年,南京路的地价水平整体在 20000 银两/亩以上,而且整体水平,也超过了福州路。南京路作为中区的中轴线,已初显端倪。东、南高价带的重心点逐步向北转移,即从洋泾浜与外滩的交汇处,逐步向外滩与南京路交汇点转变。原来以外滩、南京路、福州路、洋泾浜北岸构成的锯齿状结构,逐步向以南京路、外滩构成的丁字形结构转变。但这一转变过程的完成尚需一定时日。

第三,运用 GIS 的方法,对 1903 年和 1911 年中区地价进行叠加计算,得出 1903—1911 年中区地价增长的空间分布图。由图可见,地价增幅最快的地区主要位于:首先是外滩和南京路,这也是当时地价最高的地区,基数大,地价上涨幅度也大。其次是位于郊区的租界西、北地区,这里原地价基数小,增长快。而位于租界中部的地区,比如苏州河南岸中部地区,洋泾浜北岸第二跑马场以东以南地区,涨幅明显落后于前面的这两个区。该地区的地价增长的地域差异,呈现两边增长快,中间增长慢的“H”形结构。

图 2-6-6　1903 年英租界地价空间分布图

图 2-6-7　1907 年中区地价空间分布图

图 2-6-8　1911 年中区地价空间分布图

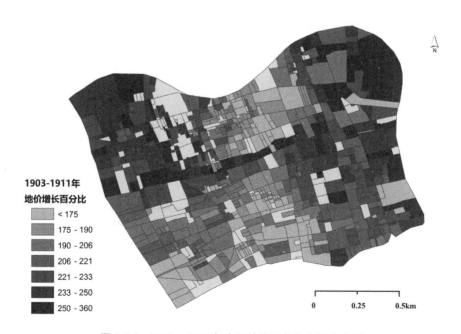

图 2-6-9　1903—1911 年中区地价增长的空间分布图

第七节　1912—1920 年中区地籍图册与城市变迁

一、1916 年中区土地估价、地籍图册及主要内容

1912 年至 1921 年的 10 年，为动荡的十年，公共租界共组织了两次土地评估和重测，产生了两个地产估价表，即 1916 年的地产估计表和 1920 年的地产估价表。笔者对这两年的土地估价表进行统计分析，得出如下几点认识：

（一）土地地产估价过程及细节

工部局按照 4 年一度的土地估价惯例，早在 1915 年已开始酝酿 1916 年的整个租界的土地估价工作。1915 年 12 月 1 日会议，工务委员会一再推荐，董事会委任皮布尔斯先生和哈尔斯先生为 1916 年地产估价的估价员，但须征得本人同意。[①]提前委任的另一个原因：租界当局正在谋划新一轮的租界扩张，一旦扩界成功，即须立即对扩界地区进行土地估价。[②]1916 年初纳税人大会通过了整个租界的土地估价决议。有人对估价员的估价标准提出了疑问，估价员的解释是租界地产的估价不应根据地产的公平的市场价值，而是应根据当时的税收的公平估价。[③]皮布尔斯和哈尔斯，赞成在估价前面加一段引言，说明这些价格是根据去年纳税人大会通过的第十条决议案提出的，有待于工部局的修正，但无法考虑有关因素，所以并不能代表他们对市场价格的估计。待工程师提出意见后，财务委员会将对该引言进行研究。[④]这两个估价员，皮布尔斯属于业广地产公司，哈尔斯属于马海建筑

---

① 《工部局董事会会议录》，第 19 册，1915 年 12 月 1 日，第 635 页。
② 《工部局董事会会议录》，第 19 册，1915 年 12 月 15 日，第 637 页。
③ 《工部局董事会会议录》，第 19 册，1916 年 4 月 5 日，第 657 页。
④ 《工部局董事会会议录》，第 19 册，1916 年 6 月 28 日，第 670 页。

公司。在 7 月 19 日的会议上，二人同意对每一册地进行估价，对地产使用做全面的权衡，并同意董事会的建议，若删除指示中的"市场价值"一词，就无需再提及此词。工部与皮布尔斯达成如下协议：工部局 7 月 11 日信中给估价员指示可以尽量做这些细微之更动，并将作为详表的标题页发表。关于"经营能力"一词还需作进一步讨论并确定其含义。会议指出，租界的图纸应交给估价员，以便他们立即开始工作。①至同年 12 月，租界的土地估价基本完成。

这份估价表名《工部局：土地估价表，中区 1916 年》，卷首就写到，此估价表是根据 2016 年 3 月 21 日纳税人大会通过的第 10 项决议案制作的。在土地估价表的序言部分有一段备忘录，反映该表制作的一些注意事项：

工部局给两名估价员皮布尔斯和哈尔斯的土地估价的指令如下：

"对每个地块均应根据其优点进行评估，要根据土地与水路的位置情况充分考虑土地的用途，以及公共道路和拐角处的临街面所产生的优势：充分考虑自上次评估以来发生的房产销售情况。"

单位亩是 7260 平方英尺。

道契分地号加了星号表示地产的一部分土地在同一地籍编号的地块内。

中国业主的姓名很难按照字母表顺序排序，方便起见，将所有的华人业主地产一起放在估价表的尾部，同时用中英文标注。

在该估价表中，全部地产，包括免税的地产，总面积为 2215.911 亩，全部估价的总数位 72404263 银两。②

（二）估价表分析

笔者对 1916 年中区土地估价表进行统计分析，得出如下几点认识：

---

① 《工部局董事会会议录》，第 19 册，1916 年 7 月 19 日，第 673 页。
② Shanghai Municipal Council, *Land Assessment Schedule*, *Central District*, 1916.

1. 1916 年土地估价表中登记地产 755 份,计 2136.322 亩土地,土地总值 68706022 两,这与备忘录中的统计数据略有出入。相比 1911 年,地产数量多 4 份,但土地面积少了 83.611 亩。土地总值,比 1911 年略高。12 月 13 日会议,工务委员会主席看到了中区地产估价的表格,认为中区的地产价格迄今比过去只涨了 10%左右,他认为大致偏低。①可见,实际土地价值应超过此数值。

2. 各国领事馆登记土地情况如下:英国领事馆登记地产有 690 宗 2018.995亩土地;在美国领事馆登记的有 25 宗 61.953 亩土地;德国领事馆登记的有 13 宗 22.844 亩土地;日本领事馆登记有 5 宗 9.266 亩土地;在意大利领事馆登记的有 2 宗 2.427 亩土地,有其他法国、澳大利亚、比利时俄国等国领事馆各 1 宗。还有未登记注册的地产,16 宗 14.964 亩土地,系华人地产。

3. 共计地产主 247 人。其中 20 亩以上的大地产主有 23 人,占有 1141.642亩土地,占该区所有登记地产比重为 53.44%,比 1911 年略有增长。10—20 亩之间的地产主有 24 人,占有 336.552 亩土地,占该区所有登记土地比重为 15.75%。10 亩以下的地产主有 200 人,占有 658.128 亩土地,占该区所有登记土地比重为 30.8%。

20 亩以上的大地产主中,哈同(S. A. Hardoon)和雷士德(H. Lester)牢牢占据着第一和第二的位置,也是中区自 1890 年以来再次出现百亩以上的大地产商。其中哈同在这一时期购地尤多,在 1911—1916 年短短 5 年间从"W. H. J. Hogg and L. Hogg"购置了 5 块地产,从"A. D. Sasson", "Jas. Alex, Berry""C. S. Bird", "J. Buchanan and M. M. Buchannan"和林鹤寿各购置一宗地产,共增购了 53.148 亩土地。此时,哈同的地产均靠近南京路,而其他地方的地产已被变卖,换成了南京路的地产。这一时期,哈同

---

① 《工部局董事会会议录》,第 19 册,1916 年 12 月 13 日,第 694 页。

的地产共有 21 宗地产,总值 5030845 银两。其中,哈同的地产,是由分别位于南京路西段、中段和东段的三整块大的土地构成。这三块大的土地是逐步并购周边地产才形成的。哈同成为南京路上占有土地最多的地产大王。

雷士德在中区的地产增长也非常明显,仅以其个人名义占有的土地,比 1911 年多了 38.535 亩土地,若加上其合伙人("H. Lester, T. R. Wheelock, T. Horder and S. G. Green", "H. Lester, G. A. Johnson and G. Morriss")的地产 18.979 亩,总数超过哈同的地产。这一时期,雷士德从上海业广地产公司、玛礼孙、英商泰利有限公司、通和洋行、爱尔德洋行、中比银行、"W. Scott, J. Christie and G. A. Johnson", "Missionof Kiangnan, Catholic", "D. McNeill and L. E. P. Jones", "A. M. Major and F. Major, W. Lang"等多个地产商购地。

另一个上升势头甚猛的是麦尼而(D. McNeill)与其合伙人(L. E. P. Jones, G. H. Wright)开办的洋行,其在中区的地产,从 1911 年 15 份 32.978 亩土地,至 1916 年激增至 44 份 122.56 亩土地。其地产数量甚至超过了哈同的数量,仅次于沙逊家族。D. McNeil 全名为 Duncan McNeill,英国人,系出庭律师,和 J. C. Hanson 组建一个律师事务所,位于圆明园路 23—24 号。[①] 值得注意的是,这一时期还有一个律师的地产超过 20 亩,即哈华托及其合伙人(W. A. C. Platt, J. H. Teesdale and R. N. Macleod)。这些律师行除了自身经营房地产外,主要经营挂号道契,实际买主是华人。律师行购地增多,是华人购地增多的重要表现。

新瑞和洋行(C. G. Davies and J. T. W. Brooke),1895 年由覃维思(C Davies)创建于英租界,为建筑事务所,承接建筑设计和土木工程,兼营房地产业务,西名为"Davies, Gilbert & Co."。1899 年,曾为上海建筑师工

---

① Carroll Lunt, The China Who's who 1922: A Biographical Dictionary.

程师学会理事的托玛斯（Charles W. Thomas）成为覃维思的合伙人，洋行更名为"Davies & Thomas"。在 1911 年中区的土地估价表上占有 12.558 亩土地。1913 年，托玛斯退出，洋行改由覃维思与英国皇家建筑师学会会员蒲六克（J. T. Wynward Brooke）合伙，改名"Davies & Brooke"。在这一时期，新瑞和洋行在中区的地产达 36.572 亩，比 1911 年增购了 24.014 亩土地。此外，这一时期首次冲进 20 亩以上大地产商行列的，还有"Mission du Chili Oriental"和"E. Nissim, A. J. Raymond and C. S. Gubbay"。

在土地有限的情况下，一些大地产商土地增长，必然使另一些大地产商土地减少。老牌大地产主怡和行、汉璧礼（Cecil Hanbury）、霍格、上海业广地产公司等在这一时期的地产不断减少：怡和行减少了 17.655 亩，汉璧礼减少了 13.418 亩，霍格地产减少了 14.877 亩；上海业广地产公司减少了 5.274 亩。沙逊家族在该区的地产数量减少，也非常明显。1916 年，沙逊整个家族在中区的地产共有 27 份计 127.879 亩，比哈同仅多 6.982 亩，且为 9 个业主瓜分，其中"J. E. Sassoon"的地产最多，仅 38.817 亩土地，远不能与哈同比肩。几乎与沙逊一样，在中区地产减少的还有道达洋行，在 1911 年，道达及与合伙人开办的洋行，在中区的地产有 39 份总计 130.932 亩土地。但 1916 年，仅有 28 份计 75.552 亩地产，减少了 55.38 亩，而道达本人（C. Dowdall）也退出了 20 亩大地产商的行列。另外，在 1911 年占地 24.129 亩的"Jas Alex Berry"在 1916 年已消失不见了。

10—20 亩的中型地产主有 24 人，计 336.552 亩土地。相比 1911 年，无论是人数还是土地面积，均有不同程度的减少。

10 亩以下的地产主有 200 人，计 658.128 土地。相比 1911 年，不仅人数减少了，而且土地面积也减少了。

总之，这一时期 20 亩以上的大地产主呈上升的趋势，相反 20 亩以下的中下层地产主，则呈减少的趋势。

表 2-7-1　1916 年公共租界中区超 20 亩的地产统计表　　　单位:亩

地主姓名	占有土地面积	地主姓名	占有土地面积
Hardoon, S. A.	120.897	Sassoon, J. E.(Sir)	38.817
Lester，H.	116.332	Davies, C. G. and Brooke, J. T. W.	36.572
McNeill, D. and Jones，L. E. P.	82.561	Dowdall, C.，Hanson, J. C. and McNeill, D.	31.265
British Government	75.013	Sassoon, E. E.	28.159
Jardine, Matheson and Company	67.545	Hogg, W. H. J. and L.	25.69
Shanghai Land Investment Company	65.573	Dowdall, C. and Hanson, J. C.	25.66
Shanghai Municipal Council	58.053	McNeill, D. and Wright, G. H.	24.858
Atkinson，B. and Dallas, A.	57.413	Ezra, E. I.	23.957
Hanbury, Cecil	57.347	Mission du Chili Oriental	23.555
Cushny, Alexander (Estate)	51.89	Iveson, E.	22.32
Nissim，E.，Raymond, A. J. and Gubbay, C. S.	44.437	Platt, W. A. C.，Teesdale, J. H. and Macleod, R. N.	21.909

资料来源:Shanghai Municipal Council, *Land Assessment Schedule*, *Central District*, 1916。

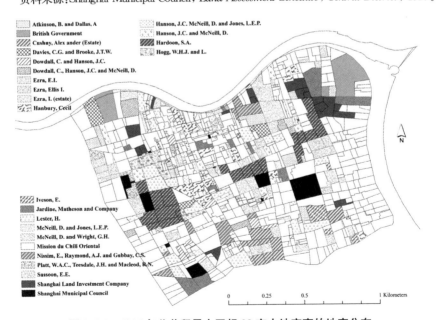

图 2-7-1　1916 年公共租界中区超 20 亩大地产商的地产分布

从空间分布上，20 亩以上大地产商的地产分布，与 1911 年相比，并未发生大的变化，新的增长主要发生在中区的西部一带以及内部，呈填缝式增长。这一时期的土地分割和土地合并现象又发生了新的变化，主要表现在：

1. 土地分割。1911—1916 年，同一地籍编号的地产，发生土地分割的总计有 88 处，其中分割面积超过 1 亩的有 15 处。土地分割的地产分布如图 2-7-2 所示，以中区西部今湖北路、浙江中路，东部四川中路，以及苏州河南岸地区最为集中。其中，分割面积超过 1 亩的地产，大部分集中在苏州河以南的东部，即四川中路北段。分割面积最大的一块地产，位于苏州河南岸靠近今浙江中路，即 Cad. 567。业主为"C Dowdall, J. C. Hanson and D. McNeill"，将原面积为 22.617 亩土地，分割出 8.273 亩，卖给"D. McNeill and L. E. P. Jones"，也是律师行，该地产 1911—1916 年的估值为 16000 银两/亩。

图 2-7-2　1911—1916 年土地空间形态变迁示意图

另一块地产 Cad. 188，也位于苏州河南岸靠近河南中路。业主为

A. McLeod(estate)也是一家地产公司。该公司将土地一分为5，新设地籍编号分别为 Cad.188A，Cad.188B，Cad.188C，Cad.188D，卖给了不同的业主：将 Cad.188A，1.328 亩，以每亩 24000 两的价格卖给了"W. A. C. Platt and A. S. Wilson"；将 Cad.188C，1.81 亩（26000 两/亩），Cad.188B，4.464 亩（25000 两/亩），Cad.188D，0.188 亩（15000 两/亩），卖给了上海业广地产公司。该业主还把原地产 Cad.188 剩余的 5.066 亩土地，以 19000 两/亩的价格，卖给"W. A. C. Platt and A. S. Wilson"。而 A. McLeod 早在 1890—1896 年购买了这块土地，在 1896 年，土地面积为 11.821 亩，每亩估价仅 6500 两/亩。1911—1916 年分割销售后，如果以土地估价计，该业主赚了 212770 银两，由于土地估价普遍低于市场价，故该业主实际赚的利润应该高于此数。

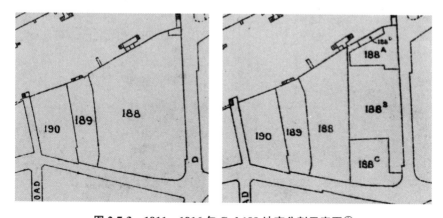

图 2-7-3　1911—1916 年 Cad.188 地产分割示意图①

位于今北京东路和四川中路的一块地产 Cad.77，最早出现在 1890 年的地籍图上。土地业主为"Sarah Ann Crampton"，面积 19.05 亩，每亩估价 5000 银两。1896—1899 年，"Sarah Ann Crampton"将这块土地以 7500—9000 银两/亩全部卖给了"Jas Alex Berry"。1903 年，该地地价已上涨至

---

① 原图为 1911 年和 1916 年中区地籍图。

15000 银两/亩,1907 年又涨至 40000 银两/亩。到了 1911 年,在地籍图上显示,该地产分为 Cad.77 和 Cad.77A 两块地产,但地籍册上并没有区分,仍作为一块地产统计,面积变为 17.334,土地估价下降为 30000 两/亩,业主不变。1916 年,该地产被分割为 5 块地产,其中临街 4 块地产。这些分割的土地中有 4 块土地卖给了上海业广地产公司,分别是:Cad.77(9.699 亩,36000 两/亩),Cad.77B(3.134 亩,36000 两/亩),Cad.77C(1.234 亩,40000 两/亩),Cad.77D(1.37 亩,46000 两/亩)。另一块 Cad.77A,1.384 亩,以每亩 40000 两卖给了通和洋行。"Jas Alex Berry"通过这次土地分割销售后净赚 428659 两。

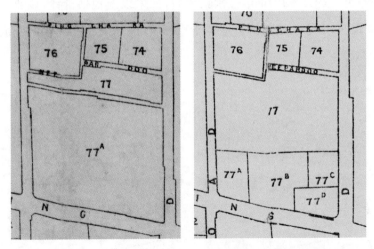

图 2-7-4　1911—1916 年 Cad.77 号地产土地分割示意图

2. 土地合并。据统计,1911—1916 年间,同一地籍编号的地产,发生土地面积增加,即土地合并现象的,总计有 43 处,其中有 6 处土地合并的面积超过 1 亩。土地合并的情况,大部分情况是整块土地卖给其他业主时发生了土地增加的情况。比如 Cad.80,在 1911—1916 年,合并了周边 Cad.82,土地面积从原来的 4.929 亩,增加到了 14.229 亩。Cad.80 和 Cad.82,原是 A. D. Sasson 的地产,在 1911—1916 年间,沙逊将这两块地产同时卖给了哈同后,两块土地合并采用一个地籍号,原地籍号 82 号注销。同样,位于今

南京东路最西端 Cad.633 号,1911 年为 A. D. Sasson 所有,面积 14.056 亩,
土地估价 22000 两/亩。1911—1916 年,沙逊将该地连同 Cad.634(1.792
亩)一并卖给了"Mission du Chili Oriental",两地合为一,使用 633 编号。
该地产就占用了整个街区。原来的 634 号,本该注销,但由于其南面
Cad.635 一块新分割出来的地产,正需要一个编号,于是把这个编号给了新分
割的地产。Cad.635,原系"Missionof Kiangnan, Catholic"所有,1911 年将原地
产分割出 2.816 亩,卖给了 H. Lestre,剩余的 3.272 亩留为己用。最后,635 号
给予新分割出来的土地,而 634 号给了"Missionof Kiangnan"剩余地产。

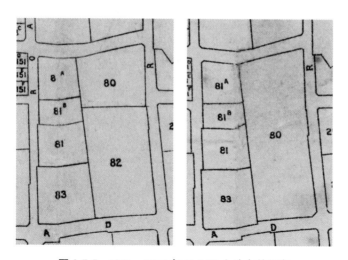

图 2-7-5　1911—1916 年 Cad.80 土地合并现象

还有地产 Cad.168,在 1911—1916 年,合并了周边 Cad.171,土地面积从
原来的 18 亩,增加到了 24.276 亩,占并了整个街区。Cad.168,在 1890 年英
租界地籍图上,只是该街区一块面积 1.31 亩的小块地产,业主为"Major
Brothers",地价仅每亩 6500 银两。该街区内还有 Cad. 167,Cad. 169,
Cad.170,Cad.171 和 Cad.172 等其他五块地产,其中 Cad.169,Cad.170 和
Cad.172 为工部局所有,共计 16.114 亩土地。Cad.167,1.313 亩,属 A. R.
Burkill 所有,Cad.171,为 J. P. Watson 所有,面积 9.174 亩。1890 年这个街

区的地价为 6000—8000 银两。到了 1903 年，地价上涨至 15000—20000 银两/亩，Cad.167 的土地，已卖给了"C. Dowdall & F. Ellis"，其他不变。

1904 年，工部局计划将汉口路、江西中路、福州路、河南路围合而成的街区全部买下，用于建造工部局办公大楼，并着手购买街区内其他土地。从当时的地籍资料来看，购地过程是缓慢而漫长的。到了 1907 年，限于周边土地地价高昂，每亩地价已涨至了 50000 银两，工部局仅购买了 Cad.168 原属 Major Brothers 的 1.31 亩土地，并将这一土地与工部局其他三块土地合为一，地籍编号为 Cad.168，土地面积总计 16.687 亩（按照 1903 年地籍表的数据，四块地产面积之和应该为 17.424 亩）。1910 年，工部局董事会成立工部局大楼委员会(the municipal buildings committee)，继续推进建楼计划。到了 1911 年，工部局又购买了 Cad.167 原属"J. C. Hanson, D. McNeill"（该业主在 1903—1907 年购买此地）1.313 亩土地。

1913 年 2 月，工部局大楼委员会完成最终报告，该报告中包含 4 份经挑选后入围的工部局大楼平面图。3 月底，纳税人大会审议该报告并确定了工部局大楼的设计方案。该方案为三面围合建筑，暂时保留了当时的卫生处、救火站和巡捕房，而建楼的预算为 125 万两白银。该大楼的平面设计由工务处的建筑师特纳(R. C. Turner)完成，并经伦敦皇家建筑学院院长审阅。1914 年 10 月，工部局大楼承建招标，华商裕昌泰营造厂中标。大楼建设工程正式启动。由于一战期间从欧洲采购建筑材料难以按时抵达，导致工程进展缓慢，直到 1919 年，才基本完成了新大楼的整体结构。1922 年 11 月 16 日，历时 8 年，工部局大楼正式建成并投入使用。其规模之大、用料之考究、设备之先进，堪称当时上海之最。而本街区最后一块土地 Cad.171（业主为 "C. M. McBain, J. Prentice and R. S. F. McBain"），工部局于 1911—1916 年购买，最终实现了购买整个街区的计划，整个街区的地籍编号采用了 Cad.168，在 1916 年地籍册上，该编号的土地面积为 24.276 亩。（若按照 1911 年地籍册的面积，Cad.168 为 18 亩，Cad.171 为 9.174 亩，合并后应该为 27.174 亩）

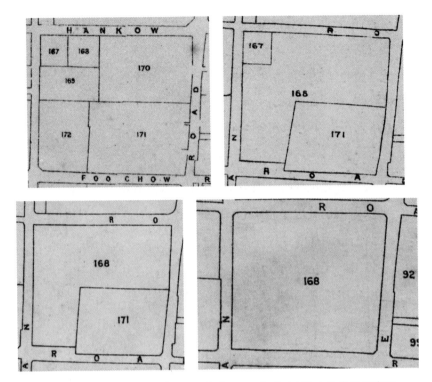

图 2-7-6　1896 年、1907 年、1911 年和 1916 年 Cad.168 土地合并示意图

二、1920 年中区土地估价、地籍图册及主要内容

（一）土地估价过程

1920 年 1 月 28 日会议上，总董指出，地产价值自 1916 年估值以来，已大为增长，这一为期五年的估价将实行到 1922 年 1 月，因此他建议工部局考虑 1920 年重新估价。3 月 31 日，总董宣读了麦凯先生提出的考克斯先生附议的第十二号决议案，即关于对公共租界地产应重新估价的议案。[1]5 月 20 日会议，董事会批准哈尔斯与 N. L. 斯帕克任命为地产估价员。[2]

1921 年 12 月 7 日会议，讨论了关于租界内未开发土地和未登记土地的

---

① 《工部局董事会会议录》，第 21 册，1920 年 3 月 31 日，第 563 页。
② 《工部局董事会会议录》，第 21 册，1920 年 5 月 20 日，第 572 页。

土地税问题,未开发土地,根据《土地章程》是不允许征税的,故土地估价表中应该不包括未开发的农业用地。对于未登记的或未注册的土地,主要是性质颇为含糊的被分割成许多小面积地产和由许多业主拥有的农田进行征税,董事会认为是很困难的,而对于性质明确的地产,即使从未注册过,也应纳税。董事会认为,恰当的办法是试点,首先是给在中区的少数几处具有地籍编号的地产按照已注册土地的同样方式,进行估定税额后收税。至于其他区,如果前面首先提到的一项措施获得成功,没有遇到反对的情况,则这些性质明确、业主也确定的地产,应一律按捐务处通常的处理办法,给它们编订地籍号码,以同样的方式征税。①

(二) 1920 年土地估价表内容分析

1. 1920 年中区有 786 宗地产,2192.2415 亩土地。比 1916 年,地产数量增加 31 份,地产面积增加 55.9195 亩。土地总值 90616793 银两,相比1916 年,增长了 31.89%。

2. 各领事馆登记情况如下:英领事馆:699 宗 2002.05 亩;美领事馆,31宗 72.596 亩地;日本领事馆:15 宗 32.471 亩土地;德国领事馆:3 宗 6.398亩地;西班牙、比利时、丹麦、法国、西班牙领事馆各 1 宗。未注册的土地 30宗 54.849 亩土地,系华人地产。

3. 共有地产主 250 人。其中 20 亩以上的地产主有 22 人,占有 1197.441亩土地,占该区所有纳税土地的比重为 54.62%。10—20 亩土地有 24 人,占有 344.596 亩土地,占该区所有纳税土地的比重为 15.72%。10 亩以上的土地有 205 人,占有 650.205 亩土地,占该区所有纳税土地的比重为 29.66%。

其中,百亩以上的大地产主增为 3 个:通和洋行、哈同、雷士德。通和洋行在短短四年间增购了 105.823 亩土地,首次超越哈同和雷士德,坐上了中区头把交椅。在地籍图上,可定位 66 处,分布比较分散,主要集中在苏州河以南,

---

① 《工部局董事会会议录》,第 21 册,1921 年 12 月 7 日,第 719 页。

今南京东路以北的中间区域,还有广东路、福州路东段部分区域。对比 1916
年地籍图册,28 份地产是这一时期从其他洋商购买的。卖主既有上海业广地
产公司,S. D. Sassoon,怡和洋行,W. H. J. Hogg and L. Hogg, C. Dowdall and
J. C. Hanson, D. McNeill and L. E. P. Jones, C. G. Davies and J. T. W. Brooke
等大地产商,也包括 J. Tisdall, Suzuki and Company, Public Trustee, The,
Mission, Presbyterian, U. S. A., W. D. Little, T. O. Hope and T. E. Parting-
ton, J. J. Keswick, J. H. Stewart and W. J. J. Stewart, E. Iveson, M. C. Gra-
ham, S. J. B. Ewart, W. E. Currie, W. B. Currie, B. Dean, J. B. Paul and
M. H. B. Currie, P. Fowler, Banque Belge pour l'Etranger 等中小规模的地产
商、律师或银行。新购地产的位置,一般是在原地产附近,主要集中在三个地
区:一是今浙江中路;二是今四川中路北段;三是广东路和福州路东段地区。

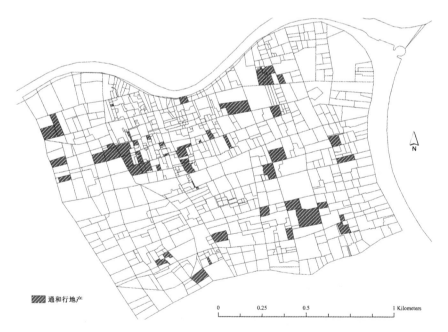

通和行地产

0　　　0.25　　　0.5　　　　　　1 Kilometers

图 2-7-7　1920 年通和行在中区地产分布

紧随其后的是"D. McNeill and G. H. Wright",是这一时期另一个增长较
快的洋行。正如前文所言,麦尼而(D. McNeill)的身份为律师,与"G. H.

Wright"合伙构成洋行，笔者尚未查到其性质，但律师事务所的可能性较大。另外麦尼而还与"L. E. P. Jones"，"J. C. Hanson"合伙购地。这 3 个合伙洋行的土地面积总共 183.276 亩，甚至超过了通和洋行。在 1920 年地籍图上，麦而尼及其合伙人的地产，可定位的有 62 份，主要分布在中区的中部地区，即今河南中路和福建中路之间的地区，新购置的地产有 23 份，主要集中在苏州河南岸今浙江中路至今河南中路北段。律师事务所购地有两种可能，一种是自己盈利，另一种是办理挂号道契。在这一时期，挂号道契已颇为盛行，其中这项业务主要是通过外国的律师事务所办理的，当然其他地产商，比如上海业广洋行等也兼办这项业务，此数据可视为隐形华人地产数量上升的一项重要参考指标。

麦而尼及其合伙人地产

0   0.25   0.5   1 Kilometers

图 2-7-8　1920 年麦而尼及其合伙人的地产分布

另一个值得注意的是地产商是 A. J. Raymond（雷梦），在 1916—1920 年间，为购地最多的地产商之一。他与其合伙人以"A. J. Raymond, E. Nissim and M. J. Moses 雷梦"和"E. Nissini, A. J. Raymond, and C. S. Gubbay"名义，在这个周期内购地达 117.282 亩。A. J. Raymond，1904 年

前后曾担任汇丰银行董事会主席。有关这个人物的记载甚少。"A. J. Ray-mond, E. Nissim and M. J. Moses 雷梦"购买的土地,可定位的 14 份,共计均来自沙逊家族的 J. E Sassoon 和 E. E. Sassoon,其中,从 E. E. Sassoon 购了 4 份,共计 28.159 亩土地,从 J. E. Sassoon and E. E. Sassoon 购了 1 块地产 8.736 亩,从 J. E. Sassoon 处购了 9 处地产,共计 34.009 亩。这些土地在1920 年总价值达 330 万两。如此大的数额,只有一种可能,这是沙逊下设的一家公司,这是进行财产转移。目前缺乏相关的文献记载,待考。另一个重要的信号是沙逊家族的地产骤减,在 1916 年,沙逊家族(主要是老沙逊洋行,E. E. Sassoon, E. D. Sassoon, J. E. Sassoon, F. D. Sassoon, R. D. Sassoon, S. D. Sassoon)仍占有 27 宗地产 127.879 亩土地。而到了 1920 年,仅剩下 6 块地产,计 18.947 亩土地。正如上文所述,J. E. Sassoon 和 E. E. Sassoon 的地产转移到雷梦及其合伙人名下。仅剩下 Sassoon David Sons and Company,E. E. Sassoon and M. E. Sassoon,F. D. Sassoon,R. E. D. Sassoon。

图 2-7-9 1920 年公共租界中区超 20 亩大地产商的地产分布

值得注意的是，与雷梦有关的一家银行，即汇丰银行，首次入围中区 20 亩大地产主行列。在 1916 年，汇丰银行只有 4 份地产(Cad.47—50)，共计 14.528 亩，均位于外滩福州路。1920 年，从上海业广地产公司购买了一块面积 1.37 亩的土地(Cad.77D)，位于今北京东路四川中路，地价每亩 53000 两。同时，汇丰银行又购买了其在外滩地产周围的土地，1920 年汇丰银行在中区的总地产数达到 22.677 亩。

这一时期，20 亩以上大地产商的新成员有：Algar and Company(爱尔德)、Christie, J. and Johnson, G. A.(马礼逊)。退出 20 亩以上大地产商行列的有：W. H. J. Hogg and L. Hogg, E. Iveson, Mission du Chili Oriental, W. A. C. Platt, J. H. Teesdale and R. N. Macleod, E. E. Sassoon, J. E. Sassoon。仍为 20 亩以上大地产商，但地产面积减少的有：A. Cushny (estate)(祥利)，C. Dowdall and J. C. Hanson(道达)，Cecil Hanbury(汉璧礼)，Shanghai Land Investment Company(上海业广地产公司)，工部局等。其他大地产商变化不大。

表 2-7-2　1920 年公共租界中区超 20 亩的地产表　　　　单位：亩

地主姓名	占有土地面积	地主姓名	占有土地面积
Atkinson, B. and Dallas, A 通和行	163.170	Jardine, Matheson and Company 怡和行	68.000
Hardoon, S. A.(estate) 哈同	121.065	Shanghai Land Investment Company 上海业广地产公司	49.646
Lester, H.(estate) 德和	119.346	Hanbury, Cecil 汉璧礼	48.919
British Government 大英帝国	75.013	Cushny, A.(estate) 祥利	45.328
McNeill, D. and Wright, G. H.	73.518	Nissini, E., Raymond, A. J., and Gubbay, C. S.	44.156
Raymond, A. J., Nissim, E. and Moses, M. J. 雷梦	73.126	Hanson, J. C. and McNeil D. 麦尼而	41.393
McNeill, D. and Jones, L. E. P.	68.365	Davies, C. G. and Brooke, J. T. W.新瑞和	33.698

续　表

地主姓名	占有土地面积	地主姓名	占有土地面积
Dowdall, C，Hanson, J. C. and McNeill，D.高易	31.265	Ezra, E. I.（estate）怡生	23.685
Algar and Company 爱尔德	26.471	Hongkong and Shanghai Banking Corporation 汇丰银行	22.677
Shanghai Municipal Council administration Building 工部局	24.276	Dowdall, C. and Hanson, J. C. 道达	20.464
Christie, J. and Johnson, G. A. 马礼逊	23.860		

资料来源：Shanghai Municipal Council, *Land Assessment Schedule Central District*，1920。

从空间形态来看，该时期中区发生的土地合并和土地分割现象非常普遍，但与前一个时期相比，存在很大的差异，具体而言：

图 2-7-10　1916—1920 年中区土地空间形态变动示意图

1. 土地分割。这一时期土地分割的分布呈遍地开花式空间特征，其中尤其以今湖北路、南京东路、四川中路、苏州河南岸、洋泾浜北岸分布最多。

据 1916 年和 1920 年中区地籍册的记载，同一地籍号的地产在两个年份进行比对，1920 年比 1916 年土地面积减少，视为土地分割。据统计，分割面积超过 1 亩的，共计有 22 处。有些土地面积减少，只是因为道路拓宽征地所致。比如南京路，因为道路拓宽，道路两侧很多地产的土地面积减少，这并非严格意义上的土地分割。但是分割面积超过 1 亩的，确实发生了分割现象。以 Cad1.41 为例。在 1916 年，该地产面积 7.621 亩，占据了近半个街区，到了 1920 年，土地一分为 4，变为 Cad.131，Cad.137，Cad.138 和 Cad.141。Cad.131 为 D. E. J. Abraham，其余均为通和行（B. Atkinson and A Dallas)所有，土地产权发生了变化。由此可见，原业主沙逊，是先把土地分割为四后再出售。同样，Cad.136，1916 年为 C. L. H. Iburg 所有，面积 1.02 亩，1920 年，该业主将地产分割为二，Cad.136 和 Cad.136A 均销售给 S. Levinson。之所以采取分割之后销售，是因为分割售卖的价格高于不分割整块销售的价格。以 Cad.136 为例，在 1916 年地价为每亩 18000 银两，

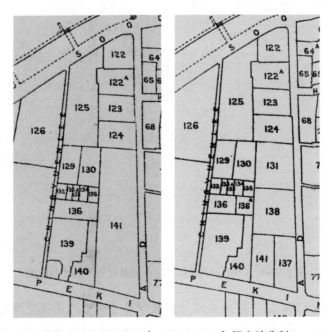

图 2-7-11　Cad.141 在 1916—1920 年间土地分割

1920 年,分割后的两块地产,Cad.136 和 Cad.136A,前者因为临街,价格是每亩 22000 两,而后者不临街,每亩 19000 两。分割后,高于平均价。

2. 土地合并。这一时期土地合并的分布较为分散,在租界的中西部均有分布。最典型的一个土地合并的例子是 Cad.247,在 1916 年,这一街区共有三个地产,地籍编号分别为 Cad.249,Cad.247 和 Cad.247A,均是哈同的地产,其中 Cad.249 是哈同在 1911—1916 年间从 W. H. J. Hogg and L. Hogg"购买的,Cad.247 则是在 1899—1903 年从 W. R. Adamson;A. J. Young;and C. W. Adamson 购买的。在 1916 年地籍图上,这三块地产之间有两条私人小路隔离,这两条小路分别为 Yusing KA(裕兴街)和 Tongsing KA(大兴街)。这只是两条私人小路,产权入契。虽然这两条小路仍分为三块地产,实际上就是一块地产。故在 1920 年的地图上,整个街区就采用了一个地籍号,Cad.247,其他两个编号作废。这种类型的土地合并现象较为常见。

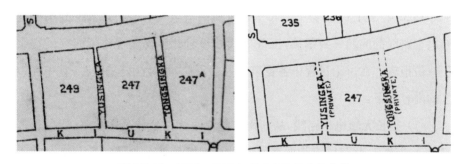

图 2-7-12　1916—1920 年 Cad.247 的土地合并

三、土地开发与轨道交通

这一时期与土地开发有关的市政活动主要是铺设无轨电车。无轨电车的开通极大提高了该街道的商业价值。1920 年 1 月 7 日,会上提出了工务处长的一份报告,内容是关于他和麦科尔先生就上海制造电气公司延伸无轨电车路线规划的一些讨论情况,这是根据警备和工务两委员会 1919 年 10 月 31 日召开的联席会议所作出的指示。工务处长在报告结尾处声称:经深入讨论，代理警务处长和他同意向董事会提出两点建议，1.请批准从江西路爱多亚路至江西路北京路修建无轨电车路线，然后沿北京路向东至四川路，再向北至苏州路，最后打算越过四川路桥，费用由公司提供。2.力图劝说法公董局同意在爱多亚路修建延伸无轨电车路线。

关于第 1 点，据当时的备忘录，早在 1917 年后期与 1918 年初，公司即第一次提出延伸无轨电车路线的全面规划，当时对在四川路上修建电车路线曾进行反复考量，后获悉工部局反对这一路线，公司即改为江西路。后来这路线未获批准，又代之以河南路，但也未获批准。会上提出了现在的规划，即沿江西路与四川路的路线。各董事对此一致不同意，并指示该公司，除西藏路外，董事会不同意任何跨越南京路的电车路线。

关于第 2 点，据当时的备忘录，在爱多亚路上修建无轨电车路线的原则已于 1919 年 10 月 31 日在警备与工务两委员会联席会议上通过。①

1920 年 3 月 17 日会上公布了致上海制造电气有限公司的一封关于延伸电车路线的问题一封函稿，工务处代处长对此函稿逐段作了研究并提出了一份报告。在讨论过程中各董事均发表意见，并对该函稿修改，其中在中区的内容如下：

（1）延长无轨电车路线，从河南路起沿福州路延伸至西藏路，代处长提议向公司建议：此路线应从西藏路起沿福州路延伸至外滩。各董事对此表示同意。

（2）无轨电车路线从河南路起沿北京路延伸至外滩。代处长指出，在这两点之间，除博物院路与圆明园路一狭长地带以及外滩转角处的狭长地带外，北京路路线完全按规划宽度筑成。至于征用这两小块地带，早已在这些狭隘地段通行无轨电车有所规划。他提出，延伸福州路路线至外滩，以及延伸北京路路线至外滩，实质上有助于减轻中区南京路交通拥挤程度。各

---

① 《工部局董事会会议录》，第 21 册，1920 年 1 月 7 日，第 539—540 页。

董事表示同意,并指示将不同意延伸一段从函稿上删去。

(3)无轨电车路线在爱多亚路路段的延伸,董事们同意:将与法公董局进行的谈判,应包括把爱多亚路从外滩延伸到大西路,如有需要,再从大西路延伸到马尼拉路。

(4)无轨电车的道路改造。根据代理处长的阐释,董事重新郑重考虑后一致同意:向公司提出的每公里的道路捐应减至2500两。至于爱多亚路,因牵涉法公董局利益,应作特殊考虑。

(5)无轨电车在南京路上交通拥挤。董事们经再度考虑后,认为尽管在南京路上拆除铁轨而以无轨电车取代是可行的,但看来只会加剧这条道路上的交通拥挤程度,而不会有所改善。①

1920年3月24日,会上提出并批准发出董事会致上海制造电气有限公司关于延伸全部电车路线问题的一份经过修改的函稿,但需删去从北京路起沿四川路到四川北路行驶无轨电车的一段话。董事们表示:四川路交通十分拥挤,无法行驶无轨电车,尽管延伸这一路线实质上将缩短卡德路至靶子场之间的路程。②

该公司指出,增辟南北路线是延伸路线规划中的基本部分。增辟的南北路线将建于福建路与外滩之间。在这方面,据备忘录,当该公司关于延伸无轨电车的全面规划在1917年来与1918年初提出时,公司曾建议沿四川路延伸,其后公司考虑这一建议将遭反对,即代之以江西路,而工部局表示,也许除了西藏路外,所有横越南京路的路线都不批准。公司以后建议改为河南路,但亦遭工部局拒绝。以此来支持火政处长、工务处长与代理警务处长的反对意见。工务处长随后建议沿江西路及四川路开辟无轨电车路线,但这一建议又依次未被批准,董事会并指示致函公司,以最明确措词声明,除在西藏路外,不准再在他处穿越南京路。

---

① 《工部局董事会会议录》,第21册,1920年3月17日,第558页。
② 《工部局董事会会议录》,第21册,1920年3月24日,第560页。

　　警务处长在评论公司目前表达的观点时称，增辟一条南北路线将有助于这些方向交通畅通，实际上不致在南京路口影响东西向交通。在问及工务处任对此问题的意见时，他答称，从公众的角度来看，修建这样一条路线是有好处的。反对的意见是：电线杆与空架线在一定程度上将对消防队有妨碍，并构成一定的危险。但经进一步讨论并就此事对各种观点加以考虑后，董事们普遍认为，从南到北，或从北到南，其交通流量使批准增辟南北路线已成为必要。

　　于是随后研究了哪一条特定路线最为合适的问题，火政处长重又断言，从消防的观点，河南路极不合适。但是他主张，如果决定要重建中区火政分处的话，最好面朝福州路。最后经稍加讨论后，董事们同意总董的意见，即批准的路线应从爱多亚路起，沿江西路直至苏州路，然后向西至河南路，与现正运行的路线相连接。①

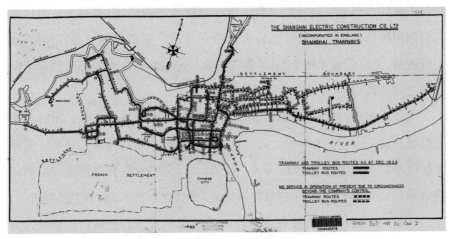

图 2-7-13　上海公共租界的有轨电车和公共汽车路线示意图（1939 年）②

四、地价变迁与空间结构

　　1912 年至 1920 年的十年间，是中区土地价格较为稳定的十年。根据

---

①　《工部局董事会会议录》，第 21 册，1920 年 12 月 20 日，第 616 页。

②　https://www.virtualshanghai.net/Asset/Preview/vcMap_ID-230_No-1.jpeg［2022-5-1］.

1916 年和 1920 年土地价值数据,对这十年的土地价格进行统计分析,并运用 GIS 的方法,绘制这两个年份的地价空间分布图。由此可以得出如下几点认识:

首先,从时间序列上看,1911—1916 年,地价上涨较为缓慢,1916 年的地价水平并未超过 1907 年的地价水平。1916—1920 年地价上涨幅度明显大于前一阶段,1920 年比 1916 年地价上涨了 26.85%,比 1911 年地价上涨了 38.44%。关于地价上涨的原因,主要有以下几个方面:

首先,这一时期工业蓬勃发展,新建工厂对租界及租界邻近土地的需求量大增,其结果是,"使地价上升到十年前难以想象的高度";其次,因战时资金枯竭,市面上可动用资金的收益能力大大增加,建造新屋(尤其是在建筑材料费用高涨的情况下)已无利可图,乏人问津;第三,在 1919—1920 年的战后恢复时期,中外商人纷纷在沪开设商行,这些投机商行以及新开设的许多钱庄和 150 家所谓"交易所",都需要办公场所,甚至不惜付出任何代价,结果是许多民用住房实际上都被用作办公场所;第四,新建工广需要大批工人,加上这一时期中国国内政治动荡,内地来沪难民大量涌入上海,使上海的人口大大增加,住房需求增加。[①]这些因素是推动地价上涨的主因。

表 2-7-3　1911—1920 年公共租界中区地价统计表　　单位:银两/亩

年 份	最高值	最低值	平均值	平均值增长百分比
1911	90000	11000	26250	
1916	110000	10000	28649	+9.14%
1920	140000	12000	36340	+26.85%

资料来源: Shanghai Municipal Council, *Land Assessment Schedule*, *Central District*, *1911*, *1916 and 1920*。

其次,空间序列上看,整体上呈现由东向西逐步递减的趋势,空间结构

---

① 　徐雪筠:《上海近代社会经济发展概况(1882—1931)——〈海关十年报告〉译编》,第 231 页。

呈现由南京路和外滩构成的丁字形空间结构。外滩为整个中区地价最高的区域,1916 年,大部分地区地价在 60000 万银两/亩以上,部分地段在 80000 银两/亩,最高地价高达 110000 银两/亩。到了 1920 年,对外滩 27 处地产的土地估价数据,平均地价为 11.33 万银两/亩。

南京路的地价,仅次于外滩,1916 年整条马路的地价均在 20000 银两/亩以上,其中五分之四的路段在 40000 银两/亩以上,东部五分之一的路段在 60000 银两以上。

与南京路相邻的九江路、福州路,在今河南中路以东路段,地价水平与南京路接近。1916 年,地价在 40000 银两/亩以上,1920 年又增至 50000 至 100000 银两/亩的水平。

苏州河沿岸至北京路之间的区域,总体的地价水平,仍低于南京路以南的区域。特别是周泾与苏州河的夹角地区和第二跑马场的西南地区,仍是英租界地价最低的地区。

图 2-7-14 1916 年中区地价的空间分布

图 2-7-15　1920 年中区地价的空间分布

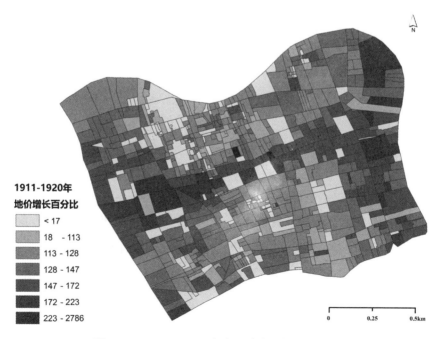

图 2-7-16　1911—1920 年中区地价增长空间分布图

第三,选取 1920 年地价和 1911 年的地价数据,运用 GIS 的方法,在空间上进行叠加计算,绘制地价增长空间分布图,从中可以看出同一地产在 1911 年至 1920 年之前的地价增幅在地图上的表现。从地价增长的空间分布图来看,地价增幅最大的地区主要集中在三个地带:首先是外滩,地价涨幅在 1.7 至 2.7 倍之间。其次是南京路,地价涨幅与外滩接近,在 1.5—2.5 倍之间,第三是租界的西部边界,周泾东岸地区,这里原是地价最低的地区,但涨幅亦较大。

第八节　1921—1933 年土地估价表与城市变迁

一、1924 年中区土地估价、地籍图册及主要内容

1924—1933 年之间一共发生了多次土地评估和重测,包括 1924 年,1927 年,1930 年和 1933 年四个年份,笔者主要整理了 1924 年、1930 年和 1933 年三个年份的土地评估表,通过整理这三个年份的土地评估表,可以发现如下特征:

(一) 土地估价过程

1924 年 3 月 12 日,会议决定将于 4 月 16 日召开纳税人年会,董事们同意,应想尽办法以提出一个关于重新估价的决议。[①]6 月 18 日会议,董事们提出在任命估价员之前,应采取步骤保证新的估值更接近土地的市价。一位董事提出,由于估价是代表工部局进行的,因此倘所提出的价值和市价之间差异显著,看来不必接受估定的价格。他认为应分别委派各区的估价员,但是工务处长指出,这种做法不能保证各区间估价一致。工务处长提出,为了取得对市价有关的正确估价,可从他属下人员中委派一名合格的测量员

---

① 《工部局董事会会议录》,第 22 册,1924 年 3 月 12 日,第 671 页。

担任估价员。经长时间讨论后,要求工务处长拟写一份报告提出能帮助工部局取得预期目的的建议,同时,代理总办将询问戴维斯和鲁滨逊是否能应邀而担当此任。①7月2日,会议批准他提出邀请洛根和鲁滨逊任估价员的建议,同时批准他进一步提出还应委派工务处索尔任估价员的建议。考虑到董事会希望估算的估价较接近市场价格,因此会上提出以何种方式向估价员发出指示,工务处长说,如果由估价员执行,前些年发出的那些指令就够了。他认为,若批准一名他属下人员为估价员对于取得所希望的结果是大有帮助的。②1925年3月26日会议,收到了关于中区、北区和东区地价重估一览表,副本分发各董事。③

（二）土地估价表内容

《上海工部局:土地估价,中区1924年》是根据1924年4月16日纳税人年会通过的第8项决议制定的。④

（1）1924年土地估价表中的土地总面积2198.8778亩,而笔者统计有814宗地产,共2228.519亩土地。相比1920年地产数量增加28宗,地产面积比1920年增加36.2775亩。每份地产的面积继续呈下降趋势,1920年,每份地产为2.789亩,而1924年为2.73亩,减少了0.05亩土地。土地估价表中记载该区土地总值146729836银两,而笔者统计有土地总值148791800.8银两。土地总值比1920年增长了64.2%,增幅远大于上一个周期。

（2）各领事馆土地登记如下:英国领事馆:837宗;美国领事馆:43宗;日本领事馆:21宗;德国领事馆:4宗;意大利领事馆:3宗。比利时、法国、丹麦各1宗。未注册的华人地产,共有5宗,计3.329亩土地。

（3）1924年,共有土地业主239人,其中20亩以上地产主有20人,占

① 《工部局董事会会议录》,第22册,1924年6月18日,第682—683页。
② 《工部局董事会会议录》,第22册,1924年7月2日,第683页。
③ 《工部局董事会会议录》,第23册,1925年3月26日,第551页。
④ Shanghai Municipal Counil, *Land Assessment Schedules*, *Central District*, *1924*, Shanghai: printed by the Shanghai Mercury, Ltd., 5 Hongkong Road. 1925.

有 1313.021 亩土地,占该区所有纳税土地比重为 58.83%。10—20 亩的地产主有 23 人,共 330.823 亩土地,占该区所有纳税土地比重为 14.82%。10 亩以下的地产主有 196 人,占有 588.067 亩土地。占所有纳税土地的 26.35%。

其中位列前三的地产主,与 1920 年相比,仍是原来的三个地产主,但前后次序发生了变化。地产增长最大的是雷士德(H. Lester),比 1920 年增加了 84.064 亩,升至首位。在公共租界中区的地产,几乎遍布租界,尤其在今四川中路以西的中西部地区,以跑马场及其周边地区最多;哈同,1924 年地产相比 1920 年增长了 20.658 亩,主要位于今南京东路,还有几块在今北京东路和其他地区。通和行(B. Atkinson and A. Dallas)在 1920 年位列第一,到了 1924 年,屈居第三,土地面积减少了 30.341 亩。可见当时土地竞争之烈。通和行的土地分布较为零散,其中今南京东路和北京东路、福州路与广东路之间地区,分布较多。

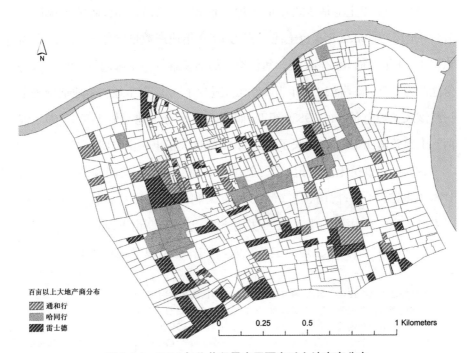

图 2-8-1　1924 年公共租界中区百亩以上地产商分布

表 2-8-1　1924 年公共租界中区超 20 亩的地产表　　　　单位：亩

地主姓名	占有土地	地主姓名	占有土地
Lester，H.雷士德	203.410	Shanghai Land Investment Co.，Ltd.业广	45.995
Hardoon，S. A.哈同	141.723	Davies, C. G. and Brooke, J. T. W. 新瑞和	45.961
Atkinson & DAllas, Ltd.通和洋行	132.829	Jardine, Matheson & Co., Ltd.怡和	45.715
Mcneill, D. and Wright, G. H.麦尼而	93.005	Hanbury, Cecil 汉璧礼	40.080
Raymond，A. J., Gubbay, C. S. and Moses，M. J	88.949	Mackenzie & Co., Ltd.隆茂	38.329
British Government 大英帝国	75.791	Hanson, J. C. and McNeill, D.麦尼而	36.633
Macleod，R. N. and Gregson, R. E. S.	67.928	Sassoon & Co., Ltd., E. D.沙逊	36.239
Municipal Council 工部局	60.683	Algar & Co., Ltd 爱尔德	26.722
McNeill，D. and Jones，L. E. P.	58.996	Dowdall, C. Hanson, J. C. and MeNeill，D.	22.193
Cushny，A.(estate)	51.840		

资料来源：Shanghai Municipal Council，*Land Assessment Schedule*，1924。

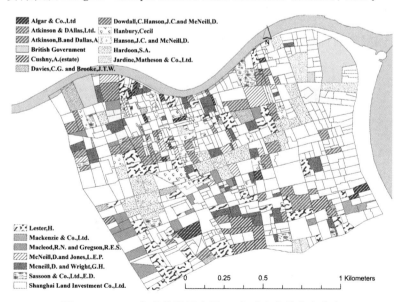

图 2-8-2　1924 年公共租界中区 20 亩以上大地产商分布

　　20亩以上的大地产主，地产总数占了整个中区的半数以上。其地产主要位于今四川中路以西的租界中西部地区。这些大地产商的土地投资，加快了中西部地区的开发进程，比如跑马场的土地，几乎被20亩以上的大地产商瓜分，仅有少量的地产归小地产主所有。

　　从空间形态上看，这一时期，土地分割和土地合并现象明显多于前一个时期，且空间上更为广泛。具体而言，具有如下几点特征：

　　(1)土地分割。根据1920年和1924年两年中区地籍册中土地面积的比对，1924年比1920年面积减少的同一地籍编号的地产，共有111处。其中分割面积超过1亩的共有14处，主要分布在苏州河南岸、南京路、福州路等处。Cad.571为苏州河南岸的一块地产，在1920年为一块地产，W. Brandt，面积4.192亩。1924年该地产一分为三，Cad.571，面积变为1.492亩，Cad.565和Cad.570面积分别为1.525亩和1.143亩，这三块地产的业主仍为W. Brandt。这样分割之后，Cad.565和Cad.570，因为临河，地产估价每亩25000两，而Cad.570因为不临河，地价为每亩20000两。而1916年Cad.571，整块地产的价格亩价为每亩15000两。这样分割之后，不仅易于销售，而且提高了土地的总价值。

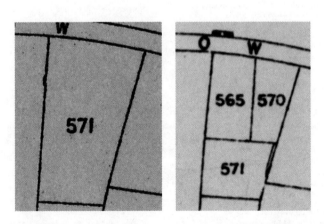

图 2-8-3　Cad.571 在 1920—1924 年土地分割示意图

同样,位于福州路的 Cad.173 和 Cad.174 两块地产,因为临街,Cad.173 分为 Cad.173 和 Cad.172,原来整块土地,在 1920 年地价为每亩 45000 两。土地分割后,Cad.173 每亩 85000 两,Cad.172 每亩 82000 两。Cad.174,每亩 57000 两。Cad.174 分为 174 和 174A,土地分割前,每亩 57000 两,土地分割后,Cad.174,每亩 95000 两,Cad.174A,每亩 83000 两。此外,还有 Cad.27 地产,分为了 Cad.27 和 Cad.27A 两个地产,情况类似。

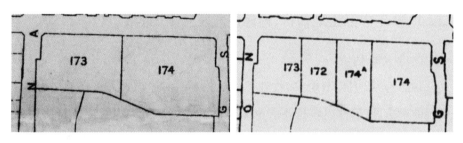

图 2-8-4　Cad.173 和 Cad.174 在 1920—1924 年土地分割示意图

(2) 土地合并。根据 1920 年和 1924 年两年中区地籍册中土地面积的比对,1924 年比 1920 年面积增加的同一地籍编号的地产,共有 48 处。其中,增加超过 1 亩的有 9 处,如图(2-8-5)所示。以 Cad.532 为例,原是临街的一块小地产,而其相邻的 531 和 531A 两个地产,并不临街。这三个地产,

图 2-8-5　Cad.532 在 1920—1924 年土地合并示意图

在 1920 年均是永年人寿保险有限公司(China Mutual Life Insurance Company)的地产,该业主在 1920—1924 年将这三块地产全部售给了永明人寿公司(Sun Life Assurance Co. of Canada)。永明人寿公司购买后,将原来的三块地产,合并为 2 块地产,Cad.531 和 Cad.532.原来的三块地产有两块地产不临街,这样调整之后,两块地产均临街。这样调整有利于提高三块地产整体的土地价值。

二、1930 年中区土地估价、地籍图册及主要内容

(一) 土地估价

1926 年 12 月 1 日会议,收到了一封关于上海业广地产公司等 10 个署名者的来信,该信件内容是要求董事会重新考虑对租界内地产重新估价一事。1927 年进行土地估价,还有一个重要原因就是工部局的预算赤字,所以工部局希望通过增加地捐和房捐的办法,增加财政收入,减少赤字。财务处副处长认为,重新估价地产价值将增收 40 万至 50 万,但假如 1927 年下半年才生效的话,从中增收 25 万两的税,还不足以平衡 1927 年度的预算。工务处处长认为,为了使这种估价大致上更接近实际的地产价值,增加目前的地产估价是正确的,这也正说明了地价上涨是不争的事实。

1929 年 10 月 28 日工务委员会会议,有人提出对公共租界土地和房屋重新估价,以便在 1930 年初按照新的土地估价进行征税。总董却不赞同土地估价,因为董事会曾向纳税人大会承诺 1930 年考虑削减房捐。总董担心,若当下修正土地估价,会让纳税人自然地认为,他们从消减房捐中所得到的好处,将被增加土地估价所抵销。总董回想过去因董事会频繁的土地评估而饱受批评。副总办就此问题准备了一份详细的备忘录。在这份备忘录里,他认为有必要立刻进行土地重估。他解释说,由于房屋的估价是根据其全部价值而定的,因此与土地业主所负担的捐税相比,房屋居住者所付的税率要比前者高,土地估价并不是根据《土地章程》的规定而定,而是按土地

总价值而定的。估价的增加未必就是对土地业主的征税额增加,他建议可在规定的限度内减少这种税。他认为要按照《土地章程》的规定,保持土地税和房产税之间的平衡,这是最公正不过的。他认为地产委员会最近的一些决定,所给予的土地赔偿费与土地的估价完全不成比例。贝尔先生说,尽管工务委员会建议立刻重估土地,但他本人考虑削减房捐的同时,认为重新进行土地估价并不合适。他认为有必要把土地重估至少推迟到明年进行。总董也赞成,并提议土地重新估价推迟到明年进行,可以在下次年会通知纳税人,即将离任的本届董事将建议重新估价,以便保持《土地章程》中所规定的土地税与房屋税之间的恰当比例。经讨论,董事们都反对这次重估土地,并将此问题提交下次董事会会议决定。①同年 11 月 27 日会议,尽管仍有人提出重估土地,并列举了种种理由,但会议最终还是决定推迟到 1930 年进行土地评估。②

直到 1930 年 5 月 14 日会议,董事会重提对地产重新估价,并考虑到工务委员会去年年底所提出的组建地产估价委员会机构的意见。③之后的会议录中并没有这次土地估价的任何记载,但是该年度的土地评估是实施了的,其成果就是产生了笔者所见的 1930 年中区地籍图册。

(二) 主要内容

1930 年中区地籍图册包括一幅地籍图和《1930 年公共租界中区土地估价表》(Land Assessment Schedule, 1930)。地籍图附在土地估价表的卷首。图名为 Cadastral plan of the Central district foreign settlement of Shanghai, 1930,即上海外国租界中区地籍图(1930 年)。该地图上有工程处专员(commissioner du public works)的签名。土地估价表,主要包括备忘录、索引表和主表三部分。索引表,即领事馆地块索引表:中区 Index to

---

① 《工部局董事会会议录》,第 24 册,1929 年 11 月 13 日,第 580—581 页。
② 《工部局董事会会议录》,第 24 册,1929 年 11 月 27 日,第 584 页。
③ 《工部局董事会会议录》,第 24 册,1930 年 5 月 14 日,第 616 页。

Consular lots:central district,包括两个字段:British Consulate Lot No.,即英国领事馆地块编号;page in schedule,即在估价表中的页码。主表标题:Central Land Assessment Schedule,1930;主表字段包括 Number of lot(即地块编号),包括领事馆编号和地籍编号;registered owner,业主姓名;area for taxation,征税土地;value per Mow,每亩估价;total value,即每块土地的总估价。

(1) 1930 年土地估价表中总计有 836 条数据,在前言里指出,公共租界中区所有土地的面积,卷首备忘录记载,本年度中区所有土地包括免税土地(exempted properties),共计 2175.984 亩土地(实际统计只有 2173.5722 亩),全部土地的估值为 234741148 银两(实际统计 232289752 银两)。[1]

与 1924 年相比,地产数量增加 22 宗,地产面积减少 25.3056 亩。土地总值比 1924 年增长了 59.98%。

(2) 各领事馆土地登记如下:英国领事馆:748 宗;美国领事馆:34 宗;日本领事馆:20 宗;法国领事馆:5 宗;德国领事馆:4 宗;意大利领事馆:2 宗。丹麦 1 宗,工部局 9 宗。未注册的华人地产,共有 12 宗,计 13.207 亩土地。

表 2-8-2　1930 年公共租界中区各国领事馆登记表

领事馆	面积(亩)	计 数
British	1993.3142	748
American	73.9020	34
Japanese	51.1640	20
British/S. M. C	17.6660	8
French	8.2720	5

---

[1] Shanghai Municipal Council, *Land Assessment Schedule*, *Central District*, *1930*. Shanghai: printed by the Franklin Press, 1931.

续 表

领事馆	面积(亩)	计 数
German	7.4650	4
S.M.C.	3.7320	1
Italian	2.4270	2
Dan.	2.4230	1
汇总	2160.3652	823

资料来源：Shanghai Municipal Council, *Land Assessment Schedule*, *Central District*, 1930。

（3）1930 年，共有土地业主 228 人，比 1924 年少 11 人，其中 20 亩以上地产主有 23 人，比 1924 年多 3 人，占有 1303.6822 亩土地，占该区所有土地比重为 59.98%，比 1924 年略高。10—20 亩的地产主有 19 人，比 1924 年少 4 人，共 263.055 亩土地，占该区所有纳税土地比重为 14.87%。10 亩以下的地产主有 191 人，占有 606.835 亩土地。占所有纳税土地的 36.92%，比 1924 年提高了 10.3%。

与 1924 年相比，1930 年中区的地产格局发生了很大的变化。有的地产商地产增长了，而有的地产商地产减少了，甚至退出了 20 亩以上的大地产商行列。这一时期地产增长较多的地产商有：

通和行，在 1924—1930 年六年的时间，增购 44.088 亩，1930 年已跃居中区第一的位置。哈同，继续保持上升的趋势，1930 年比 1924 年增购 22.658 亩，稳稳保持中区第二的位置。新沙逊洋行是这一时期上升势头最猛的业主，从 1924 年 36.239 亩，到 1930 年达 86.1636 亩，6 年间增购 49.9246 亩。但其总量，远不能与哈同相比。沙逊家族，还有一个业主 M Sassoon，1930 年地产总数为 41.2326 亩。除外，这一时期上升较快的地产商还有新瑞和洋行、怡和洋行，地产增加的数额均超过 10 亩。

新增的 20 亩以上大地产主有："D. McNeill and G. H. Wright and A.

C. Holborow""R. N. Macleod and G. Morriss and W. Nation""Brandt and Rodgers(英商泰利有限公司)"。

地产减少的地产商:雷士德,在这一时期的地产减少最多。1926年,雷士德在上海去世。根据他的遗嘱,将大部分地产捐献给了上海教育、医疗慈善事业,遗产以由他命名的亨利·雷士德基金会托管。他的遗产资助建造了雷士德医学研究院(今上海医药工业研究院)、雷士德工学院及附属中学(今上海海员医院)、仁济医院大楼等。至1930年,在册的地产仍有90余亩。这一时期地产减少的地产商还有,"R. N. Macleod and R. E. S. Gregson"等。

这一时期退出20亩大地产商的有:"C. Dowdall, J. C. Hanson and D. McNeill""Cecil Hanbury""A. Cushny(estate)(祥利)"。祥利,继承了早期房地产商史密斯的地产,曾一度为中区的超大地产商,这一时期地产大减,也退出20亩地产商之列。

表 2-8-3　1930 年中区超 20 亩的地产商统计表　　　　单位:亩

姓　名	面积	姓　名	面积
Atkinson and Dallas	176.9170	Johnson, G. A. and Morriss, G.	49.6720
Hardoon, S. A.(estate)	164.3810	British Government	48.6500
Lester, H.(estate)	98.6960	Shanghai Land Investment Company	46.4090
McNeil, D. and Wright, G. H.	92.9840	Sassoon, M	41.2326
Sassoon, E. D. and Company	86.1636	Brandt and Rodgers	39.6260
Davies, C. G. and Brooke, J. T. W.	59.6660	McNeill, D. and Wright, G. H. and Holborow, A. C.	32.3760
Jardine, Matheson and Company	58.8130	Hanson, J. C. and McNeil, D.	29.9730
McNeill, D. and Jones, L. E. P.	57.5100	Trinity Cathedral (Trustees)	26.5990
Macleod, R. N. and Gregson, R. E. S.	50.1550	Algar and Company	26.1720

续　表

姓　　名	面积	姓　　名	面积
Probst Hanbury and Company	26.0510	Midland Investment Company	22.6060
Shanghai Municipal Council administration Building	24.2760	Macleod，R. N. and Morriss，G. and Nation，W.	20.5380
Shanghai Municipal Council Municipal Goal，Works Shelters and Soochow Road Depot	24.2160		

资料来源：Shanghai Municipal Council，*Land Assessment Schedule*，*Central District*，*1930*。

图 2-8-6　1924—1930 年土地空间形态变迁

1924—1930 年间,中区的土地空间形态变化仍表现得非常活跃,特别是同一地籍编号的地产的土地面积增加或减少的现象,较其他时期更加显著:

(1)土地分割现象。这一时期发生面积减少的地产,共计有 78 处。其中超过 10 处地产的面积共有 10 处。相当一部分地产面积减少是由于道路拓宽,土地被征用而导致的,也有一部分是由于土地分割造成的。以博物馆路(Museum Road)两旁的地产为例，笔者发现1930年道路两旁的几乎所有地产的面积均减少了。这主要是因为博物馆路拓宽的缘故。土地拓宽后，Cad.19，1924年18.432亩，1930年变为16.724亩，其中1.708亩土地被征用筑路。周边其他被征用土地的面积略少，低于1亩。也有几块地产面积减少，则是土地分割的结果。道路拓宽也是促成地产分割的主要动力。其中Cad.9，Cad.12和Cad.15均发生了一分为二的地产分割，Cad.9地产分割后变为Cad.9和Cad.9A，Cad.12地产分割后变为Cad.12和Cad.12A，Cad.15地产分割后变为Cad.15和Cad.20。

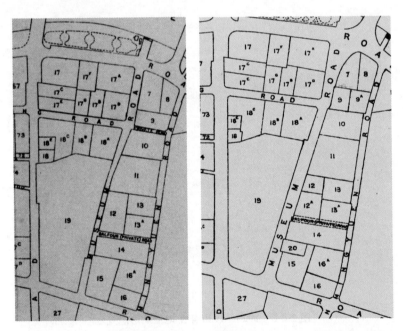

图2-8-7　Cad.9，Cad.12和Cad.15在1924—1930年土地形态变动示意图

位于南京路、江西路、四川路和九江路的街区，是这一时期土地分割较多的一个例子。在1924年，这个街区由Cad.84，Cad.85和Cad.86，共计18.909亩土地，均归"E. I. Ezra(estate)"所有，街区中间又一条东西向的私人小路，以业主名字命名"Ezra Road"。1930年之后，该街区地产由原来的3

个地产，分割为 9，分别为 Cad.84 和 Cad.84A，Cad.85 和 Cad.85A，Cad.87 和 Cad.87A，Cad.86、Cad.86A 和 Cad.86B，除了 Cad.86 的土地卖给了 "G. H. Wright and A. C. Holborow"，其他地产仍归 E. I. Ezra（estate）所有。该街区原有的东西向的私人小路，1930 年变为东西和南北向的两条十字形道路，这条道路使土地形态进行了重构。同样，Cad.472，473 和 474 因临街，发生了多次分割，而之前街区内部未开发的土地，也被分割出新地，并赋予一新的地籍编码详见图 2-8-9。

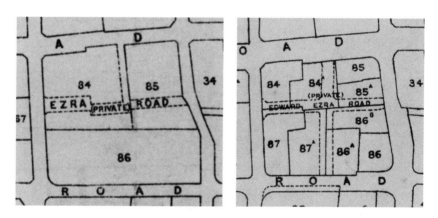

图 2-8-8　Cad.84，Cad.85 和 Cad.86 在 1924—1930 年土地分割示意图

图 2-8-9　Cad.472，473，474 于 1924—1930 年的土地分割

（2）土地合并现象。同一地籍编号的地产，发生土地面积增加的，共计有34处,其中有1处地产的面积超过1亩。土地合并的形式大致相同。
Cad.154 和 Cad.155,在 1924 年,均属于哈同(S. A. Hardoon)所有,面积
7.405 亩。在 1930 年两块地产合并为一,变为 Cad.154,面积 7.541 亩。同
样,Cad.58 和 Cad.59,两个地产均属于"Mackenzie & Co., Ltd."(隆茂),面
积总计 38.329 亩。到了 1930 年,在地籍图上,Cad.58 和 Cad.59 合并为一,
业主仍为隆茂(英文名改为"Mackenzie and Company"),采用了 Cad.58 的
编号。但奇怪的是,在 1930 年地籍册上,Cad.58 的面积仅 8.466 亩。还有
Cad.646 和 Cad.646A,在 1924 年均属于哈同。所有,在 1930 年合二为一,
采用 Cad.646 编号,业主不变,面积为 13.471 亩。

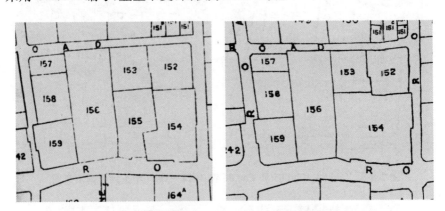

图 2-8-10 Cad.154 和 Cad.155 于 1924—1930 年的土地合并

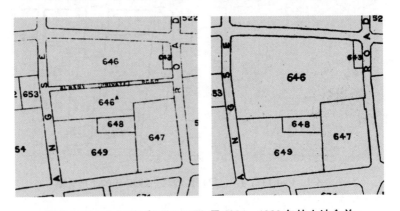

图 2-8-11 Cad.646 和 Cad.646A 于 1924—1930 年的土地合并

三、1933 年中区土地估价、地籍图册及主要内容

1933 年,该地区共有 849 宗地产,计 2136.9008 亩土地。各领事馆土地登记如下:英国领事馆:776 宗;美国领事馆:32 宗;日本领事馆:20 宗;德国领事馆:4 宗;法国领事馆:5 宗。比利时、意大利、丹麦各 1 宗。未注册的华人地产,共有 4 宗。

共有地产主 221 人,其中 20 亩以上的大地产主有 25 人,占有 1323.885 亩土地,占当时该区所有评估土地的 61.95%。10—20 亩土地的业主有 19 人,拥有 256.42 亩土地,占该区所有评估土地的 12%。10 亩以下的地产,共 176 人,占有 556.5958 亩土地,占该区所有评估土地的 26.05%。若以 10 亩以上的地产进行统计,总占该区所有估计土地 73.95%,仅有 44 人,也就是说,不到 20% 的地产主占有公共租界中区绝大多数的土地,土地垄断现象非常严重。

百亩以上的大地产主中,英商通和洋行继续保持第一的宝座,哈同紧随其后,继续保持第二的位置。这两个大地产商在 1930—1933 年仍保持增长的趋势。而之前位居前三甲的 H. Lester(estate),在 1933 年,土地面积继续大减,剩余不足土地 60 亩,第三的位置被"McNeil, D. & G. H. Wright"取而代之。沙逊家族中,以新沙逊洋行"E. D. Sassoon & Company" M. Sassoon,继续保持地产增长态度。土地增长的大地产商,主要是建筑业,比如爱尔德洋行、英商泰利有限公司、上海业广地产公司等。此外,首次有两家银行的地产超过 20 亩,一家是麦加利银行,一家是汇丰银行,均系外商银行。

表 2-8-4　1933 年公共租界中区超 20 亩的地产表　　　　单位:亩

姓　　　名	面积(亩)	姓　　　名	面积(亩)
Atkinson, B. and Dallas, A	187.420	Lester, H.(estate)	59.337
Hardoon, S. A.(estate)	171.013	Johnson, G. A. & Morriss, G.	57.816
McNeill D. & Wright, G. H.	93.596	McNeil, D. and Jones, L. E. P.	56.333
Sassoon, E. D. & Company	83.644	Brandt & Rodgers	55.281

续　表

姓　　名	面积(亩)	姓　　名	面积(亩)
Davies, C. G. and Brooke, J. T. W.	52.287	Hanson, J. C. & McNeil, D.	29.811
Macleod, R. N. and Gregson, R. E. S.	50.100	McNeill, D. and Wright, G. H. and Holborow, A. C.	27.945
Jardine, Matheson & Company	49.105	Holy Trinity Cathedral (Trustees)	26.599
Shanghai Land Investment Company	49.046	Probst Hanbury & Company	24.403
British Government	48.650	Shanghai Municipal Council administration Building	24.276
Sassoon, M	41.348	Shanghai Municipal Council Municipal Goal, Works Shelters and Soochow Road Depot	24.216
Wright G. H. & Holborow, A. C.	33.865	Midland Investment Company	23.472
Morriss, G. and Maughan, J. R	31.634	Hongkong and Shanghai Banking Corporation.	22.727
Algar & Company	30.491	Chartered Band of India, Australia & China	21.699

资料来源：Shanghai Municipal Council, *Land Assessment Schedule*, *Central District*, 1933。

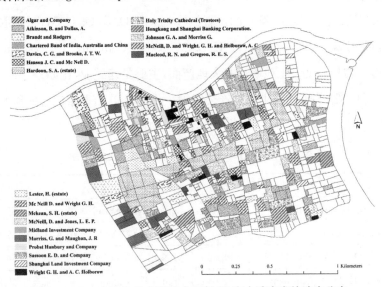

图 2-8-12　1933 年公共租界中区超 20 亩大地产商的地产分布

　　1930—1933 年中区的土地形态发生了若干变化,主要表现为同一地产编号的土地发生了面积增加或减少的情况,相比前一个时期,略有减少,具体分析如下:

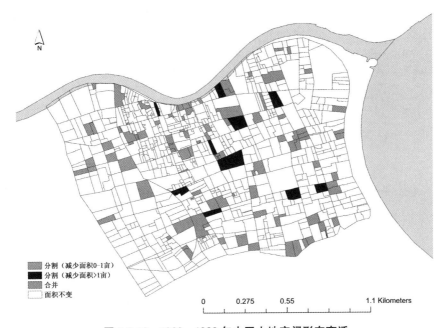

　　图例:
　　分割（减少面积0—1亩）
　　分割（减少面积>1亩）
　　合并
　　面积不变

　　0　　0.275　　0.55　　　　　1.1 Kilometers

图 2-8-13　1930—1933 年中区土地空间形态变迁

　　(1) 土地分割。同一地籍编号的地产,1933 年比 1930 年土地面积减少的有 78 处,其中超过 1 亩的,有 10 处。有些土地分割是因筑路造成,比如 Cad.472 和 Cad.474, Cad.475,均位于计划路线 New Chwang Road 上。1933 年,该计划路线被修筑后,这三块地产均被道路分为南北两段,新割出的地产被重新编号。还有一些是因为开发的需要,将地产分割出销售。比如 Cad.174,分为了 Cad.174 和 Cad.174A 两块地产。该地产原系工部局中区巡捕房(Shanghai Municipal Council central police Station)所有,面积 6.013亩,1933 年,将临街割出 1.799 亩土地,售给"Metropolitan Land & Building Company"。也有同一个业主,将自己的土地一分为二,比如 Cad.247,为哈同的地产,1933 年该地产被一分为二,变为 Cad.247 和

Cad.248,业主不变。

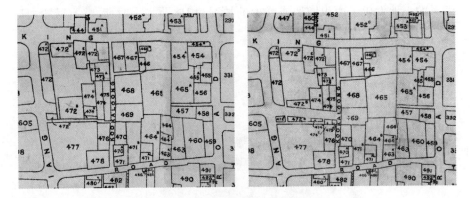

图 2-8-14　筑路造成地产分割

（2）土地合并。同一地籍编号的地产,1933 年比 1930 年土地面积增加的有 34 处。

综上所述,1924—1933 年的 10 年间,土地占有情况具有如下特征:首先 20 亩以上的大地产主,占有该区所有评估土地的比重逐渐上升,1930 年最高,达 61.95%,这就造成了 10—20 亩和 10 亩以下的中小型地产主占有土地比重逐步减少,而且土地业主的数量也在变少。1930 年 10 亩以下的地产主比 1924 年少了 20 人。其次,土地者之间的竞争非常激烈,特别是大地产主之间,呈现此消彼长的态势。

四、土地开发与市政建设

1921—1933 年间,公共租界中区已发展为市中心地区,城市功能向商业中心转变。为了满足日益增长的交通需求,以及更好地利用临街面,拓宽马路成为这一时期最重要的市政建设项目。

1921 年 1 月 24 日,董事会讨论了 1921 年度的筑路计划,关于中区:董事同意这一看法,即延伸北京路并使之与西区连接起来极为重要。董事们认为此路的宽度至少应有 70 英尺,以适应今后土地开发的需要。同时,董事们注意到,在外滩与四川路地段之间的拓宽,由于道路两侧建筑的兴建,影响了道路拓宽进度。

董事会注意到,自四川路向西,高层建筑的土地较少,特别在其南面更是如此。董事们认为,拓宽此路以西至西藏路的路段迫在眉睫,必须加紧进行。会议提出,已计划的拓宽工程应只在道路的一边进行,以使道路的修复费用降低到最低限度。

之后又召开了公共租界中区的修路规划会议,重点讨论了北京路(四川路和外滩之间)路段和四川路的道路改造措施。

董事会认为,由于目前建筑的发展,拟议中的拓宽问题以及由此导致的大量支出势将延续相当长的时间。特别是四川路在后一条马路上产生了错综复杂的情况,卜内门洋行已购置了英领第 106 号册地,而且已在靠近现在的路边线制订了一幢建筑物的计划和草图。该公司总经理福勒斯先生声称,根据改建计划这确是需要的。如果本公司被迫退至新路边线,则从公司的观点而言,此一产业将完全无用。为此,董事们需指示如何处理此问题。有人询问,新路边线是否可以不变,以便使拟议中的拓宽工程移到马路对面土地上去进行。工务处对此答复是否定的。在此情况下,由于卜内门洋行计划建筑的性质,如按目前的路线筑路,将使此处道路的拓宽推迟很多年,因此诸董事一致同意应就拓宽到新路边线一事进行协商,而这样做,则要承认由于该公司在准备设计图等等方面造成了开支,所以几乎肯定要付给赔偿费。①

另外,会议还讨论了河南路的拓宽问题,计划修筑一条连接租界与郊区的铁路,以应付郊区居民今后可能出现的需要。会议认为这种需要无疑将会出现,而且实际上目前已很明显,总办将去弄清本地铁路当局对此建议的看法。

关于四川路的拓宽,董事坚持认为,此路作为主要交通干线,今后将极为重要,并认为此路设计宽度应为 70 英尺,尽管要达到此宽度将需要很长时间。②但

---

① 《工部局董事会会议录》,第 21 册,1921 年 2 月 23 日,第 634 页。
② 《工部局董事会会议录》,第 21 册,1921 年 1 月 24 日,第 627 页。

是四川路的拓宽遭到了华人的极力反对，工部局不惜动用了巡捕力量。①

　　1921年8月12日，为了对所收到的有关几条新建道路的抗议书作出裁决而召开一次特殊会议，这些道路都已载入本年度延伸且拓宽的正式规划中。董事会上收到工务委员会7月25日、8月1日和8月4日会议记录，对所有提出的关于中区道路问题的抗议书进行了研究，并作出了下述决定作为普遍的规律，提出抗议的理由是他们的土地受到了侵犯，而且没有可供选择的、使其他接受的建议，例如使道路的路线偏离其土地等，如果所说的延伸或拓宽是为公众的利益着想，则董事会没有其他选择，只能对这些抗议予以驳斥。因为公众的利益是至高无上的，至于有些土地由于改善道路，因而受益，或因而受到损失的问题，对于其应付的赔偿必然要在以后的谈判中进行处理。

　　四川路第108号册地：永明人寿公司反对为改善四川路要其出让该册地任何一部分土地的要求，该公司提出抗议的理由是他们将在超过1/4的地产被征用，阿尔格先生代表该公司提出建议称，此一计划应对道路两边的地产平等对待，因为可以想象，在适当时间内由于修建道路，地产增值，是要提出扣除受益的要求的，所以他认为各方应平均负担，工务处长指出，计划的路线是修筑最佳的连续不断的道路。阿尔格先生答复称，道路的转弯情况实际上不像平面图上所显示的那样。他并重申，按照他的看法，在计划中只从道路的一边取得所有需要的地皮，而却使得对面的土地由于拓宽道路，非但不作出任何贡献，反而得到好处，这是不公平的。

　　董事会同意下述观点，即设计的道路路线是为了租界居民的最高利益，是要最终提供一条笔直的大马路，尽管完全筑好需要很多年。因此会议决定，必须否决这抗议。然而对于因为出让土地而使地产受到损失的问题，在计划征用土地的交涉过程中，将必然予以解决。

　　四川路第119号册地：公平洋行抗议征用其册地上的此块土地，安布罗

———————————

① 《工部局董事会会议录》，第21册，1925年5月14日，第627页。

斯先生代表该公司提出与上述相似的要求,即完全从道路的西面地产上征用拓宽道路所需的土地是不公平的。会议将与上述理由相同的决定记录在案,否决了此项抗议。

四川路第 118 号册地:永明人寿公司对于将此地面用于拓宽马路提出了正式抗议。其反对理由一如上述两例。董事会对此作了同样的决定,否决了此项抗议。

四川路第 89 号(乙)册地:马海洋行以同样理由提出抗议,即在路的一侧计划征用的宽度大于另外一侧。会议承认,拓宽四川路将使该册地余下的宽度减少很多,但仍基于上述考虑,即采取此一路线最符合公众的利益。在考虑赔偿条件时,任何困难的情况均必须予以解决,而此项抗议则应予否决。

广东路第 437 号册地、第 439 号册地、第 439(甲)号册地、第 439(乙)号册地、第 666 号册地、第 693 号册地、第 684 号册地和第 689 号册地:公平洋行提出抗议的理由是,这些需要征用的土地严重影响了这些地产作为建造良好建筑物的使用价值。该洋行并提出意见,道路的拓宽完全因为出现了电车路线,因此最好将电车线路拆除,董事会认为,为此条道路的拓宽提供条件是应该做的事,于是否决了此项抗议。

会议特别注意到,在所有上述情况中,为将广东路拓宽到 40 英尺而征用的土地,均属于各册地很不重要的部分。至于后面的 5 块册地,道路的拓宽都是在两侧平均进行的。

河南路和北京路第 188(乙)号册地和第 188(丙)号册地:会议收到了上海业广公司提出的抗议书。皮布尔斯先生支持此项抗议,理由是该公司受到了特大的损失。但会议决定,为了公众,在这些册地上进行道路拓宽的计划一定要继续执行,于是否决了此项抗议。

广东路第 692 号册地、浙江路第 535 号册地、福州路和江西路第 99 号册地、汉口路和山西路第 264 号册地、河南路第 293 号册地:新沙逊洋行对计划中征用上述土地提出抗议,所提的理由只是一般性的,因此董事会予以正式否决。

北京路第 190 号册地、第 209 号册地和第 211 号册地：新沙逊洋行在抗议董事会计划增加征用上述土地时，将情况作了对比。即目前提出要将北京路拓宽到 70 英尺，而不久以前却将劳合路的宽度减少到 40 英尺。董事会认为这两种情况不同，因北京路是一条极为重要的主通干线。会议又提出论证，即董事会以前提出拓宽的建议令人失望，只是更加证明了工部局当时的拓宽计划公认为极不完善的，这就使得现在有必要强调安排进一步的加宽。会议于是正式否决了这些抗议。

山西路第 441（乙）号册地：会议认为这是新沙逊洋行提出的抗议中唯一合乎情理的一项，而且山西路也不是交通要道，因此会议承认这条抗议，所涉及的道路部分将从计划中删去。

山西路第 430（甲）号册地和第 431（丙）号册地：会议收到了葛福莱法律事务所代表仁济医院提出的抗议，理由是如果利用以上册地延伸该路，则该医院将不复存在，而且此路并不需要。董事会否决了第一个论点，但认为山西路本身并不是一条整齐的街道，永远不会成为交通要道。因此没有必要征用这块册地将此路延伸。会议承认了此项抗议，因此此一路段将从计划中删掉。

山西路第 234 号册地和第 374 号册地：公平洋行提出抗议称，这两块册地都不宽，因此征用对它一无好处，会议指出，这两块册地是相对的。计划在道路两侧征用的土地面积相等。董事们认为此项抗议由于不符合公众利益，自应予以否决。

南京路和福建路第 360 号册地：会议收到了古沃公馆法律事务所提出的抗议。内称修圆街道拐角处使册地受到了破坏。会议作出决定，为公众利益进行的改善是必要的，对征用的土地将在适当的时候给予赔偿。

九江路和浙江路第 520 号册地：永明人寿公司提出了抗议，理由与上述者相似，会议以同样理由否决了此项抗议。1923 年 4 月 17 日纳税人年会，董事拉姆先生预计休斯先生可能会提到九江路的拓宽，对此他认为，最好向纳税人会议指出,除去耗资巨大外,这样的一个拓宽工程不能旷日持久地进行。①

天津路第 347 号册:通和法律事务所提出建议称,改善道路的计划最好完全在对面的册地上进行,但董事会不接受此观点,认为在计划图上显示的拓宽符合公众的利益,对此项抗议自应予以否决。

牛庄路第 598 号册地:通和法律事务所反对通过此片土地与爱文义路连接的新道路的计划。阿特金森先生出席工务委员会时提出,所需要的土地面积可从道路另一侧,即对面第 613 号册地上取用。但董事去不赞同此项建议,因此否决了这项抗议。

西藏路第 615 号册地:会议否决了新沙逊洋行就拓宽道路提出的抗议。最近几年工部局曾宣布在西藏路这块册地附近地区实现道路改善,对所有产业都有影响,而唯此册地除外,这是为人普遍关注的事。

圆明园路第 13(甲)号册地:会议收到了基督教女青年会提出的抗议书,该会反对征用此册地进行面积不大的拓宽。该会认为征用 5 英尺土地给他们造成了实际上的困难。董事会否决了此项抗议。②

四川路和天津路:关于董事会根据因道路问题所提出的抗议而作出的决定,总办提请会议重新考虑四川路和天津路的问题。他提出会议适当地否决了遭到严重损害的册地所提的抗议,自后董事会答复称,对于这类严重受到损害的册地在处理中将予以赔偿。同时总办指出,从节约公家资金的观点来看,从道路一侧的产业上进行改善道路的计划,对于业主提出的赔偿,其赔偿费也许不能适用至少减少 2/3 的办法;如果从道路两侧平均进行改善,则上述减少赔偿费的办法大概是能采用的。所以可以看出,如果董事会能相应地修改计划,使上述道路像此路的其余路段一样,略有弯曲,则可节省一大笔资金。工务处副处长参加了会议,他同意以上建议,即使上述道路略有弯曲的权宜作法。董事们同意以上办法,但要在董事会休假后作出

---

① 《工部局董事会会议录》,第 22 册,1923 年 4 月 17 日,第 639 页。
② 《工部局董事会会议录》,第 21 册,1921 年 8 月 12 日,第 688—690 页。

最后决定。①

浙江路第 629 号册地：关于巴麻丹章公司提出要求，准予在此工部局已同意使用的地面上进行建筑。据悉这家公司尚有建议即将送交，因此会议等待此建议的到来。②

苏州路和河南路的拓宽—册地 188A：由于地产主不提出补偿要求而常引起延迟，为此要求工务处长递交一份关于更改目前筑路征地手续的建议报告。③

四川路 85 号和 86 号册地的问题：工务委员会主席报告说，委员会一致认为拓宽工程应继续进行。因为这一工程不进行，这条路上的其他地段的拓宽工程将不会有什么用处。他们认为这一拓宽工程比四川路上其他部分的拓宽工程都重要，因此委员会关于强行推倒现有房屋并以公费重建的建议获得批准。④

1925 年 12 月 26 日，会议批准关于拓宽新闸路和苏州路的建议，拓宽这两条路大约费用为 50 万两，目的是为将其纳入 1926 年马路拓宽计划内。因此会议拒绝批准第 189 号册地业主的关于建房许可的申请。⑤

南京路拓宽：麦西先生告知董事们，贝尔先生出席了交通委员会，听取关于南京路拓宽的进一步意见，经充分考虑后，为了公众的利益，该委员会一致反对原计划的宽度有任何缩减，也不支持将所有增加宽度计划从汇中饭店地界之点开始的提议。工务委员会在昨天的会议上，经进一步审议之后一致建议。沙逊祥行对此次拓宽的抗议应予驳回。鉴于业主要求立即作出决定，是否要坚持原计划的道路线。他指出，至少白银 10 万两(用于支付建筑设计师的费用)应视作这次拓宽费用的纯亏损。在另一方面，如果采用业主的建议，计划距汇中饭店地界 10 英尺，则情况会更糟，无疑是一个非常

---

①② 《工部局董事会会议录》，第 21 册，1921 年 8 月 22 日，第 693 页。

③ 《工部局董事会会议录》，第 21 册，1923 年 3 月 20 日，第 631 页。

④ 《工部局董事会会议录》，第 23 册，1925 年 12 月 9 日，第 613 页。

⑤ 《工部局董事会会议录》，第 23 册，1925 年 12 月 26 日，第 617 页。

沉重的索赔,而且如要征用该册地的土地在 15 年到 20 年之内将不大可能。总董陈述,工部局面临这样沉重的索赔实在遗憾,他认为如果失去实现这次拓宽的机会,其严重责任就要落到工部局肩上,即如果现在不进行拓宽,那就要停顿许多年,后果将使南京路的末端形成瓶颈状。这从交通观点来看是非常有害的。莱曼先生提出供给 80 英尺以下道路线的附加道路设施,能证实对新建房屋的业主有很大的价值,因而计划安排了大量店铺铺面。

董事们知悉,在上次工务委员会会议上,汉弗莱斯先生表示了意见,工部局的道路计划进程政策往往因受到突然事件的干扰而处境为难,大批建筑房屋的设计倒是在工部局知悉的情况下绘制的,但是在最后时刻却改变了路线。委员会承认发生这种突然事件是遗憾的,但也同意哈珀先生的观点,即就道路计划进程而言,不可能提前许多年制定计划,但在这次特殊情况中,增加的计划进程是应交通委员会之请,其授权范围提出供应今后 30 年交通发展需要的要求。委员会还认为,只有付给业主合理赔偿,才会消除不满的原因。总董指出,如果工部局所坚持计划道路线的行动受到怀疑,则由于下列事实而使其实力加强,因为代表公众意见的交通委员会已一致提出建议作这样的拓宽,而且工务委员会也一致同意,总董提议原计划的道路线一定要坚持,由于必须迅速作出决定,佩特森先生的提议未能得到批准,现将该决议推迟到应筑设计师们的索赔数额确知以后。总董又陈述,他并不相信对于建筑设计师提出的索赔工部局负有责任。尽管在道义观点上,建筑设计师们能够合理地得到因修改设计图所受到损失的赔偿。如果索赔显然太高不合理,则可能将该事项提交仲裁,如果不同意这样做,他考虑,工部局甘冒将案件诉诸领事公堂的风险。经更认真的讨论以后,将该事项付诸表决,一致通过决议,通知业主,他的抗议已驳回。①

拟议中的戏院南京路册地 39 号:考虑到警务处长的进一步的报告,在

---

① 《工部局董事会会议录》,第 23 册,1926 年 3 月 17 日,第 628—629 页。

报告中他表示,在这个地点拓宽南京路并不足以克服车辆交通管理上的困难。因此也就没有理由使警务处撤销其强烈反对将戏院的大门设在租界主要通道上的意见。会议决定不批准此项申请。①

拓宽南京路册地第 31 号:一位董事说,他认为关于从这块地产出让的为拓宽马路所需的土地,其所支付的本金和利率(即 6.5%)多少有点高了。鉴于这件事可能要提交地产委员会,如果先这样,该委员会可能会把利息估定得比现在提出的还要高。这并不是没有可能的。因为工部局最近发行的债券也是这个利息,所以从工部局的观点来看,所提议的利率还是合理的,因此会议通过了工务委员会的提议。②总董说,他从财务处长那儿了解到,根据业已提出的一项关于立刻就此事支付一大笔补偿费的建议,不再支付本金的利息了,会议要求总办弄清楚是否已就此达成了明确的协议。③总办谈到了公和洋行与工部局之间的往来信件,内容是关于支付为拓宽此路而出让土地的悬而未决的补偿金利息问题。他说,20 万两中有一部分系由工部局支付,这是根据一项明确无误的协议决定的,即从 12 月 1 日起公和洋行放弃收取利息。但公和洋行现要求从 2 月 1 日起收取补偿金金额的利息。工部局现已写信给公和洋行,向该行指出,这一要求和工部局对所达成的协议的解释相矛盾。现正等候该行对此信的答复。④

五、地价变迁与空间结构

1921 年至 1933 年的十余年间,是中区又一个土地价格增长迅速期。根据 1924 年、1930 年和 1933 年土地价值数据,对这一时期土地价格进行统计分析,并运用 GIS 的方法,绘制各年份的地价空间分布图。由此可以得出

---

① 《工部局董事会会议录》,第 23 册,1926 年 3 月 17 日,第 628—629 页。
② 《工部局董事会会议录》,第 24 册,1928 年 1 月 9 日,第 534 页。
③ 《工部局董事会会议录》,第 24 册,1928 年 1 月 23 日,第 534 页。
④ 《工部局董事会会议录》,第 24 册,1928 年 2 月 6 日,第 537 页。

如下几点认识：

首先，从时间序列上看，1920—1933 年，地价持续上涨，其地价增长幅度，远高于 1901—1911 年和 1911—1921 年这两个时期。其中 1920—1924 年为地价上涨幅度，明显快于其他几年，而 1930—1933 年地价增幅略低于其他年份。1930 年地价比 1920 年地价增长了 1.744 倍。

表 2-8-5　1920—1933 年中区地价统计表

年　份	最高值	最低值	平均值	平均值增长百分比
1920	140000	12000	36340	
1924	200000	20000	59810	+64.58%
1930	325000	26000	99739	+66.76%
1933	360000	40000	124348	+24.67%

资料来源：1920、1924、1930 和 1933 年中区土地估价表。

图 2-8-15　1924 年中区地价空间分布图

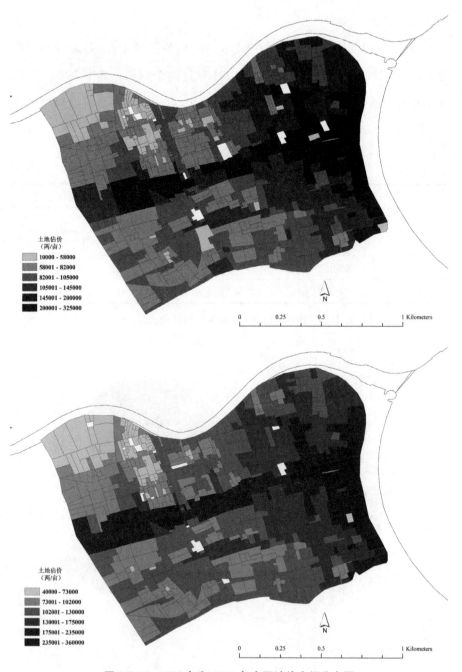

图 2-8-16　1930 年和 1933 年中区地价空间分布图

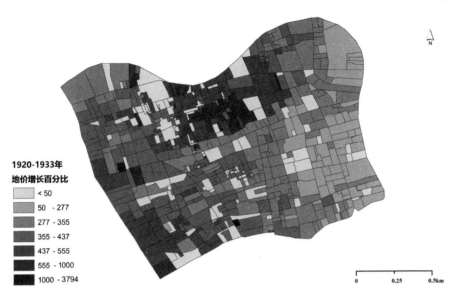

图 2-8-17　1920—1933 年地价增长的空间分布图

其次,从空间序列上看,中区地价的空间结构仍是以外滩与南京路形成的丁字形空间形态,即外滩与南京路成为地价最高的两条轴线,呈现由东而西地价逐步下降的趋势。租界西北部,苏州河南岸的地区,仍是整个租界地价最低的区域。

南京路作为中轴线的地位更加巩固,尤其是到了 1933 年,南京路地价均超过 18 万银两/亩,南京路与外滩交汇处的两个地块,Cad.31 和 Cad.32,也是整个区域地价的制高点,地价最高在 36 万银两/亩。

第三,从地价增长的空间分布来看,在这一时期,地价增幅较大的地区是低价区,主要集中在两个区域:一是苏州河南岸,很长一段时间内,这里的地价较低,增长缓慢,直到这一时期才获得真正的发展,成为中区地价上涨增幅最大的区域,1924 年该地区的地价水平在地价增幅最高达 3 倍之多。另一个区域为第二跑马场以南的区域,同样是低价区,这一时期地价增幅较大。

总之,1920—1933 年地价增长的结果是,该区域内的地价东西差异逐步缩小。整个区域内的地价水平处于相对平衡的状态。

第三章
公共租界西区地籍图册与城市变迁

公共租界西区位于原英租界以西,北迄苏州河,南至法租界,东邻中区,西至界线,在 1899 年公共租界扩张时被并入租界。该地区早在被并入租界之前已成为越界筑路区,存在大量的洋商租地,静安寺路等道路及周边成为城市化水平较高的地区。1899 年正式纳入租界后,工部局投入大量的财政开支大兴土木,修筑道路,改善基础设施,使该地区步入飞速发展时期。故该地区的研究存在两个非常重要的点:首先是城乡变迁,也就是说,该地区是如何从一个圩田河浜的景观,变为路网密集的城市景观的;其次是土地占有情况的变迁。

第一节　1900 年之前的城乡景观复原

公共租界西区城市化之前的乡村景观,学界已有不少成果,比如周振鹤主编的《上海历史地图集》、《静安区地名志》曾复原了该区域内的重要历史河道。吴俊范根据文献档案记载,复原了城市化过程中被填埋河道的空间分布;陈琍曾根据道契资料对该地区的图保分布做过复原;任夏曾根据文献复原了该地区的河流和部分村落等等。但受研究材料所限,这些研究主要是对史书记载的重要河流、重要村落做过复原,至于河道和聚落等乡村景观的细部,仍付之阙如。本章主要根据公共租界西区(1900—1911)地籍图上的信息,并结合道契的记载,运用GIS手段,从保图、河道、滩地、桥梁、村落、坟墓、姓氏、园林、庙宇等方面入手,复原该地区在城市化之前的乡村景观。

一、保、图、圩的行政区划

公共租界西区位于吴淞江南岸,在城市化之前,为典型的圩田农业区。在清朝,上海地区实行乡、保、图、圩的土地区划制度。乡下设保,保下辖区,区下设图、圩,每图对应一两个某字圩。清嘉庆十年(1805年),上海县辖长人乡和高昌乡。长人乡领三保,高昌乡领九保。各图圩基本以河为界,据民国《法华乡志》记载:"西芦浦……东为二十七保,西为二十八保,以分漕界。"故上文中河浜的复原,对于该区保图空间分布颇有裨益。另外,民国七年《上海县续志》卷首载《上海区域保图全图》绘制了各保图保的大致范围可以参考,只是该图并未标明各图的具体边界在今日地图上何处。图上只有两处标出了边界:二十七保十三图和二十七保八图的边界为姚家浜;二十七保九图和二十五保二图,以周泾为界。

仅靠这些信息显然不够。陈琍等曾根据道契中土名的记载,并根据四至八道复原了每个道契的相对位置,运用GIS方法大致复原了该区域内各图的空间范围,这是该领域的前沿性研究,具有重要的学术价值。[①]但唯一不足的是,因道契定位的不确定性,影响了有些图的边界定位。在本书中,笔者首先利用地籍图册的资料来定位道契的位置,这显然比利用道契四至八道的信息来定位的方法更为精准,而且可准确定位的道契数量更多;其次,地籍图册中提供了详细的河浜信息,这些信息可以成为各图定位的重要依据。

---

① 周振鹤、陈琍:《清代上海县以下区划的空间结构试探——基于上海道契档案的数据处理与分析》,《历史地理》,第25辑,上海人民出版社2011年版,第124—148页。

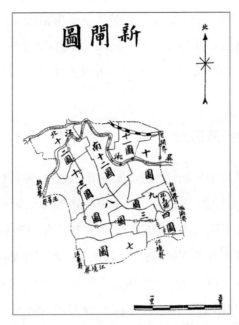

图 3-1-1　1918 年《上海市区域保图全图》

综合以上方法，笔者运用 GIS 方法，根据道契和地籍的信息，复原出该区域内各图圩的空间分布：该区域主要是二十七保，属高昌乡管辖，还有二十五保二图和四图两个圩的部分地区。具体而言，主要分布有二十七保北十二图德字圩、二十七保南十二图圣字圩、二十七保七图念字圩、二十七保九图克字圩、二十七保三图羔字圩、二十七保四图改字圩和二十七保八图贤字圩等，如图 3-1-2 所示。

1. 二十七保十图念字圩

该图圩主要分布在苏州河南岸，与二十五保二图（跨周泾以西为界）、二十七保九图（以闸港为界）和十二图（寺浜及其支流）为界。

2. 二十七保九图克字圩

该图圩位于十图之南，东以周泾为界。北面，中间一段以闸港，左、右以小浜与十图为界。南面以小浜与三图为界。西面，以东芦浦与二十八保八图为界。

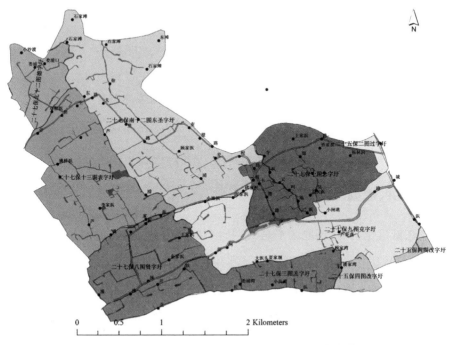

图 3-1-2　根据道契复原的公共租界西区保图分布示意图

3. 二十七保三图羔字圩

该图圩位于九图之南，北以无名小浜与九图为界，南依北长浜，东临二十五保四图改字圩，西靠二十七保八图，中有东芦浦经过。

4. 二十五保四图改字圩

北临二十七保九图克字圩，西临二十七保三图羔字圩。该图圩的南部位于法租界。

5. 二十七保八图贤字圩

该图圩位于二十七保十图、三图之西以东芦浦、无名小浜为界，西靠西芦浦、北以姚家浜与二十七保十三图表字圩为界。

6. 二十七保南十二图东、西圣字圩

该图圩东以苏州河为界，西以东芦浦与二十七保北十二图德字圩、二十七保十三图表字圩为界，南临二十七保九图克字圩，东至二十七保十图念字圩。

7. 二十七保北十二图德字圩

该图圩位于二十七保南十二图以西，以东芦浦为界，南以草鞋浜与二十七保十三图表字圩为界。

8. 二十七保十三图表字圩、名字圩、建字圩、端字圩和德字圩

该图位于二十七保南十二图以西，以东芦浦为界，南以姚家浜与十二保八图贤字圩为界，北以草鞋浜与二十七保北十二图为界。

二、河浜、池塘

在城市化之前，该地区本是河网密布的水乡地区。东芦浦、西芦浦、徐公浦、寺浜等南北向纵浦与涌泉浜(沸井浜)、闸港、姚家浜、北长浜等东西向横浜，构成了该地区的河浜圩田网络。这些主要河流的分布与流向，历朝《上海县志》《法华乡志》以及现在的研究著作中，均有提及。至于其支流及更小河流的信息付之阙如。

历年公共租界西区地籍图上，不仅记载了这些主要河流，而且还将众多支流以及池塘等其他水体的信息绘之于图，正可补此方面空缺，具有重要的史料价值。其中1900年公共租界地籍图和1911年地籍图上的河浜信息最为丰富，成为笔者复原该地区城市化之前乡村景观的重要依据。除此之外，本书还利用道契中的"土名"信息并参考了其他资料。

(一) 干河

该区域内最长的两条河流——东芦浦、西芦浦，早在宋代即已出现。据南宋绍熙《云间志》记载，"大芦浦在县东北八十五里""西芦浦在县东北八十五里"。据傅林祥考证，东芦浦水量较大，河道较宽，以"大卢浦"相称。[1]明清时期，东、西芦浦，不仅是该地区灌溉农田和通潮、泄洪的主河浜，还曾是水路交通要道。据民国《法华乡志》卷二水利记载："西芦浦，即古芦子浦，俗

---

[1] 傅林祥：《宋代吴淞江两岸大浦考》，《历史地理》第21辑，上海人民出版社2006年版，第19页。

称楼浦,与东芦浦为南北浊泻之干河。"据弘治《上海志》卷五:"芦子渡在县
北一十里。旧有芦子二城,渡淞江者必由是取道,故名。"民国《法华乡志》卷
二记载,芦子城,在沪渎垒,"旧有东、西两城,东城广万余步,有四门,元时坍
入于江,余西南一角。西城极小,在东城之西北,旁有东西芦浦,俗呼为芦子
城,今尽啮于江"。后随着明末吴淞江淤浅改道,东、西芦浦,"亦止通潮灌田
而已"。至民国初年,因租界越界筑路,两条河流逐步淤塞或被填断。

图 3-1-3　1900 年公共租界西区河浜分布

东芦浦,据同治《上海县志》卷三记载,一名溇浦,又名矼钩浦。宋元时
期,弘治《上海志》卷二载:"大芦浦在二十七保。"至嘉庆年间,"芦浦,一名东
芦浦,又名芦子浦"。其大致流向,据民国七年《上海县续志》卷四载,东芦
浦,"引吴淞江水南流,越麦根路、康脑脱路、新闸路、爱文义路、静安寺路、威
海卫路、长浜马路,经北长浜,越宝昌路,经方门泾,越金神父路,王家浜、南
长浜、庙泾浜至淡并庙而南,入肇嘉浜。马路下皆用瓦筒衔接,仅通细流,余

亦淤浅。惟南长浜以南尚通潮汐"。

西芦浦,据同治《上海县志》卷三记载,"西芦浦,即古芦子浦,入口处在今曹家渡南由康家桥梅家桥,合朱家浜、西湧泉浜、蛛丝港,南出陈泾庙,西通肇嘉浜,西南流出芦浦桥,合龙华港以达于浦"。崇祯《松江府志》卷五载:"西芦浦、大卢浦,今名芦子浦,并北入吴淞江。中有沸井。古于此置渡南北,有江桥,今废。"因英法越界跨浜筑路,此河亦被截为数段,河道之间由下水道连接。据民国《上海县续志》卷四记载,西芦浦"引江水南流,经周家桥、康家桥、陶家桥、梅家桥,合朱家浜、西涌泉浜,过陈家湾,又南合蛛丝港,越北徐家汇路、福开森路。宝昌路,至陈泾庙……肇嘉浜路以北上多填筑马路,其南者亦多淤塞"。又据民国《法华乡志》卷二记载,西芦浦"上筑马路,如星加坡路、康脑脱路、极司菲尔路、愚园路、长浜路、海格路、福开森路、霞飞路、徐家汇路,下排瓦筒,仅通水线而已。其西南一支流出芦浦桥,合龙华港达浦,今已淤"。

据道契中关于"土名"的记载可知,东芦浦,在当时仍以"娄浦"名之。如英册道契第 2522 号记载,"二十七保九图克字圩土名娄浦",第 3988 号,"二十七保北十二图德字圩土名娄浦口",从 3988 号位置来看,正处于东芦浦入吴淞江处。西芦浦,在地籍图上并不完整,仅仅绘制了北起自姚桥浜,南至北长浜的一段,以北信息缺失。

徐公浦,据同治《上海县志》卷三记载:"徐公浦,在矴钩浦东,引江水南注闸港,东南入周泾。"矴钩浦,即东芦浦,故其位置在东芦浦以东。又,民国七年《上海县续志》卷四记载:"徐公浦今沿东京路东南,流越劳勃生路、麦根路、康脑脱路、爱文义路,而东注闸港。"从 1900 年地籍图上看,该河南段已被填断。

涌泉浜,又名沸井浜,据绍熙《云间志》记载:"沸井浜,在沪渎,东西有芦浦,中间一水相通,有数尺许,特深如井,然水腾涌,昼夜不息,或云'海眼'也。"弘治《上海志》卷六记载:"涌泉,在县北,广袤者半寻,窨若温泉,突沸犹火鼎,昼夜不息。俗呼为沸井或曰海眼。后人甃之以石,覆亭其上,名曰应天涌泉。"同治《上海县志》卷三记载:"涌泉浜,以静安寺前沸井得名。有东、西涌泉通东、西芦浦。"东、西涌泉浜以静安寺为界。在 1900 年地籍图上,涌泉浜,东接闸港。

闸港,同治《上海县志》卷三载:"俗呼小闸。西通涌泉,东达周泾。"另据1914 年《上海市区域北市图》,闸港位于张园(即张家花园)和静安寺路(今南京西路)之间,即今吴江路一带。1900 年地籍图上,闸港,西接涌泉浜,东至寺浜东。根据道契"土名"记载可知,该河段以西仍称闸港,而东部又称"小闸港",实为一河。

北长浜,为一条东西向长浜,据《上海县志》记载:"北长浜从周泾分流,西通蛛丝港,南达肇嘉浜,中段分支从新桥下北折,通东涌泉浜。"从 1900 年地籍图看,长浜为公共租界与法租界之界河,河浜北岸筑路。

寺浜,又称池浜。据乾隆《上海县志》记载:该浜位于二十五保、二十七保。嘉庆《上海县志》载:"南起周家浜、北达松江。"同治《上海县志》卷三载:"寺浜,在朱家浜东,新闸、大王庙西,引江水南注闸港。"寺浜在哪里,很多文献已搞不清楚。① 但从 1900 年地籍图看,寺浜,系同治《上海县志》所指。从道契"土名"来看,该河亦名"池浜"。

泥城浜,又名新开河,1853 年,为防太平军从西面侵入租界由租界当局修筑,南起周泾,北注入吴淞江,全长 1.4 公里,至 1862 年凿通,作为"界河"。浜上原有 4 座桥,自南而北分别为南泥城浜桥、泥城桥、中泥城桥和北泥城桥。1899 年北泥城桥被拆除,重建了 47.7 米长,9.14 米宽的木桥。1912 年,泥城浜被填埋,筑成了宽敞的西藏路,成为联系中区和西区、法租界与闸北的交通要冲。②

(二) 支流

除了干河之外,还有众多与之相连的支流、小浜,但因其太微不足道,不

---

① 上海市静安区土地规划和管理局组编:《静安地名追踪》,复旦大学出版社 2013 年版,第 90 页。

② 熊月之、周武主编:《上海:一座现代化都市的编年史》,上海书店出版社 2007 年版,第 176 页。

仅在正史《上海县志》中不见记载,即使在已刊上海城市地图上,也难以寻其踪迹。近年来学界对道契的发掘,对于查找这些小河浜,提供了新的路径。而另外一份资料则不为学界重视,就是地籍资料,地籍图上保留了大量的河浜信息,包括一些不知名的小河浜。笔者以 1900 年公共租界地籍图为例,结合道契的记载,复原该地区更细小的河浜。

1. 二十七保十图念字圩

道契记载的"土名"保留了大量的河浜信息。笔者对"二十七保十图"以浜为土名的道契进行统计,该图圩有郑家浜、杨林浜、许家浜、陈家浜、王家浜、石灰浜、居家浜等河浜。在 1900 年地籍图上,这些河流并非全可找到,在地籍图上有一条位于在寺浜以东的南北向支河,南起小闸港,北流至新闸路,是较大的河浜,位于今成都北路。

《静安区地名志》的说法,这条河流是陈家浜:"在金家宅之东,原系南北向大河,来往船只甚多,北通吴淞江(今苏州河),南通洋泾浜,附近居民多姓陈,故名陈家浜。清末时,因爱文义路(今北京西路)属英租界越界筑路范围,工部局先在此设置铁栏杆,后于 1905 年拆除,填浜筑路,遂成今之成都北路"。

笔者根据地籍图表对这条河附近的道契进行了空间复原。这条河流附近道契的土名有多个标注,其中以"郑家浜"为土名的道契最多,达 44 份,且主要分布在今北京西路以北新闸路以南的成都北路附近,又,英册第 2627 分地,"二十七保十图念字圩土名郑家浜口",考其位置在小闸港附近,即该河入小闸港汇流处。或言之,自南而北沿浜的道契均有郑家浜之记载。不难推断,这条河就是郑家浜。

记载"陈家浜"的道契仅 3 份,分别为英册道契第 2431、2614 和 6705 分地,其中英册道契第 2431 分地,位于"二十七保十图念字圩土名陈家浜东","北至公路,南至路,东至瞿姓地,西至小路",第 2614 分地,"二十七保十图念字圩土名陈家浜东","北至路,南至蔡姓地,东至路,西至陈姓地"。从四至来看,并不在河旁。从其位置来看,这两份道契位于今成都北路东西两侧,且有一定的距离。据此可知,这里可能存在一条陈家浜。从地籍图上看,郑家浜有一条东西向的河浜,其南岸有一份道契—英册6705分地,标注为"二十七保十图念字圩土名陈家浜",笔者推断,陈家浜应为郑家浜的小支流。

那是否存在另外一种情况,即陈家浜与郑家浜名称不一致,而实为一条河浜,或者之前名陈家浜,后改名郑家浜。笔者查同治《上海县志》,"潘家浜、郑家浜、居家浜,俱在寺浜东,杨林浜西,并通周泾。前志未载,今补",并不见陈家浜。杨林浜,见于同治《上海县志》,"杨林浜在闸港北,旧通唐家浜,今被坝断,从新开河迤西折北通江"。《静安区地名志》载:"在寺浜东。系今何处待考。"查道契,可定位的以杨林浜为土名的道契有三份,分别为英册道契第2723、4216和4218分地,据其位置可知,该浜大致在今北京西路以北,沿黄河路向北向西,注入吴淞江。郑家浜在杨林浜西,即今黄河路以西。这也与其在地籍图上的河浜位置相符。综合以上信息可知,位于今成都北路的这条河浜,应该是郑家浜,而非陈家浜。由于《静安区地名志》未注明资料来源,故陈家浜的确切位置仍待考。

许家浜,道契英册第1577、2354和3967分地,均位于"二十七保十图土名许家浜",英册第2135分地,位于"二十七保十图土名许家浜东"。根据地籍图定位,可知许家浜大致在今新昌路(山海关路以北)。

王家浜,英册第2380分地,"二十七保十图念字圩土名王家浜",大致在今新闸路以北成都北路附近。石灰浜,英册3502分地,"二十七保十图念字圩土名石灰浜",大致在寺浜以东,今北京西路(成都北路以西)一段。这两条小河浜,均系郑家浜之支流。

2. 二十七保九图克字圩、三图羔字圩

"二十七保九图克字圩"和"三图羔字圩"地区的河浜,主要有张家浜、芦花荡、顾家湾、大浜头、褚家浜等。

芦花荡,在已刊《上海道契》以之为土名的英册道契达33份,1911年地籍图上可定位的道契有11份。从地籍图上看,芦花荡,大致在今黄陂北路以西、今南京西路以南、今成都北路以东、今威海路以北的范围。考虑到未定位的道契，芦花荡的范围应该不止于此。在 1900 年地籍图上，芦花荡范围内分布有多条东西和南北向的小河浜，据清末的文人记载，"泥城浜以北，一片荒凉，跑马厅蒿芦满目，土名芦花荡……"。[①]

张家浜，据统计，英册道契记载"二十七保九图克字圩土名张家浜"的达18 份，在 1911 年地籍图表上可定位的道契有 11 份。从定位的道契来看，张家浜大致在小闸港以东、郑家浜以南，芦花荡以北，系闸港的支流。

顾家湾，跨越二十七保三图羔字圩和二十七保九图克字圩。据统计，英册道契记载"二十七保克字圩顾家湾"3 份，"二十七保三图羔字圩土名顾家湾"12 份，1911 年地籍图上可定位"土名顾家湾"的道契是 10 份。根据地图上的位置可知顾家湾在芦花荡以西以南。

顾家湾与东芦浦之间有一条东西向河流，不知其名。根据道契记载，这条河被当地人取名为"夏家堰"。英册道契中记载土名为"夏家堰"的计 31份，除了两份是二十七保九图克字圩之外，其余均是二十七保三图羔字圩。1911 年地籍图上可定位的道契有 14 份，据此可知"夏家堰"位于东芦浦以东，北长浜以北，东与顾家湾相近。"夏家堰"以南，还有一条尼姑浜，英册3720 号道契记载，"二十七保三图羔字圩土名夏家堰南之尼姑浜"。

大浜头，英册 2049 号和 5634 号道契，均记载位于"二十七保九图克字圩"，而英册 5140 号道契，记载位于"二十七保八图贤字圩"。在 1911 年地籍图上，其位置大致在闸港以南。

还有一条不知名的南北向的河浜，名称无考。该河浜自北小闸港，穿过芦花荡、顾家湾和潘家湾，后流入北长浜。其中南段为二十七保三图羔字圩和二十五保四图改字圩的界河。

另一条界河，将二十七保九图克字圩与二十七保南十二图圣字圩南北

---

① 《笔记小说大观》七编(十册)，江苏广陵古籍刻印社 1983 年版，第 5846 页。

隔开。据道契记载,这条界河有一段被当地人称为"褚家浜"。据英册2045号道契记载,"二十七保南十二图东圣字圩褚家浜",英册3686号道契记载,"二十七保九图克字圩褚家浜"。根据地籍图上的信息,褚家浜附近的这条河流,就是界河。故这条界河应该叫褚家浜。

3. 二十七保十三图表字圩

该图圩的支流主要有草鞋浜、姚家浜、姚桥浜、李家浜等。

草鞋浜,嘉庆二十二年《松江府志》"松江府北境水利图"记载了一条"草浜",位于朱家浜与溇浦(即东芦浦)之间,南北向,北入吴淞江,南通李漎泾。又,民国《法华乡志》载了一条"草长浜":"西起老吴淞江,今被劳勃生路填断,东达西芦浦。"

《普陀区志》记载:"草鞋浜。位于西康路1233弄,普陀路、西康路交界处。原始东西至西南走向的河流,称草长浜。在河东段(普陀路西段)两岸有村落,相传村民多以编制草鞋为业,故俗称草长浦为草鞋浜,其周围村落亦以此名相称。南岸称草鞋浜前浜,北岸称草鞋浜后浜。"①从1911年公共租界西区地籍图上看,在老勃生路以北有一条连接东芦浦的河流,道契中关于"草鞋浜"的土名记载共26条,其中10条信息记载位于二十七保南十二图西圣字圩,14条信息记载位于二十七保十三图表字圩,2条信息记载位于二十七保十三图端字圩。在1911年地籍图上,可定位记载"草鞋浜"的道契有23条,其中21份道契的位置靠近1911年地籍图上一条东北-西南走向,在东西芦浦之间的一条河流。故这条河流应该就是草鞋浜。

令人颇为费解的是,还有2份道契,英册6336号和6388号,位于草鞋浜之南,距离较远,但其土名记载仍为"草鞋浜"而非"草鞋浜之南"。而另一份道契,英册6830号,位于这两份道契以北,则标注"草鞋浜南"。那么是位置标错了,还是什么原因,难以解释。另外,在1911年地籍图上,在英册

_____

① 普陀区地方志编纂委员会编:《普陀区志》,方志出版社2007年版,第140页。

6336 和 6388 号道契附近,也有一条与草鞋浜大致平行的河流,连接东西芦浦,搜遍各文献和地图,其名称均无考。

姚家浜,据民国《法华乡志》记载:"姚家浜,由娄泾桥、龙华港进口,迤西过沐垢桥、平安桥、周沈巷西南流,出南新泾,一支由沉巷桥,北达蒲汇塘,名马屯泾。今北口三角地已填断。宣统三年春,职董胡人凤、公民黄瑞堂、周辅卿、胡砚农等,禀准开挑,自东出口至沉巷桥,计三百四十丈,口宽二丈,底宽六尺,浚深四尺,议派得沾水利之周沉巷各宅东西两捆,按户编挑,共集民夫二千余工,不给工价,所用车坝等费,由董筹给。"据 1914 年《上海市区域保图全图》及《上海市区域北市图》,在新闸路附近,系一通东、西芦浦之旧河道。令人费解的是,该河浜在目前公开的《上海道契》中并未记载。

姚桥浜,《静安区地名志》记载:"在今余姚路南、康定路北,今余姚街道境内。约在 19 世纪中叶前,系通吴淞江之河流,后因租界当局筑路,水源被填断,淤成臭水沟。南段架一东西向木板桥,宽约 3 米,长近 5 米,人称'姚桥'。该浜遂因桥得名。1953—1958 年间填没此浜,建起姚桥浜菜场。"《上海道契》中关于姚桥浜的道契有 5 份,在 1911 年公共租界西区地籍图上,可定位的该道契仅有 1 份,英册 5364 号。在地籍图上,这份道契的北部有一条东西向的河流,连接东西芦浦,笔者将其定位为姚桥浜。

李家浜,据《上海道契》,有 2 份道契记载了李家浜,英册 6247 号和 6605 号,在该道契以东有一条南北向的小河湾,名称无考,笔者将其标注河名为李家浜。

4. 二十七保南十二图

该图内的河浜有徐公浦和东芦浦两条南北向的大河流,该图内的小支流多为这两条河浜的小细支流。这些小河浜多数没有名字。根据《上海道契》中的土名信息,该图中的支流河浜有褚家浜、顾家浜、小娘浜等支流。

小娘浜,据英册 1427 号道契"二十七保南十二图东圣字圩小娘浜北"记载,以及 1911 年地籍图上的定位,位于徐公浦以南、东芦浦以东,其附近位置有一条东西向的河流。该河流东段已标注为褚家浜,西段应是小娘浜,因为仅有 1 条记载,待考。

顾家浜,《上海道契》有 5 份道契记载了该浜,且均定位。据此可知,该河浜为徐公浦的一条东西向小支流,位于今昌化路、昌平路和康定路的街区的中部南草坪东西门之间。

5. 二十七保八图贤字圩

该图圩内有金家浜、马家浜、王家浜等支流。

金家浜,《上海道契》中共有 30 条记录,在地籍图上可定位的有 18 条。根据道契的位置,不难推断该河浜的位置,位于沸并浜北。在地籍图上,道契分布的位置正有一条东西向的河流,应该就是金家浜。

王家浜,《上海道契》中"位于二十八保八图贤字圩土名王家浜"及附近(其南、东、头)的记录共 10 条,可在 1911 年地籍图上定位的是 6 条。这些道契分布的位置,正靠近 1911 年地图上的一条小浜,位于金家浜北,系东芦浦的一小支流。

马家浜,《上海道契》中仅 1 条记载,英册 3902 号道契,土名"二十七保八图贤字圩土名马家浜",四界"北至张姓地暨英册 3953 号地,南至陈姓地,东至小路,西至朱吴姓地并路",可见其附近亦不靠河,待考。

三、桥梁

有河必有桥,桥梁是江南地区的重要交通设施。"小桥流水人家"描述的正是江南水多桥众的秀美景色。公共租界西区原来桥梁众多,有些桥梁已经不仅仅是一座桥梁,还可能是聚落,即使桥梁消失了,作为地名仍保留下来。其中见于《上海道契》的有:斜桥、池浜桥、北池浜桥、南池浜桥、西池浜桥、新闸桥、泥城桥、斜桥、时塘桥、螺蛳桥、南泥城桥、北泥城桥、朱家石桥、赵家桥、姚桥、华家桥、陈家桥、蒋家桥、莫沟桥、河坊桥、河花桥、南河浜桥、沙荒浜桥、曹家桥、吴王桥、北石桥、沙坊桥、香花桥、新闸桥等 29 座桥梁。

池浜桥,在《上海道契》中有 59 条记录,在 1911 年地籍图上定位的有 41

条。统计这些数据可发现,共有池浜桥、西池浜桥、北池浜桥和南池浜桥 4
座,位于池浜上,其中池浜桥位置大致在新闸路附近,南池浜桥在凤阳路附
近,北池浜桥、西池浜桥位置不确定,待考。《静安区地名志》记载:中寺浜
桥,跨寺浜,东西向,在爱文义路(今北京西路)与寺浜相交处;北寺浜桥,一
名寺浜桥。跨寺浜,东西向。南寺浜桥,东西向,在白克路与寺浜相交处。
另据《上海市区域北市图》,在新闸路,存疑待考。案,池浜,即寺浜,按其位
置,北寺浜桥即池浜桥。

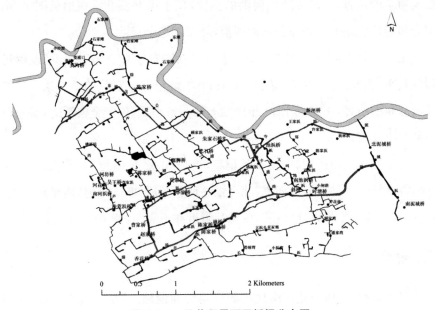

图 3-1-4　公共租界西区桥梁分布图

泥城桥,位于泥城浜,今西藏中路。光绪《上海县续志》记载:"跨泥城河
者,南泥城桥、中泥城桥、北泥城桥。上并英工部局建。"在《上海道契》中有
16 条记录,计有泥城桥、北泥城桥、南泥城桥、中泥城桥 4 座桥梁。其中北
泥城桥和泥城桥位于二十五保二图,中泥城桥位于二十五保二图和十图,南
泥城桥,位于二十七保九图。据 1911 年公共租界西区地籍图以道契信息,
北泥城桥,位于跑马厅之北,大致在今北京路西藏路口,南泥城桥,位于跑马

厅之南,大致今延安东路以北附近。

螺丝桥,又写作螺蛳桥,据《静安区地名志》记载,"罗申桥。在今康定路街道武定坊内。本世纪初,此处系农田村庄,东西两面有一小河,自南流入,有三块石板架起小桥,名为罗申桥,俗称螺丝桥,民国初年,居民渐多,浜被填埋造房,桥废。"

斜桥,据《上海道契》记载,位于"二十七保九图克字圩""二十七保十图""二十五保十三图糜字圩"。前两个圩相邻,位于公共租界西区,是一座桥,而后者是另外一座桥,位于今西藏南路与陆家浜路相交处,在肇嘉浜上。又据《静安区地名志》记载:"斜桥,十九世纪中叶,在今吴江路处有一小河名石浜,另说名石家浜。浜上有一木桥南北斜向跨越,故名斜桥。"根据 1911 年地籍图上道契定位,斜桥位于闸港,在今吴江路附近。另外,1914 年《上海自治志》上海市区域北市图上也有斜桥的标注记载。不少文献认为,斜桥位于东芦浦,因为东芦浦是斜的,故名斜桥,这种说法显然是不准确的。①

在《上海道契》还记载了"斜桥总会",系英侨乡村俱乐部(今上海电视台)。位于静安寺路 110 号盛宣怀府邸又称"斜桥盛公馆"(今南证大厦)。斜桥路,今吴江路,辟筑于 1894 年前。可见,"斜桥"是当时公共租界西区一个有重要影响的地名。②

蒋家桥,据《上海道契》记载,位于"二十七保德字圩",有 7 条记录。1911 年地籍图上可定位的道契有 6 条记录,大致位于东芦浦以西姚家浜以北,有 1 条南北向的小河,直通姚家浜,蒋家桥应该位于这条河浜上。又据《静安区地名志》记载:"蒋家桥,在今康佳路街道。本世纪初系菜园农田,有一南北向河流,通日晖港,东西向有一石桥,称蒋家桥。后浜填桥废。"

赵家桥,据《上海道契》记载(19 条记录),位于"二十七保八图贤字圩""二十八保北十二图祸字圩"。1911 年地籍图上看,在今愚园路、常德路和

_____

① 薛理勇:《老上海万国总会》,上海书店出版社 2014 年版,第 18 页。
② 上海市静安区规划和土地管理局编:《静安地名追踪》,第 70 页。

北京西路有一条曲折的河流，这里被当地人称为赵家桥。该桥应该就在这条河上。又据《静安区地名志》记载，"赵家桥，在今常德路附近，有河道与该路平行，抗日战争时，填河筑路，并因桥名得名赵家桥路。"

陈家桥，据《上海道契》记载，位于"二十七保八图贤字圩""二十七保南十二图东圣字圩""二十七保南十二图西圣字圩"。1911年地籍图上看，位于"陈家桥及附近（西、西南、西北）"的道契达24份，据其位置判断，该桥在徐公浦上，位于今长寿路以南的昌化路（系填徐公浦筑路）上。英册道契7351号记载了另外一座陈家桥，"二十七保三图、八图〇字圩土名涌泉浜陈家桥"，据其位置位于陕西北路以西的涌泉浜（沸井浜）上。

姚桥，据《上海道契》记载（34条记录），位于"二十保八图贤字圩""二十七保九图克字圩""二十七保三图羔字圩""二十七保十三图建字圩""二十七保十三图表字圩""二十七保十三图名字圩"等，但从其分布来看，这些位置并不远。根据1911年地籍图上的道契分布的位置（11条记录），该桥位于今南京西路至延安中路之间陕西北路上。从1911年公共租界西区地籍图上看，东芦浦正经过此处，说明该桥跨东芦浦。

曹家桥，据《上海道契》记载，位于"二十八保北十二图祸字圩"，其中英册5036号记载，"该地中间向有自南而北过曹家桥六尺阔石路一条，经董议，归契内，辅于西首照旧宽阔开还新路，东面之桥移于西首，以便行人，所有东北两面之浜，系娄浦港，水利攸关"，据此可知，该桥应该位于娄浦港。又据1911年公共租界西区地籍图的定位可知，曹家桥大致在今北京西路以北、新闸路以南、胶州路以东的位置。

按照上文的方法，可以复原出河坊桥、沙坊桥、河花桥，在二十七保十三图名字圩西芦浦，大致在今昌平路和康定路之间的胶州路。

吴王桥，在二十七保十三图建字圩李家浜，位于今昌平路、康定路。

南河浜桥，二十七保十三图名字圩，在西芦浦西的一条支流上，位于今康定路延平路。

沙荒浜桥，二十七保十三图名字圩，位于西芦浦，在今胶州路（康定路与新闸路)。

　　夏家桥,位于二十七保德字圩东芦浦的一条小支流,在今武定路西康路。

　　华家桥,位于二十七保八图贤字圩的姚家浜,在今新闸路西康路。

　　北石桥,位于二十七保南十二图西圣字圩徐公浦的支流,在今昌化路康定路。

　　朱家石桥,位于二十七保南十二图新闸西,在今西苏州路、康定路。

　　莫沟桥,位于二十七保北十二图德字圩,在今宜昌路、陕西北路。

　　香花桥,位于二十七保八图贤字圩,在今南京西路华山路以东路段。

　　时塘桥,位于二十七保十图,在今南京西路、成都北路。

四、园林、庙宇

　　公共租界西区因园林多被西人称为租界的"后花园"。在 1900 年之前,沿静安寺路就建有多个私家园林,闻名上海滩。

　　眛莼园,俗呼张园,位于二十七保九图,土名大浜头。该地最先由英商和记洋商经理格龙先后向农民曹增荣、徐上卿、顾上达、裘兆忠、陈掌南、顾聚源租得土地,面积为 20.25 亩,建为花园住宅。之后该地又转租于和记洋行,并添置新地。至 1882 年 8 月 16 日,张叔和自和记洋行购置此地,计 21.82 亩。① 据文献记载:"屋不多,惟檀林木之胜,中有广厦,曰安恺地,屋角有楼高出林杪,可望黄浦,又以西望可见龙华塔,故亦名眺华阁。西南有楼,曰海天胜处,中央有池,池有岛,杂莳松竹,苍翠可认,相近有大草地可击球。"②

　　愚园。在静安寺路(今南京西路)北、赫德路(今常德路)西,1888 年宁波商人张氏建园 33.5 亩,同年建成。据文献记载,"愚园为上海租界之名园,与静安寺相近。入门过小桥,即见一楼,楼前多乔木,有紫藤一棚,楼后为池,池上有水亭曰如舫,过此即为敦雅堂,堂后为假山,石笋颇多,山上为

① 熊月之:《张园:晚清上海一个公共空间研究》,《档案与史学》,1996 年第 6 期。

② 熊月之主编:《稀见上海史志资料丛书》,第一册,上海书店出版社 2012 年版,第 291 页。

花神阁，有闽人辜鸿铭英文诗、德文诗时刻在焉。池之东场，场之东北隅为弹子房，弹子房东为鹿柴虎栅，西为唐花室。"①1898年易主，次年改名为和记愚园，复开，之后四度关闭，1916年园废。②后园废弃，改建为"市廛"。

申园。在静安寺西，建园时间不详。据1924年《上海轶事大观》："沪北园林，首拥张（园）、愚（园）二园。二园之前有申园，在静安寺路今愚园附近，当辟园之初，有'公一马房'者，局面极大，车辆亦多，然马车行寻常商贾雇而坐者寥寥无几，主人虑折阅，遂辟此园，为招徕之计，果如所谋，获利颇厚。"可知，申园建园时间应该早于愚园。据郑逸梅《前尘旧梦》记载，申园"中建层桥，环围花木，右偏筑有亭榭，并浚方池，较为宏畅。四周有通衢，车马可以直达园内，绕行一周而出。自午后至日暮，来游者结队成群，品茗看花，流连忘返。逢至夏日，彻夜灯火，纳凉消暑的不断来往"。后来申园停业关闭。

徐园。1883年浙江丝商徐鸿逵所建，初在闸北唐家弄（今建北路），占地3亩，1909年，徐鸿逵子徐仁杰、徐文杰迁建于康瑙脱路（今康定路）5号。据《民国史料工程都市地理小丛书：上海》记载："原名双清别墅，为前清徐氏所建，园内有十二景目，布置极像半淞园，入内浏览，须购门票，每张二角。"③

爱俪园。在静安寺路、哈同路旁，俗称哈同花园，是英侨犹太富商哈同和其妻罗迦陵氏栖居之所。据文献记载，罗氏是中国人，初名丽蕤，故此园名曰"爱俪"，占地约六百公亩，内部水木清华，建筑宏伟，非有人介绍，不得入内。④

五、聚落、姓氏

1. 二十七保十图念字圩

根据1911年公共租界西区地籍图册，位于该图的英册道契共计268

① 熊月之主编：《稀见上海史志资料丛书》，第一册，第291—292页。
② 刘庭风编：《中国园林年表初编》，同济大学出版社2016年版，第787页。
③ 倪锡英：《上海》，南京出版社2011年版，第103—104页。
④ 同上书，第105页。

份。道契中"土名"有 80 余个，其中以姓氏聚落的有金家宅、金粉巷、王家库、张家宅、周家宅、谢家宅，且主要分布郑家浜桥以西，而该河以东在 1900年前后已为建成区，并无村落分布。在靠近泥城浜的地方有个新闸村。1882 年，有个叫金斯米尔的西人，致函工部局董事，建议工部局在厦门路的终端的泥城浜上修建一座供行人通过的小桥。浜西居民由于通往租界的那条老路被封闭之后就深感不便。那条路原先是在第 443 号和第 382 号册地的北面边界，从新闸村通往厦门路。这条通往租界的道路是 1862 年挖泥城浜时被封闭的。①

　　又根据道契中"原业主"信息，复原出该图圩内每宗地产的业主姓名，如图 3-1-5 所示。首先需要注意，这里显示的原业主，是土地交易时道契记载的原业主，大部分为首次永租给外国人的中国业主，但也存在少量二次转租

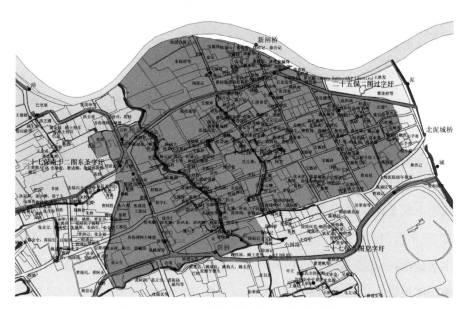

图 3-1-5　二十七保十图念字圩的聚落与姓氏

① 《工部局董事会会议录》，第 7 册，1882 年 12 月 28 日，第 812 页。

的情况,另外由于道契颁发存在前后的时间差异,故这里的中国业主并非同一时间的。重点对中国业主进行分析。由图可见,该区域内主要有徐、薛、王、张、沈、李、金、陈、黄、刘、傅、赵、魏、瞿、石、奚、殷、胡、曹、吴、马、薛、姚等姓氏,且存在同姓集聚而居的特点。

除了单姓业主外,笔者注意到,该图圩中已分布有很多商行。据道契"土名"记载可知,主要有金世美有余公司、延昌行、中庸行、广厚公司、望益公司等,以及洋行大班,比如,增泰行主布老亚、同和行拿来等。值得注意的是,在业主姓名中还有一些以"记"结尾,比如公记、徐松记、余庆炳记、周莲记、康孟记、李洽记、李谦记、余兴记等,虽不能确定为商行,或许为私人开设的一些小商铺。有一些就是房地产公司,比如徐润开设的宝源祥,在此区购地最多,对于当地的开发起到了非常重要的作用,详见第二节。

还有一些公馆、公所和慈善机构。据道契记载,主要是金陵公所、江宁公所、水炉公所、罗惠堂、仁济善堂等。江宁公所,"在新闸西,光绪六年(1880年),江宁府属人公建,大厅一、楼厅五、花厅一,客座土地堂各五间。后平房十四间,厅西由园,曰'爱宜'"。[1]平江会所,"在二十七保十图新闸路西。光绪十三年(1887年),苏人严春旋等集资购地。十九年开始建筑。二十年,黄绎等禀县给示。先是,苏府九邑之人在二十五保十三图置地拟建,嗣定卜筑于此。颜其堂曰'梓安',堂之西有关帝殿、地藏殿,迤东则湖石高耸,花木衔接,花厅与旱船相毗连,最后为丙房数十椽。"[2]水炉公所,也称熟水店公所,系熟水业同行。仁济善堂,创建于19世纪80年代,是一个由当地士绅捐资而成的民间慈善团体。[3]

还有一座新闸大王庙,在今浙江路南块。该庙"大有来历。这座庙也叫

---

[1][2]　民国《上海县续志》,卷3,"建置下,会馆公所"。

[3]　霍会峰:《上海慈善堂研究(1880—1954)》,杭州师范大学2008年中国近代史硕士论文。

金龙四大王庙,是清代疏浚吴淞江的一个见证,留有相关文献、碑刻等"①。大王庙,又称通济龙王庙。上海道教正一派主要道观之一。明隆庆年间(1567—1572 年)建,嘉庆年间,从闸北移至今成都北路 1037 号。该庙主殿供奉四大天王,香火曾一度旺盛,进香信徒以江苏船民居多。附近地区亦以"大王庙"得名。②

　　2. 二十七保九图克字圩

　　依据 1911 年公共租界西区地籍图表,可定位的道契数为 139 份。根据道契中的"土名",初步推测该图圩的乡村聚落,东有芦花荡、顾家湾、西有郑家巷、张家宅、徐家厍。在中国原业主中,有张(15)、姚(13)、王(13)、沈(10)、郑(7)、陈(7)、顾(6)、曹(6)、俞(5)、胡(4)、裘(4)、刘(3)、妊(3)、周(2)、陶(2)、蔡(1)、庄(1)、钟(1)、李(1)、杜(1)、杨(1)、惠(1)、孙(1)等姓氏,类似阿狗之类无姓氏的业主,不计入内。除此之外,该圩图内也是较早城市化的地区,分布着一些华人商行,如宝源祥、徐余庆堂、陶凤记、四寿堂等,其中宝源祥共有 7 宗地产,计 11.47 亩。

　　该区域土名为芦花荡,位于第三跑马场西,有多条河流汇集于此,原为湖沼湿地,芦苇丛生。后经圩田开发,成为乡民聚集点。至 19 世纪中后期,芦花荡以东辟建第三跑马场,又辟筑静安寺路,受此影响芦花荡发展为人烟稠密地区。《申报》关于芦花荡的报道颇多,仅摘录两则如下,说明该地区已是居住密集之地:

　　　　广茂和谨启,赏格跑马厅后芦花荡马好克路五号义记住宅内遗失
　　金表金练一副,又金表银练一副,如有寻着送还义记洋行账房,愿谢英

---

① 马学强:《关于城区史研究的几个问题》,载牟振宇主编:《城市史研究论丛》,第一辑,上海社会科学院出版社 2018 年版,第 22 页。

② 上海市静安区志编纂委员会编:《静安区志》,上海社会科学院出版社 1996 年版,第 824 页。

图 3-1-6　二十七保九图克字圩、三图羔字圩和二十五保改字圩

洋五十元决不食言……①

　　有朱有年者侨居泥城桥迤西芦花荡，前夜被贼撬门而入，窃去首饰若干，昨日饬家丁朱升持名片及失单赴公廨禀报，直刺立即饬差赴捕房声请协缉拿。②

　　第三跑马场，位于该图圩东界，原系农田。据著名报人徐铸成讲述："该处土地上原有居民的平房，也有古冢和芦塘，期间还有一座大古冢，构造非常讲究。古冢前置有石马、石羝和石镌的武士，还有一对青石精琢的大翁仲，高约两米半，宽约一米，厚约一米左右，其重足有三吨以上，雕琢得栩栩如生。……跑马总会的英国人，不忍把它毁损，就雇工把它迁到新昌路转角处，竖立在马路边。"③清咸丰十一年九月十九日（1861 年 10 月 22 日）颁发

---

① 《申报》，1898 年 7 月 19 日第 7 版。
② 《申报》，1899 年 12 月 26 日第 9 版。
③ 徐铸成：《流氓大亨杜月笙》，春风文艺出版社 1994 年版，第 51 页。

的英册 377 号道契,户名为"英商上海马路公司",英文道契本写作"The Shanghai Race Cmmittee",即上海跑马委员会。第三跑马厅跑道圈土地为 80.405 亩,共计地价 3622500 文,约合银 2400 余两。[①]

笔者又查阅 1871 年英国领事馆登记的土地信息[②],英册 715 号分地,户主"Shanghai Recreation Ground. trust of",面积 430 亩,即第三跑马场内的土地,并不按照一般外国人永租土地手续,而以 30 两 1 亩土地,30 两 1 间房屋,1 两 1 座坟墓的代价,占有了这一圈土地,一切手续由英国领事与上海道台"协助"完成。[③]故在已刊的《上海道契》中找不到该项土地的任何信息。

3. 二十七保三图羔字圩

根据 1911 年公共租界西区地籍图册,可定位的道契为 58 份。据此可知,该圩内的聚落有诸家宅、朱家宅、姚家宅、胡家楼、田家楼等,道契记载的"土名"还有涌泉浜、长浜、夏家堰、小浜湾、小浜头、尼姑浜、新桥(之东)、姚桥(之南)等,虽不能确定,推测也是聚落。该圩田内的原中国业主有方(12)、诸(10)、张(7)、曹(6)、李(5)、胡(5)、朱(4)、陈(3)、夏(2)、刘(2)、姚(2)、钱(2)、庄(2)、陆(1)、叶(1)、盛(1)、郭(1)、徐(1)、俞(1)、戴(1)、间(1)、黄(1)等,其特点姓氏较多,但大姓较少。仅见 2 个商行——经润记、宝源祥,另有静室庵和朱仁德堂。

4. 二十五保四图改字圩

据 1911 年公共租界西区地籍图表,可定位的道契资料有 60 份。根据道契关于土名的记载,该圩的聚落有姚家宅、东姚、西姚、林家宅、高家宅、陆家观音堂等,附近还有关帝庙,位于该圩的西面,聚金桥,位于该圩的东面等。中国户主有姚(8)俞(7)沈(5)陈(5)徐(4)高(3)高(3)周(3)朱(3)方(3)

① 《上海房地产志》编纂委员会:《上海房地产志》,第 508 页。

② *Land list*, *British Consulate*, *Shanghai*, *1871*, Printed at the office of the North-China Herald, 1872.

③ 《上海房地产志》编纂委员会:《上海房地产志》,第 508 页。

郁(2)张(4)杜(1)樊(1)吴(1)叶(1)赵(1),商行有宝源祥(2)、刘正记等,还有观音堂、马三畏堂(3)等。

5. 二十七保八图贤字圩

根据1911年公共租界西区地籍图表,可定位的道契资料96份。据此统计,该保图内的中国土地户主有姚(24)、顾(9)、龚(6)、陆(5)、陈(5)、金(4)、曹(4)、张(4)、王(3)、赵(3)、蒋(2)、叶(2)、郑(1)、谈(1)、黄(1)、洪(1)、潘(1)、韩(1)、费(1)、秦(1)葛(1)、罗(1)、褚(1)、蔡(1)、亚(1)等各姓。

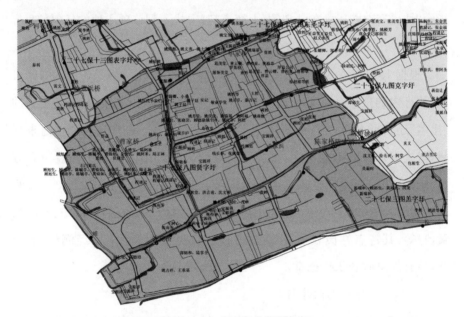

图 3-1-7　二十七保八图贤字圩

另外,商行有:宝源祥、厚益公司(3)、庄公记、程谨记(8)、曹润记、福公记、安记等,其中宝源祥14宗地产,计103.2亩土地。还有敬业学堂。

6. 二十七保南十二图东、西圣字圩

本图圩东临苏州河,故沿河地带多滩地,西部为东芦浦,徐公浦贯穿其中。该图包括东圣字圩、西圣字圩,二圩大致以徐公浦为界。东圣字圩,比如苏州河沿岸的车袋角,因交通便利,最先开办了裕源纱厂等工厂,还有存放舢板的场地——舢板厂。而西圣字圩,大部分地区仍保持着农业圩田状态。

据1911年公共租界西区地籍图表,可定位的道契资料有190份。根据道契中的土名记载,该图圩的聚落有:陈家、褚家、顾家、朱家、陈家、七家、戚家、石家、王家、西王、徐公、姚家、王家巷、王家宅、褚家、华家、蒋家、沈家、郑家、张家、西家宅等,土名中还有潭千港、毛家后头、叉袋(义袋)、车袋(角)、池浜、滩上、东滩、池浜桥、石家滩、舢板(杉板)、西舢板、池浜桥、草鞋、池浜、螺丝(螺蛳)、小娘浜(北)、郑家港(北)、石家滩、北石等。中国户主有张(47)、王(21)、徐(16)、吴(14)、李(13)、奚(11)、沈(10)、顾(10)、朱(8)、陈(6)、姚(6)、孙(6)、黄(5)、郑(5)、马(4)、郑(4)、蔡(4)、杨(3)、潘(3)、陆(3)、赵(2)、山(2)、戴(2)、冯(1)、韩(1)、洪(1)、胡(1)、吴(1)、丁(1)、奂(1)、刘(1)、翁(1)等各姓,商行有广裕公司、厚益公司、裕源纱厂、仁记、益记、源记、庆德堂、贻本堂、遗安堂、正益堂等,机构有保安公司等。

图3-1-8 二十七保十三图和南十二图

7. 二十七保北十二图德字圩

据 1911 年公共租界西区地籍图表,可定位的道契资料有 22 份。根据道契记载,该图圩的土名有:西陆家宅、小沙渡、草鞋浜、娄浦、娄浦口、石家滩、莫沟桥等。中国户主中有张(9)、沈(7)、徐(4)、姚(4)、陆(3)、潘(2)、林(2)、奚(1)、唐(1)、李(1)、周(1)等各姓。

小沙渡,据《法华乡志》记载:"小沙渡,在沙袋角西,有市。"19 世纪后期,当地有农民 7 人,合伙购置 1 艘小舢板摇渡载客,便于农民过河种田,渡口分别在今普陀路街道和朱家湾街道之间的西康路南北塊。当稻麦两熟时节,农民给予少量农产品,作为全年过河的酬劳,或 3 个铜钱作为修理费用。①

8. 二十七保十三图表字圩、名字圩、建字圩、端字圩和德字圩

该图圩内有西芦浦、东芦浦、李家浜、姚桥浜、姚家浜和草鞋浜(南、北各一条)等多条河浜。该图内有五个圩,分别是表字圩、建字圩、端字圩、名字圩和德字圩。大致位置和范围,表字圩位于南、北草鞋浜之间,南临端字圩,以南草鞋浜为界。端字圩位于南草鞋浜与姚桥浜之间,南靠建字圩,以姚桥浜为界。白字圩位于建字圩以西,以西芦浦为界。德字圩,位于建字圩南,北至李家浜为界,南到姚家浜。

此区域内在 1911 年大部分土地仍为华人所有,据 1911 年公共租界西区地籍图表,可定位的道契资料仅 53 份。根据道契记载,该图圩的土名以浜桥为多,主要有草鞋浜、姚桥浜、华家桥、夏家桥、蒋家桥(西)、河坊桥、南河浜桥、沙荒浜桥、吴王桥、姚桥、河花桥、沙坊桥等,还有董家库、中家巷、沈家宅、金家宅、南姚宅、中家库、北姚、西金家巷等村落名。中国户主有姚(17)、蒋(6)、沈(5)、谈(3)、龚(2)、吴(2)、林(2)、瞿(2)、蔡(2)、李(2)、叶(2)、黄(1)、陈(1)、金(1)、奚(1)、雷(1)、钟(1)、马(1)、潘(1)、王(1)、薛(1)、朱(1)等,可见姚为该圩区的大姓。

---

① 上海市档案馆藏档案 Q215-1-7598,转引苏智良主编:《上海城区史》,学林出版社 2011 年版,第 706 页。

第二节　1860—1899 年越界筑路与越界租地

　　1899 年 5 月，上海道台发布公告，该地区被纳入租界，成为公共租界西区。①在此之前，大部分地区仍是农业圩田区。1860 年之后，随着静安寺路和新闸路等越界道路的修筑，不少洋商来此租地、造屋，由此拉开了城市化的序幕。静安寺周围地区，同治年间已发展为一集市，据同治《上海县志》卷一记载："静安寺市，县西北八里，近年始成市。"还有新闸市，"城西北五里"。

一、越界筑路

　　早在 1860—1862 年太平天国攻打上海期间，出于安全防御考虑，英国皇家工兵上校戈登（Gordon）修筑了新闸路、静安寺路、极司菲尔路等多条界外"军路"。据《上海县续志》记载，葛绳孝"奉巡抚李鸿章檄，游说洋兵助顺，增辟邑治障川门，并筑西郊马路，以利军行"。又据 1870 年英国领事麦都思（Medhurst）的备忘录记载，界外路状况如下：

　　1. 静安寺路：自龙飞马房（Horse Bazar）至静安寺，1862 年上海跑马场总会利用变卖第二跑马场之资修筑。此路地基一部分为华人所有，一部分为西人所有，面积达 126 亩。

　　2. 新闸路：从煤气厂桥（Gasworks Bridge）接十字路至米勒之平屋（Miller's Bungalow），再至静安寺，其中或一小部分为外人所有，面积凡 60 亩。

　　3. 从新闸至麦根农场（Markham's Farm）循苏州河至极司菲尔（Jessfield）至法华接徐家汇路。此系军路，于叛乱时向华官取得，或得其同意。

---

① 《工部局董事会会议录》，第 14 册，1899 年 5 月 31 日，第 487 页。

自徐家汇至极司菲尔间有许多地段重归华人保有。面积凡 25 亩。

据《法华乡志》记载："静安寺，在法华东北四里许，本一大丛林，无所谓市也。粤匪时，英商开辟马路，渐成市集，惟水道不通，贸易不甚畅旺，不过春郊走马，暑夜纳凉，为游娱之一境耳。"

1870 年 5 月，工部局填高了从何爵士别墅至跑马厅的那段静安寺路。①6 月，马房至跑马场大看台之间的静安寺路已修好。②

1873 年，工部局修筑了一条新的界外马路，延长麦根路到静安寺路，这条马路穿过"翠芳宅农场"，由贝尔购进，工部局希望他能配合这条新路修筑而愿从产业中让出 15 英尺土地。③延长麦根路要穿过翠芳宅，有一位董事询问这样做有什么好处。工务委员会主席白敦先生解释说，上届董事会曾极力主张从麦根路的这一地点把马路延长到静安寺，但由于未能就拓宽翠芳宅对面的马路，同以前的业主达成协议，这个想法就暂时放弃了。所建议的这条新马路将会提供一条良好的车道，并且他认为这对侨民们来说，是大为方便的。了解董事会的意见后，他们决定有机会再支持延长该条马路。④

1877 年会议，宣布了通过翠芳宅后面，从麦根路米勒、巴特平房附近到大英牛奶棚的新马路路线。麦克莱恩先生来信，代表他本人以及贝尔先生与梅特兰先生说，他们准备交出在他们地产后面的这条马路。为此他们提出了几项条件。在这些先生们所提出的条件中，有一条是要求将在他们地产前面的沿河马路交给他们。会议深感遗憾，因为修建这条新马路附有这样的条件，实为他们力所不及。会议决定自己想办法，并委托巴恩斯·达拉斯先生就其能力所及设计一条最佳路线。⑤

---

① 《工部局董事会会议录》，第 4 册，1870 年 4 月 28 日，第 707 页。
② 《工部局董事会会议录》，第 4 册，1870 年 6 月 20 日，第 715 页。
③ 《工部局董事会会议录》，第 5 册，1873 年 10 月 13 日，第 663 页。
④ 《工部局董事会会议录》，第 5 册，1873 年 11 月 11 日，第 667 页。
⑤ 《工部局董事会会议录》，第 5 册，1877 年 1 月 8 日，第 579 页。

1876 年 11 月 13 日会议,会议审议了租界四周乡村的平面图,并提出以下的筑路计划:

1. 延长麦根路(从大英牛奶棚至极司菲尔路与静安寺路中间某点);

2. 延长新坟山路至"农舍"或最好至"农舍"与斜交桥中间的某一点;

3. 延长卡德路或十字路(从静安寺路至法租界徐家汇路);

4. 修筑一条自徐家汇镇至极司菲尔镇的马路。

会议决定写信给领袖领事麦华陀先生,向他提交该平面图,并作如下解释:由于对租界四周的村镇未曾进行测绘,故董事会只能确定马路的两端。若中国官厅能提供协助的话,董事会有信心能将这些马路逐条进行修筑,只有在遇到坟墓,需要避开时转弯改道。再者,计划中的四条马路,其中前两条是极其重要的,董事会急于马上实施。[①]11 月 27 日,麦华陀写信给董事会,告知道台已口头保证,董事会提议的界外道路正在考虑之中。他又说,为了使事情顺利进行,并消除疑虑起见,他已向道台保证:如果今后这些马路修筑为铁路的话,土地将复归原主。[②]

1889 年 2 月 19 日会议宣读了莫里斯的来信,要求工部局把通向美景别墅的马路的管理权接收过去,因为马路所在土地已从达拉斯的地契上注销,并交付公用。总董说,1883 年和 1884 年董事会也收过同样的申请书,当时都拒绝了。1883 年 12 月的会议记录:"由于这条马路仅 12 英尺宽,哪儿也不通,所以会议决定不接收这条马路。"董事会赞成修筑这条马路,因为马路的维修不会花多少钱。[③]

1891 年 8 月 18 日,会议决定授权工程师沿这条马路种上行道树,作为一项实验,可从静安寺开始向前 100 码的距离内植树。[④]

① 《工部局董事会会议录》,第 6 册,1876 年 11 月 13 日,第 766 页。
② 《工部局董事会会议录》,第 6 册,1876 年 11 月 27 日,第 767 页。
③ 《工部局董事会会议录》,第 9 册,1889 年 2 月 19 日,第 703 页。
④ 《工部局董事会会议录》,第 10 册,1891 年 8 月 18 日,第 758 页。

1893年3月14日，玛礼孙土木工程建筑公司的另一封来信内附该路设计图，这条路从静安寺附延伸到新闸路，所占用的一部分土地由他们无偿提供给工部局，他们认为其他部分只要工部局同意修路，地产主也会无偿献出。会议还宣读了工程师的备忘录，他说按通常方法修这条路，还包括一条12英寸的排水管，要花8000两白银。会议决定把这封信交工务委员会研究。①3月21日会议，玛礼孙土木工程建筑公司要求工部局接收从新闸路到静安寺路的新马路。工务委员会建议工部局不能接受该公司的要求，但如果地产主愿修这条路或答应立付地产税等等，那么事情就可以加以考虑。②

1898年6月15日，总董说，按已有的安排，他拜访了道台，看来道台急于尽力增加越界筑路贷款。关于拟建的由麦根路到极司菲尔路的道路，决定由工部局工程师偕同道台的代办对该路路线进行勘察，然后向道台说明究竟需要做什么工作，再由道台设法办理所需土地的转让事宜，工部局按成本价格修筑这条道路。③

二、界外租地

这些界外路两侧因地价低廉而环境优美，吸引了不少洋商来此购地、建房。越界筑路区成为英租界的"后花园"。关于该区在1899年之前洋商租地情况，陈琍曾根据道契中的地产位置和地产"四至"边界信息，统计出该地区自1855起，已有不少西人在此"越界"租地，至1861年，可定位的道契册地近50处。④吴俊范曾利用道契的位置信息进行统计，绘制了1876—1897年间地产商租地坐落保图统计表⑤。据该统计表，1876—1897年扩展区（包

---

① 《工部局董事会会议录》，第11册，1893年3月14日，第535—536页。
② 《工部局董事会会议录》，第11册，1893年3月21日，第536页。
③ 《工部局董事会会议录》，第13册，1898年6月15日，第582页。
④ 陈琍：《近代上海城乡景观变迁（1843—1863）》，第201页。
⑤ 吴俊范：《从水乡到都市：近代上海城市道路》，第102—103页。

括其他扩展区）内租地总计 921 份，占租地总数的 68％，而中心城区租地累计只占 25％。同时，她也注意到了这种方法的缺陷，即表中各保图的历年租出地累计数之和，并不等于租地总件数，还有部分租地无法判断具体的保图位置，均不包含在表格统计之内。

多卷本《上海英国总领事馆土地册（1871—1937）》，是笔者目前所见最完整的驻沪英国领事馆土地登记数据。第一册是 1872 年由北华捷报出版的《1871 年英国驻沪领事馆土地登记表》①。英国驻沪副领事 A. R. Hewlett 在该书卷首写道：这份表格是由英国领事馆登记的，反映了英商在沪租地的总体状况。落款时间为 1872 年 1 月 1 日。该表格信息登记地产的租户名称、面积、年租、所在街区（section）编号等信息，该表格是按照地区来登记土地的：英租界、法租界、美租界、静安寺路、徐家汇路、浦东和吴淞。在这套土地册中，从 1872 年到 1909 年，静安寺路和徐家汇路均作为两个区被单独统计。1909 年之后才开始采用公共租界四个区（即中、西、北、东四区）的新体例登记地产。这说明这两条界外路一直是洋商地产分布较为重要的两个区。

笔者据此统计出 1871—1899 年间该套资料中"静安寺路"英册道契登记情况。考虑到 1899 年以前此区域为越界筑路区，故登记表中的静安寺路，统计口径应该不单单指静安寺路，而应该静安寺路及周边越界筑路区。静安寺路英册道契的统计数据可反映公共租界西区在 1899 年并入租界之前洋商租地的大概面貌。笔者对 1871—1899 年"静安寺路"英册道契进行统计，可发现越界筑路时期该地区的洋商租地呈现以下特征：

（1）1871 年，"静安寺路"的道契数量达 114 份，面积 1556.757 亩，其数量之巨，远远超出之前学者的估计。该地区的洋商租地虽然始于 1851 年，但直到 1861 年，英册道契的数量 50 余份，而 1871 年达 114 份，数量增加了

---

① 　British Consulate, *Shanghai*, *Land list 1871*, Printed at the office of the North-China Herald, 1872.

1.28 倍。增长的动力来自 1860—1862 年太平军进攻三次上海期间。大量难民涌入上海，催生了战时畸形的房地产投机热潮。不少洋商来到界外租地，试图大发战争财。沪西越界筑路区，因靠近租界，备受洋商青睐，成为除了租界区之外洋商租地数量最多的区域。

（2）1871 年之后，又出现了两个租地高峰期。第一个高峰期在 1871—1880 年，此为太平天国运动结束后经济复苏的时期，土地市场又迎来了春天。第二个高峰期发生在 1895 年甲午战后，帝国主义加大了对华投资，至 1899 年，登记在静安寺路的洋商地产达 567 宗地产，共计 3741.85 亩土地。比 1895 年多了 1206.494 亩土地，增长了 47.59％。根据 1900 年工部局对公共租界西区的地产调查，实有洋商地产 3172.678 亩，比 1898 年略多。

表 3-2-1　　1871—1899 年位于静安寺路的英册道契统计表　　单位：亩

年份	道契数	面积(亩)	年份	道契数	面积(亩)
1871	114	1556.757	1892	272	2407.625
1880	197	2158.336	1893	275	2466.5
1882	202	2187.349	1895	312	2535.356
1883	216	2246.5	1896	320	2591.97
1884	230	2436.317	1897	368	2884.432
1888	253	2429.123	1898	414	3167.665
1890	248	2374.939	1899	567	3741.85

资料来源：*Land list，British Consulate，Shanghai，1871—1895*。

为了揭示洋商地产在越界筑路时期的时空分布规律，根据《上海道契》和地籍册的数据的相同字段—道契编号，利用 GIS 方法，将二个数据表进行连接。由此可复原 1861—1900 年间道契册地分布图（图 3-2-2）。下文将以 10 年为一断面，分别阐述在 1899 年之前洋商购地的空间过程。

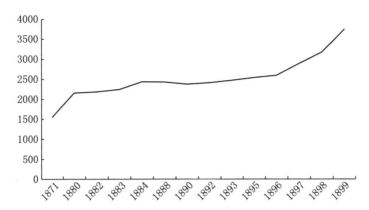

图 3-2-1　1871—1899 年越界筑路区洋商地产总量

图 3-2-2　1861—1900 年公共租界西区英册道契分布

资料来源:《上海道契》和公共租界西区地籍图册,底图为 1900 年公共租界地籍图。

(一) 1855—1871 年的租地状况

自 1855 起,已有不少西人在此"越界"租地,至 1861 年,可定位的道契册地近 50 处。[①]。1861 年之后,受太平天国运动影响,在此租地的洋商更

————————

[①]　陈玎:《近代上海城乡景观变迁(1843—1863)》,第 201 页。

多,且交易面额大。据统计,1861—1864 年颁发的英册道契,可定位的有 22 份计 292.79 亩土地。至 1871 年,英国领事馆登记在"静安寺路"的英册道契达 114 份,计 1556.757 亩土地。面积超 100 亩的洋商有 3 个,其中跑马总会购买的第三跑马场的土地,面积最大,计 430 亩。从下表来看,1871 年在该地区租地的洋行/商共计 56 个,其中以英商霍格(Hogg)和怡和洋行的地产最多,总面积超过百亩。50—100 亩的洋商,有 Arehibald Little 等 4 人;10—50 亩的洋商,有"J. I. Miller & E. W. Batt"等 25 个,10 亩以下的有"J. S. Robison"等 26 个业主。

表 3-2-2　1871 年"静安寺路"地区洋商租户(土地业主)地产汇总　　单位:亩

洋商租户	面积汇总	洋商租户	面积汇总
Shanghai Recreation Ground trust of	430	Morriss, Henry	19.232
Jardine, Matheson & Co.	114.681	Adamson, W. R. & Co.	17.35
Hogg, J., Hony, Seey	100.485	Mitebell, John, K. C. B.	17.13
Little, Arehibald	88.665	Hogg, James	16.974
Ashton and Jarvie	85.073	Carter & Co.	16.88
Groom, F. A.	52.458	Reinhard, Hugo	15.841
Hogg, Wm and E. J.	52.085	Latimer, Nie, and King	14.796
Miller, J. I., & Batt, E. W. sub.	37.177	Forster, John	12.5
Mackenzie, J., and Wright	36.37	Ludlow, E. & A.	12.5
King, C. J.	35.376	Lawrie, P. G.	12.315
Smart, Geo. Forteath	27.087	Patridge, Dan	12.315
Johnson, F. F.	25.825	Wood, A. G.	12.1
Municipal Council	24.933	Shanghai Horse Bazaar	10.93
Baker, A. J.	21.527	Little, L. L.	10.344
Myburgh, P. A.	20.9	Robison, J. S.	9.86
Vaucher, W. H.	19.771	Sassoon, D. Sons & Co.	8.678

洋商租户	面积汇总	洋商租户	面积汇总
Crawford, Rev. T. P.	8.671	Keswiek, W.	4.73
Wright, F. E.	8.17	Lent, Wm.	4.721
Primrose, W. M.	7.731	Janes, Miss Julia Aun	4.6
Wheelock, Thos, R., & Low, Ed. G.	7.468	Diekson, W. G.	4.345
Oliver, E. H.	7.38	Chapamn, King & Co.	4.3
Godfrey, Wm.	7.162	Youd, Frank M.	4.213
Dow and Riley trust	7.12	Stoddard, L. H.	4.15
Searl, James	6.7	Hormusjee, Cowasjee, & Burjorjee.	3.9
Jonesand Robson	6.581	Pestonjee, R.	3.2
Cowie, Geo, J. W.	6.388	Jardine, Matheson & Co.	3.06
Parker, J. H. P.	5.79	Sassoon, R. D., Bicke rsteth, J. P., Campbell, J., Vacher, W. H., Chapman, F., and Banmback, J. A.	1.2
Hogg, E. J.	5.58	Shanghai Race Committee	1.2

资料来源：*Land list*, *British Consulate*, *Shanghai*, *1871*, Printed at the office of the North-China Herald, 1872。

1860—1862年间太平军三次进攻上海,大量难民涌入租界,催生了畸形的房地产投机热潮。而大量洋商趁战乱之际,不仅在租界内疯狂抢占土地,而且还跑到郊区,与地保、官衙勾结,以低价购进土地,然后高价售出,从中牟取暴利。据《李氏家乘志略》记载:"我祖宗祠原在泥城外。嗣因归入租界工部局。划分马路而拆区。迄今未曾建筑(民国三年)。白克路地产出售。曾提出建筑祠堂费洋八百元。存浩梁处。上海辟租界后,西人在沪北泥城桥外圈地筑马路厅。我家田被圈者四十余亩。以每亩二十五两作价。梅伯公不允。遂被羁县署。不得已允之。惟其田单至今在浩梁处。"①第三跑马场圈地事件，说明战争期间存在强买强卖现象。

洋商最先抢购土地的位置，主要分布在静安寺路、新闸路和苏州河沿岸。静安寺路，因通静安寺而得名，静安寺相传建于三国吴国赤乌年，每逢阴历四月初八浴佛节，庙会颇盛。静安寺路之所以吸引洋商来此购地，主要是因为这里环境优美、僻静。著名诗人美学家白华曾这样描述静安寺路："沪西的风景，其幽静与繁嚣，和热闹的都市划开了一条鸿沟。静安寺路上，充分的给人以清净的美感，真是'静'而且'安'。这里住的，大都是些高贵的现代贵人。"②该路最初是作为军路辟筑的，并不受工部局管辖。直到 1866 年，因洋商地产增多，静安寺路等界外路开始受到工部局重视。1866 年 2 月，工部局主席指出，"此等路实为居留地之咽喉，倘不维持良好，则西侨社会之健康，当受损害"。③为此，工部局每年拨出一定经费作为道路维修费。

（二）1871—1880 年的租地状况

这是 1900 年之前又一个洋商租地较快的时期。据统计，洋商租地面积，从 1871 年 1556.757 亩，到 1880 年增至 2158.336 亩，增长了 38.64％。道契册地数量，从 1871 年 114 份，到 1880 年增至 197 份，增长了 72.8％。租地洋商的数量，从 1871 年的 56 个，到 1880 年增至 92 个，增长了 64.29％。其中 50 亩以上的洋商数量变化不大，1880 年共有 6 个洋商，霍格的土地仍最多，但怡和洋行的面积减少了 35.525 亩。50 亩以上的大业主，新增加了"Bubbling Well Road"、"Schereschewsky, S. I. J."两个业主。1880 年新增的业主，主要是 10—50 亩和 10 亩以下的业主。其中 10—50 亩的洋商业主有 39 个，10 亩以下的洋商业主有 47 个，相比 1871 年分别增长了 56％和 80.77％。

---

① 李曾耀编：《李氏家乘志略》，转引自柴志光主编：《浦东古旧书经眼录》，上海远东出版社 2009 年版，第 226 页。

② 冯仰操编：《海上行旅：民国上海游记》，南京师范大学出版社 2017 年版，第 224 页。

③ 《上海公共租界史稿》，第 86—87 页。

表 3-2-3　1880 年"静安寺路"租地超 10 亩的洋商统计　　　　　单位：亩

业主姓名	租地面积	业主姓名	租地面积
Shanghai Recreation Ground trust of	430	Wilson, L. L. Mrs.	19.49
Bubbling Well Road	126.552	Butler, T.	17.534
Hogg, J., Hon. Secy.	100.485	Thorburn, J. D.	16.845
Schereschewsky, S. I. J.	80	Reinhard, Hugo	15.841
Jardine, Matheson & Co.	79.156	Hague, E. P.	15.74
Hogg, W. and E. J.	52.085	Cumine, Chas & John Maitland	15.409
Miller, J. I.	48.605	Brown, Saml	15.224
Kingsmill, T. W.	40.031	Shanghai Gas Company	14.935
Cameron, E. & Jamieson, R.	36.775	Drummond, W. V.	14.569
Forbes, F. B.	31.068	Lester, Henry	14.3
Municipal Council	27.633	Simpson, C. L.	13.543
Ferguson, Adolphus	27.094	Wisner, J. H.	12.874
Bradfield, John	27.076	Grant, C. L. & Bell, F. H.	12.5
Low, E. G.	25.99	Grant, C. L.	12.5
Thorne, Jos. and Gilmour, D.	25.094	Heemskerk, J. J.(trust)	12.5
Cory, J. M.	25.02	Hogg, James	12.04
Drage, Z. B.	24.67	Hague, E. P. & Veitch, A.	11.815
Wetmore, Mrs. A. C.	23.178	Maclean, P.	11.5
Frazar & Co.	21.802	Shanghai Horese Bazaar	10.93
Wheelock, T. R.	21.6	Mitehell, Sir John, K. C. B.	10.63
Hannen, N. J.	21.243	Little, L. S.	10.344
Mackenzie, Robert	21.005	Jay, G. H. & Halls, J. P. H.(trust)	10
Daly, S.	20.524		

资料来源：*Land list*，*British Consulate*，*Shanghai*，*1880*，Printed at the office of the North-China Herald，1881。

从空间分布来看，洋商租地主要分布在静安寺路、新闸路、麦根路等越界筑路附近以及苏州河沿岸附近。其中静安寺路、新闸路等界外路受到工部局的维护。静安寺路，据 1870 年 5 月 30 日工部局会议录，静安寺路维修费，每月银 40 两；新闸路，每月 20 两。①1870 年，还填高了那段静安寺路的部分路段，如自何爵士别墅至跑马厅②，梅勒先生和埃姆斯先生平屋之间的静安寺路被垫高③。工程师称："这条马路的另一段亦用泥土填高，铺上砖头、黄沙并加以滚压。靠近静安寺庙附近设置一些标杆、座椅，并添种了一些行道树和灌木。"④如果说 1870 年静安寺路还是人烟稀少的田野风光，那么至 1880 年静安寺路两边绿树成荫，华人住宅与西人别墅交错分布的城郊景色了。静安寺路上还有上海最著名的两大园林——张园和愚园，每逢周末或节假日，静安寺路上游人如织、热闹非凡。

不少中国达官贵族和有钱的西商看中了这块风水宝地，纷纷前来购地、建房。当时已有一些洋商在这里居住而到市区上班。1875 年一位西人称道："如果马跑快一点，从我家到新医院的地点，正好要 15 分钟。如果马跑慢点，道路又挤的话，那要 20 分钟。既然有那么多人住在静安寺路，而我家，就这职业而言，位置是相当适中的。"⑤为满足日益增多租地业主的交通需要，1876 年 11 月工部局会议上提出了以下的筑路计划：（1）延长麦根路（从大英牛奶棚至极司菲尔路与静安寺路中间某一点）；（2）延长新坟山路至"农舍"或最好至"农舍"与斜交桥中间的某一点；（3）延长卡德路或十字路（从静安寺路至法租界徐家汇路）；（4）修筑一条自徐家汇镇至极司菲尔镇的马路。其中前两条是极其重要的，工部局认为有必要马上进行修筑。⑥

① 《工部局董事会会议录》，第 4 册，1870 年 5 月 30 日，第 707 页。
② 同上书，第 706 页。
③ 《工部局董事会会议录》，第 4 册，1870 年 10 月 22 日，第 746 页。
④ 《工部局董事会会议录》，第 4 册，1870 年 4 月 1 日，第 702 页。
⑤ 《工部局董事会会议录》，第 5 册，1875 年 6 月 14 日，第 679 页。
⑥ 《工部局董事会会议录》，第 6 册，1876 年 11 月 13 日，第 766 页。

(三) 1880—1890 年的租地状况

这一时期,洋商租地总体上发展较为平稳,但受中法战争影响,局部地区的土地交易略有起伏。地产数量,从 1880 年 197 宗,到 1888 年增至 253 宗,增加了 28.43%,而 1890 年又降至 248 宗。租地面积,以 1884 年最多,达 2436.317 亩,比 1880 年增加了 12.88%,而 1884 年以后,租地总面积在减少,1890 年比 1884 年减少了 61.378 亩。租地洋商的数量略有增加,1890 年 108 个,比 1880 年增加了 16 个业主。其中 50 亩以上的业主数量有 10 个,比 1880 年增加了 4 个,怡和洋行的面积继续减少。10—50 亩的业主数量有 47 个,比 1880 年增加了 8 个。10 亩以下的业主有 51 个,比 1880 年多 4 个。总之,业主数量变化不大。

表 3-2-4　1890 年"静安寺路"10 亩以上的洋商统计　　　　单位:亩

业主姓名	地产面积	业主姓名	地产面积
Shanghai Recreation Ground trust of	430	Shaw, R. W.	45.491
Bubbling Well Road	126.552	Humphreys, J. D.	42.835
Hogg, J., Hon. Secy.	110.485	Hertz, Henry	41.001
Morriss, H.	85.776	Burman, A., Sccot, J. L. and Percival, R. H.	40.684
Schereschewsky, S. I. J.(trust)	80	Paterson, Wm.	36.765
Ashton and Jarvie	78.881	Henderson, D. M.	35.071
Keswick, J. J. Wilson, J. Stewart, J. H. and Stewart, Wm. J. J. trust	65.384	Lester, Henry.	28.886
Jardine, Matheson & Co.	61.701	Ezra, Isaac	28.341
Benjamin, B. D.	54.18	Hogg, Wm.	26.401
Hogg, Wm and E. J.	52.085	Everall, H.	25.739
Millier, J. I.	49.305	Howie, W. & McLeod, A.	24.941
Howie, Wm.	47.345	Municipal Council	24.654

续　表

业主姓名	地产面积	业主姓名	地产面积
Major, Bros, Lim	23.884	Myburgh, A.	13
Henderson, E.	21.86	Clyatt, W. B.	12.983
Moller, Nils	20.539	Heath, A. H.	12.897
Hough, Robt	20.09	Main, D.	12.6
Endicott, H. B.	19.21	Grant, C. L. & Bell, F. H.	12.5
Shanghai Gas Company	18.563	Grant, C. L.	12.5
Morrison, G. J. & Gratton, F. M.	16.845	Heemskerk, J. J. trust	12.5
Mackenzie, Robert	16.59	Thomas, D. H.	12.5
Reinhard, Hugo	15.841	Wetmore, Mrs. A. C.	12.455
Dudgeon, C. J. & Porter, E. E.	15.426	Sassoon, D. E.	12.074
Cumine, Chas. & John Maitland	15.409	Hogg, James	12.04
Wilkinson, H. S.	15.126	Crawford, Rev. T. P.	11.671
Dyer, H. J.	14.968	Shanghai Horese Bazaar	10.93
Clarke, B. A.	14.569	Tisdall, E. W.	10.49
Totti, W. H.	14.041	Yates Revd, M. T.	10.393
Little, A. J.	13.983	Ward, Annie	10.169
Davis, E.	13.087		

资料来源：*Land list*, *British Consulate*, *Shanghai*, *1890*, Printed at the office of the North-China Herald, 1891。

这一时期，中国发生了一个重大历史事件，即中法战争。上海虽非战场，但战争仍对房地产业造成了一定的影响。1883 年，法国舰队封锁了上海港，战争一触即发，社会各界一片恐慌。首先是上海港航运业受阻，外贸及相关产业很快陷入困境。其次，在战争的阴影下，市面银根立刻抽紧，上海的钱庄因为一时收不回贷款，纷纷倒闭。靠银行钱庄的房地产业受其牵连，不少上海大房地产商宣布破产，华人巨商徐润就是其中之一。本书的统计数据显示,这一时期该地区洋商的地产面积略有减少,但1888年,又有增长。说明中法战争对于上海房地产的影响是有的,但不应夸大。

(四) 1890—1899年的租地状况

这十年是上海开埠以来第二个土地交易最频繁的时期。以"静安寺路"登记的地产信息,自1890年至1899年的十年间,仅以英册道契为例,洋商业主数量,增长了37.04%,而土地面积的数量增长了62.82%。洋商在该地区的宗地数量增长了1.36倍。超过了之前的任何一个时期。从增长比率来看,1890—1896年增长较平缓,而1897—1899年增长较快。而该地区是在1899年正式并入租界,可见在扩界前后是土地交易的高峰期。

表 3-2-5 1890—1899年"静安寺路"英册道契统计

时间	业主数	宗地数	面积汇总(亩)	比上一年增长率(%)
1890	108	247	2367.477	
1892	109	272	2407.625	1.7
1893	113	276	2466.413	2.4
1895	111	314	2535.356	2.8
1896	118	320	2591.97	2.2
1897	123	368	2884.432	11.28
1898	130	415	3167.665	9.8
1899	148	583	3854.64	21.67

资料来源: *Land list 1890—1899*, *British Consulate*, *Shanghai*, Printed at the office of the North-China Herald, 1890—1899。

综上所述,越界筑路时期,洋商租地具有以下鲜明的特征:

(1)洋商租地数量和面积的变化,在一定程度上与房地产市场发展状况有关。一般在政治稳定、经济快速发展的和平时期,房地产市场发展稳定,洋商租地的数量稳定增长。相反,在特殊的战争时期,房地产市场波动较大。比如太平天国战争时期,由于难民数量增多,催生了房地产投机热

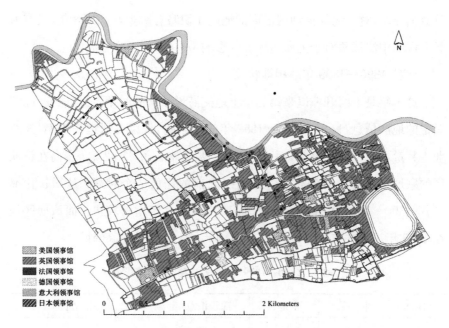

图 3-2-3　1900 年公共租界西区各国道契分布图

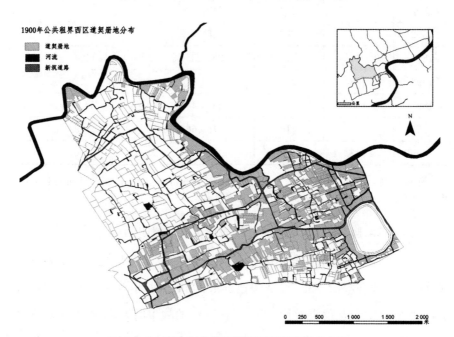

图 3-2-4　1900 年公共租界西区英册道契分布图

潮,在西区租地的人数明显增多。相反在中法战争时期,房地产业遭到重创,去西区租地的热潮一度减弱。

（2）从空间分布上看,洋商租地主要分布在有筑路的和基础设施较好的地段。由于此区系越界筑路区,故工部局在筑路、修路和维护道路等方面,受多方面牵制,仅能维持已筑好的静安寺路、新闸路等道路。包括铺设水电煤等基础设施建设,也是根据洋商地产的实际需要而设。在税收方面,仅仅征收水电煤等特殊的捐税,并不完善,也就缺乏市政运作的财政支持。整体而言,这些建设既没有计划性,也没有前瞻性,这是越界筑路区没有形成城市街区网络的主要原因。

三、土地开发:地贩与洋商

从土地利用来看,洋商租地之后,直接在地上营造房屋的并不多,大部分洋商租地是为了以后的升值,或者直接进行土地交易,从中盈利。1900年公共租界西区的道契册地,达 3172.678 亩。直到 19 世纪末,随着租界区人口激增、土地利用趋向饱和之后,在越界筑路区建房居住才成为一种趋势。静安寺路和新闸路,在 1899 年已经密集分布着住宅,初具城市街道的规模。据工部局的调查,1899 年公共租界西区的西式房屋 217 所、中式房屋 6109 所。[1]这些房屋,除了原有村落的中式房屋外,其他大部分房屋位于越界筑路区,即静安寺路、新闸路以及其他等越界道路。而新闸路以北、苏州河以西的地区,仍然是地广人稀的郊区景象,分布着大量的农田、河浜。苏州河沿岸,虽然不少地产被洋商租去,但该地区以北的河段,仍分布着不少滩地,未被开发利用。

洋商购地过程中,一般通过地贩购地。地贩勾结劣质地保,盗卖农田,

① Municipal Council Shanghai, *Report for the Year Ended 31ˢᵗ December 1900 and Budget for the Year Ending 31ˢᵗ December 1900*. Shanghai: printed by Kelly & Walsh, Limited, Canton Road, 1901, p.199.

或者低价强购农田的案例，时有发生。以英册道契第4477号为例，据其所载《上海县二十五保二图原华人业主禀帖》云：光绪二十九年八月，吴金宝向上海县令致函，控诉其大伯养女女婿顾月亭，勾串已革职的劣保黄阿大盗卖祖产，位于二十五保二图过字圩第四百七十七号户名吴阿奎，即其祖父泽天三分八厘盗卖得洋，"胆大已极"，蒙领道契。而值年地保潘凤祥明知其事，却置之不理。①上海道台以该地有纠纷，不便立道契，而原契也予以注销。

著名的买办徐润，也是一个地贩，他以创建的宝源祥公司名义大量购地。据《上海道契》的统计，宝源祥在二十七保十图、二十七保三图、八图和九图，共136宗约693.459亩土地。

宝源祥地产

| 0 | 0.5 | 1 | 2 Kilometers |

图 3-2-5　宝源祥售地分布图

---

① 英册道契第4477号，《上海道契》，卷16，第106—108页。

表 3-2-6 宝源祥在公共租界西区地产信息汇总表 面积:亩;地价:洋

租　户	时　间	道契号	面积	地价	地　区	出　处
金世美	光绪十六年七月初十日	1874	4.86	200	二十七保十图土名墙前	《上海道契》第6卷
玛礼孙	光绪十七年七月初二日	1934	10.55	690	二十七保十图念字圩土名山家园	《上海道契》第6卷
玛礼孙	光绪十七年七月初二日	1933	7.94	700	二十七保十图念字圩土名新闸在褛流公所前面	《上海道契》第6卷
玛礼逊	光绪十七年六月十七日	1927	6.70	600	二十七保十图土名南京会馆南首	《上海道契》第6卷
玛礼孙	光绪十七年七月初七日	1939	2.96	180	二十七保十图土名墙前	《上海道契》第6卷
玛礼孙	光绪十七年七月初七日	1940	4.75	300	二十七保十图土名墙前	《上海道契》第6卷
玛礼孙	光绪十七年七月初七日	1941	3.34	816	二十七保十图土名墙前	《上海道契》第6卷
玛礼孙	光绪十七年七月初七日	1942	4.12	260	二十七保十图土名墙前	《上海道契》第6卷
爱物六	光绪十九年三月初十日	1995	2.88	550	二十七保九图克字圩土名桂花园西南之闸港	《上海道契》第6卷
玛礼孙,格来登	光绪二十年三月十三日	2044	4.13	600	二十七保十图念字圩土名小闸江	《上海道契》第6卷
麦边行	光绪二十一年二月初十日	2099	1.46	150	二十七保九图克字圩土名竹桥头	《上海道契》第7卷
卞耶氏	光绪二十二年九月初三日	2307	3.37	800	二十七保八图贤字圩土名东金家巷	《上海道契》第7卷
康步庐	光绪二十二年五月十六日	2266	8.25	800	二十七保八图贤字圩土名金家浜	《上海道契》第7卷
康步庐	光绪二十二年十二月十六日	2346	0.95	250	二十七保八图贤字圩土名姚家宅	《上海道契》第8卷

续　表

租　户	时　间	道契号	面积	地价	地　区	出　处
康步庐	光绪二十二年十二月十六日	2347	1.89	250	二十七保八图贤字圩土名姚家宅	《上海道契》第8卷
康步庐	光绪二十二年十二月十六日	2348	1.55	300	二十七保八图贤字圩土名姚家宅	《上海道契》第8卷
康步庐	光绪二十二年十二月十六日	2349	2.98	600	二十七保八图贤字圩土名姚家宅	《上海道契》第8卷
玛礼孙，葛来敦	光绪二十三年七月初一日	2438	1.90	380	二十七保八图贤字圩土名金家浜	《上海道契》第8卷
玛礼孙，葛来敦	光绪二十三年六月初四日	2427	3.12	600	二十七保八图贤字圩土名静安寺	《上海道契》第8卷
玛礼孙，葛来敦	光绪二十三年七月初一日	2439	35.91	720	二十七保八图贤字圩土名静安寺之东	《上海道契》第8卷
韩得善	光绪二十三年五月初八日	2406	2.33	500	二十七保九图克字圩在张园西首土名闸港	《上海道契》第8卷
韩得善	光绪二十三年五月初八日	2407	0.35	100	二十七保九图克字圩在张园西首土名闸港	《上海道契》第8卷
阿尔福	光绪二十三年十一月十四日	2564	7.72	3200	二十七保十图念字圩土名王家库	《上海道契》第8卷
玛礼孙，葛来敦	光绪二十四年三月三十日	2692	29.08	1200	二十七保南十二图圣字圩土名张家浜	《上海道契》第9卷
玛礼孙，葛来敦	光绪二十四年三月三十日	2693	6.33	400	二十七保十二图圣字圩土名谭家宅桥	《上海道契》第9卷
玛礼孙，葛来敦	光绪二十四年正月二十九日	2606	4.28	1200	二十七保十图念字圩土名广肇山庄之南	《上海道契》第8卷
玛礼孙，葛来敦	光绪二十四年正月二十九日	2607	2.59	900	二十七保十图念字圩土名广肇山庄之南	《上海道契》第8卷
葛来敦，玛礼逊	光绪二十四年二月初十日	2631	6.66	1400	二十七保十图念字圩土名金家宅	《上海道契》第9卷

租 户	时 间	道契号	面积	地价	地 区	出 处
玛礼孙，葛来敦	光绪二十四年二月初十日	2624	1.59	350	二十七保十图念字圩土名金家宅	《上海道契》第9卷
玛礼孙，葛来敦	光绪二十四年二月十二日	2634	0.92	250	二十七保十图念字圩土名金家宅东	《上海道契》第9卷
葛来敦，玛礼逊	光绪二十四年二月初十日	2630	1.22	250	二十七保十图念字圩土名金家宅西	《上海道契》第9卷
玛礼孙，葛来敦	光绪二十四年二月十二日	2632	1.32	250	二十七保十图念字圩土名金家宅西	《上海道契》第9卷
玛礼孙，葛来敦	光绪二十四年二月初十日	2625	2.45	500	二十七保十图念字圩土名金家宅西	《上海道契》第9卷
玛礼孙，葛来敦	光绪二十四年二月初十日	2626	6.11	1000	二十七保十图念字圩土名金家宅西	《上海道契》第9卷
玛礼孙，葛来敦	光绪二十四年正月二十九日	2605	2.33	500	二十七保十图念字圩土名山家园	《上海道契》第8卷
玛礼孙，葛来敦	光绪二十四年八月二十九日	2826	2.31	800	二十七保十图念字圩土名施粥厂之南	《上海道契》第9卷
玛礼孙，葛来敦	光绪二十四年九月初一日	2827	8.21	500	二十七保十图念字圩土名施粥厂之南	《上海道契》第9卷
玛礼孙，葛来敦	光绪二十四年二月十二日	2633	1.04	250	二十七保十图念字圩土名小闸港	《上海道契》第9卷
玛礼孙，葛来敦	光绪二十四年二月十二日	2635	6.05	1200	二十七保十图念字圩土名小闸港	《上海道契》第9卷
玛礼孙，葛来敦	光绪二十四年正月二十九日	2604	0.88	270	二十七保十图念字圩土名新闸南之沈家宅	《上海道契》第8卷
玛礼孙，葛来敦	光绪二十四年二月初十日	2627	1.94	600	二十七保十图念字圩土名郑家浜口	《上海道契》第9卷
通和行	光绪二十五年四月二十三日	3034	21.06	1950	二十七保八图贤字圩土名金家浜	《上海道契》第10卷
通和行	光绪二十五年四月二十五日	3035	3.91	400	二十七保八图贤字圩土名金家浜	《上海道契》第10卷

续　表

租　户	时　间	道契号	面积	地价	地　区	出　处
通和行	光绪二十五年五月三十日	3098	8.77	950	二十七保八图贤字圩土名金家浜	《上海道契》第10卷
通和行	光绪二十五年四月二十五日	3036	2.27	300	二十七保八图贤字圩土名静安寺南之西长浜	《上海道契》第10卷
通和行	光绪二十五年四月二十五日	3037	0.92	700	二十七保八图贤字圩土名静安寺南之西长浜	《上海道契》第10卷
通和行	光绪二十五年四月二十五日	3038	22.62	2000	二十七保八图贤字圩土名童家池之南	《上海道契》第10卷
通和行	光绪二十五年五月初二日	3053	30.12	2950	二十七保八图贤字圩土名童家地	《上海道契》第10卷
通和行	光绪二十五年八月十九日	3186	2.59	400	二十七保八图贤字圩土名愚园之东南	《上海道契》第11卷
通和行	光绪二十五年五月二十二日	3074	6.89	1500	二十七保八图贤字圩土名赵家桥	《上海道契》第10卷
端第门	光绪二十五年正月十四日	2924	2.48	700	二十七保二十八图贤字圩土名静章寺之东南	《上海道契》第10卷
裴来德	光绪二十五年五月初一日	3042	0.96	200	二十七保九图克字圩土名桂花园之北	《上海道契》第10卷
玛礼孙，葛来敦	光绪二十五年六月二十一日	3052	3.70	400	二十七保九图克字圩土名徐家库	《上海道契》第10卷
玛礼孙，葛来敦	光绪二十五年六月二十日	3048	4.76	550	二十七保九图克字圩土名张家浜之西	《上海道契》第10卷
玛礼孙，葛来敦	光绪二十五年六月二十日	3051	2.84	350	二十七保九图克字圩土名郑家巷	《上海道契》第10卷
通和行	光绪二十五年五月初八日	3059	2.89	320	二十七保九图克字圩土名郑家巷	《上海道契》第10卷
通和行	光绪二十五年五月初八日	3060	1.18	150	二十七保九图克字圩土名郑家巷	《上海道契》第10卷

租　户	时　间	道契号	面积	地价	地　区	出　处
通和行	光绪二十五年五月初八日	3061	1.67	200	二十七保九图克字圩土名郑家巷	《上海道契》第10卷
通和行	光绪二十五年五月初八日	3062	1.26	150	二十七保九图克字圩土名郑家巷	《上海道契》第10卷
通和行	光绪二十五年五月三十日	3099	42.87	3000	二十七保三图羔字圩土名姚桥之北	《上海道契》第10卷
玛礼孙，葛来敦	光绪二十五年四月初九日	2998	1.90	500	二十七保十图念字圩土名金家宅以北	《上海道契》第10卷
玛礼孙，葛来敦	光绪二十五年四月初九日	3001	0.94	200	二十七保十图念字圩土名金家宅以北	《上海道契》第10卷
通和行	光绪二十五年六月十四日	3120	0.72	200	二十七保十图念字圩土名老壩基	《上海道契》第11卷
通和行	光绪二十五年六月十四日	3119	0.47	100	二十七保十图念字圩土名南池浜桥	《上海道契》第11卷
通和行	光绪二十五年五月二十九日	3097	0.20	200	二十七保十图念字圩土名墙前	《上海道契》第10卷
玛礼孙，葛来敦	光绪二十五年四月初九日	3000	0.21	400	二十七保十图念字圩土名小闸港	《上海道契》第10卷
通和行	光绪二十五年六月十二日	3105	0.12	100	二十七保十图念字圩土名新闸桥南之老街	《上海道契》第11卷
通和行	光绪二十五年十一月初十日	3258	0.27	200	二十七保十图念字圩土名油车基	《上海道契》第11卷
通和行	光绪二十五年十月十四日	3221	0.66	200	二十七保十图念字圩土名郑家浜之东	《上海道契》第11卷
通和行	光绪二十五年七月初三日	3154	4.32	300	二十七保十一图作字圩土名北长浜	《上海道契》第11卷
通和行	光绪二十五年六月初十日	3100	1.92	200	二十七保十一图作字圩土名郭家库以东	《上海道契》第10卷
通和行	光绪二十五年六月十二日	3106	2.42	200	二十七保十一图作字圩土名梅园之西	《上海道契》第11卷

租　户	时　间	道契号	面积	地价	地　区	出　处
玛礼孙,葛来敦	光绪二十五年六月二十一日	3116	52.29	2500	二十七保十一图作字圩土名张家浜	《上海道契》第11卷
通和行	光绪二十五年九月初三日	3153	1.92	150	二十七保十一图作字圩土名长浜	《上海道契》第11卷
通和行	光绪二十六年五月初四日	3224	0.28		二十七保八图贤字圩土名华家桥	《上海道契》第11卷
通和行	光绪二十六年二月二十七日	3331	0.31	100	二十七保八图贤字圩土名华家桥	《上海道契》第11卷
思密立	光绪二十六年八月二十日	3497	1.93	300	二十七保八图贤字圩土名华家桥西之姚家宅	《上海道契》第12卷
通和行	光绪二十六年七月二十二日	3414	1.80	100	二十七保八图贤字圩土名静安寺镇之南	《上海道契》第12卷
通和行	光绪二十六年七月二十二日	3415	3.07	450	二十七保八图贤字圩土名静安寺镇之南	《上海道契》第12卷
通和行	光绪二十六年三月初四日	3351	0.69	250	二十七保十图念字圩土名墉基	《上海道契》第11卷
玛礼孙,葛来敦	光绪二十六年五月三十日	3447	1.98		二十七保十图念字圩土名施粥厂之南	《上海道契》第12卷
通和行	光绪二十六年三月初四日	3352	0.20	100	二十七保十图念字圩土名水炉公所之北	《上海道契》第11卷
通和行	光绪二十七年六月初一日	3680	28.59	450	二十七保八图贤字圩土名静安寺西之殿基浜	《上海道契》第13卷
通和行	光绪二十七年十一月二十一日	3801	7.17	1500	二十七保三图羔字圩土名夏家堰	《上海道契》第13卷
亨生	光绪二十八年七月初五日	4128	3.89	1300	二十七保八图贤字圩土名陈家桥之西	《上海道契》第15卷

租　户	时　间	道契号	面积	地价	地　区	出　处
通和行	光绪二十八年 正月二十七日	3885	1.78	500	二十七保八图贤字 圩土名静安寺之 西北	《上海道契》 第13卷
通和行	光绪二十八年 正月二十七日	3887	1.40	400	二十七保八图贤字 圩土名静安寺之 西北	《上海道契》 第13卷
通和行	光绪二十八年 正月二十七日	3884	0.49	200	二十七保八图贤字 圩土名西长浜	《上海道契》 第13卷
通和行	光绪二十八年 正月二十七日	3886	3.42	5000	二十七保八图贤字 圩土名西长浜	《上海道契》 第13卷
通和行	光绪二十八年 五月二十一日	4078	3.86	900	二十七保八图贤字 圩土名夏家宅之北	《上海道契》 第14卷
通和行	光绪二十八年 十二月十五日	4291	1.96	500	二十七保八图贤字 圩土名夏家宅之西	《上海道契》 第15卷
通和行	光绪二十八年 十二月十一日	4284	11.44	2700	二十七保八图贤字 圩土名涌泉浜	《上海道契》 第15卷
通和行	光绪二十八年 十二月十一日	4285	1.79	500	二十七保八图贤字 圩土名涌泉浜	《上海道契》 第15卷
通和行	光绪二十八年 十二月十五日	4292	0.82	200	二十七保三图羔字 圩土名东涌泉浜	《上海道契》 第15卷
通和行	光绪二十八年 正月十八日	3883	6.19	2000	二十七保三图羔字 圩土名夏家堰	《上海道契》 第13卷
通和行	光绪二十八年 六月初七日	4098	1.84	600	二十七保三图羔字 圩土名涌泉浜	《上海道契》 第15卷
通和行	光绪二十八年 六月初七日	4099	1.33	400	二十七保三图羔字 圩土名涌泉浜	《上海道契》 第15卷
通和行	光绪二十八年 六月初七日	4100	2.31	800	二十七保三图羔字 圩土名涌泉浜	《上海道契》 第15卷
通和行	光绪二十八年 六月初七日	4081	3.30	1000	二十七保三图羔字 圩土名涌泉浜之南	《上海道契》 第14卷
通和行	光绪二十八年 三月初二日	3903	2.90	1000	二十七保十图念字 圩土名大王庙之东	《上海道契》 第14卷

租 户	时 间	道契号	面积	地价	地 区	出 处
通和行	光绪二十八年十月十五日	4204	2.36	600	二十七保十图念字圩土名水炉公所之北	《上海道契》第15卷
通和行	光绪二十八年十月十五日	4205	2.09	300	二十七保十图念字圩土名水炉公所之北	《上海道契》第15卷
通和行	光绪二十八年七月二十二日	4113	0.62	300	二十七保十一图作字圩土名郭家厍之西	《上海道契》第15卷
通和行	光绪二十八年七月二十二日	4130	1.16	350	二十七保十一图作字圩土名郭家厍之西	《上海道契》第15卷
通和行	光绪二十九年十月初十日	4576	0.87	200	二十七保八图贤字圩土名涌泉浜之南	《上海道契》第16卷
担文,古柏	光绪二十九年六月初二日	4462	0.87	4460号契	二十七保九图克字圩土名郑家巷之东	《上海道契》第16卷
担文,古柏	光绪二十九年六月初二日	4461	1.12	2000	二十七保九图克字圩土名郑家巷之东	《上海道契》第16卷
通和行	光绪二十九年五月初八日	4416	5.04	550	二十七保南十二图圣字圩土名王家宅之东	《上海道契》第16卷
通和行	光绪二十九年五月初八日	4417	5.24	500	二十七保南十二图圣字圩土名王家宅之东	《上海道契》第16卷
通和行	光绪二十九年五月初八日	4418	5.06	500	二十七保南十二图圣字圩土名王家宅之东	《上海道契》第16卷
通和行	光绪二十九年三月初五日	3503	3.20	600	二十七保七图维字圩土名刘家宅	《上海道契》第12卷
通和行	光绪二十九年二月初一日	4314	9.67	2500	二十七保三图羔字圩土名徐家厍之北	《上海道契》第15卷
通和行	光绪二十九年十二月初三日	4638	4.08	1000	二十七保三图羔字圩土名徐家厍之西	《上海道契》第16卷

租　户	时　间	道契号	面积	地价	地　区	出　处
通和行	光绪二十九年十二月初三日	4639	4.33	1000	二十七保三图羔字圩土名徐家库之西	《上海道契》第16卷
胜　业	光绪二十九年十月初二日	4559	2.29	600	二十七保十图念字圩土名北池浜桥之南	《上海道契》第16卷
胜　业	光绪二十九年十一月十九日	4623	0.42	4607号契	二十七保十图念字圩土名池浜桥之南	《上海道契》第16卷
胜　业	光绪二十九年十月二十九日	4607	1.27	800	二十七保十图念字圩土名金家宅之西	《上海道契》第16卷
通和行	光绪二十九年闰五月初七日	4442	3.59	600	二十七保十一图作字圩土名梅园之西南	《上海道契》第16卷
通和行	光绪三十年八月二十一日	4913	2.22	500	二十七保南十二图圣字圩土名潘家湾之南	《上海道契》第17卷
裴来德	光绪三十年三月二十一日	4731	6.95	1500	二十七保三图羔字圩土名涌泉浜	《上海道契》第17卷
裴来德	光绪三十年三月二十一日	4732	1.32	300	二十七保三图羔字圩土名涌泉浜	《上海道契》第17卷
通和行	光绪三十一年十二月十四日	5531	7.72	1600	二十七保八图贤字圩土名陈家宅	《上海道契》第20卷
通和行	光绪三十一年十二月十四日	5531	7.72	1600	二十七保八图贤字圩土名陈家宅	《上海道契》第20卷
通和行	光绪三十一年正月二十七日	5125	4.78	1200	二十七保八图贤字圩土名龙稍浜	《上海道契》第18卷
通和行	光绪三十一年正月二十七日	5126	2.99	800	二十七保八图贤字圩土名龙稍浜	《上海道契》第18卷
通和行	光绪三十一年六月二十五日	5335	3.96	1200	二十七保八图贤字圩土名涌泉浜之南	《上海道契》第19卷
胜业行	光绪三十一年九月初七日	5433	0.80	500	二十七保九图克字圩土名东姚	《上海道契》第19卷

续 表

租 户	时 间	道契号	面积	地价	地 区	出 处
通和行	光绪三十一年六月初四日	5303	36.94	7000	二十七保三图羔字圩土名徐家库之西	《上海道契》第19卷
新瑞和	光绪三十三年十月二十二日	6298	0.83	250	二十七保八图贤字圩土名殿基浜	《上海道契》第21卷
新瑞和	光绪三十三年十月二十二日	6297	21.39	3750	二十七保八图贤字圩土名殿基浜	《上海道契》第21卷
新瑞和	光绪三十三年十月二十二日	6293	2.60	450	二十七保八图贤字圩土名木礎寺	《上海道契》第21卷
新瑞和	光绪三十三年十月二十二日	6294	1.05	300	二十七保八图贤字圩土名小严家宅	《上海道契》第21卷
新瑞和	光绪三十三年十月二十二日	6296	1.05	300	二十七保八图贤字圩土名小严家宅	《上海道契》第21卷
新瑞和	宣统元年二月初五日	6855	1.00	300	二十七保八图贤字圩土名西涌泉浜	《上海道契》第23卷
通和行	宣统元年闰二月初十日	6823	0.77	300	二十七保八图贤字圩土名涌泉浜	《上海道契》第23卷

资料来源:《上海道契》,卷6—23。

从以上图表来看,宝源祥的土地主要集中在新闸路和静安寺路,其中又以二十七保八图贤字圩和二十七保十图念字圩为最多。二十七保八图贤字圩,主要是静安寺及其附近,这是宝源祥购地最多的地区,其中在"涌泉浜"9块,计31.06亩,这三块土地均卖给了通和洋行,在1902年契内价每亩300两左右,而在1909年契内价接近400两/亩。另外,在静安寺及其周边(西长浜、殿基浜),共9块,计78.85亩。若加上在涌泉浜的土地,宝源祥在静安寺及周围地区,售卖土地超过109余亩。而实际购买的土地应多于此数。

光绪二十九年以前,在徐润处任招商局帮办的张鸿禄认为静安寺涌泉井路一带地皮,"每亩不过数十元",断定此处地价肯定上涨,建议徐润购买。徐润担心自己身份特殊,"不敢置买",并令其手下潘源昌以宝源祥的名义购地。潘担心各业主"闻风涨价",情愿为张氏代购。徐润决定以轮船招商局付定银五百两,之后又在招商局划取一千两交到,并将地产的地图契据过户。后经会丈局调查,潘源昌一次性购买了多家当地华人地产的土地,分别是:

> 查四千四百六十六号新契,系由业户潘源昌将坐落于上邑二十七保九图克字圩三百六十七号,户名顾东昇一亩二分四毫,顾勤孝,一亩二分四毫,又三百七十三号顾忠德九分一厘八毫,顾廷镒二亩二分七厘二号,总计田单 7 张,租与洋商通和行为业。又查英册四千四百六十七号新契,亦系该业户潘源昌,将同图圩三百七十二号户名顾增观则田六分二毫,顾昌观六分二毫,又三百七十三号顾坤宝一亩一厘二毫,又三百七十六号夏妹郎原田二亩一分七厘九毫,内除划出一亩八厘九毫五丝立英册二千四十九号新契外,余单一亩八厘九毫五丝,计田单三张半,租与洋商通和行为业。①

潘源昌即潘爵臣。在此案例中,潘源昌为张鸿禄代购了二十七保九图克字圩张园基地,共计 16 余亩。张先将其中的 5 亩地转到自己的名下,之后还有十一亩八分三厘五毫留在宝源祥号内。光绪二十九年,该地地价上涨,同年七月二十六日宝源祥司事,"邀同会丈局弓手,到园丈量",欲将税契田单十一亩八分三厘五毫串换道照,试图变为己有。此事遭到了张鸿禄的极力反对,"岂容任其串换"。②徐润同意过户,但需要张鸿禄支付地价费,按实地十五亩七分七厘八毫五,每亩二百七十五两,计银四千三百三十余两。③相比之前每亩数十两,已上涨若干倍。从这个案例中,宝源祥从中盈利不少。

---

①③　英册道契第 4466 号、第 4467 号,《上海道契》,卷 16,第 96 页。

②　《上海知县暨会丈局总办联衔呈上海道台禀帖 a》,英册道契第 4466 号、第 4467 号,《上海道契》,卷 16,第 96 页。

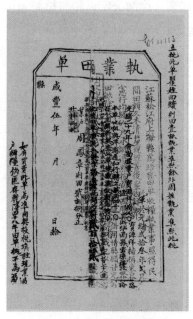

图 3-2-6　宝源祥的执业田单

内容：光绪二十九年会勘据业户宝源祥将此半单地租与洋商通和行转立英册四千一百十三号新契，查此单号数涂改，显系将他号田单蒙混未便作凭，自应批销。①

还有一个案例，也能说明问题。英册第 4113 号记载："兹查四千一百十二号新契，系由业户宝源祥将坐落于上邑二十七保十一图作字圩二百十二号户名周凤章则天二亩八分内划出一亩，租与洋商通和行为业，经卑职等与黄令龋会同英副领事所派之员，传同业户督饬亭耆地保，前往履勘按址丈量，丈见积一百四十八步五分六六厘，合地六分一厘九毫，核与划租一亩之数少地三分八厘一毫，四址……惟附交之前项田单上半纸，其号数查系涂改，显系将他号田单蒙混，未便作凭，自应将单批销。饬令该业缴价升科，访查该地时值每亩价二百元之则前地丈见六分一厘九毫，按照每亩二百元计算，应缴升科价洋一百二十三元八角。"②

此案例说明：宝源祥为地贩，试图将原田单数次涂改，以他号田单蒙混。

珊家园，原名山家园，在今牯岭路、北河路一带，原是一个小村落。1891 年，有个杨姓地产商在这一带建了人和里、咸德里，山家园变成了里弄，并改名珊家园，居民密集，后又造小洋房和四层楼房，是西藏路西面最早开发的区域。在《上海道契》记载了道契的相对位置，比如"坐落于×保×图×圩土名×××"。其中，记载"土名山家园"的道契有 39 份，共 137.14 亩土地，说明该地是当时洋商非常抢手的一个地方。

---

① 英册道契第 4113 号执业田单，《上海道契》，卷 15，第 25 页。

② 《上海知县暨会丈局总办联衔呈上海道台禀帖 b》，英册道契第 4113 号，《上海道契》，卷 15，第 116 页。

表 3-2-7　1883—1906 年山家园土地交易汇总表

面积:亩;地价:银/洋

租户	业主	立契时间	英道契号	分地号	面积	地价		位置	出处
雷四得	张信泉	光绪九年五月十七日	1507	1514	1.04	300	银	二十五保二图土名山家园	第 5 卷
同和行考立	山桂墀	光绪十二年七月十七日	1685	1692	4.04	540	银	二十七保十图土名山家园	第 5 卷
闵	山芋香	光绪十三年四月十七日	1704	1711	2.50	100	银	二十七保十图土名山家园	第 5 卷
闵	山芋香	光绪十三年四月十七日	1705	1712	1.51	100	银	二十七保十图土名山家园	第 5 卷
同和行可列	山芋香	光绪十三年七月二十七日	1717	1724	1.56	156.85	银	二十七保十图土名山家园	第 5 卷
同和行可列	山芋香	光绪十三年七月二十七日	1718	1725	1.34	130.533	银	二十七保十图土名山家园	第 5 卷
同和行可列	山芋香	光绪十三年七月二十七日	1719	1726	2.82	282.725	银	二十七保十图土名山家园	第 5 卷
玛礼孙	宝源祥	光绪十七年七月初二日	1934		10.55	690	洋	二十七保十图念字圩土名山家园	第 6 卷
金世美	胡小瀛	光绪十八年八月二十二日	1979		4.65	1250	银	二十七保十图念字圩土名山家园	第 6 卷

续表

租户	业主	立契时间	英道契号	分地号	面积	地价		位置	出处
格来登		光绪十八年九月二十五日	1981		4.59			二十七保十图念字圩土名山家园	第6卷
古柏	张全宝等	光绪十九年二月十三日	1993		0.64	200	银	二十七保十图念字圩土名山家园西之小闸江	第6卷
古柏	曹双桂	光绪二十一年正月二十六日	2097		0.51	100	银	二十七保十图念字圩土名山家园	第7卷
金世美	山雨香	光绪二十一年三月初三日	2106		3.77	1200	洋	二十七保十图念字圩土名山家园	第7卷
玛礼孙,葛来敦	奚平安,吴奎观	光绪二十四年正月二十九日	2602		0.72	500	银	二十七保十图念字圩土名山家园	第8卷
玛礼孙,葛来敦	利记公司,王锦华	光绪二十四年正月二十九日	2603		4.69	1400	银	二十七保十图念字圩土名山家园	第8卷
玛礼孙,葛来敦	宝源祥	光绪二十四年正月二十九日	2605		2.33	500	洋	二十七保十图念字圩土名山家园	第8卷
玛礼孙,葛来敦	孙来齐	光绪二十四年正月二十九日	2608		0.48	60	银	二十七保十图念字圩土名山家园	第8卷
玛礼孙,葛来敦	无	光绪二十四年三月二十八日	2715		4.63			二十七保十图念字圩土名山家园	第9卷
玛礼孙,葛来敦		光绪二十五年正月十六日	2928		36.63			二十七保十图念字圩土名山家园按照合并界址	第10卷

续 表

租 户	业 主	立契时间	英道契号	分地号	面积	地价		位 置	出 处
玛礼孙、葛来敦		光绪二十六年五月二十四日	3432		2.27			二十七保十图念字圩 土名山家园	第 12 卷
玛礼孙、葛来敦		光绪二十六年五月二十四日	3433		6.47			二十七保十图念字圩 土名山家园	第 12 卷
玛礼孙、葛来敦		光绪二十六年五月二十五日	3434		5.80			二十七保十图念字圩 土名山家园	第 12 卷
玛礼孙、葛来敦		光绪二十六年五月二十五日	3435		2.87			二十七保十图念字圩 土名山家园	第 12 卷
玛礼孙、葛来敦		光绪二十六年五月二十五日	3436		10.30			二十七保十图念字圩 土名山家园	第 12 卷
玛礼孙、葛来敦		光绪二十六年五月二十六日	3437		5.41			二十七保十图念字圩 土名山家园	第 12 卷
玛礼孙、葛来敦		光绪二十六年五月二十六日	3438		0.48			二十七保十图念字圩 土名山家园	第 12 卷
玛礼孙、葛来敦		光绪二十六年五月二十六日	3439		3.01			二十七保十图念字圩 土名山家园	第 12 卷
金世美	山雨香	光绪二十六年十一月二十八日	3559		0.81	1000	洋	二十七保十图念字圩 土名山家园	第 12 卷
爱尔德	张润芝	光绪二十八年正月二十九日	3962		0.75	600	洋	二十七保十图念字圩 土名山家园	第 14 卷

续 表

租 户	业 主	立契时间	英道契号	分地号	面积	地价	位 置	出 处
享生，麦根尼	爱尔德	光绪二十九年闰五月初五日	4435		2.11		二十七保十图念字圩土名山家园	第16卷
爱尔德		光绪三十年九月二十三日	4970		1.78		二十七保十图念字圩土名山家园	第18卷
司可特，卡特	玛礼孙，葛来敦	光绪三十年十月初五日	4974		1.02		二十七保十图念字圩土名山家园	第18卷
司可特，卡特	玛礼孙，葛来敦	光绪三十年十月初五日	4975		0.38		二十七保十图念字圩土名山家园	第18卷
司可特，卡特	玛礼孙，葛来敦	光绪三十年十月初五日	4976		0.29		二十七保十图念字圩土名山家园	第18卷
司可特，卡特	玛礼孙，葛来敦	光绪三十年十月初五日	4985		0.88		二十七保十图念字圩土名山家园	第18卷
司可特，卡特	玛礼孙，葛来敦	光绪三十年十月初五日	4986		0.83		二十七保十图念字圩土名山家园	第18卷
玛礼逊，格来登		光绪三十二年五月初九日	5692		1.52		二十七保十图土名山家园	第20卷
玛礼孙		光绪三十二年八月初七日	5790		1.16		二十七保十图念字圩土名山家园	第21卷

资料来源：《上海道契》英册部分·卷5—21。

从上表来看,道契正文中所载的原地产主,不少地贩,徐润只是其中之一。他预见了这里的发展潜力,地价必涨,在洋商之前在这里抢购大量土地。徐润原计划在这里建造平房和花园住宅。但令他始料不及的是中法战争后不久他债台高筑,才不得不变卖了珊家园的地产:

> 余在唐山,洋友金美氏带图来见,要买珊家园及虹桥滨西海宁路之南三段,约地三百亩,出价二百两至四百五十两,拟造平房兼花园云云。斯时债累不轻,银钱尤紧,思想一夕,遂照还价每亩加银五十两,转契交银让出,以目下论之,何祗二三十倍,然久欠亦有碍名誉,倘来之物无足轻重耳。①

在这里,徐润说在山家园及海宁路南三段,约 300 亩土地,可见在这里买了不少土地。但这里徐润记忆有误,珊家园的土地并非一次性售卖后还债。据《上海道契》记载,光绪十七年七月初二日,宝源祥将二十七保十图念字圩土名山家园 10.55 亩以 690 洋元卖给了英商玛礼孙,立英册道契 1934 号。另外一次是在光绪二十四年正月二十九日,将 2.355 亩土地,以 500 洋元卖给了英商玛礼孙,立英册道契 2605 号。说明徐润在还债后卖掉了大部分土地,还保留了部分地产。

与徐润相同,还有一个叫"山雨香"(或写作"山芋香")的人,也是一个地贩。在山家园先后售地 7 份,共 14.30 亩土地,其中仅在光绪十三年就售卖了 5 份地产,共 9.73 亩土地。还有一个利记公司,显然也不是原土著居民。这些地贩,往往勾结地保,以低价强买当地农民的土地。待城市化开始后,又以高价售出,从中盈利。

还有一些地产,经历了多次交易,道契中的原业主已为外国人,如"玛礼孙,葛来敦""爱尔德"等。在这里购地最多的是英商"玛礼孙"。他创办了一个建筑与设计公司,在公共租界西区和东区营造了大量的里弄住宅。

---

① 《徐愚斋自叙年谱》,香山徐氏校印 1927 年版,第 42 页。

1898—1900 年公共租界西区实现扩界先后,他在山家园先后购买了 14 份土地,共计 86.1 亩,地价平均三百银两左右(4 份有效数据)。在光绪三十年十月初五日,一次性将 5 份地产,计 3.41 亩,转给了英商,"司可特·卡特",地价平均 1000 银两左右(2 份有效数据),上涨了 2.3 倍,大赚了一笔。这还不是玛礼孙主要的盈利方式,他把未卖的土地建造房屋出租或卖房盈利。在山家园,玛礼孙建造了多个居民里弄。

第三节　1900—1910 年西区地籍图册与城市变迁

1899 年之后,该地区正式纳入租界,工部局进行了有序规划和城市建设,加快了城市化进程。这显然与之前越界筑路时期无序开发和越界租地的方式明显不同。在新的形势下,土地产权转移呈现怎样的发展逻辑? 下文将以十年为一时间断面,对土地产权转移与洋商租地之间的内在关系做进一步的探讨。

1899 年公共租界西区正式划入租界时,经过近 1 年的实测,共计 11491 亩土地。人口方面,总计 54372 人,其中外国人口 611 人,华人 53761 人,人口密度为 28.39 人/英亩。远低于这一时期的中区 255.43 人/英亩和北区 189.27 人/英亩。[1]其土地利用情况,据工部局调查统计,外国房屋建筑面积为 218 英亩(约 1308 亩),中国房屋建筑面积为 247 英亩(约 1482 亩),农业用地 1000 英亩(约 6000 亩)。其中,公园和公共空间为 74.94 英亩(约 450 亩)。[2]

这十年既是洋商租地最疯狂的十年,也是工部局在该地区基础设施建

---

[1]　Municipal Council Shanghai, *Report for the Year Ended 31st December 1900 and Budget for the Year Ending 31st December 1900*, Shanghai: printed by Kelly & Walsh, Limited, Canton Road, 1901, p.198.

[2]　Ibid., p.199.

设最多的时期,特别是筑路,1900 年工部局计划筑路 30 英里[①],四个区最多。1900 年 12 月 6 日会议,董事会通过举手表决决定西部地区新干道的最小宽度定为 50 英尺,横路的标准定为 40 英尺。[②]至 1911 年,该地区道路网络建设基本完成。新闸路以北地区,原先主要是农田,这一时期修筑了胶州路、沙渡路和戈登路三条南北向主干道(除了部分路段因为征地问题未修筑),以及康脑脱路等多条东西向道路。新闸路以南地区,在原有路网的基础上进行了加密。在新闸路和静安寺路之间修筑了爱文义路、白克路,在静安寺路以南修筑了威海卫路等东西向道路,以及新筑了温州路、蔓盘路、成都路、西泽路等南北向道路。详见图 3-3-1。

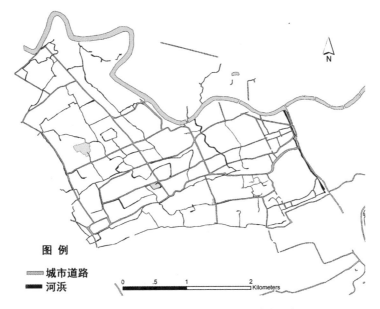

图 **3-3-1**　**1903 年公共租界西区城市道路分布图**

资料来源:1903 年公共租界西区地籍图。

---

① Municipal Council Shanghai, *Report for the Year Ended 31*^{*st*} *December 1900 and Budget for the Year Ending 31*^{*st*} *December 1900*, Shanghai: printed by Kelly & Walsh, Limited, Canton Road, 1901, p.200.

② 《工部局董事会会议录》,第 14 册,1900 年 12 月 6 日,第 597 页。

　　与筑路同时相应的公用事业如自来水、煤气、用电等，也逐步在西区普及。以 1907 年为例，在公共道路上铺设煤气管道 20464 英尺，自来水管道 15138 英尺，电话线 156 英尺，电线 274 英尺，总计 36214 英尺。[①]部分路段还安装了煤气灯，同年新增 37 盏。[②]其中 Seymour Road；Taku Road；Chengtu Road；Chungkiang Road；Sinza Road；Stonebridge Road；West Thibet Road；Nanyang Road；Avenue Road；Great Western Road；Connaught Road；Weihaiwei Road；Hart Road；Mohawk Road 等道路，均铺设多个供水栓，实现了供水。1902 年 9 月 4 日会议，根据工程师的建议，并了解到他的建议已经得到布拉什公司代表的同意。董事会批准以下建议：取代沿静安寺赊、卡德路口向西行驶的一线，电车线路改走卡德路，然后沿爱文义路延长路向西行驶，而与静安寺路、新闸路平行。工程师赞成此项路线改变的主要理由是爱文义路比静安寺路较宽且目前尚未栽树，因此在铺路轨时，妨碍公众较少。董事会在批准此项建议时考虑到这将有力地帮助这个不发达的地区的开发，对于市政有所裨益。[③]电车的铺设对于该地区的发展具有重要的意义。

　　至 1911 年，公共租界西区呈现东密西疏、南众北稀的道路空间格局。以麦根路、卡德路为界，该线以东以北地区，已分布有大量的里弄和石库门建筑，是较为成熟的建成区，而该线以西，城市化水平仍相对较低。

　　新筑道路成为城市化发展的催化剂。不少商人看到了该地区巨大的发展潜力，纷纷前来购地、建房。据工部局地籍调查和统计，如下表所示，1903 年，该地区纳税的道契册地有 854 份，比 1900 年 597 宗增加了 30%，1911 年又增至 1418 宗，比 1900 年增加了 1.38 倍。道契册地面积，由 1900 年的

---

①② 　Municipal Council Shanghai, *Report for the Year Ended 31st December 1907 and Budget for the Year Ending 31st December 1907*, Shanghai：printed by Kelly & Walsh, Limited, Canton Road, 1908, p.146.

③ 　《工部局董事会会议录》，第 15 册，1902 年 9 月 4 日，第 563 页。

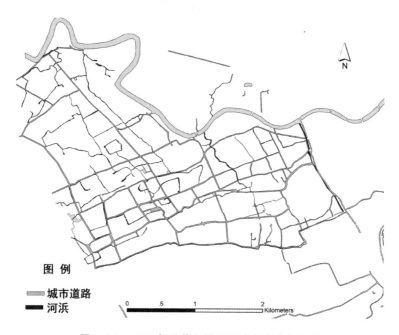

图 3-3-2　1907 年公共租界西区城市道路分布图

资料来源:1907 年公共租界西区地籍图。

3172.678 亩土地,至 1911 年,增至 7121.393 亩,增长了 1.24 倍。1900 年公
共租界西区的土地估价总额为 5256832 银两。[1]至 2011 年,西区的土地估价
总值达 29125351 银两(1911 年西区土地估价表),增长了 4.54 倍。道契册
地业主数量,可以代表在公共租界西区永租土地的洋商数量,从 1900 年的
162 人,增至 1911 年的 359 人,增长了 1.22 倍。这些数据可更为直观而具
体地反映了这一地区土地产权转移情况,由于这些永租户购买土地后不再
从事农业生产,而是从事土地交易或建造房屋等其他用途,故在一定程度上
也是城市化发展的具体表现。

---

[1]　Municipal Council Shanghai,*Report for the Year Ended 31ˢᵗ December 1900 and Budget for the Year Ending 31ˢᵗ December 1900*,Shanghai:printed by Kelly & Walsh,Limited,Canton Road,1901,p.197.

表 3-3-1   1900—1911 年公共租界西区地籍册土地统计一览表   面积:亩

年份	宗地数	土地面积	业主数	平均宗地面积	总面积增长率%
1900	597	3172.678	162	5.314	
1903	855	3983.685	213	4.659	+25.56
1907	1258	5704.527	285	4.535	+43.20
1911	1433	7121.393	359	4.970	+24.84

资料来源:Shanghai Municipal Council, *Land Assessment Schedule*, *West District*, *1911*, *1903*, *1907 and 1911*。

从空间上看,相比 1900 年,洋商地产分布的范围明显扩大了,特别是中西部、北部地区,原先无洋商租地的农田区,均出现了洋商购地情况。但这些新增的洋商地产,除了主要集中在静安寺路和新闸路之间区域外,还分布在戈登路、沙渡路等新筑路附近。总体而言,西、北区的洋商数量远少于南、中和东部的地区,即新闸路以南的地区。值得注意的是,洋商购地较少的地区,仍存在大量的河浜,基础设施较少。

一、1900 年西区土地估价、地籍图册及主要内容

1900 年西区土地评估表中有 597 宗地产,计 3172.678 亩土地,各领事馆登记情况如下:英国领事馆:550 宗,美国领事馆:33 宗,德国领事馆:7 宗,法国领事馆 4 宗,日本领事馆 2 宗,意大利领事馆 1 宗,可见以英美为主。

共有业主 161 个,其中 20 亩以上的地产主有 42 个,占有 2454.61 亩土地,占该区总估价土地的 77.37%。其中"G. J. Morrison and F. M. Gratton"以 351.351 亩土地,高居榜首。"H. Morriss"位列次席,但面积相差 191.641 亩。百亩以上的大地产商还有"Atkinson and Dallas"(通和行)、"A. E. Algar"和怡和洋行,另外 50—100 亩的地产商有 10 人,20—50 亩的地产商有 27 人。

10—20 亩的土地业主,仅有 25 人,占有 356.859 亩土地,占该区所有评估土地的 11.25％。无论是人数还是土地面积,均占有很小的比例。

10 亩以下的地产主,人数最多,有 94 人,但占有的土地面积只有 361.209 亩,人均 3.84 亩土地。

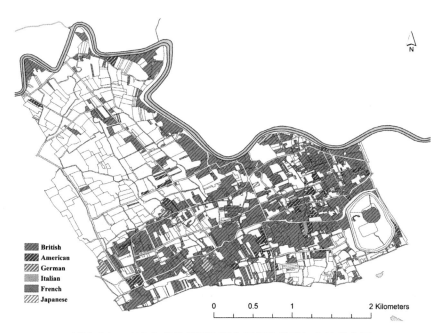

British
American
German
Italian
French
Japanese

图 3-3-3　1900 年公共租界西区各国领事馆登记土地分布图

资料来源:1900 年公共租界西区地籍图册。

表 3-3-2　1900 年公共租界西区超 20 亩土地的统计表　　　单位:亩

业　　　主	面　　积	业　　　主	面　　积
Morrison, G. J. and Gratton, F. M.玛礼逊	185.095	Dowdall, C. Hanson, J. C. and McNeill, D.高易	90.443
Morriss, H.马立师	159.710	Shanghai Race Committee	76.419
Atkinson and Dallas 通和行	141.951	Platt, W. A. C.哈华托	74.892
Algar, A. E.爱尔德	114.809	Seaman, A. Y.(Mrs.)	69.556
Jardine, Matheson and Company 怡和	100.069	Henderson, D. M.	67.828

续　表

业　主	面　积	业　主	面　积
Dowdall, C. and Hanson, J. C.	63.866	Hardoon, S. A.	35.122
Nelson, E.	63.232	Gore-Booth, E. H.	33.410
Ashton and Jarvie(Estate)	55.770	Dallas, G.	32.782
Lalcaca, E. P.	51.882	Lehmann, F. A. H.	31.931
Clarke, B. A.	50.749	Campbell, R. M.	30.971
Robinson, J. S.(Estate)	48.745	Henderson, E.(Dr.)	30.630
Buchheister, J. J. and Drummond, W. V.	48.690	Lester, H.	29.691
Pariset, J. C.	47.410	Stokes, A.P. and Platt, W. A. C.	25.680
Cooper, J.	46.840	Twentyman, J. R.	24.565
Elton, C. F.(Mrs.)	44.018	Snethlage, H.	23.190
Russo-Chinese Bank	43.642	Drummond, W. V.	22.996
Landale, D.	42.777	Pearce, E. C. and M.	22.484
Alford, E. F.	42.491	McBain, G.	22.474
Butler, A. von	42.148	Johnston, C. F.	22.380
Kingo Okura	41.824	Shanghai Horse Bazaar Company	22.175
Dudgeon, C. J, Scott, J. L. and Little, W. D.	40.904	Adamson, F. C. and Mullens, J. A.	21.242

资料来源:Shanghai Municipal Council, *Land Assessment Schedule*, 1900。

　　从空间分布上看,洋商地产主要分布在静安寺路和新闸路两条越界筑路附近,还有苏州河沿岸一带。其他地区,比如静安寺路以南、新闸路以北地区,仍保留了大量的农田。

　　大地产商的地产分布呈现明显的积聚性特征,这说明洋商在1900年之前已开始在这一地区疯狂购地,有学者将这种现象称为"圈地运动",即大面积低价购买农田。进行圈地的洋商,身份各异,既有房地产商,也有律师事务所,还有银行等其他洋行,但大地产商以房地产商和律师事务所为主。

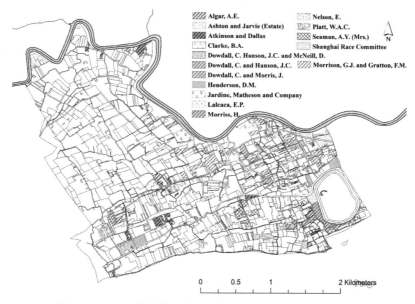

图 3-3-4　1900 年公共租界西区超 50 亩大地产商的地产分布

　　玛礼逊，为这一时期在西区占地最多的业主，其地产主要分布在卡德路以东新闸路和静安寺路之间的比较成熟的区域。还有一部分土地位于卡德

图 3-3-5　1900 年玛礼逊洋行在公共租界西区的地产分布

路以西新闸路附近,土地面积和规模较大。有一块土地,Cad.3470,占地
38.69 亩,每亩估价 1250 银两,与之相连的另一块土地 Cad.3459,占地
16.015 亩,土地价值 800 银两/亩。另一块临街的土地,Cad.3436,土地面积
9.516 亩,估价 1200 银两/亩。在这个地区,该地产商占有的土地有 60 余
亩,几乎圈占了整个街区。

　　著名的建筑师英籍马立师,在该地区占有 32 块土地,共有 157.714 亩,土
地面积仅次于马礼逊,位居第二。其地产位于跑马场西南,围绕跑马以及其西
部地区,当时这一地区还没有开发,威海路尚未修筑,环境相对较差。地价也
偏低,在这里马立师平均每亩估价仅 950 亩,最低每亩 500 两,最高为 3500
两。但他认为此地靠近跑马场,位置绝佳,预料到此地日后必涨,故在此买地
甚多。威海卫路修筑之后,这里的地价上涨迅猛,说明这个地产商颇有眼光。

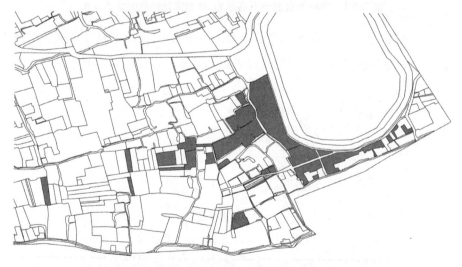

图 3-3-6　1900 年马立师在公共租界西区地产分布

　　通和洋行,1900 年在该区占有 49 块共 138.742 亩土地。地产主要分布
在寺浜以东新闸路与静安寺路之间较为成熟的城区,地块面积较小,分布较
为分散,还有一些位于新闸路和静安寺的中西部,分布相对集中:一处在新
闸路中段偏西,有 8 块相连或相近的土地,面积近 10 亩,另一块位于静安寺

路以北,由 4 块面积较大的土地组成,总面积超 40 亩。其中最大一块地产,
cad.2801,面积 20.485 亩。

　　爱尔德洋商,在该地占有 43 块土地共 114.809 亩土地。其土地主要分
布在新闸路附近。有两块地产比较集中,且面积较大,一块位于静安寺之
北,新闸路以西的区域,约 13 块地产,面积超 20 亩。还有一块位于新闸路
中部,由 4 块地产连在一起组成,面积超 16 亩。位于新闸路东段、苏州河南
岸的一块地产 Cad.1291,面积 10.227 亩。

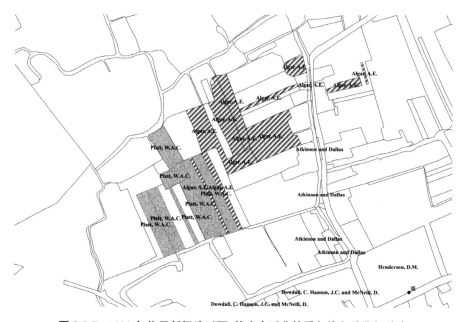

图 3-3-7　1900 年位于新闸路以西、静安寺以北的爱尔德和哈华托地产

　　怡和洋行,在西区的地产,其地产主要位于苏州河南岸,面积普遍较大。
其中 Cad.655,面积 9.384 亩,土地估价每亩 3500 银两;Cad.791,面积 22.38
亩,估价每亩 2500 银两。Cad.4310,面积 41.824 亩,每亩估价 1500 两。前
两块地产位于东部已较为成熟的市区,地价稍高,而后一块位于麦根路与苏
州河交汇处,在当时算是郊区,地价每亩 1500 银两。

　　雷士德,在西区的地产有 5 块,占地 34.489 亩土地,分布比较集中,最

大的一块土地位于卡德路，cad.1155，面积11.596亩，估价每亩2000银两。另一处为3块地产连在以西，位于卡德路以西的一条小河浜沿岸，总面积20余亩，每亩估价仅600银两。

哈同，1900年在西区只有4块地产，均位于跑马场以西不远处的静安寺路及附近地区，共计20.494亩。

除了地产商，律师事务所也是圈地的重要主力。其中高易和担文是律师事务所的重要代表，在1900年之前已在西区圈地。

高易，在地籍册中，主要以"C. Dowdall""C. Dowdall and J. C. Hanson""C. Dowdall J. C. Hanson and D. McNeill"名义租地，计25块土地共125.086亩土地，主要位于卡德路以东，新闸路与静安寺路之间。大部分地产的面积不大，但有4块的土地超过10亩，Cad.996，16.178亩，Cad.1235，17.382亩，Cad.4320，10.265亩，Cad.2755，30.944亩。这几块土地，或者位于未开发的街道内部，或者位于郊区，地价低于其他地产。最大的一块地产，位于静安寺北，地价为1200银两/亩。

律师哈华托（W. A. C. Platt），在西区占有26块土地，共74.892亩。大部分土地位于卡德路附近或寺浜附近，地块普遍较小，分布分散。还有一块土地位于新闸路以西，静安寺路以北，四块地产组合在一起，约二三十亩土地。

律师担文（W. V. Drummond），在西区占有6块土地，共18.211亩，分布较为分散。

律师事务所，除了自己经营房地产之外，主要业务是挂号道契，有些土地实为华人地产，说明在这次抢地运动中，华人地产商是参与其中的。

二、1903年西区土地估价、地籍图册及主要内容

（一）土地占有情况

1903年3月12日会议指出，完成了租界西区的土地估价，同时完成的还有北区和东区的土地估价。里皮代表地产评估委员会指出，上述三个地

区的估价,相比前一次估价平均上涨 35%,根据全面估价,估计税收增加 69000 两。①笔者对该表进行统计分析,可以得出如下结论:

1903 年,公共租界西区土地评估表中有 853 宗地产,比 1900 年多了 256 宗地产,计 3981.4054,比 1900 年多了 808.7274 亩土地,增长非常明显。各领事馆登记情况如下:英国领事馆:745 宗,美国领事馆:57 宗,德国领事馆:15 宗,法国领事馆 5 宗,日本领事馆 2 宗,意大利领事馆 8 宗,可见,英商和美商的地位不容撼动。

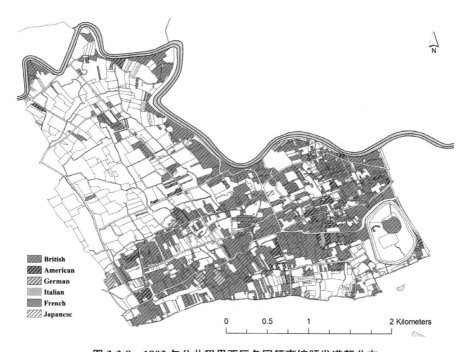

图 3-3-8　1903 年公共租界西区各国领事馆颁发道契分布

共有业主 213 个,其中 20 亩以上的地产主有 51 个,占有 2870.516 亩土地,占该区总估价土地的 73.96%,比 1900 年略有下降。其中百亩以上的地产主,由 1900 年的 5 人,增至 6 人,原居首位的大地产商"G. J. Morrison and

① 《工部局董事会会议录》,第 15 册,1903 年 3 月 12 日,第 594 页。

F. M. Gratton",退出了第一的宝座。通和洋行在原来的基础上,疯狂购进了105.049 亩土地,成功登上首席宝座。位列第 3—5 位的是"H. Morriss"、"A. E. Algar"和怡和洋行,均在原来的基础上,有了不同程度购进土地情况。

另外 50—100 亩的地产商由 1900 年 10 人增至 11 人。

20—50 亩的地产商,从 1900 年的 27 人增至 34 人,新增 7 人。

10—20 亩的土地业主人数也有了增长,从 1900 年的 25 人,增至 43 人,占有土地 602.581 亩,比 1900 年多了 245.722 亩土地,占该区总评估土地的 15.13%,比 1900 年增长了 3.88%。但总体而言,此中等规模的地产主仍微不足道。

10 亩以下的地产主人数增长明显,达 119 人,比 1900 年多了 25 人。占有的土地面积只有 508.308 亩,比 1900 年增加了 147.099 亩,人均 4.27 亩,比 1900 年人均多了 0.43 亩土地。

表 3-3-3　1903 年公共租界西区超 20 亩地产统计表　　面积:亩

业主姓名	面　积	业主姓名	面　积
Atkinson, B. and Dallas, A.	247.000	Lester, H.	66.306
Morrison, G. J. and Gratton, F. M.	223.852	Mission des Lazaristes	64.913
Morriss, H.	187.864	Seaman, A. Y.	63.455
Algar, A. E.	164.384	McBain, G.	59.119
Platt, W. A. C.	126.171	China Mutual Life Insurance Company	55.345
Jardine, Matheson & Company	110.861	Dudgeon, C. J., Scott, J. I., and Little, W. D.	54.232
Shanghai Land Investment Company	93.204	Kranz, E. A. P. and P.	51.451
Shanghai Race Club	80.032	Dowdall, C., Hanson, J. C. and McNeill, D.	49.457
Twentyman, J. R.	72.077	Dowdall, C. and Hanson, J. C.	49.293
Municipal Council	70.481	Buchheister, J. J. and Drummond, W. V.	48.690

续 表

业主姓名	面 积	业主姓名	面 积
Cushny, A., Jnr	45.966	Jackson, W. S.	27.221
Maitland, A. W.	45.530	Dowdall, W. M.	26.765
Clarke, B. A.	43.370	Benjamin, S. S.	26.360
Major, E.	42.254	Henderson, D. M.	25.718
Alford, E. F.	40.578	Canning, N. E. O. P.	25.637
Scott, W. and Carter, W. J. B.	37.731	Ede, C. M.	23.895
McLeish, N.	36.167	Sassoon, J. E.	23.871
Cooper, J.	33.770	Shanghai Gas Company	23.375
Stokes, A. P. and Platt, W. A. C.	32.284	Snethlage, H.	23.190
Dudgeon, C. J. and Morriss, H.	31.323	Hardoon, S. A.	23.131
Campbell, R. M.	30.812	Stokes, A. P.	23.048
Algar, A. E. and Beesley, P. M.	30.072	Hunter, A. C.	22.320
Borneman, F.	29.485	Adamson, F. C. and Mullens, J. A.	21.242
Hay, C. W.	29.311	Burkill, K.	21.034
Russo-Chinese Bank	28.095	Paterson, W.	20.774

资料来源：Shanghai Municipal Council, *Land Assessment Schedule Western District*, 1903。

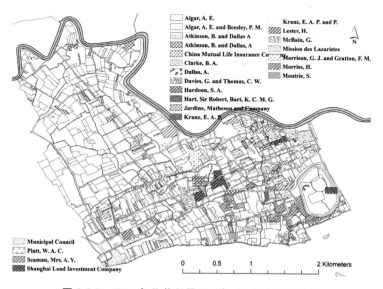

图 3-3-9 1903 年公共租界西区超 50 亩地产商分布

(二) 土地空间形态变迁

1903 年比 1900 年,道契册地的数量新增 257 份,共 784.981 亩土地,土地估价最高每亩 4500 两,最低每亩 400 两,平均每亩 1434 两。

从空间分布来看,1903 年的洋商地产分布有了明显的扩展:首先,1900 年新筑的戈登路(今江宁路)两侧,新增了不少道契册地;其次,静安寺路以南至法租界边界的地区,也有很多的洋商租地。再次,卡德路(今石门二路)以东寺浜附近,成为洋商抢购土地的重点区域;第四,新闸路与静安寺路之间,内部还有很多土地属于华人所有,在 1900 年将爱文义路(今北京西路)至静安寺,吸引了大量洋商来这里购地。

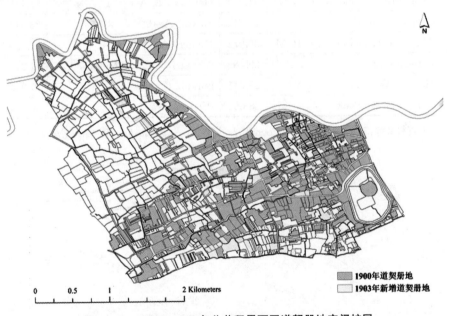

图 3-3-10　1900—1903 年公共租界西区道契册地空间扩展

新增道契均是由洋商购买的华人的地产。而大部分道契册地系洋商在 1900 年之前购买的,对于这些土地,在这一时期又发生了哪些变化,或者说,洋商是采用了怎样的购地方式? 是低价购买华人土地,还是购买其他洋商的土地。

　　通过对1900年和1903年两个年份同一地籍编号的地产面积进行比较就会发现,有63处地产的面积减少了,其中有16处地产面积减少超过1亩。有57份地产的面积增加了,增加的面积超过1亩的有25份。土地面积减少,意味着土地发生了分割,而土地面积增加,则意味着该地产兼并了周边的土地。从空间分布来看,土地分割主要发生在城市化水平相对较高的东部地区,而土地合并主要发生在静安寺路的中西部地区或者新闸路等城市化水平较低的中西部地区。

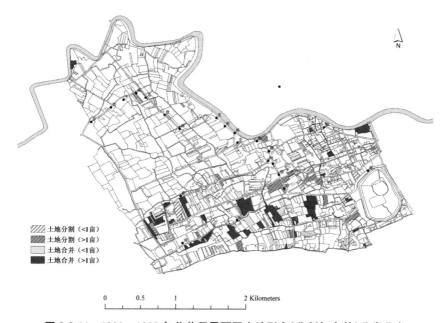

图例:
土地分割（<1亩）
土地分割（>1亩）
土地合并（<1亩）
土地合并（>1亩）

0　　0.5　　1　　2 Kilometers

图 3-3-11　1900—1903 年公共租界西区土地形态(分割与合并)分类分布

　　(1) 土地分割。发生土地分割的现象,大致两种情形:一种是将地产其中的一部分进行分割销售,剩余地产保留。在地产分割超过1亩的16份地产中,有12份是这种情况,也就是说,此为当时主要的土地分割形式;另一种全部售出,自己不保留。但是并非将地产整块卖出,而是分割为二或三或以上后,再分块卖出,因为分块卖出比将整块卖出,价钱更高。其中分割土地最大的是 Cad. 2411,属于第二种类型,原业主为"C. G. Davies and C.

W. Thomas"，原有土地 43.158 亩，先分割出部分土地售给其他业主，剩余
15.405 亩土地，也以每亩 500 两的低价，全部卖给了"J. R. Elias"，1903 年该
地产价值增至 1250 两/亩。Cad.1535，属于第一种类型，原业主为 H. Mor-
riss，将 40.482 亩土地分割出 23.622 亩，售给其他业主后，剩余的 16.86 亩
土地留为己用，原地产价值为 2000 两/亩，1903 年涨至 3500 两/亩。

（2）土地合并。发生土地合并的现象，大部分是同一业主兼并周边的
地产。据统计，同一地籍编号土地面积增加超过 1 亩的 25 处地产中，有 16
份是同一业主兼并周边地产。另有 9 份。其中土地兼并最大的是 Cad.
2681，业主爱尔德将原有的 9.921 亩土地，以 800 两/亩的低价卖给了"China
Mutual Life Insurance Company"，同时这个买家还购买了其他家的土地，
总计 28.4 亩土地。还有 Cad. 2379，"J. H. Scott, E. Mackintosh and J.
Swire"在购买了原地籍号"C. W. Hay"的 0.358 亩土地，同时一起购买了周
边其他业主的土地，并购后的土地面积达 9.24 亩。在城市化尚未发展的条
件下，土地面积增大，也是土地增值的一种途径。以 Cad.2379 为例，并购前
土地价值为 1200 两/亩，而并购后达 1900 两/亩。

三、1907 年西区土地估价、地籍图册及主要内容

至 1907 年，每隔四年评估一次土地，已呈常态。之后也是按照这个惯
例编制土地评估表。笔者对 1907 年公共租界西区土地估价表进行梳理后
发现以下几点认识：

（一）土地占有状况

1907 年公共租界西区土地评估表中有 1258 宗地产，比 1903 年多了
405 宗，计 5704.527 亩土地，比 1903 年增长了 43.28%。可见增长之显著。
各领事馆登记情况如下：英国领事馆：1141 宗，美国领事馆：71 宗，德国领事
馆：17 宗，法国领事馆 4 宗，日本领事馆 5 宗，意大利领事馆 7 宗，西班牙领
事馆：3 宗，澳大利亚领事馆 1 宗。

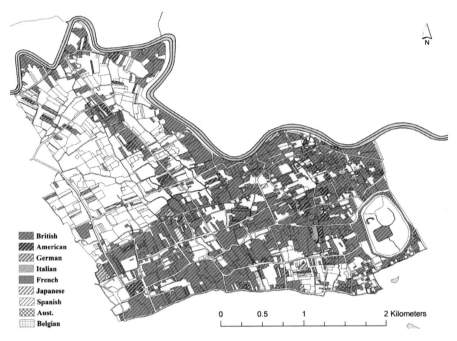

图 3-3-12　1907 年公共租界西区各国领事馆登记道契分布

　　共有业主 278 个，其中 20 亩以上的地产主有 63 个，计有 4501.14 亩土地，占该区总估价土地的 78.9％，比 1900 年增至 4.94％。其中百亩以上的地产主由 1903 年的 6 人，增至 15 人，计有 2689.108 亩土地，占 47.14％。除了通和洋行；怡和洋行；马立师（H. Morriss）；爱尔德（A. E. Algar），新增的百亩地产大王有："Shanghai Recreation Ground Trustees"；"Shanghai Land Investment Company"；"W. A. C. Platt"；"C. G. Davies and C. W. Thomas"；"S. A. Hardoon"；"J. H. Teesdale"；"China Land and Finance Company"；"Mission de St. Lazare"；"H. Lester"；"Shanghai Municipal Council"；"China Mutual Life Insurance Company"。另外 50—100 亩的地产商 10 人，20—50 亩的地产商 38 人。

　　10—20 亩的土地业主人数 41 人，占有土地 561.58，比 1903 年少了 41.001 亩，占该区总评估土地的 9.84％，比 1903 年减少了 5.29％。

10 亩以下的地产主人数增长明显，增至 172 人，比 1903 年多了 53 人，总计有 641.807 亩，比 1903 年增加了 508.308 亩，比 1900 年增加了 133.499 亩，人均 3.73 亩，比 1903 年人均土地面积减少了 0.54 亩。

表 3-3-4　1907 年公共租界西区超 20 亩的地产统计　　　单位：亩

业　　主	面　　积	业　　主	面　　积
Atkinson, B. and Dallas, A.	449.016	Clarke, B. A.	64.029
Shanghai Recreation Ground Trustees	430.000	Hart, Robert（Sir），Bart., K. C. M. G.	60.150
Shanghai Land Investment Company	204.757	Kranz, E. A. P.	58.242
Platt, W. A. C.	174.084	Dallas, A.	54.894
Morriss, H.	159.460	Country Club	54.232
Davies, C. G. and Thomas, C. W.	157.175	Buchheister, J. J. and Drummond, W. V.	48.690
Hardoon, S. A.	156.405	Toeg, R. E.	46.886
Teesdale, J. H.	140.959	Tam Wa	46.163
China Land and Finance Company	131.738	Mission du Shantong and Mission du Chansi	45.780
Mission de St. Lazare	130.175	Hanson, J. C. and McNeill, D.	42.346
Lester, H.	124.703	Scott, W. and Carter, W. J. B.	41.672
Shanghai Municipal Council	117.937	Shanghai Race Club	40.672
Jardine, Matheson and Company	110.619	Rayner, C.	40.015
Algar, A. E.	102.021	McLeish, N.（Mrs.）	37.301
China Mutual Life Insurance Company	100.059	Drummond, W. V., White-Cooper, A. S. P. and Phillips, T. M.	36.810
Morrison, G. J. and Gratton, F. M.	85.197	Parker, R. H.	36.542
Algar, A. E. and Beesley, P. M.	73.674	Butterfield and Swire	34.930
McBain, G.（estate）	69.577	Societe des Missions Etrangeress	34.740
Ure, C. W.	67.379	Dudgeon, C. J.（Sir）and Morriss, H.	31.323
Seaman, A. Y.（Mrs.）	65.070	Campbell, R. M.（estate）	30.812

续　表

业　主	面　积	业　主	面　积
Dowdall，W. M.	29.261	Brandt，W.	24.206
Shanghai Horse Bazaar Company	29.046	Burkill，Mrs.K.	24.159
Twentyman，J. R.	29.044	Craig，H. J.	23.060
Moorhead，R. B.	27.721	Alford，E. F.(Sir)	22.619
Dowdall，C. and Hanson，J. C.	27.093	Ferguson，J. C.	22.360
Russo-Chinese Bank	26.811	Hanson，J. C.，McNeill，D. and Jones，L. E. P.	22.335
Shanghai Electric Construction Company	26.384	Sylva，Q.(Mrs.)	22.020
Henderson，Dr. E.	25.510	Adamson，F. C. and Mullens，J. A.	21.242
Benjamin，S. S.	25.480	Paterson，W.	20.774
Morriss，H. E.	25.298	Liddell，C. O. and Burkill，A. W.	20.488
Snethlage，L.(Mrs.)	25.169	Stokes，A. P.	20.075
Shanghai Gas Company	24.751		

资料来源：Shanghai Municipal Council, *Land Assessment Schedule*, *Western District*, 1907.

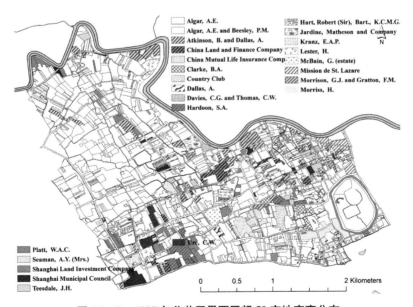

图 3-3-13　1907 年公共租界西区超 50 亩地产商分布

综上所述,1900—1907 年公共租界西区的洋商租地情况,具有如下特征:(1)洋商租地面积总量增长非常明显,1907 年比 1900 年增长了 79.8%。(2)地产商的数量增长显著,1907 年的地产商比 1900 年的地产商数量,多了 65 人。其中以英美商为主,还有德、日、法、西等其他国的地产商。(3)地产增长最快的是大地产商,20 亩以上的大地产商所占有的土地,1907 年近 80%,其中又以百亩以上的大地产商,土地增长最为显著,以 1907 年为例,15 个百亩以上的大地产商,占所有土地的比重近 50%,可见这些大地产商在该区土地市场上所扮演的重要角色。

（二）土地空间形态

从空间分布上看,大地产商的地产主要集中在静安寺路、威海卫路、新闸路、爱文义路、戈登路和苏州河南岸等区位条件较好的地区。这一时期洋商购地的特点是不择手段、疯狂圈地。重要表现是:1.沿路出现了面积较大的地块,这是地产商在同一地方一次或多次购买兼并土地的重要标志。这种现象在城市郊区比市区更为常见。笔者根据地产的面积,对土地进行统计,1900 年,西区的地产平均面积为 5.341 亩,其中 50 亩以上的大地产仅有 2 份,到了 1907 年,每份地产的平均面积为 4.535 亩,尽管总体水平下降了,但 50 亩以上的大地产增至 6 份,面积最大的一块地产 430 亩,Cad.1309,业主为"Shanghai Recreation Ground Trustees";2.大地产商的地产集聚现象比较显著。这是业主在同一个地点占有一两块地产后,又不断兼并周边土地的结果。

1903—1907 年正是西区快速城市化发展的时期,土地开发十分活跃,土地兼并和土地分割现象尤为普遍,具体言之:

（1）土地分割。通过对 1903 年和 1907 年两个年份的道契册地进行比较,面积减少的地产有 207 处,其中面积减少超过 1 亩的地产有 117 处。土地面积减少,主要是土地分割销售造成的。从空间分布上看,这些分割销售土地的地产,主要位于该区卡德路以东城市化水平相对较高的东部地区,如

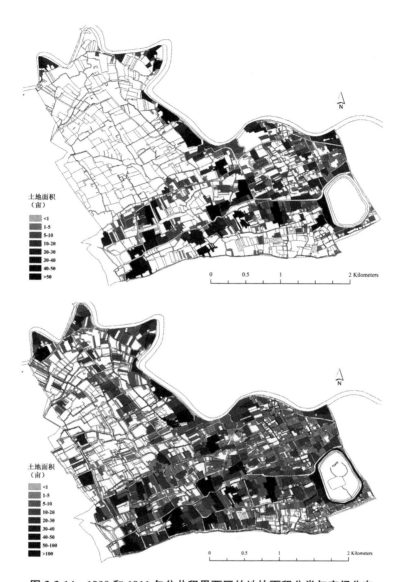

图 3-3-14　1900 和 1911 年公共租界西区的地块面积分类与空间分布

下图所示。以超过 1 亩的 117 处为例,大部分业主将土地分割后,原地籍号
的地产也一并卖掉,仅有 7 处地产的业主将地产分割售卖后保留了原地籍
号地产的剩余地产。比如"Algar,A. E."这一时期共将 5 份地产分割销售,
即 Cad.740,76,480,554 和 1032,剩余的原地籍编号的地产,销售给了

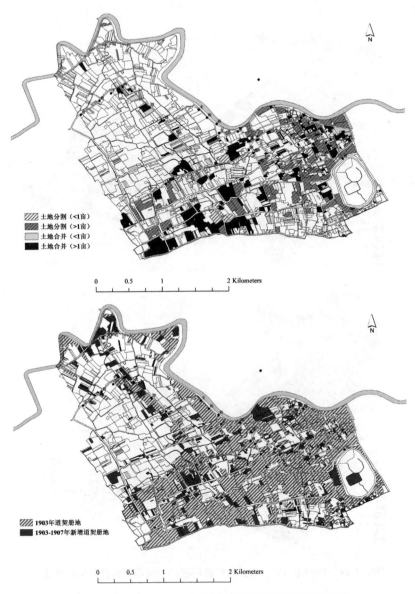

图 3-3-15　1903—1907 年西区地产空间形态变动示意图

"J. C. Hanson and D. McNeil" "T. Hanbury and F. A. Bower" "R. B. Moorhead""通和行"和"Protestant Episcopal Mission"等 5 个业主。另外分割销售较多的地产主还有：通和行（6 份地产分割）、玛礼孙（8 份地产分割）、

怡和洋行(4 份地产分割)、马立师(8 份地产分割)、上海业广地产公司(4 份地产分割)等等。

位于苏州河南岸,寺浜以东、新闸路以北的一块地产,面积很大,在 1903 年地籍图上标注为广东人坟地。在上海开埠之前,这块土地由若干家当地土著居民所有,上海开埠后,广东人来到上海之后,由同乡组织在这里购买了这片土地,用于安葬广东人。购买时间应该在 1899 年西区被纳入租界之前。1903—1907 年该地产被洋商购去,并将原土地一分为四,被赋予地籍编号 Cad.806,807,808 和 809,购买者为通和洋行,总面积为 74.9 亩,土地价值每亩 4000 两。

图 3-3-16 Cad.806—809 地产的分割状况

(2)土地合并现象。与东部土地分割活动形成鲜明对比的是,静安寺路、爱文亚路的中西段地区,土地兼并现象非常严重。通过对同一地籍编号的地产,在 1903 年和 1907 年两个年代的土地面积进行统计比较后发现,土地面积增加的地产,共计有 233 处。总数量上,超过本期土地面积减少的地产总数。土地面积增多是土地兼并现象的主要表现形式。但这一地区的土地兼并现象较为复杂,有很多种情形,其中较为常见的是,某一业主在购买一个地籍编号的地产的土地时,在 1903—1907 年间又购进了周边其他土地,从而使这个地籍编号的土地面积增加。当然也有同一个业主在这个时期并购了其他的土地,从而使原地籍编号的地产增多。土地合并,也是在土地分割销售过程中,通过购买其他土地,重新组合的结果。其中售地较多的地产公司,以爱尔德洋行(20块地产)、通和洋行(20份地产)、玛礼孙(39份地产)为最多。

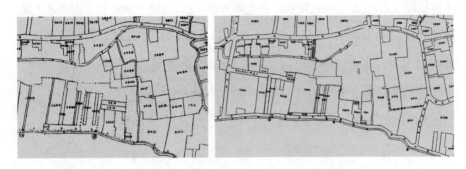

图 3-3-17　1903—1907 年哈同并购周边地产

以静安寺路南,威海路以西的哈同并购土地为例。在 1903—1907 年,Cad.2437,2414,2411,2416,2546 等均发生了土地合并现象。以地籍 Cad.2437 地产兼并最大,在 1903 年该地产为 Major, E.所有,地产面积仅为 11.701 亩,土地价值为 1750 两。在 1903—1907 年间,哈同先后购买了 Cad.2437,2434,2435,2495,2499,2450 等多块地产,其中有 3 块地产为 "A. Ehlers and Company"所有,另外两块地产分属通和行和律师"W. A. C. Platt"所有。在 1903 年,这些土地的估价在 800—1500 两/亩。至 1907 年,这些合并的土地,总计 78.629 亩,采用 Cad.2437 编号。其他地籍号注销。土地估价已增至 3500 两/亩。该地区还有其他的土地并购,比如 Cad.2414 号地产合并了 Cad.2413；Cad.2542 合并了 Cad 2540 和 Cad.2545；Cad.2563 合并了 Cad.2561 和 Cad.2568 等,还有,Cad.2416 合并了 Cad.2412,2415 和 2417,合并后的土地面积达 22.66 亩,这次土地并购是由上海业广地产公司主导的。这里的土地合并的主要驱动力是威海卫路等几条马路的修筑。新修马路改善了该地区的基础设施,优化了该地区的居住环境,进而提高了土地价值。1903 年这里的地价为 800—1500 两/亩,到了

1907 年上涨为 3500—4500 两/亩,上涨了 2—3 倍。

　　1911 年之后,哈同又将该地产南面的几块地产:Cad.2505,2507,2510,2511,2520,2530,2531,2537 等,全部收入囊中,整个地产采用了一个地籍号,即 Cad.2437。土地总面积为 113.302 亩,每亩估价为 3500 两。1916 年,哈同又购买了 Cad.2416 号原属上海业广地产公司的土地。加上这块地产,总计达 170.948 亩。土地价值为 3000 两/亩,并没有超过 1911 年的水平。哈同还在其地产的西界修筑了一条连接静安寺路和大西路的南北向马路。这条马路,以哈同的名字命名。但修筑经历了一个过程。在 1903 年地图上,这条马路还没有修筑。在 1907 年,哈同路仅修筑了北面一段。1911 年地图上已全线贯通。而哈同路旁边的一条东西向道路,威海卫路,因为哈同地产的存在,不得不被分割为东西两段。

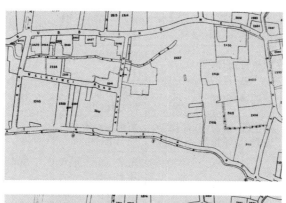

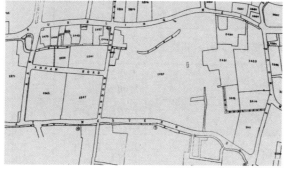

图 3-3-18　1911—1916 年哈同并购周边地产图

还有 Cad.2940，土地合并与哈同颇为相似，但持续时间更久。在 1903 年，该宗地共有 11 份道契册地。查《上海道契》可知，这些道契的颁发时间为 1877 年—1901 年。由此可见，麦边早在光绪二十年，即 1894 年就在这里买地了，在此之前，这个地方已经有了白浪南、有恒行、新康行依沙剌等洋商的地产。麦边后来居上，在这里先后从当地华人手里先后购买了 8 份土地，并立英册道契。到了 1903 年，这块土地编号为 Cad.2940，业主为麦边(G. McBain)，面积为 46.13 亩，土地价值 2000 两/亩。到了 1907 年，麦边又购买了周边的 Cad.2976，Cad.2931，Cad.2932，Cad.2935 和 Cad.2953，面积增至 58.737 亩，地价上涨至 5000 两/亩。

表 3-3-5　Cad.2940 包含的道契册地汇总表　　　　单位：亩；洋元

英道契号	租地人	原业主	立契时间	面积	价格	来　源
1155	白浪南	张木圣等	光绪三年十二月十二日	26.00	1880	第4卷
1162	有恒行	张裕舟，迎禧庵	光绪四年二月二十二日	3.00	230	第4卷
1800	新康行依沙剌	顾顺坤，象其	光绪十五年六月初七日	3.62	800	第6卷
2080	麦边行	周毛郎，宝源祥，郑徐氏，曹秀全，姚松华，张顺昌	光绪二十年十二月二十日	10.20	1050	第7卷
2138	麦边	姚金松	光绪二十一年六月十一日	0.73	30	第7卷
2139	麦边	徐达山，徐阿堂，徐生泉	光绪二十一年六月十一日	1.30	50	第7卷
2175	麦边	郑福生，郑裕山，郑堂堂	光绪二十一年十月二十五日	2.78	700	第7卷
2534	麦边	郑国兴，莫观	光绪二十三年十月初五日	2.68	250	第8卷
2706	麦边	郑鑫陆	光绪二十四年润三月二十一日		70	第9卷
3831	麦边	徐小毛	光绪二十七年十一月初二日		3100	第13卷

资料来源：《上海道契》。注：1155 和 1162 号的地价为银两，其他为洋元。

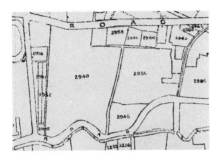

图 3-3-19　1903—1907 年 Cad.2940 地产合并示意图

四、1911 年西区土地估价、地籍图册及主要内容

1911 年公共租界西区土地估价表，系工部局 1911 年编制，主要反映 1911 年的公共租界西区的地产占有状况和地价状况。笔者对 1911 年公共租界西区土地估价表进行整理后，得出以下几点认识：

（一）土地占有情况

1911 年公共租界西区土地评估表中有 1433 宗地产，比 1903 年多了 175 宗，总计 7121.393 亩土地，比 1907 年增长了 24.84％。1907—1911 年的四年，相比 1904—1907 的四年，增长速度明显放缓。各领事馆登记情况如下：英国领事馆：1258 宗，美国领事馆：114 宗，德国领事馆：23 宗，法国领事馆：5 宗，日本领事馆 9 宗，意大利领事馆 9 宗，西班牙领事馆：4 宗，比利时领事馆 3 个，澳大利亚领事馆 1 宗，挪威领事馆：1 宗。

共有业主 358 个，其中 20 亩以上的地产主有 67 个，计有 5646.961 亩土地，占该区总估价土地的 79.29％，比 1907 年略有增长。其中百亩以上的地产主有 15 人，计有 3646.236 亩土地，占 51.2％，比 1907 年增长 4.06％。其中，置业揭银公司的地产增长最快，本年度已跃居首位，该地区首次出现单个地产商超千亩的现象，而 1907 年该地产商仅有 131.738 亩土地。另外，英商通和行、哈华托、哈同、新瑞和等百亩地产商，地产总量均有不同程度的增长，"J. H. Teesdale"，这一时期已退出了百亩地产商之列，地产减少了

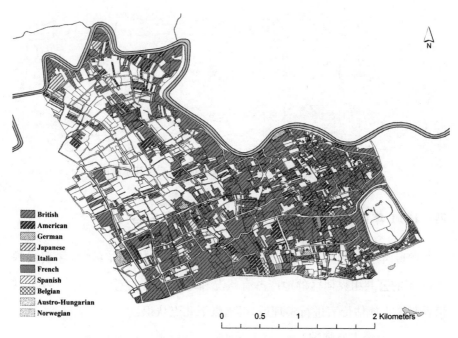

British
American
German
Japanese
Italian
French
Spanish
Belgian
Austro-Hungarian
Norwegian

0   0.5   1   2 Kilometers

图 3-3-20　1911 年公共租界西区各国领事馆颁发道契分布

73.294 亩。50—100 亩的地产商 13 人,20—50 亩的地产商 40 人。

从空间分布来看,百亩以上的大地产商的地产具有明显的积聚性特征:哈同的地产主要位于静安寺路,一处靠近静安寺,本周期继续兼并周边的地产,为哈同面积最大的一块地产,另外哈同的地产还位于静安寺的东段,靠近第三跑马场的地方;通和行的地产,主要位于新闸路,以靠近苏州河南岸的地产最大,另外分布在静安寺路东段、还有叉袋角一带;爱尔德洋行,其地产主要位于新闸路东段,以及小沙渡等地区;雷士德的地产,几乎全部位于爱文义路、卡德路附近;义品银行的地产,几乎全部位于爱文义路的卡德路以东路段等等。

10—20 亩的土地业主人数 54 人,占有土地 699.415 亩土地,比 1907 年增加了 137.835 亩,占该区所有土地的 9.82%,与 1907 年大致相同。

10 亩以下的地产主人数增长明显,增至 237 人,比 1907 年多了 65 人,总计有 775.017 亩,比 1907 年增加了 266.709 亩,人均 3.27 亩,比 1907 年略低。

表 3-3-6　1911 年公共租界西区超 20 亩地产统计　　　　单位：亩

业　　主	面　　积
China Land and Finance Company 置业揭银公司	1165.469
Shanghai Recreation Ground Trustees	430.000
Atkinson，B. and Dallas，A 英商通和有限公司	340.886
Platt，W. A. C.哈华托	216.620
Hardoon，S. A.哈同	190.802
Davies，C. G. and Thomas，C. W.新瑞和	182.896
Algar，A. E.爱尔德	179.495
Morriss，H.马立司	164.626
China Mutual Life Insurance Company 永年人寿保险有限公司	157.001
Lester，H.德和	141.463
Shanghai Land Investment Company 业广	131.616
Shanghai Race Club 跑马总会	117.891
Jardine，Matheson & Company 怡和洋行	114.646
Mission des Lazaristes 遣使会首善堂	112.825
Russo-Chinese Bank	80.612
Seaman，Mrs. A. Y.	78.043
McBain，G.（estate）	69.357
Teesdale，J. H.	67.665
Hart，Sir Robert	67.221
Crédit Foncier d'Extrême-Orient 义品放款银行	65.858
Morrison，G. J. and Gratton，F. M.	63.567
Shanghai Municipal Council，Puddling Well Cemetery	61.085
Country Club	60.304
Algar，A. E. and Beesley，P. M.	54.277
Hongkong and Shanghai Banking Corporation	53.798
Clarke，B. A.	53.533
Ure，C. W.	51.508
Buchheister，J. J. and Drum-mond，W. V.	48.69
Mission du Chantong Septentrional and Mission du Chansi Septentrional	45.780

续　表

业　　主	面　积
Naigai Wata Kaisha	43.846
Scott, W. and Carter, W. J. B.	40.668
Platt, W. A, C. and Cumming, F. A.	40.270
Bremner, A. S. and Pearce, E. C.	38.916
McNeill, D. and Jones, L. E. P.	38.714
McLeish, Mrs. N.	37.301
Dowdall, W. M.	37.178
Shanghai Life Insurance Company	35.984
Moorhead, R. B.	32.704
Tam Wa	32.19
Dudgeon, Sir C. J. and Morriss, H.	31.323
Rayner, C.	31.275
Campbell, R. M.(estate)	30.812
Drummond, W. V., White-Cooper, A. S. P. and Phillips, T. M.	30.125
Twentyman, J. R.	29.044
Brandt, W.	28.949
Missions Etrangères	28.417
Craig, H. J.	27.756
Moorhead, R. B. and Halse, S. J.	27.144
Davies, C. G.	27.100
Shanghai Electric Construction Company	26.384
Castrillo, Rev. G.	26.072
Forrest, T. S.	25.592
Snethlage, Mrs. L.	25.169
Shanghai Gas Company	24.751
Burkill, Mrs. K.	24.159
China Realty Company	23.590
Price's Patent Candle Company	22.899

续　表

业　主	面　积
Hanson，J. C.，McNeill，D. and Jones，L. E. P.	22.327
Poate，W. H.	21.986
Sassoon，E. E. and M. E.	21.982
Atkinson，B. and Dallas，A.	21.407
Adamson，F. C.，R. W. and N. W.	21.242
Nippon Menkwa Kabushiki Kaisha	20.713
Potts，G. H.	20.620
Banque Sino-Belge	20.447
Seaman，J. F.	20.205
Dallas，A.	20.166

资料来源：Shanghai Municipal Council，*Land Assessment Schedule*，*Western District*，1911。

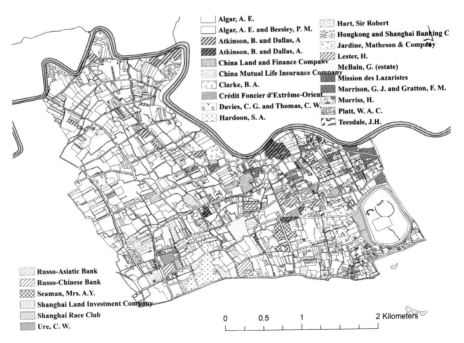

图 3-3-21　1911 年公共租界西区超 50 亩地产商分布

（二）土地空间形态

这一时期，西区土地交易明显减缓。1907—1911 年新增道契册地，共计 170 份，425.168 亩。新增的道契册地，主要位于苏州河北岸叉袋角一带，新闸路和静安寺路之间的中段，戈登路、威海卫路等地区。苏州河南岸，这里曾称为叉袋角，为这一时期西区道契增长最快的地区之一。其中这一时期新增单宗地产面积最大的是 Cad.4845，20.713 亩，业主是"Nippon Menkwa Kabushiki Kaisha"，即日本棉花株式会社，就在这个位置。1907—1911 年，这里新筑了几条道路：劳勃生路(Robison Road，今长寿路)，延伸至戈登路以东，连接苏州河；修筑澳门路(Macao Road)。在劳勃生路和澳门路之间，修筑了一条南北向的 Tonquin Road。这几条马路的修筑，改变了这里的环境，为这里的工业化发展奠定了基础。还有胶州路(Kiaochow Road)的修筑，吸引了不少地产商来这里租地。早在 1907 年，已有不少洋商来这里租地。到了 1911 年，道路两侧已密集分布了大量的道契册地。

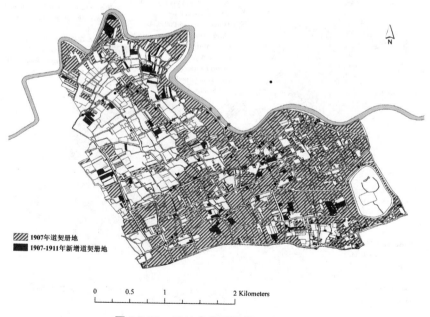

////// 1907年道契册地
■■■■ 1907-1911年新增道契册地

0   0.5   1   2 Kilometers

图 3-3-22　1911 年新增道契册地分布图

以土地分割和土地合并为主要表现形式的土地空间形态，趋于稳定，相比 1903—1907 年上一个四年，这一时期又有了新的变化，主要表现在以下几个方面：

（1）土地分割。通过对同一地籍编号的地产 1907 年和 1911 年两个年份的土地面积数据进行对比，166 份地产的土地面积减少了，其中土地面积减少超过 1 亩的有 66 份。有土地面积减少的原因很多，包括筑路等均会造成土地面积减少，而土地分割销售是其中一个重要的方面。与前一个时期相比，发生土地分割的地产，数量上明显减少了。空间上，更为分散，且跨出了城市化较高的地区，在郊区也有分布，而中西部较为偏远的地区较少。这一时期，土地分割仍以城市化较高的中东部为主，以静安寺路的中西部段为多，如图所示。

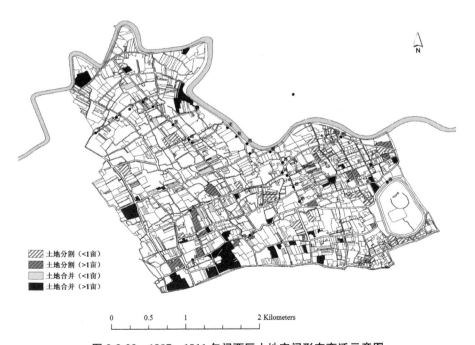

图 3-3-23　1907—1911 年间西区土地空间形态变迁示意图

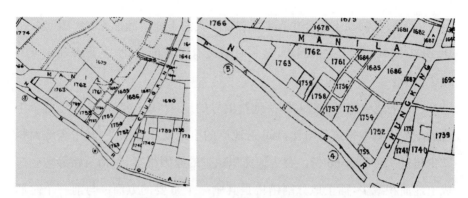

图 3-3-24　1907 年和 1911 年马尼拉路的修筑造成地产分割

　　因筑路造成土地面积减少或土地分割，在这一时期较为常见。以马尼拉路(今大沽路)为例，这条道路的西段在 1907 年未实现修筑，1911 年才实现贯通。贯通之后，道路线路内的地产均因征地而造成土地面积减少。被道路一分为二的地产，比如 Cad.1761 分为 Cad.1762 和 Cad.1678，Cad.1685 分为 Cad.1681 和 Cad.1685，Cad.1686 分为 Cad.1682 和 Cad.1686，Cad.1687分为 Cad.1687 和 Cad.1687A。

图 3-3-25　1907—1911 年山海关路和大通路的修筑对地产的影响

　　山海关路(Shanhaikwan Road)和大通路(Tatung Road，今大田路)的修筑，也造成了计划道路线内的很多地产分割。在 1907 年之前，寺浜以东、新闸路以南、爱文义路以北和梅白格路(今新昌路)之间的街区面积颇大，街道内部还存在寺浜和另外一条南北向的河道,地产纵横交错,街道内部缺乏交通。这些因素严重限制了街区内部土地的开发,迫切需要筑路对这个街区进行细分。于是,工部局在这个区域的中间规划修筑了一条东西向山海关路,在西侧三分之一的位置修筑了一条南北向大通路,并将东侧约三分之一处的那条小河浜填埋筑路(即成都路)。如此一来,这个区域被分成六个面积大致相等的更小的街区。

山海关路和大通路这两条马路最先修筑,但并不顺利。特别是大通路,未能实现很多地产的征地,故在 1911 年地籍图上,该道路只是断断续续的若干路段组成,并未全线贯通。而山海关路,因未实现对 Cad.605 和 Cad.591 的征地,也无法与梅白克路(Myburgh Road,今新昌路)连接。山海关路修筑时,尽量采用了减少破坏地产的路线,也造成了不少地产土地分割,比如Cad.977 分为 Cad.977 和 Cad.976 等。至于填浜筑路,更为复杂,且花费成本更高,在当时还不具备筑路条件。

苏州河南岸的叉袋角一带,在 1907 年之前,这片区域还是大片的河岸滩地,这里也称为石滩。这一地区有徐公浦及其支流,沿河分布着农田。戈登路东侧至苏州河一带,除了滨岸部分土地为洋商租去并变为道契册地之外,其他大部分土地仍系农田。1907—1911 年间,工部局在这里修筑了东西向的澳门路,以及南北向的 Tongquin Road。这两条道路修筑之后,原来的区域被分割为四,从而加快了这一地区的土地分割和土地产权转移。有些农田来不及分割就被洋商租去,而一些面积较大的地产,则在分割之后销售给洋商。

(2)土地合并。同一地籍编号的地产,1907 年比 1911 年的土地面积增加的,共计有 84 处,低于前一个时期。其中土地面积增加超过 1 亩的地产有 37 处。大部分位于城郊。其中最大的一块地产合并,位于苏州河南岸,Cad.4985。在 1907 年该地产属于 R. H. Parker 所有,面积 0.681 亩,土地估价仅 800 两/亩。在 1907 年,苏州河沿岸的土地被"Platt, W. A. C.""Burkill A. R.""Parker, R. H."等英商占去。1907—1911 年,"Naigai Wata

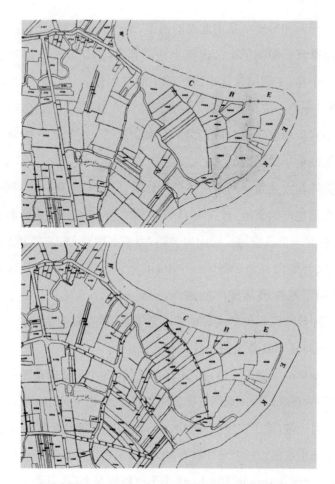

图 3-3-26 1907—1911 年叉袋角土地空间形态变迁

Kaisha",日本内外棉纺织会社,购买了 R. H. Parker,同时又并购了周边的
Cad.4976,4982,4995 的土地,在 1911 年,该地籍号土地的面积为 43.846 亩,
土地估价为 1200 两/亩。还有一家日本企业,"Nippon Menkwa Kabushiki
Kaisha",位于苏州河南岸,为 Cad.4845,占地 20.713 亩。这是目前所见最早在
苏州河南岸租地的日商棉纺织业。这种土地合并方式在苏州河南岸较为普
遍,主要是建设工厂的需要,与前期的"圈地"式的合并,从性质上看并不相同。
第二期土地合并发生在 1920—1924 年间,详见本章第五节。

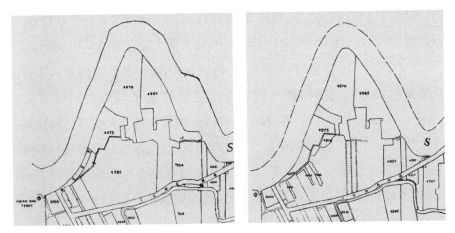

图 3-3-27　1907—1911 年 Cad.4985 土地合并示意图

五、城市变迁：土地开发与道路延伸

正如上文所言,这一时期为公共租界西区土地开发的高峰期,哪些地方先开发,哪些地方先筑路,厘清这些问题对于理解该地区的城市发展颇为重要。在 1900 年,公共租界西区仅有静安寺路、新闸路、麦根路等几条越界筑

图 例

━━ 城市道路
━━ 河浜

图 3-3-28　1911 年公共租界西区新筑道路分布图

路。根据 1900 年、1903 年、1907 年和 1911 年西区地籍图上的道路信息，可以发现 1900—1911 年公共租界西区的道路延伸大致分为以下几个阶段：

（1）1900—1903 年间，南部地区：路网加密，新旧道路之间重构适合土地开发的新街区。新闸路与静安寺路之间修筑了东西向的爱文义路（Avenue Road）和白克路（Burkill Road），在静安寺路与大西路之间修筑了威海卫路东段、重庆路和同孚路。西北部地区：修筑连接静安寺路与苏州河的南北向的戈登路（Gordon Road），修筑连接静安寺与劳勃生路（Robison Road）的胶州路（Kiaochow Road），修筑连接麦根路（Markha Road）与胶州路的东西向康脑脱路（Connaught Road）。

（2）1903—1907 年间，主要集中在租界的西南部，主要是路网加密或者延长。东西向：延长了新闸路，修筑了愚园路（Yuyuen Road），延长威海卫路；南北向，修筑了连接新闸路与静安寺路之间的赫德路（Hart Road）、小沙渡路（Ferry Road），修筑连接新闸路与大西路之间的西摩路。经过这一时期的修筑，南部已形成相对密集的道路网络。

（3）1907—1911 年间，为公共租界西区筑路的又一高峰期。新筑路主要集中在中西部地区，特别是新闸路以北至苏州河的北部地区：小沙渡路，向南延伸至康脑脱路；东西向，修筑了澳门路，延长了劳勃生路至苏州河，修建了连接胶州路与戈登路的槟榔路（Penang Road）、连接戈登路与小沙渡路之间海防路（Haiphong Road）、连接小沙渡路与胶州路之间的新加坡路（Singpore Road）等，至此，北部已基本形成了相对密集的道路网络。南部地区：路网加密，在威海卫路以南修筑了成都路，静安寺以东修筑了哈同路、威海卫路西段等。

（一）静安寺路以南地区

这里是城市化较早的区域，早在 1899 年正式纳入租界之前已经修筑了新闸、静安寺路、马霍路等道路。这一时期是在这些道路的基础上，将面积较大的街区，进一步分割，变为适合开发、交通便利的更小的街区。

1. 威海卫路（今威海路）：第 39 号路

静安寺路以南至大西路（即长浜，今延安中路）之间区域，在 1900 年还没有一条东西向的道路。只是一条自东而西流向的河流。1899年西区被正式纳入租界之后，这条马路的修筑计划就纳入了工部局的议程。从地籍图上看，这条马路是沿着一条东西向的河流修筑的，为当时的一条重要的填浜筑路。该路修筑的时间颇长，到了1903年，该道路仅修筑了东段自马霍路（Mohawk Road，今黄陂北路）至同孚路，如1903年地籍图所示。

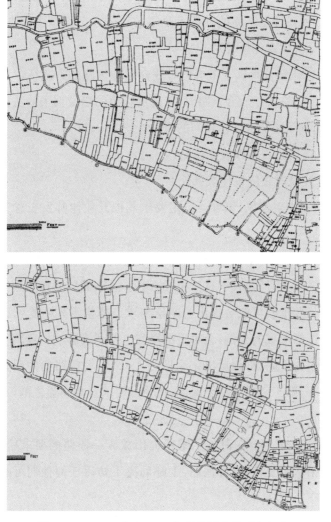

图3-3-29　1903年和1907年地籍图上的威海卫路

1906 年 4 月 11 日,董事会对威海卫路及其延伸事宜进行了相当详细的讨论,海菲先生的看法得到普遍的支持,他认为现在不能将该路从现在的终端继续向前延伸,将来也不能证明是公共事业所需要,应该放弃。会议还宣读胜业洋行关于该路延伸的抗议,A. W.梅特兰先生和其他地产主,也有同样的申请。工程师强烈反对批准延伸此路的申请。缪森先生认为,在此事件中如对私人利益让步可能会成为产生严重后果的先例,他还强调,这种做法对那些已购买计划造路的其他人是不公正的。会议举手表决,决定放弃该路工程,尽管缪森先生反对。①

4 月 18 日,会议宣读了董事们对放弃延伸该路的方式征求法律咨询的评论,董事会讨论关于放弃该路时,工部局应负的赔偿损失的法律责任。会议决定就如下问题征求法律顾问的意见：

（1）工部局是否有权放弃该路？

（2）这样做时它应负什么责任？

经德格雷先生建议,董事会决定要求其他开业律师发表意见补充法律顾问的意见。②

4 月 25 日会议宣读了法律顾问关于建议放弃该段延伸的意见,以及古柏先生 1904 年 1 月写给《字林西报》的意见,总董最早的意图是维持董事会原来的决议,并批驳可能会提出的赔偿要求。德格雷先生受到这种看法的影响,认为这样形成的先例,会对工部局产生不利的影响。董事会根据他的建议,格里生先生附议,最后决定采取与 1902 年马霍路案件相同的办法处理：允予放弃,即工部局应给予保证,在公众要求日益明显之前,不进行该项延伸工程。

6 月 13 日,董事会在讨论了重新提出放弃一段路的要求后,采纳了这一意见：给请求者复信,告诉他们,工邮局决不妨碍任何他们可能希望发展

① 《工部局董事会会议录》,第 16 册,1906 年 4 月 11 日,第 636 页。
② 《工部局董事会会议录》,第 16 册,1906 年 4 月 18 日,第 637 页。

他们产业的计划,将根据申请发放所需的建筑许可证。与此同时,计划中的道路仍在图纸中保留,但今后如果为了公众利益所需要,将会对要拆除的任何建筑物给以相应的赔偿。董事会注意到该段的西面部分有可能提早完成。①

到了1907年,该道路终于实现向西延伸至西摩路(Seymour Road,今陕西北路)。

另一段,位于赫德路(Hart Road,今武康)和哈同路(Hardoon Road,今铜仁路)之间因哈同地产的存在,无法连通。1907年10月23日,董事会一致赞同委员会对哈同先生建议的看法。哈同先生提出了一个总的权利要求的折衷方案,作为改变官方使这一段马路通过哈同花园计划的交换。会议决定向哈同先生传达众位董事的希望,即,对于正在协商中的各项问题,希望他根据每个问题的是非曲直来个别地加以处理。②

2. 马霍路延长(Mohawk Road,今黄陂北路)

这条道路为1887年工部局越界修筑的,是第三跑马场西南方向的一条连接静安寺路和英法租界的道路。

在1900年公共租界西区的地籍图上,马霍路有两条,一条是连接大沽路与静安寺路的南北向马路,另一条即大沽路,笔者认为绘图者标注错误,将马霍路与大沽路混淆。1903年地籍图,已经改过来了。大沽路,同治元年填浜筑路。1898年延筑至马霍路以西的重庆路,为公共租界西区的第40号马路。1900年马霍路仅修了靠近静安寺路的北段和靠近大沽路的南段,中间一段为土路,产权归私人所有。大沽路以南还是大片的农田。只有很少几块地产被洋商租去。

---

① 《工部局董事会会议录》,第16册,1906年6月13日,第645页。
② 《工部局董事会会议录》,第16册,1907年10月23日,第721页。

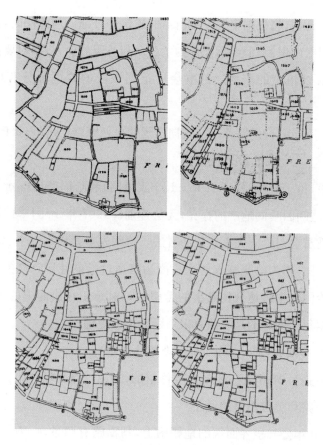

图 3-3-30　1900 年、1903 年、1907 年和 1911 年马霍路街区变迁

1902 年 3 月 20 日，莫里斯先生的地产总办宣称，他曾访问过莫里斯先生，他现在准备谈判，不仅关于马霍路第 39 号，而且还关于与他的地产邻接的其他地产，即第 18 和 40 号。工程师提交了一份要求莫里斯先生为延伸这些道路所必需出让的，总计 17 亩半的地产总面积粗略估算书，他提到莫里斯先生准备接受为延伸马霍路和第 39 号路而出让的地产，工部局出价每亩银 1500 两，但附带条件，即为延伸其他道路所要求出让的地产，每亩须付给他银 1000 两，他又订定，要求工部局须立即修复这几条道路。审议了该问题后，并注意到莫里斯先生口头宣称他对于这些道路的延伸，采取了明确

的立场，董事会便决定赞成接受他的建议，并授权总办对此事作出尽可能妥善的最终安排。[1]据说莫里斯先生正在为居住法租界的业主接治该路所需土地的出售问题。会议请泼兰的斯先生设法证实这种说法的可靠性，同时将采取步骤，以了解所需土地的售价。[2]

1904年1月13日，德格雷先生提出质疑，把公共基金花在延长大沽路与威海卫路之间的这一段马路是否适当。但董事会认为，这条道路是为了交通的便利，值得修筑。因此，董事决定批准这条道路，但征用土地的补偿费，每亩不得超过1000两。[3]

到1907年，马霍路向南延伸至大西路（即长浜），大西路以南仍未修筑。另外，这一时期修筑了一条连接大西路与静安寺路的重庆路（Chungqing Road）。还有一条东西向的马尼拉路，在1907年修筑了重庆路以东路段。因为这几条道路的修筑，该地区形成了三个街区。街区内部原来的农田，逐步被洋商租去，并立为道契。到了1911年，三个街区内地土地，几乎全部变为了道契册地，并被赋予地籍编号，农业用地开始转变为城市用地。但是因为征地问题未解决，马霍路的北段，直到1916年才完全贯通。

3. 同孚路（Yates Road，今石门一路）的修筑

同孚路，英文名，Yates Road，即晏摩太路，即以美国基督教传教士，曾任美国驻上海副领事的晏摩氏（Matthew Tyson Yates，1891—1988）命名。中文名又叫作晏摩氏路、燕子路、晏芝路、同孚路等，其修筑时间甚早。

1900年5月10日，会议提交了西曼先生来信，信中提出他准备为开辟道路出让土地的条件，这条列入计划中的道路将从静安寺路起穿过他的产业通往大西路。工部局同意西曼先生提出的建议，并计划把这条大街取名为同孚路。但是H·莫里斯先生提出抗议，反对用占取并延伸马霍路取得

---

① 《工部局董事会会议录》，第15册，1902年3月20日，第541页。
② 《工部局董事会会议录》，第15册，1904年1月13日，第638页。
③ 《工部局董事会会议录》，第14册，1901年8月8日，第597页。

计划中的新道路。①1901 年 4 月 4 日，关于同孚路延长，会上决定对法公董局建议的在延长后的终点处造一座桥梁的问题，作如下答复：一俟筑路的土地到手后，当即予以研究。

1901 年 8 月 8 日，董事会在工程师的一份报告中得悉，H·莫里斯先生和一位华人已表示愿为同孚路的延长无偿贡献土地，总计 5.5 亩，条件是要求原定的线路略为向西偏一些。董事会愿意接受这一建议，但有一个条件，就是不能使任何相邻的产业受到损害。②在 1903 年的地籍图上，该道路已贯通使用。

4. 成都路：第 17 号马路

成都路位于重庆路至同孚路之间，在当时的官方档案称为第 17 号马路。工部局计划路线是连接苏州河与大西路，为西区东部一条南北纵向的道路。这条道路是沿着寺浜东侧的一条小河浜的走向填筑的，属于填浜筑路。这条马路从开始修建，到全线贯通，前后经历了 20 余年的时间：(1)1900—1903 年，修筑新闸路至苏州河一段。在 1900 年地籍上没有这条路，但在各地产之间存在一条通道。工部局出台了成都路的修筑计划之后，这一路段的修筑较为顺利，成为最早修筑的路段；(2)1903—1907 年，修筑大西路至威海卫路以北一段，还有爱文义路至白克璐一段；(3)1916—1920 年，修筑爱文义路至新闸路一段；(4)1924—1930 年，修筑爱文义路至威海卫路以北路段。

在 1900—1910 年间，筑路较为曲折，且工部局用力最大的路段就是大西路至静安寺路之间的路段。在 1903 年成都路修筑之前，重庆路与同孚路于 1903 年之前已筑成。这两条马路与威海卫路组成了一个较大的街区。这一时期，正是该地区快速城市化时期，土地开发热火朝天。显然，这么大的一个街区是不利于土地开发的。在这个大街区中间迫切需要一条南北向

---

① 《工部局董事会会议录》，第 14 册，1900 年 5 月 10 日，第 541 页。
② 《工部局董事会会议录》，第 14 册，1901 年 8 月 8 日，第 597 页。

的道路,即成都路。这一路段的修筑较为顺利,修筑时间大致在 1903—1907 年。这条道路筑成后极大推动了这个街区的发展。

然后,工部局顺着威海卫路向北延伸至 Cad.1965 和 Cad.1995 时,遇到了很大麻烦。查 1907 年公共租界西区地籍册,这两块地产均属于"Hart, Robert(Sir), Bart., K. C. M. G.,"即晚清海关总税务司罗伯特·赫德及合伙人。因为赫德的反对,这段路线的修筑计划被迫停止。

1904 年 7 月 13 日,海关税务司以特权为借口,拒绝出让为延伸这条马路所需的海关任何部分的地产。会议一致同意决定,工部局现在不能依从霍布森先生的意见使这条路线改变方向,而且必须将此事交法律顾问处理,命他按照《土地章程》所授予的权限着手办理。[①]1904 年 7 月 27 日会议,会上宣读了法律顾问来信,他的意见是:海关税务司对延伸这条马路而强制他让出地产一事声称有"特权"而拒绝照办是没有道理的。为此董事会决定继续进行此事,并提出,要么将此一拥有特权的要求作为一个善意诉讼的内容向大英按察使衙门提出,要么如果对方放弃此项要求,就立即将此事提交地产委员会,由他们来决定补偿费的问题。[②]

图 3-3-31 1903—1907 年成都路的修筑

---

① 《工部局董事会会议录》,第 15 册,1904 年 7 月 13 日,第 669—670 页。
② 《工部局董事会会议录》,第 15 册,1904 年 7 月 27 日,第 671 页。

　　会上宣读了代表海关当局的担文律师事务所的复信,信内提到了工部局要取得那位税务司花园所在的一块地庄,并要求工部局接受威金生爵士对此事的仲裁。马歇儿先生指出了这一办法的缺点,那就是万一裁决不利,那就无法进行任何形式的上诉,而且像该税务司的这种自称拥有特权的说法也会成为有不利影响的先例。董事会一致赞成这个观点,并再次作出决定,要求通过向大英按察使司衙门进行友好(虽然是正式地)诉讼解决此事,由双方各自支付本身的诉讼费。①8 月 24 日,董事会得悉法律顾问今天来信的内容是关于如何采取步骤购买土地,使这条马路能通过海关税务司目前所占用的地皮。琼斯先生建议,首先应要求地产委员会研究此事,并决定应付的赔偿费。如果注册的地产业主赫德爵士不愿遵照地产委员会所作出的公断,工部局随后可在大英按察使署衙门对他提出起诉。总董发表意见说,工部局对此事的做法会遭到批评,因为依他看来,这条马路的安排不正当地干涉了私人的权益。但董事们对此有不同的看法。②

　　总董的意见是尽量避免诉诸法律,可以采用相互协商的方式解决。③他经过考察,认为可以选择另外一条不通过海关花园的备选路线,写这条路线将穿过斜桥,为东面的一条弄堂,他认为“这条可供选择的线路几乎对公众有着同等的效用,且比通过海关花园能较少侵犯私人权益”。④ 但是这条备选路线要经过太古洋行的地产,需征得该洋行的同意。经与太古洋行的赖特会谈,指出太古洋行的地产方面会受到少许损失,但在卫生方面会有好处。赖特同意将此事提交伦敦的上司们。1905 年 4 月 5 日,赖特先生已明确,太古洋行决不会贸然同意这条马路改道通过他们地产的建议。⑤

---

① 《工部局董事会会议录》,第 15 册,1904 年 8 月 17 日,第 674 页。
② 《工部局董事会会议录》,第 15 册,1904 年 8 月 24 日,第 676 页。
③ 《工部局董事会会议录》,第 15 册,1904 年 10 月 5 日,第 681 页。
④ 《工部局董事会会议录》,第 15 册,1904 年 10 月 12 日,第 682 页。
⑤ 《工部局董事会会议录》,第 16 册,1905 年 4 月 5 日,第 571 页。

通过海关花园的这条路线是与威海卫路相衔接的唯一可以利用的线路。如果发生法律诉讼，总董希望争取海关当局的同意，请他们作为诉讼一方出席英国领事法庭。①1905 年 1 月 25 日，会上提出了波特先生一封来信。他在信中说他已买进了一块在这条马路延伸部分的地皮，在海关地产以南，其条件是这条马路要按计划修筑，同时他说，如果这条马路不能完工。他要工部局负责他可能受到的损失。总董说，对于这一点，哈同先生已经通知他说，好博逊先生和他本人交换地皮的谈判在顺利进行，他希望不久以后就能解决这事。②董事会得悉，毗邻好博逊先生住所的华人地产业主已表示愿意交换所要求的地皮，并将就此事提出一份书面保证。会议决定将此建议及时转变海关税务司，并附去一平面图，请海关税务司正式接受。③

1905 年 3 月 8 日会上宣读了海关税务司 2 月 28 日来信。董事会从该信件中得悉，好博逊先生仍坚持其意见，即应选择另一条路线，并且表示罗伯特·赫德爵士不大可能同意让出那块地皮，以供建筑目前所规划的那条道路。总董说，他曾为此事拜访过好博逊先生，并希望他们宽大为怀地处理这一问题，因为如果此问题引起诉讼，则本埠行政管理方面的整个问题都可能牵涉进去，后果是不利的。好博逊和总董说，他从未打算向占主税务司建议把规划中的道路让出来。④总董建议，代表太古洋行的麦凯先生应该当面和好博逊先生讨论此问题，以便如果可能的话，求得一项友好的解决办法。董事会在经过研究和讨论以后决定此事应继续进行，同时必须坚持《土地章程》赋予工部局的权利。因此会议决定答复好博逊先生，向他明确工部局的意圈，同时接受他所提出的关于在归还房屋和修造涵洞等方面给予海关赔偿费的条件。⑤

① 《工部局董事会会议录》，第 15 册，1904 年 10 月 19 日，第 682—683 页。
② 《工部局董事会会议录》，第 16 册，1905 年 1 月 5 日，第 555 页。
③ 《工部局董事会会议录》，第 16 册，1905 年 2 月 15 日，第 560 页。
④ 《工部局董事会会议录》，第 16 册，1905 年 3 月 15 日，第 566 页。
⑤ 《工部局董事会会议录》，第 16 册，1905 年 3 月 8 日，第 565 页。

　　4月5日会上宣读了海关税务司的一封来信,罗伯特·赫德爵士要求工部局让道台取消他在地契上的签注,即关于该地产西边的苏州河的保管问题。会议决定:为达到这一目的,要向意大利总领事提出申请,理由是他的地契上也有类似签注。①针对此事,董事会决定与意大利领事馆和美国领事馆商谈。同时回复海关,工部局计划中的施工,即筑路铺设涵洞,将改善河水的流动,并使该地区变得更加卫生清洁。②

　　1906年1月23日,美国总领事来函转交道台12月11日就填平河浜以延伸道路建议的复信。道台在复信中认为,由于建造该路要损坏海关税务司的房地产,因此不宜进行此项工程。经总董应议,董事会同意,如果海关税务司愿撤回其特殊待遇以及豁免根据《土地章程》规定义务,董事会决定暂缓建造该路,直至为公众利益所必需时,再行建造,董事会指示总办与好博逊先生交涉此事。③1月31日,经讨论后,已获悉不可能劝使好博逊先生放弃他要求对中国政府房地产给以特殊待遇的主张,因此,董事会决定目前暂缓讨论此事。如果下届董事会愿考虑将该路路线偏西沿着毗邻太古洋行房地产的私路路线向前延伸的建议,总董答应在会见太古洋行大班时尽量劝说他批准这一办法。④

　　实际上,这一小段的道路因为赫德地产的存在,一直没有修筑。1911年赫德去世,他在西区的两块地产,Cad.1965 和 Cad.1995,共计 13.223 亩土地,总值 89472.5 两卖给了美商"F. A. Aglen"。但工部局并未抓住机会延长道路,到了 1920 年还没有实现筑路。笔者查 1930 年地籍图,这条路线才实现南北贯通。1930 年地籍册上显示,业主是"Shanghai Municipal Council Chengtu Road Police Barracks Site",即工部局巡捕房兵舍,也就是说,这块

①　《工部局董事会会议录》,第 16 册,1905 年 4 月 5 日,第 578 页。
②　《工部局董事会会议录》,第 16 册,1905 年 5 月 17 日,第 580 页。
③　《工部局董事会会议录》,第 16 册,1906 年 1 月 23 日,第 621—622 页。
④　《工部局董事会会议录》,第 16 册,1906 年 1 月 31 日,第 622 页。

土地最终为工部局购买后,才实现了这一路段的修筑。

5. 西摩路延伸

西摩路,Seymour Road,位于同孚路以西,哈同公园的东侧。工部局对这条道路早有规划,但在1903年西区地籍图上,这条马路还不存在,说明在1903年之后修筑。

1904年5月11日会议透露了一些信息,主要是部分人的反对推迟了这条道路的修筑。据这次会议的总董声称,托恪先生就有关地产委员会对他的案子作出裁定之事已去见过他。总董认为,如有可能,要让托恪先生再次出席地产委员会以说明他的案情,借以避免诉讼。看来他的代表最近在该委员会会议上介绍他的案情似嫌不够详细。会上宣读了法律顾问的意见书,他在意见书中建议,如果托恪先生最后拒绝出席地产委员会会议,工部局应偿还他所裁定的数额,并通知他说,这条道路是要修建的,如果他继续拒绝出让土地,则将要求英国领事馆按《土地章程》第6款甲强制执行裁定。董事们同意总董的建议,即他将努力说服托恪先生再把他的案子呈交地产委员会。①

在1907年地籍图上,这条道路已经完全贯通了。与此同时,威海卫路,也延长至西摩路。这两条道路的修筑,彻底改变了这里的环境。在道路修筑之前,这里有一条东西向的河流和一条南北向的河流,南北向的河流,即西区最大的东芦浦。对比1903年和1907年两个年份的地籍图可见,西摩路就是填筑了东芦浦而修筑,而威海卫路,也是填筑这条东西向的河流而修筑的。南面,租界的边界,即北长浜,也沿浜修筑了一条道路,称大西路(今延安西路)。如此一来,由静安寺路、西摩路、大西路和威海卫路,就组成了两个大的街区。推动了这一地区的开发。

---

① 《工部局董事会会议录》,第15册,1904年5月11日,第658页。

图 3-3-32　1903 年和 1907 年地籍图上的威海卫路和西摩路

6. 哈同路

工程师递交的一份报告指出哈同先生称在新路线上仅有一小段道路尚未购得，实属错误。看来在新路线上有两处缺口，其全部面积为 1.437 亩。根据协议，在新道路筑成以前，现有的哈同路尚不能封闭。董事会同意哈同先生的口头请求，即将已购到的土地进行平整并填高，而所需的排水管将在涌泉浜通过此路线的地方，进行埋放。整个工程将按照原定的由哈同先生负责其费用。①

此外，会议还宣读了与哈同先生就该马路回归路线被封闭问题的来往信件，董事会认为他无疑已超过新近批准给他的范围。爱士拉先生指出，哈同先生宣称他现在所建造的栅栏和围墙是经过许可的，但这一许可当然不会允许像现在已经做的那样堵住静安寺路到哈同路的入口。另一方面，哈同先生给行人留出了通行之地，他提到的工部局布告中"该路不适宜于车辆通行"一段话，看来是对他有利的一点。经进一步讨论，根据哈爱特先生的意见，会议决定，就此事再次致函哈同先生说明前意，并且决定采取一切可能措施迅速开辟新路线。②

7. 静安寺路和愚园路延伸

1909 年 5 月 25 日,董事会已再次考虑汇昌公司提出的转让静安寺路后面的几条道路的建议。在以同意填高和修筑这几条道路用碎石铺设一条 12 英尺狭长地带作为土地无偿转让的条件的基础上,工部局赞同继续谈判。关于静安寺路和愚园路直线延长中可能会遇到的困难,工部局无法答应在任何规定期间内设法取得所需的静安寺镇的土地和乔其旅馆地产的那一狭长土地。①

8. 延长新闸路

1903 年 1 月 22 日会议注意到新沙逊祥行已对工务委员会委托完成这条马路所需时间放长了一个月。工部局已发出指示:董贵生先生地产上的一些建筑物必须立即拆掉,以便在这段时间截止前筑好此路。②1908 年 6 月 3 日,由于会议决定把完成这条马路进一步延伸的问题继续搁置起来,因此董事会关于把《土地章程》第 6 款丙的精神施用于某些问题上的意图遭挫。有人指出,这样,该《土地章程》现已形同虚设。③

除了本区道路之外,这一时期,工部局仍不遗余力地推动界外路的修筑。本时段主要涉及阿拉白司脱路、开封路、延伸梅白格路。1907 年 10 月 23 日,关于延伸阿拉白司脱路。会议进行长时间的讨论,工务委员会的委员们一致认为,即所规划的经费开支不应批准,因为在租界内还有那么多新马路的修建工程尚待进行。伯基尔先生认为,为了避免今后为放宽本地的那些小弄而花费巨大的开支,有必要制订一个关于所有界外马路的预先政策。可是经过举手表决,会议决定拒绝接受所提出的放弃的建议。④1907 年 9 月 25 日会议接着讨论工部局关于将这些马路延长到租界范围以外的问

---

① 《工部局董事会会议录》,第 17 册,1909 年 5 月 25 日,第 612 页。
② 《工部局董事会会议录》,第 15 册,1903 年 1 月 22 日,第 585 页。
③ 《工部局董事会会议录》,第 17 册,1908 年 6 月 3 日,第 555 页。
④ 《工部局董事会会议录》,第 16 册,1907 年 10 月 23 日,第 720—721 页。

题。董事们一致认为,假如可免费获得所需的地皮,或者能商定的最有利的价钱,可考虑修筑。①

1908 年 9 月 9 日,会议收到了领袖领事来信,信内转来了道台的一份声明书,内容是关于为延伸梅白格马路所需的属于在沪公所公墓的一长条地皮的问题,对于赔款还有疑问。会议决定,所同意的款项 2220 两现暂予扣留,以待中国政府就此事作出决定。②9 月 23 日,工程师提交了两个水炉公所成员的一封来信,工部局就有关此路所需的基地地皮问题正在与该公所进行谈判。来信指出,把掘出的棺材暴露在外不能令人满意,这会触怒当地华人。董事会对此深表同情,并核准从赔款中付款 1000 两银来购买一块可供选择的埋葬棺材的地皮。③1909 年 2 月 3 日会上宣读了工程师和捕房督察长关于中国巡警干预在界外阿拉白司脱路筑路,并且搬走了工部局的筑路石料的事宜。考虑到该地段属外国人所有,并已交给工部局筑路。因此,董事会决定提请领事团注意,要求通知中国当局停止这类性质的寻衅行径。④

9. 爱文义路延长

爱文义路,为 1900—1903 年由工部局修筑的位于新闸路与静安寺路之间的一条东西向道路。1902 年 4 月 24 日董事会赞成工务委员会根据工程师关于此事的报告所采取的措施,并批准立付银 4608 两给上海业广公司,以供购买位于该路延长线上泰俊杰所有的 2.208 亩的地产。⑤在 1903 年地籍图上,爱文义路,东起派克路(Papk Road),西至新闸路。已全线贯通。

(二)新闸路以北至苏州河之间的北部地区

这一地区在 1899 年并入租界时,大部分还是农田,只有麦根路、戈登

---

① 《工部局董事会会议录》,第 16 册,1907 年 9 月 25 日,第 716 页。
② 《工部局董事会会议录》,第 17 册,1908 年 9 月 9 日,第 569 页。
③ 《工部局董事会会议录》,第 17 册,1908 年 9 月 23 日,第 571 页。
④ 《工部局董事会会议录》,第 17 册,1909 年 2 月 3 日,第 591 页。
⑤ 《工部局董事会会议录》,第 15 册,1902 年 4 月 24 日,第 547 页。

路、极司菲尔路等 3 条越界筑路。到了 1911 年,这一地区已形成了 3 纵 5 横的较为密集的道路网络。这些道路的修筑,极大推进了这一地区的城市化进程。

1. 戈登路(Gordon Road)

早在 1900 年之前,戈登路就存在其中的一段。从 1900 年西区地籍图上看,从麦根路向北,沿着戈登路,再至劳勃生路,这一段称戈登路。1900 年之后,这条道路开始向北和向南延伸,而原来称戈登路的一段,改名劳勃生路。

1900 年 8 月 2 日,提交了工程师关于建造这条道路进展情况报告,他建议花费 5000 两白银延长这条道路到极司菲尔路,他的这一建议经过讨论后获得批准。①工部局还雇用了 300 个没有工作的苦力进行修路。

在 1903 年地籍图上,戈登路已南至静安寺路,北达苏州河。成为本区最早贯通的南北向干道,也是连接苏州河叉袋角与静安寺路的重要通道,对于促进这一地区的开发具有重要意义。

2. 胶州路(Kiaochow Road)

1900 年 7 月,这条马路被工部局定名为西区第 1 号马路,1903 年 1 月 8 日会议,改名为胶州路。②在 1900 年地籍图上,还看不到这条马路。在 1903 年地籍图上,这条马路已贯通。成为连接愚园路与劳勃生路的一条南北向干道,也是继戈登路之后第二条南北纵向贯通的干道,对于促进西区北部的开发意义非凡。

3. 延伸(西)6 号马路:小沙渡路(今西康路)

在今江宁路以西至药水弄一带,有几个凹凸的河曲,河岸滩地遍布,这一带称"小沙"。后设有渡口,称"小沙渡",渡口在今西康路桥处。据民国《法华乡志》:"小沙渡,在沙袋角西。有市。"光绪三十三年(1907 年),江苏

---

① 《工部局董事会会议录》,第 14 册,1900 年 8 月 2 日,第 556 页。
② 《工部局董事会会议录》,第 15 册,1903 年 1 月 8 日,第 582 页。

药水厂迁往小沙渡路,人们改称石灰窑一带为药水弄。

早在 1901 年,一位名叫计细的洋人给工部局写信,准备接受 350 两的代价,出售规划路线内的土地。工部局董事会宣布接受这项条件。①

1903 年 8 月 12 日,会上详细地讨论了哈同先生提出的关于要求放弃静安寺路以南这条马路部分地段的申请。董事们最后决定:哈同先生要求放弃部分路段,但未很好说明原因,特别是这条马路是通过这个地区的主要干线。②

1905 年 11 月 15 日会上提出了英商业广有限公司的一封信,信内提出了某些建议,要求在静安寺路和爱文义路之间打通这条马路。但出让地皮的条件,董事会不能接受。经过考虑,同时根据缪森先生的意见,通过了一项建议,即由该公司无偿出让所需要的地皮,而工部局作为报答,将修建这条马路的 12 英尺狭长地带,并铺设碎石,同时修建一条新的 40 英尺的交叉路和第 4 号延伸部分连接起来,然后将第 4 号延伸部分和爱文义路连接起来。③12 月 13 日,工程师报告指出,关于延伸这条马路所需的 8.3 亩地皮的费用为白银 5500 两。④1907 年 6 月 19 日,就缪森先生与哈同先生会谈的结果,董事会得知,即使董事会决定坚持预定计划的手续,也就是说,将这条马路仍旧列入延伸和拓宽的正式计划中,哈同先生还是准备对所提的这个项目进行安排。如果事实证明是这样的话,将准备互通非正式的信件以征求工务委员会批准。⑤

4. 罗别根路(Robison Road,或译为劳勃生路,今长寿路)

劳勃生路是公共租界西区北部的一条重要道路。1901 年 4 月 4 日,在讨论目前正在进行的购置这两条路(另外一条是虹桥路)的土地的洽谈时,

---

① 《工部局董事会会议录》,第 14 册,1901 年 9 月 5 日,第 600 页。
② 《工部局董事会会议录》,第 15 册,1903 年 8 月 12 日,第 616 页。
③ 《工部局董事会会议录》,第 16 册,1905 年 11 月 15 日,第 605 页。
④ 《工部局董事会会议录》,第 16 册,1905 年 12 月 13 日,第 610 页。
⑤ 《工部局董事会会议录》,第 16 册,1907 年 6 月 19 日,第 702 页。

罗达先生提出,需要在沿线的适当地段额外购买几块地皮,以备最后供作仓库、车站等之用。董事们一致赞同这项建议,并且指示工程师采取措施实现这项计划。[①]1903 年,这条道路东起戈登路,西至胶州路。戈登路以西路段并未修筑。1907—19011 年间,此路东段得以延伸。至 1911 年,该道路东西段全线通车。

5. 康脑脱路(Connaught road,今康定路)

这条东西向道路自麦根路至胶州路,由上海公共租界工部局修筑于1906 年,得名于英国驻华公使爱德华七世的兄弟之名。

6. 赫德路(Hart Road)

赫德路,以原英籍海关总税务司罗伯特·赫德命名。在 1903 年地籍图上,这条道路并未修筑,1907 年,自新闸路至大西路之间的路段修筑完成。其中北段实际上是新闸路的一段南北向的路段。

7. 海防路

连接小沙渡路与戈登路的一条东西向道路,有文献称该路修筑于 1914年,实则不然。在 1911 年地籍图上,该道路已存在,说明海防路修筑时间不晚于 1911 年。

8. 苏州路

苏州路,是指沿着苏州河修筑的马路。

1901 年 1 月 10 日,工程师从财务角度,提出应把这条马路延长到租界边缘。泼兰的斯先生认为,把马路筑在离苏州河有一段距离的地方,以便向路两边的房屋征收房捐,这比董事会所采取的沿河筑路计划更好。然而董事们维持他们原来的决定一旦时机到来,将于租界河道的两岸边筑干道。

至于阿尔格先生提出的筑路要求,会议决定向苏州河上源船坞东面的地产主买下一块地皮,只要足够建成半条从麦根路到苏州河的通道就行了,

---

① 《工部局董事会会议录》,第 14 册,1901 年 4 月 4 日,第 585 页。

而且还要设法规定不能在离岸边 40 英尺之内建造房屋。董事会认为,当前还不能承担在这条荒僻马路上筑堤岸的任务。①4 月 4 日会议,董事会在讨论关于安布罗斯先生申请的在第 567 号册地地段上筑路的问题时,重申了延长该路线的意向。关于西藏路与浙江路之间的那段路,董事会指示应向沿岸的土地业主提出要求。至于安布罗斯先生提出的征地价格问题,会议决定提交委员会之前,先得确证业主是否准备接受上次公函中所提的价格,即每亩 6800 两,出售一条 20 英尺宽的土地。②

在 1903 年地籍图上,公共租界西区的苏州河段尚未有任何道路。沿岸的地产归各地产主所有。

1905 年 6 月 7 日会议接着对这条马路沿煤气厂临河空地这一段延伸部分的问题进行了一些时间的讨论,并一致认为该公司有权在这个问题上得到一个最终解决的办法,也就是说,或者工部局明确承担修建这条马路,或者放弃这一段的延伸规划。此事将由该委员会作进一步研究。③

1906 年 10 月 17 日董事会批准接受 J. H.蒂斯代尔先生对因延伸宜昌路和西苏州路这两条路所需的英领册地 3285 号整块册地每亩 600 两白银的索价。④

到了 1907 年,在苏州河叉袋角的位置,修筑了一条沿岸的马路。但在 1907 年地籍图上还没有标注路名。到了 1916 年这条马路才继续沿苏州河修筑,但是仍未超出叉袋角的位置。

六、地价变动

1900—1910 年为该地区地价迅速上涨期。1899 年,该地区正式纳入租

---

① 《工部局董事会会议录》,第 14 册,1901 年 1 月 10 日,第 576 页。
② 《工部局董事会会议录》,第 14 册,1901 年 4 月 4 日,第 585 页。
③ 《工部局董事会会议录》,第 16 册,1905 年 6 月 7 日,第 584 页。
④ 《工部局董事会会议录》,第 16 册,1906 年 10 月 17 日,第 664 页。

界范畴,成为工部局重点开发的地区。工部局投入大量的财力物力,筑路、造桥,改善基础设施,推动该地区的发展。加上人口激增,土地市场异常火爆,促使土地价格在 10 年间上涨了 1.9 倍。

从空间结构上看,地价呈现东高西低的特征,也就是距离城市越近,距离越高。1900 年该地区的静安寺路、新闸路和苏州河滨岸为土地较高的三个地带。之后,1907 年,新闸路以南的地区,地价超 3000 两/亩,明显高于新闸路以西和以北的地区。北部西部地区是城市化较为落后的地区,地价最低,但也有地价增长较为明显的地块:苏州河南岸,因居住和工厂增多,地价上涨;戈登路(今江宁路),南起静安寺路,北至苏州河,1900 年修筑,建成后带动了道路两边土地的开发,地价上涨显著。

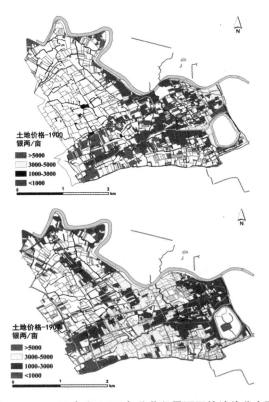

图 3-3-33　1900 年和 1907 年公共租界西区的地价分布图

地价上涨是非常明显的:若将地价分为 5 个等级,其中 5000 两/亩的土地,仅限于第三跑马场的北部,到了 1907 年,这个水平的地价的空间范围,扩展至静安寺路中段至卡德路,北部苏州河南岸,5000 两/亩的土地向西延伸至成都路。3000—5000 亩的土地,1900 年仅限于成都路以东的区域,到 1907 年,3000—5000 两/亩的土地范围扩展到静安寺路西端,而苏州河沿岸的地价,从不足 1000 两/亩,上涨至 1000—3000 两/亩;戈登路的土地价格,从每亩地价几十两,上涨至 1000 两/亩以上。

第四节　1911—1920 年西区地籍图册与城市变迁

1911 年之后的十年土地交易呈现小幅的波动,特别是一战期间的 1916 年,地籍册中登记的业主数比 1911 年明显减少,登记的土地面积减少了 5.38%。1920 年地籍登记的土地又有了新的增长,但未超过 1911 年的水平。据十年海关报告,这十年的历史大致如下:"开始是第一次世界大战猝然中断了上海贸易的稳步发展;接着是上海在一个较低的水平上开始新的起步;再是在大战带来的许多意外的混乱情况下,上海仍然呈现一派繁荣景象;然后是停战后头两年的极度'繁荣';最后是在世界普遍不景气情况下的衰退。上海一直紧随着遍及全球每个角落的现代世界经济的消长盛衰而上下起伏。"[①]

1917 年 10 月 11 日,讨论并通过 10 月 8 日警备委员会会议记录,关于中国战时措施。总董宣读了英国总领事的一封来信,总领事在信中指出,自中国宣战以来,德、奥侨民的身份已经改变,租界的地位并未受到影响,它的权利和特权仍一如既往,发放执照允许在租界内进行商业活动的权力仍只属于租界当局,如果让租界外当局冒充有决定任何居民是否应在租界内进

---

① 裴式楷等:《上海近代社会经济发展概况(1882—1931)——海关十年报告译编》,徐雪筠等译,上海社会科学院出版社 1985 年版,第 177 页。

行商业活动的权力,这对租界当局来说将至关重要,因此,若是在德奥侨民处于目前状况下这样做,那等于承认中国当局将来有权管理华人居民的商业,这将涉及干涉租界的管辖权。但他还是建议,如果领袖领事提出这种要求,工部局可提供一份在租界内敌国商业的注解名单,并可考虑将商业中的一部分或全部关闭或置于监督控制之下的申请。[①]也就是说,租界当局尽量减少战争对租界的影响。

该地区的道契宗地数量的增加是土地开发的重要反映,也是城市空间扩展的一种反映。1910 年,该地区宗地数量为 1433 宗,而 1920 年增至1688 宗,增加了 17.79％。单宗土地的面积,从 1910 年每亩平均 4.97 亩,1920 年平均每亩减至 4.07 亩,减少了 18.1％。单宗土地面积的减少。一方面因筑路或拓宽马路征地而导致的地产减少,其余情况为土地分割再售现象,这是城市化发展的重要反映。

表 3-4-1　1911—1920 年公共租界西区地籍册土地统计一览表　　面积:亩

时间	宗地数	土地面积	业主数	平均宗地面积	总面积增长率％
1911	1433	7121.393	359	4.970	
1916	1618	6738.5	314	4.16	−5.38％
1920	1688	6862.637	316	4.07	＋1.8％

资料来源:Shanghai Municipal Council, *Land Assessment Schedule*, 1911, 1916, and 1920。

下文以 1916 年、1920 年二年的公共租界西区土地估价表,讨论该地区在这十年间土地占有情况的演变:

一、1916 年西区土地估价、地籍图册及主要内容

(一) 土地占有情况

笔者对 1916 年公共租界西区土地估价表进行整理后,得出以下几点认识:

---

① 《工部局董事会会议录》,第 20 册,1917 年 10 月 11 日,第 649 页。

1916 年公共租界西区土地评估表中有 1617 宗地产,比 1911 年多了 184 宗,但总面积 6738.5 亩,比 1911 年少了 382.893 亩。这是自 1900 年以来,该地区的纳税土地总额首次出现负增长。各领事馆登记情况如下:英国领事馆:1417 宗,美国领事馆:119 宗,德国领事馆:26 宗,法国领事馆:6 宗,日本领事馆 18 宗,意大利领事馆 14 宗,西班牙领事馆:2 宗,比利时领事馆:5 宗,澳大利亚领事馆 5 宗,挪威领事馆:1 宗。俄罗斯领事馆:1 宗。

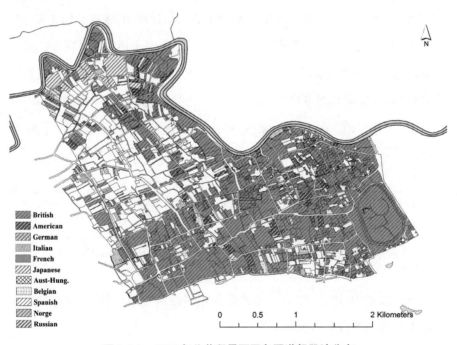

British
American
German
Italian
French
Japanese
Aust-Hung.
Belgian
Spanish
Norge
Russian

0   0.5   1   2 Kilometers

图 3-4-1　1916 年公共租界西区各国道契册地分布

共有业主 314 个,比 1911 年少了 44 个。其中 20 亩以上的地产主有 69 个,计有 5378.431 亩土地,比 1911 年少了 268.5297 亩,占该区所有纳税土地的 79.82%,比 1911 年略有增长。其中百亩以上的地产主有 14 人,计有 3112.806 亩土地,比 1911 年少了 533.43 亩土地,占该区所有土地的 46.19%,

比 1911 年减少 5.01%。

其中,1911 年高居榜首的置业揭银公司,昙花一现,1916 年仅剩余 13.329 亩土地。新出现的百亩以上大地产商是日本的上海内外绵会社,在 1911 年仅有 43.846 亩土地,而 1916 年在该区的地产已超 200 亩,可见其购地之多。其他百亩大地产商中,以业广公司的地产增幅最大,比 1911 年增加了 157.344 亩。"H. Lester(雷士德)"地产增长 114.037,其他如英商通和有限公司、哈华托、哈同、新瑞和等 1911 年时的百亩地产商,在 1916 年地产总量均有不同程度的增长。此外,50—100 亩的地产商 15 人,20—50 亩的地产商 40 人,与 1911 年相比,变化不大。

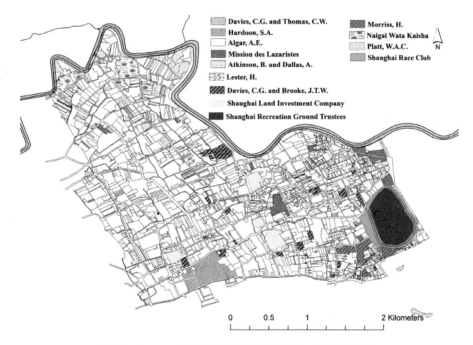

图 3-4-2　1916 年公共租界西区百亩以上大地产商分布

10—20 亩的土地业主人数 45 人,占有土地 600.168,699.415 亩土地,比 1911 年减少了 99.247 亩。

10 亩以下的地产主人数 200 人，比 1911 年减少 37 人，总占有土地 759.901 亩，比 1911 年相差不多，人均占有土地 3.79 亩，比 1911 年多了 0.52 亩。

表 3-4-2　1916 年公共租界西区超 20 亩的土地统计表　　单位:亩

业　　主	面　积	业　　主	面　积
Shanghai Recreation Ground Trustees	430	Crédit Foncier d'Extrême-Orient 义品放款银行	80.894
Atkinson, B. and Dallas, A.英商通和有限公司	392.99	Aglen, F. A.	75.32
Shanghai Land Investment Company 业广	288.96	China Mutual Life Insurance Company	70.054
Lester, H.德和	255.5	McBain, C. M.(Mrs.)	69.925
Algar, A. E.爱尔德	252.45	Ezra, E. I.	69.55
Hardoon, S. A.哈同	220.6	Oriental Land Company	67.651
Naigai Wata Kaisha 上海内外棉株式会社	203.75	Drummond, W. V.(estate)	61.423
Davies, C. G. and Brooke, J. T. W.新瑞和	190.55	Brandt, W.	61.005
Shanghai Municipal Council	188.96	Country Club	60.794
Platt, W. A. C.	175.75	Nippon Menkwa Kabushiki Kaisha	56.094
Shanghai Race Club	139.43	Algar and Company	51.649
Mission des Lazaristes	135.39	Abraham, D. E. J.	49.607
Morriss, H.	124.52	Platt, W. A. C., Macleod R. N. and Wilson, A. S.	44.962
Davies, C. G. and Thomas, C. W.	113.96	Moorhead, R. B.	42.23
McNeill, D. and Jones, L. E. P.	97.651	China Realty Company	40.907
Jardine, Matheson and Company	93.514	Prices(China) Limited	39.257
Moorhead, R. B. and Halse, S. J.	92.553	Seaman, A. Y.(Mrs.)	38.615
Hongkong and Shanghai Banking Corporation	86.986	Moller, N. A.(Mrs.)	37.032

续 表

业 主	面 积	业 主	面 积
Denham, J. E.	35.994	Dowdall, C. and Hanson, J. C.	26.013
Teesdale, J. H.	33.236	Canning, S. (Mrs.)	25.683
Clarke, B. A.	33.009	Snethlage, L. (Mrs.) (estate)	25.169
Castrillo, G. (Rev.)	32.83	Shanghai Gas Company	24.751
Dudgeon, C. J. (Sir) and Morriss, H.	31.323	Burkill, K. (Mrs.)	24.159
West End Estates	30.965	International Banking Corporation	23.892
Campbell, R. M. (estate)	30.781	Browett, H.	23.687
Rayner, C.	29.729	Sassoon, J. E. (Sir)	23.626
McNeill, D.	29.377	Denegri, N. M. (Mrs.)	23.583
Twentyman, J. R.	29.044	Yangtsze Insurance Association	23.073
Mission Etrangeres	28.417	Morriss, H. E.	22.817
Davies, C. G.	27.57	Sassoon, E. E. and M. E.	21.982
Shanghai Electric Construction Company	27.505	Hanson, J. C., McNeill, D. and Jones, L. E. P.	21.323
Algar, A. E. and Beesley, P. M.	26.948	Platt, W. A. C., Macleod R. N.	20.804
Shanghai Horse Bazaar Company	26.787	Potts, G. H.	20.62
McNeill, D. and Wright, G. H.	26.436	Wilson, G. L.	20.613
Parker, R. H.	26.206		

资料来源:Shanghai Municipal Council, *Land Assessment Schedule*, *Western District*, *1916*。

从空间分布上看,百亩以上的大地产商,其地产分布比前一时期明显扩展,并具有一定的集聚性特征。城市内部以分散性分布为主,而城市郊区,呈现集聚性特征,往往由多块地产聚集在一起,且面积远大于市区。比如哈同,继续以静安寺东面的地产为中心,进一步吞并周边的土地。上海业广地产公司主要位于卡德路、静安寺路和新闸路的交汇处。雷士德的地产主要位于爱

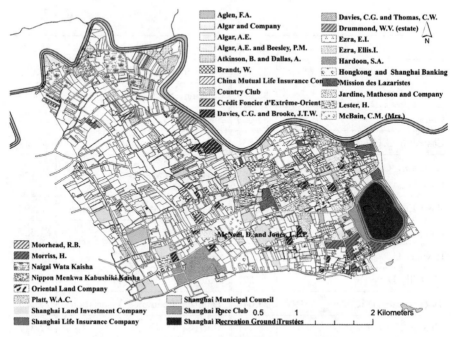

图 3-4-3　1916 年公共租界西区超 50 亩大地产商分布

文义路。通和行的地产,主要是沿着苏州河南岸分布,其中有三块较大的地产,两块位于叉袋角,还有一块位于寺浜以东的苏州河南岸。遣使会的地产,主要位于泥城浜北段,靠近苏州河、新闸路的地方。新瑞和洋行的地产较为分散,但最大的一块地产位于苏州河西岸,靠近麦根路(Markham Road)。

苏州河南岸的叉袋角一带,因为日商企业的入驻,打破了之前的乡村宁静,步入了城工业化的进程。其中内外棉株式会社(Naigai Wata Kaisha)购地最多,在 1911 年,占有 1 块地产,共计 43.846,土地估价每亩 1200 两。之后在 1911—1916 年短短 4 年时间里,内外棉会社,共占有 9 宗地产 203.751亩土地。土地估价每亩 700—2200 两/亩,土地总值为 342958 两。根据《上海道契》中的日册记载,1910—1912 年,内外棉会社以村龟为代理,先后向英商派克、哈华托、爱尔德以及当地华人业主购地 99.797 亩土地,详见下表。其中日册 J. C. 124,125,128,139,161,175,构成 Cad.4985,位于二

表 3-4-3　1910—1912 年日本内外棉株式会社拥有道契汇总表

单位：亩

日册	租　户	原业主	立契时间	位　置	面　积	备　注
124	村龟	派克	宣统元年	二十七保北十二图土名小沙渡	2.628	丈见实地 2.589 亩
125	村龟	派克	宣统元年	二十七保北十二图德字圩土名小沙渡	24.507	丈见实地 24.61 亩，该契内沿吴淞港岸有工部局开马路一条
126	日本棉花株式会社	英人哈华托	宣统元年	二十七保南十二图圣子圩土名石家滩	21.077	丈见实地 20.622 亩
128	内外棉株式会社	升科	宣统元年	二十七保北十二图德字圩土名小沙渡	5	
135	内外棉株式会社代理村龟	陆张秀、蔡亦山、叶信卿、沈子卿	宣统二年	二十七保北十二图德字圩	23.327	丈见实地 23.609 亩，北面之浜虽系单内之地，应归人契，不得阻塞
139	内外棉株式会社	沈妙根、王彩堂、王顺堂、张陆氏、沈福山、陆秋岩	宣统元年	二十七保北十二图德字圩土名小沙渡	16.768	丈见实地 15.957 亩
151	内外棉株式会社	爱尔德	明治四十五年三月二十五日	二十七保北十二图德字圩土名婆浦口	6.49	本契地划出 0.159 亩让给工部局筑路，后又划出 0.232 亩于工部局筑路

资料来源：《上海道契》，卷 30，日本册。

十七保北十二图土名小沙渡。另有 Cad.4709,包括了日册 162,174,183, 184,197 五份道契,面积 91.594 亩,土地估价 2200 亩。还有日本棉花会社,1911 年仅有一份地产 20.713 亩,土地价格 1200 亩。到了 1916 年,该公司在西区占有 3 份,56.094 亩,地价 800—1700 两,总价值为 64399 两。

这一时期为一战爆发前和战争初期,上海已经感受到了第一次世界大战的影响,但不应夸大。1911—1916 年,相比前一时期,土地市场略有起色。特别是民族企业的兴起,给当地人带来了希望。1911—1916 年,公共租界西区的新增道契 324 份,共计 616.118 亩土地,无论是道契数量,还是土地面积,均超过前四年。其中最大的单块地产面积为 18085 亩,最小面积为 0.022 亩,平均面积为 1.90 亩。新增册地土地估价,最大为 13000 两,最小为 400 两,平均土地估价为 3879 亩。新增道契册地,主要分布在苏州河南岸叉袋角一带、小沙渡、石家滩等,麦根路南段,爱文义路、新闸路和静安寺路东段,威海卫路东段等地区。增长最显著的是西区的西部和北部一带,如图 3-4-4。

▨ 1911年道契册地
■ 1911-1916年新增道契册地

0   0.5   1   2 Kilometers

图 3-4-4 1911—1916 年西区新增道契册地分布图

这一时期的土地市场情况,还可以从土地形态的变化中得到反映。以同一地籍编号的地产的 1911—1916 年两个年份的变化,看西区土地空间形态的变迁:

(1)土地分割。据统计,1911—1916 年同一地籍编号的地产发生土地面积减少的,共 149 份,其中土地面积超过 1 亩的共有 71 份。这一时期的土地分割主要发生在静安寺路以南、新闸路以及苏州河沿岸。

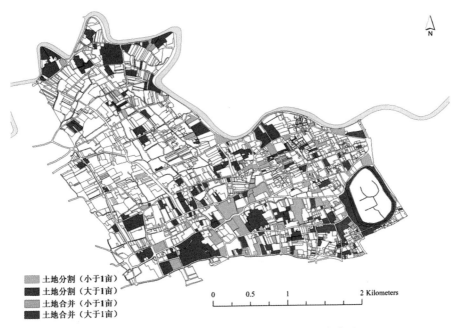

图 3-4-5 1911—1916 年西区的土地空间形态变迁

土地分割主要发生在新筑路的附近一带,这是由于新筑道路推动了土地开发。以新加坡路为例,1911—1916 年间,该道路向西延伸,这条道路成为连接界外路与西区的一条重要通道,从而吸引了大量的洋商在这里购地。1911 年仅有 Cad. 6106 和 Cad. 6108 两宗道契册地。到了 1916 年,道路两侧的道契册地增至 9 份,原有的农田被重新分割销售,变为了道契册地。

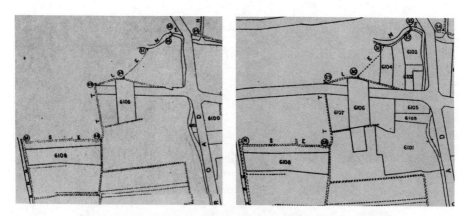

图 3-4-6　1911—1916 年新加坡路与胶州路交汇处的土地分割

同样,以缅甸城市曼德勒命名的曼德勒路(Mandalay road)的修筑,加快了所在街区的土地分割。在 1911 年,这一街区的西侧正计划修筑成都路,但因为遇到了赫德的地产,被迫停工。为了给这个街区寻找出路,工部局不得不在成都路的东侧部分再次筑路。其中东西向的曼德勒路即为其中的一条,从 1911 年地基图上看,这条路的西段为填浜筑路。至 1916 年曼德拉路实现贯通。南北向的重庆路,越过威海卫路,一直延筑至曼德勒路。由于重庆路的计划路线对 Cad.1549 破坏最大。故实际路线沿着 Cad.1549 西侧边界修筑,比计划路线略向西偏移。1916 年,重庆路从威海卫路修至

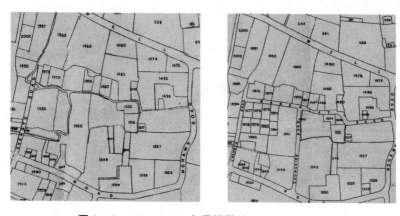

图 3-4-7　1911—1916 年曼德勒路(mandalay road)

曼德勒路。这两条道路修筑后，Cad.1985，由原来的西面临街变为北面和西面临街，土地被分割为 8 块地产；Cad.1950，本来只有西面一个出口，变为东面、北面和西面三面临街，土地被分割为 3 块地产；Cad.1505，由原来的临河而居，变为临街，土地被一分为二。曼德勒路路北的情况亦是如此。

（2）土地合并。据统计，1911—1916 年同一地籍编号的地产发生土地面积增加的，共 178 份，其中土地面积超过 1 亩的共有 106 份。从数量上看，明显多于土地分割的数量。从空间分布上，主要集中在静安寺路以南、苏州河以南，以及新闸路附近。颇为有趣的是，土地合并和土地分割的空间分布颇为一致，一般发生在新筑路或土地开发较为活跃的地区。

二、1920 年西区土地估价、地籍图册及主要内容

笔者对 1920 年公共租界西区土地估价表进行整理后，得出以下几点认识：

（一）土地占用情况

1920 年公共租界西区土地评估表中有 1607 宗地产，比 1916 年少了 10 宗，但总面积 6862.637 亩，比 1916 年略有增长，但未超过 1911 年的水平。各领事馆登记情况如下：英国领事馆：1496 宗，有增长；美国领事馆：119 宗，德国领事馆：11 宗，法国领事馆：11 宗，日本领事馆 11 宗，意大利领事馆 12 宗，西班牙领事馆：2 宗，澳大利亚领事馆 2 宗，荷兰：1 宗。德国因一战失败，在上海的地产被列强瓜分，1920 年在该区的地产仅有 11 宗。

地产业主 315 个，仍未超过 1911 的人数。20 亩以上的地产主有 60 个，计有 5591.722 亩土地，比 1916 年略有增长，但未超过 1911 年的水平，占该区所有纳税地产的 81.48％，为有史以来最高比例。其中百亩以上的地产主有 18 人，计有 3798.56 亩，无论是人数还是总面积，均超过 1911 年水平，占该区所有土地 55.35％，也是最高纪录，超 1911 年的比重。可见，百亩以上

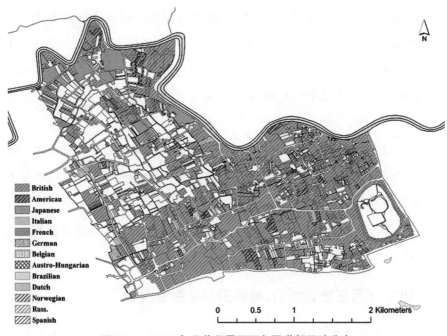

图 3-4-8　1920 年公共租界西区各国道契册地分布

的大地产商的土地增购现象是这一时期的最重要特点。

　　其中，英商通和行，跃居第一位，土地增购 250.095 亩。上海内外棉株式会社，位列第三，土地增购 186.983 亩。新瑞和，其地产比 1916 年增29.529 亩。A. E. Algar(爱尔德)，比 1916 年减少了 56.816 亩，但又出现了爱尔德公司，拥有土地 152.634 亩，综合统计，其地产总额仅次于通和行。而地产抛售最多的是上海业广公司，相比 1920 年，减少了 137.28 亩。而哈华托的地产，减少了 25.528 亩。哈同和 H. Lester 的地产变化不大，前者略有增长，后者略有减少。"Shanghai Municipal Council(工部局)"、"Shanghai Race Club(跑马总会)"、"Mission des Lazaristes(首善堂)"、"H. Morriss"退出了大地产商之列。而新增的百亩地产巨商是："W. Brandt"；"Shanghai Mutual Telephone Company"；"H. Morrison(estate)"；"D. McNeill and G. H. Wright"；"Mission du Kiangnan"；"W. A. C. Platt and R. N.

Machleod"；"Hongkong and Shanghai Banking Corporation（汇丰银行）"；
"R. B. Moorhead and S. J. Halse。"

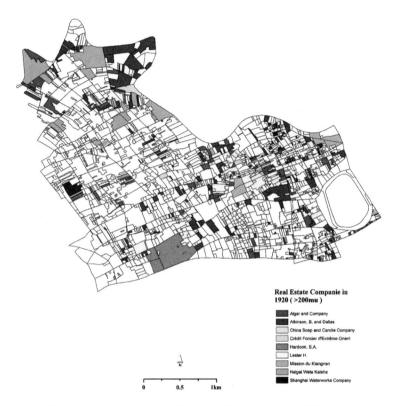

图 3-4-9　1920 年公共租界西区地产超 200 亩大地产商分布图

此外,50—100 亩的地产商 13 人,比 1916 年少 2 人。20—50 亩的地产商 29 人,比 1916 年少了 11 人。

10—20 亩的土地业主人数 45 人,占有土地 600.168,699.415 亩土地,比 1911 年减少了 99.247 亩。

10 亩以下的地产主人数 214 人,比 1916 年略有增长,但未超过 1911 年的人数,总占有土地 695.045 亩,比 1916 年少 64.856 亩,人均占有土地 3.24 亩,比 1916 年人均占有土地少了 0.55 亩。

表 3-4-3　1920 年公共租界西区面积超 20 亩地产统计表　　　　面积：亩

业主姓名	面　积	业主姓名	面　积
Atkinson，B. and Dallas，A.	643.085	Abraham，D. E. J.	71.175
Shanghai Recreation Ground Trustees	430.000	Crédit Foncier d'Extrême-Orient 义品放款银行	70.864
Naigai Wata Kaisha	390.733	McBain，C. M. Mrs.	70.623
Lester，H.	244.928	Davies，C. G. and Thomas，C. W.	69.959
Hardoon，S. A.	226.475	Ezra，E. I.	66.015
Davies，C. G. and Brooks，J. T. W.	220.079	China Mutual Insurance Company	65.179
Algar，A. E.	195.634	Osaka Godo Cotton Spinning and Weaving Company	64.744
Brandt，W.	160.564	Country Club	60.794
Algar and Company	152.634	China Realty Company	50.924
Shanghai Land Investment Company	151.680	Johnston，G. A. and Morriss，G.	45.805
Platt，W. A. C.	150.222	Castrillo，G. Rev.	43.930
Shanghai Mutual Telephone Company	140.421	Shanghai Waterworks Company	41.762
Morrison，H.（estate）	124.580	China Soap and Candle Company	39.266
McNeill，D. and Wright，G. H.	124.207	Shanghai Municipal Council trust	38.916
Mission du Kiangnan	118.459	Moller，N. A. Mrs.	37.032
Platt，W. A. C. and Machleod，R. N.	111.321	East Asia Industrial Company	35.391
Hongkong and Shanghai Banking Corporation	107.350	McKean，S. H.	34.420
Moorhead，R. B. and Halse，S. J.	106.188	Parker，R. H.	34.278
Jardine，Matheson and Company	97.257	Dowdall，W. M.	32.529
McNeill，D. and Jones，L. E. P.	85.052	Macleod，R. N. and Gregson，R. E. S.	31.879
Aglen，F. A.	78.164	Platt，W. A. C. and Gregson，R. E. S.	30.165
Burkill，A. W.	75.264	Twentyman，J. R.	29.090

续　表

业主姓名	面　积	业主姓名	面　积
Denham，J. E.	28.258	Burkill，K. Mrs.	24.150
Moorhead，R. B.	27.893	Denegri，N. M. Mrs.	23.583
Teesdale，J. H.	27.693	Hanson, J. C.，McNeill, D. and Jones, L. E. P.	22.271
Platt，W. A. C.，Macleod，R. N. and Wilson，A. S.	27.613	Wilson，G. l.	22.101
Shanghai Electric Construction Company	27.432	Algar，A. E. and Beesley，P. M.	21.661
Shanghai Horse Bazaar Company	26.964	Potts，G. H.	21.592
Snethlage，L. Mrs.(estate)	25.169	Clarke，B. A.	20.782
Shanghai Gas Company	24.751	Shanhgai Life Insurance Company	20.772

资料来源：Shanghai Municipal Council，*Land Assessment Schedule*，1920。

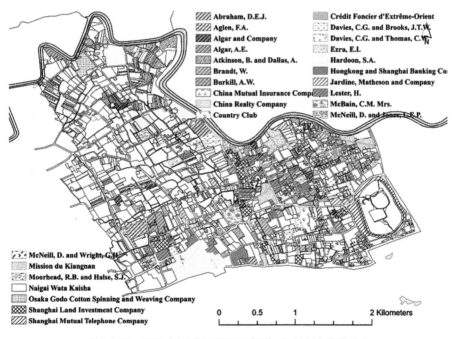

图 3-4-10　1920 年公共租界西区超过 50 亩大地产商分布

(二) 土地形态演变

1916—1920 年,公共租界西区的土地开发依然非常活跃,首先表现为新增道契册地,1916—1930 年,新增道契 195 份,共计 422.78 亩,单宗地产最大的 38.31 亩,平均每份道契的面积为 2.168 亩。从空间分布上看,新增道契主要分布在租界的西北部地区,包括戈登路、苏州河沿岸、胶州路等;还有南部地区,街区内部原系华人的地产,转变为道契册地,以静安寺路及其以南地区最为突出。土地空间形态的变化也强于前一时期,表现为土地分割和土地合并现象比较普遍。具体而言具有如下特征:

1916年道契册地
1916-1920年新增道契册地

0   0.5   1   2 Kilometers

图 3-4-11　1916—1920 年西区新增道契册地分布

(1) 土地分割。这一时期,同一地籍编号的地产,1916 年的地产面积比1920 年增加的,有 124 份,其中增加面积多 1 亩的有 66 份。从空间分布上看,主要分布在静安寺路以南、苏州河沿岸等地区,戈登路和爱文义路等路段,也有部分地产分布。土地面积减少,很大程度上是由于道路拓宽造成的,还不是严格意义上的土地分割。当然也有一部分为同一地产的土地分割。

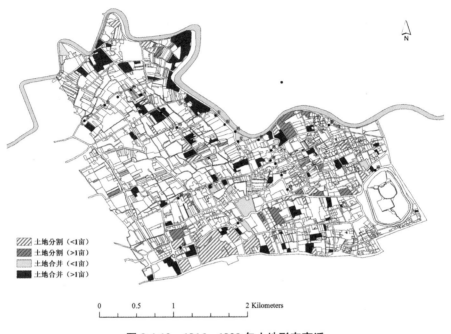

图例：
- 土地分割（<1亩）
- 土地分割（>1亩）
- 土地合并（<1亩）
- 土地合并（>1亩）

0　　0.5　　1　　　　　　2 Kilometers

图 3-4-12　1916—1920 年土地形态变迁

　　在愚园路南面的一个街区，在 1900 年地籍图上标注为"Yue-Yuen Garden"，即愚园。愚园西面，标注为 Zing-Ang-Sze，即静安寺。在本章第一节对愚园有所交代：该园建于 1888 年。1898 年易主，次年改名为和记愚园复开，之后四度关闭，1916 年园废。[①]在 1900 年，愚园整块地产被赋一地籍号，Cad.2755，业主为"C. Dowdall J. C. Hanson and D. McNeill"，土地面积 30.944 亩，土地价值 1200 两/亩。1903 年，愚园的北面马路标注为新闸路（Sinza Road），靠近马路的南北两侧各分出 2 块地产，但并未赋地籍号。

　　到了 1907 年，地籍图上显示愚园北面的这条马路，改名为愚园路（Yu Yuen Road）。土地业主也发生了变化，1907 年地籍表上显示该业主为

────────────

① 刘庭风编：《中国园林年表初编》，同济大学出版社 2016 年版，第 787 页。

"China Mutual Life Insurance Company",土地面积减少至 28.61 亩,土地估价为 3500 两/亩。在 1903 年分割出的 4 块地产中有两块地产被赋予地籍编号:Cad.2751 和 Cad.2757,业主均为"B. Atkinson and A. Dallas",即通和行,土地价值为 3000—4000 两/亩。1916 年,Cad.2755 的业主,再次更改为"West End Estates",Cad.2751 和 2757,业主仍为通和行。1916 年愚园被废弃,该街区的土地被通和行、中国普益地产公司等各大洋商抢购而去,这里的土地被分割为 20 宗地块,如下图所示。

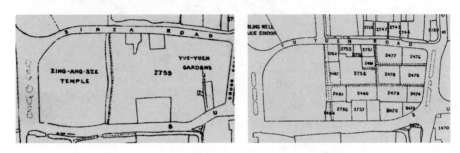

图 3-4-13 1900 年和 1920 年地籍图上的愚园街区

表 3-4-4 1920 年愚园的地产汇总　　　　　　面积:亩;银两/亩

业　　主	道契号	地籍号	面　积	土地估价
Atkinson，B. and Dallas，A.	9864	**2480**	2.362	2000
Atkinson，B. and Dallas，A.	9854	**2483**	1.625	2000
Atkinson，B. and Dallas，A.	4201	**2751**	0.855	2800
Atkinson，B. and Dallas，A.	4138	**2757**	1.660	3500
China Realty Company	9859	**2474**	1.396	3300
China Realty Company	9861	**2477**	2.599	2800
Cumine，H. M.	9858	**2473**	0.836	4000
Cumine，H. M.	9863	**2479**	2.521	2000
Cumine，H. M.	9855	**2484**	0.482	3500
Cumine，H. M.	9519	**2753**	0.764	2800

续 表

业 主	道契号	地籍号	面 积	土地估价
Cumine, H. M.	9856	**2756**	1.967	3500
McNeill, D. and Wright, G. H.	985?	**2472**	2.051	3600
McNeill, D. and Wright, G. H.	9805	**2481**	0.902	2200
McNeill, D. and Wright, G. H.	9518	**2752**	0.508	2800
McNeill, D. and Wright, G. H.	7177	**2755**	4.411	2300
Shanghai Land Investment Company	9862	**2478**	2.315	2000
West End Estates	9860	**2475**	2.541	3200
West End Estates	5803	**2476**	2.268	3200
West End Estates	9853	**2482**	1.721	2000
West End Estates	9852	**2754**	1.246	2800

资料来源:1920 年公共租界西区地籍册。

道路修筑是造成地产分割的重要原因之一。以莫干山路为例,该路是出于工业发展的实际需要而修筑。至于筑路时间,在 1911 年地籍图上已经标了这条道路的路名,Mokanshan Road,说明工部局在 1911 年之前就规划路线。最初的路线,出口在苏州河路,沿着地产边界修筑,这样的路线,可以较容易实现征地。到了 1918 年,这条道路修筑竣工,比计划路线向西移偏,

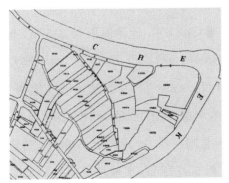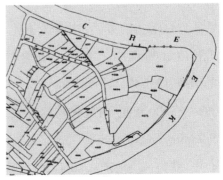

图 3-4-14　1916 年和 1920 年地籍图上的莫干山路对地产分割的影响

出口改在了"Tonouin road"（东京路）。此路线一改，对旁边的地产破坏尤大，比如 Cad.4640，4638，4635，4633，4634，4631 和 4630 等地产被一分为二。但是从整个街区来看，实际筑成的道路，更加偏向街区的中间，是有利于整个街区的发展的。

（2）土地合并。这一时期，同一地籍编号的地产，1916 年地产面积比 1920 年减少的，有 137 份，其中减少面积超过 1 亩的有 78 份。这一时期的土地合并，主要发生在苏州河沿岸，戈登路等租界的西北地区。这一时期以工业发展需要而进行的土地合并较为普遍。

以 Cad.4750 为例，这是日商内外棉兼并土地的一个典型案例。在 1911 年，内外棉在这个街区还没有任何土地。在 1911 年，街区的土地大部分系华人所有，也有一部分土地转变为道契册地，为洋人所有："China Mutual Life Insurance Company"（Cad.4750，4751），"R. H. Parker"（Cad.4748），"A. E. Algar and P. M. Beesley"（Cad.4745），"H. Becker"（Cad.4746）。1911—1916 年间，内外棉大致分为三个步骤实现了土地合并：首先是购买了 Cad.4745 的地产，并购买了周边的两块华人土地，合并为一块土地，Cad.4744，土地面积 18.085 亩，土地价值 1700 两/亩；其次是购买了 Cad.4750，4751 和 4746 三块洋人的土地，并购买了周边的至少 4 块华人土地，合并为一块土地，Cad.4750，面积 21.733 亩，土地价值 800 两/亩。之后又在 Cad.4744 旁边购买了大片华人土地，形成 Cad.4745，土地面积 16.236 亩，土地价值 1000 两/亩。故在 1916 年的地籍图上，形成了三块相连、面积较大的土地：Cad.4744，4745 和 4750，总面积 56.094 亩，总价值 64399 银两。1916—1920 年间，内外棉将这三块土地全部卖给了"Osaka Godo Cotton Spinning and Weaving Company"，因为是同一业主，最终于 1920 年，三地合一，变为一块地产，Cad.4750，土地面积 64.744 亩，土地总价值为 116539 银两。内外棉从中赢利 52140 银两。

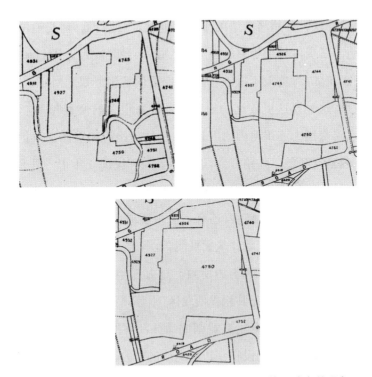

图 3-4-15　1911 年、1916 年和 1920 年 Cad.4750 的土地合并现象

三、城市变迁：土地开发与兴筑工厂

（一）苏州河南岸—小沙渡：工业区的形成

这一时期，该区域最大的变化就是在苏州河南岸，开始兴建了大量工厂。据民国《法华乡志》记载："周家桥，在法华西北四里许，本一小村落。民国五年，有无锡富商荣氏傍吴淞江购地数十亩，开筑申新纺织厂。八年，欧战发生，纱价大涨，富商购地设厂者接踵而至。地价骤贵，亩值万金，百工集，遂成市面。"①

早在 1894 年，朱鸿度就在苏州河南岸的麦根路（今石门二路、康定路）一带，创办裕源纱厂。1895 年正式投产，成为中国第一家民族资本创办的机器纺织厂。1895 年《马关条约》签订之后，日本以及欧美各国拥有了在华

① 民国《法华乡志》，卷一，沿革。

开办工厂的特权。苏州河沿岸的小沙渡地区，因地价低廉，交通便利，劳工低廉，吸引了日资内外棉等棉纺织工厂入驻，小沙渡成为近代上海著名的工业区之一。正如《海关十年报告》所言，"昂贵的地租严重地阻碍了上海地区的工业发展，这给离这里较远的地区办厂带来很大的便利"。①这里水陆交通发达，水路交通为苏州河内河航运线，通过苏州河和黄浦江，可直达苏杭常等长三角富庶腹地。陆路方面，沪杭甬铁路，"民国三年十一月开筑，民国五年十二月通车。自上海新龙华车站至叉袋角毗连邑境处迤北，转东与沪宁铁路接轨"。②这里工厂兴盛，还有一个重要原因在于上海电气工业的发展。据《海关十年报告》记载："毫无疑问，上海的工业繁荣，实际上几乎全是由于工部局电气处的进取和努力所致。过去三年里，各类工厂像雨后春笋般开设起来，厂址大多在公共租界西北区，沿苏州河的两岸。本省的水路运输费用最便宜。可以说，哪里有宽阔的通往江河的水道，哪里就会有工厂。这些工厂大多使用工部局设在江边的电厂的电力。该处近来添置了功率很大的发电设备，普遍供应工业用电，收费标准比远东其他地区更便宜。"③

表3-4-5 1911年，1916年和1920年内外棉在西区的地产汇总表

单位：亩；银两

时间	地　籍　编　号	地产数量	面积汇总	土地总值
1911	4985	1	43.846	52615.2
1916	4486，4669，4709，4770，4774，4934，4985，5220，5232	9	203.751	342958
1920	4174，4175，4381，4390，4392，4427，4474，4486，4667，4706，4708，4709，4725，4726，4770，4934，4970，4985，5160，5161，5220，5232，5784，5785，5800，5901	26	390.733	795618

资料来源：1911年、1916年和1920年西区地籍册。

---

① ③ 《上海近代社会经济发展概况(1882—1931)——海关十年报告译编》，第208页。
② 民国《宝山续县志》，卷八，陆道。

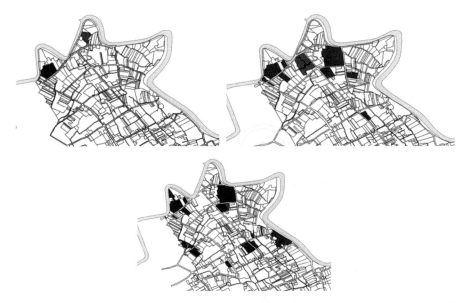

图 3-4-16 1911 年，1916 年和 1920 年内外棉株式会社在西区的土地空间分布

宣统三年(1911 年)，内外棉董事长川村利兵卫第三厂投产后，日商同兴纱厂、日商纺织株式会社等纷纷在小沙渡建厂。据统计，日商在小沙渡共开设了 19 家纺织厂。其中，内外棉规模最大，共有 11 家厂，集中分布在小沙渡一带。根据 1911 年、1916 年和 1920 年地籍图册的内容，主要是内外棉株式会社和日本纺织株式会社两大日商企业。其中，内外棉株式会社在1911—1920 年在小沙渡增长最为迅速：从 1911 年仅有的 1 块地产，计43.846 亩，1920 年增至 26 块地产总计 390.733 亩，增长了 7.91 倍。土地总值从 1911 年的 5.26 万两，1920 年增至 79.56 万两，增长了 14.13 倍。空间范围上，最初仅限于小沙渡路一带，之后扩展至戈登路，1920 年又扩展至麦根路。因为日商企业的进驻，这里成为近代上海最重要的工业区。据《海关十年报告》，1910—1920 年间，在上海开办的纺织厂，中国有 19 家，纱锭数量 499346 个，日本有 13 家，纱锭数量 252180 个，英国 5 家，纱锭数量共255184 个。1915 年，上海的棉纱产量为 4200000 件，1920 年增至 8600000件。其中"日本内外棉株式会社所属 5 家纺纱厂，共有纱锭约 200000 枚，资本 6000000 元,是中国最大的纺织企业之一"。①

(二) 南部城区内部细化

1911—1920 年公共租界西区的道路网络未发生大的变化,基本上延续了 1911 年道路网络结构,详见下图。其中的变化均发生在一些细部。比如一些大的街区中间,再次筑路,形成更适合开发的街区。还有,原来未实现筑路计划,比如成都路中段,这一时期得以实现。

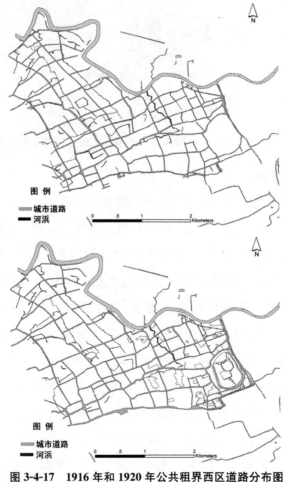

图 3-4-17　1916 年和 1920 年公共租界西区道路分布图

---

① 《上海近代社会经济发展概况(1882—1931)——海关十年报告译编》,第 210 页。

　　南部城区主要是指新闸路以南的城区,1911—1920 年这一时期为稳步发展时期,主要表现为街区内部的土地开发,以及大街区分化为更小的街区。

　　以慕尔鸣路为例,英文名,Moulmein Road,是南部城区的大街区变小的典型案例。如上节所言,在 1903—1907 年间这里因西摩路、威海卫路的修筑,形成了静安寺路以南、哈同公园以东的两个重要街区。但这两个街区东西长而南北窄,从地产开发的角度来看,这两个街区太大,街道内部缺乏交通,不利于发展。因此迫切需要在街道中间修筑一条马路。这条马路早在 1911 年已计划修筑,但限于当时条件,尚未修筑。在 1911 年地籍图上可以看到在威海卫路已确定了路线,并修筑了道路的起点路段。在 1911—1916 年,工部局完成了威海卫路至大西路的路段的修筑。该路段修筑之后,首先实现了将南面街区一分为二。从地籍图上看,这条道路之所以能顺利实现修筑,主要是这条道路基本是沿着地产边界修筑的,对地产的破坏较小,故顺利实现征地筑路。而威海卫路以北,则要穿过若干地产,面临着征地困难。

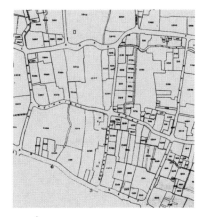

图 3-4-18　1916 年和 1920 年地籍图上的慕尔鸣路

　　1911—1916 年间,虽未实现北部路段的修筑,但对北部街区的土地开发产生了重要影响。Cad.2190，先后吞并了多块周边的土地。在 1907 年该地产由 E. A. P. Kranz 所有，面积 43.381 亩。1911 年该地产为 A. E. Algar 所有，1916 年该地产又为上海业广地产公司所有，面积增至 67.966 亩。1911 年土地估价为 3250 两/亩，而 1916 年土地估价涨至 3700 两/亩，变化不大。1920 年慕尔鸣路实现了北部路段的修筑。之所以能实现筑路，主要是因为上海业广地产公司通过吞并土地之后，已经成为计划路线上最大的业主。这时，上海业广地产公司同意让出必要的筑路土地，为此实现了筑路。实际上，筑路对于上海业广地产公司是有利的。筑路之后，原来的 Cad.2190 地产，靠近马路的西部被分割为多个地产：Cad.2205—2212，2197 等 11 块地产，并在这些土地上营造了里弄住宅。1920 年，这里的地价已上涨至 4000—5300 两/亩。

还有成都路，上一节中也谈到该道路其他路段的修筑。而新闸路与爱文义路之间的路段，是在这一时期修筑的。这一路段原是一条河流，河岸上有一条很窄小的岸路。沿河两岸还有若干土地为空闲用地或华人用地，也有几块土地归洋人所有：Cad.547（A. E. Algar），Cad.542（W. Brandt），Cad.458（Crédit Foncier d'Extrême-Orient），还有 Cad.456 归工部局所有。1916—1920 年工部局实现征地，并进行了填浜筑路，使这一计划多年的路段最终得以实现贯通。

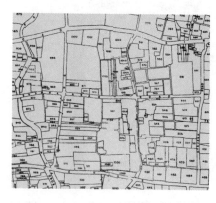

图 3-4-19　1916—1920 年成都路中段修筑

第五节　1921—1933 年西区地籍图册与城市变迁

　　1921 年为一战后的恢复时期,帝国主义卷土重来,加大了对沪房地产投资的力度,也是公共租界西区快速城市化的时期。据《海关十年报告》记载,"本十年上海的贸易经历了希望与绝望、成功与失败交替变化的过程。十年来上海所受经济危机的影响,虽然不如各国严重,但商业的前景未可乐观……","世界大战时期上海的贸易曾一度过分活跃,投机纷起。这种战时繁荣不久即告崩溃。本期开始时,上海的工商各业在遭受了这场崩溃之后仍萎靡不振,接着临近各地发生了一连串内战,罢工浪潮又随之而起。到了本期的最后几年,上海的经济虽以惊人的活力从逆境中恢复了过来,但是世界经济这时又发生新的危机,银价狂跌,国内洪水为患……最后日本在"满洲"采取的军事行动造成了紧张局势。上海不得不进一步蒙受上述一系列打击"。①总体而言,20 世纪 20 年代初期,该地区稳步发展,20 年代末 30 年代初,随着大上海市政府的建立,政治局势上趋向稳定,上海房地产市场迎来了鼎盛时期,1931 年房地产交易总额高达 1.8 亿元,创上海房地产市场有史以来的最高纪录。②

一、1924 年西区土地估价、地籍图册及主要内容

(一) 土地占有情况

　　1921 年 12 月 7 日会议,总董提出应重新估定税额,因为地价已上涨甚多。莱曼指出,这在税收上可相差 50 万两,会议决定翌年重估税额。③会议还讨论了未开发土地进行征税的问题,按照董事们的意见,根据《土地章程》

---

① 《上海近代社会经济发展概况(1882—1931)——海关十年报告译编》,第 251 页。
② 《上海房地产志》编纂委员会编:《上海房地产志》,上海社会科学院出版社 1999 年版,第 109 页。
③ 《工部局董事会会议录》,第 21 册,1921 年 12 月 7 日,第 696 页。

是不能实现的。未经登记土地的税收,即对租界内所有未注册的土地(包括性质颇为含糊的被分割成许多小面积地产和由许多业主拥有的农田)进行收税,不要试着将它们并在一起征收,因为可能导致发生不可克服的困难。但那些性质明确的地产,即使从未注册过的土地,一般均应纳税。董事们认为适当的办法,首先是给在中区的少数几处具有地籍编号的地产按照已注册土地的同样方式,进行估定税额后收税。至于其他区,如果前面首先提到的一项措施获得成功,没有遇到反对的情况,则这些性质明确、业主也确定的地产,应一律按捐费处通常的处理办法,给它们编定地籍号码,以同样的方式使它们纳税。[①]

1924 年公共租界西区土地评估表中有 2296 宗地产,比 1920 年多了 689 宗,增长了 42.87％。土地总面积 7498.658 亩,比 1920 年增长 9.22％。各领事馆登记情况如下:英国领事馆:2025 宗,比 1920 年增加 529 宗;美国领事馆:119 宗,德国领事馆:12 宗,法国领事馆:25 宗,增加了 14 宗;日本领事馆 83 宗,比 1920 年增加了 72 宗;意大利领事馆 17 宗,西班牙领事馆:2 宗,澳大利亚领事馆 3 宗。新增瑞士领事馆:3 宗、荷兰领事馆 1 宗、巴西领事馆 1 宗,比利时领事馆 3 宗。

地产业主 278 人,比 1920 年少了 37 人。20 亩以上的地产主有 59 个,计有 6249.174 亩,比 1920 年增加 657.452 亩土地,占该区所有纳税地产的 83.34％,比 1920 年略有增长。其中百亩以上的地产主有 19 人,计有 4241.724 亩,无论是人数还是总面积,均超过 1920 年的水平,占该区所有土地的 56.57％,也超过 1920 年的比例。可见,百亩以上的大地产在该地区的房地产市场占据日益重要的地位。

其中,英商通和行仍保持第一的位置,1924 年地产比 1920 年略有增加。上海内外棉会社,是本时期增加最多的,土地面积比 1920 年增加了 225.1 亩,超越"Shanghai Recreation Ground Trustees"(万国体育会),位列

① 《工部局董事会会议录》,第 21 册,1921 年 12 月 7 日,第 719 页。

第二位。德和行、爱尔德、泰来白、"D. McNeil and G. H. Wrignt"等百亩以上的大地产商,其地产具有不同程度的增加。相反,爱尔德、业广、马海的地产,则呈不同程度减少。值得注意的是,相比 1920 年,新出现的百亩大地产商,有马立司、首善堂、新沙逊洋行,这些洋行在沉寂了一段时间,步入百亩巨商行列。而"Shanghai Mutual Telephone Company"(英商上海华洋德律风有限公司)、"H. Morrison(estate)"玛礼孙、"Mission du Kiangnan"(洋泾浜天主堂)、"W. A. C. Platt and R. N. Machleod"(哈华托)、"Hongkong and Shanghai Banking Corporation"(汇丰银行),地产骤减,不再是百亩大地产商。50—100 亩的地产商 19 人。20—50 亩的地产商 22 人。

10—20 亩的土地业主人数 44 人,占有 638.617 亩比 1920 年多 38.449 亩。

10 亩以下的地产主人数 174 人,比 1920 年少了 40 人。占有 607.868 亩土地,比 1920 年少 87.177 亩土地。人均占有土地 3.49 亩,比 1920 年人均占有土地略有增加。

表 3-5-1　1924 年公共租界西区面积超 20 亩的土地统计　　　　单位:亩

地　产　主	面　　积	地　产　主	面　　积
Atkinson & Dallas, Ltd.	667.171	Shanghai Race Club	165.215
Naigai WataKaisha, Ltd.	615.833	Algar, A. E.	146.639
Shanghai Recreation Ground Trustees	430.000	Shanghai Land Investment Co., Ltd.	128.751
Lester, H.	307.734	McNeill, D., Wrignt, G. H. and Holborow, A. C.	127.143
Municipal Council	229.378	Morriss, H.(eastate)	118.760
Hardoon, S. A.	219.209	Mission des Lazaristes, Congregation de la	103.471
Algar & Co., Ltd.	200.905	Sassoon & Co., Ltd., E. D.	101.421
Davies, C. G. and Brooke, J. T. W.	199.756	Moorhead, R. B. and Halse, S. J.马海	100.403
Brandt, W.泰来白	194.770	Platt, W. A. C.	96.633
McNeil, D. and Wrignt, G. H.	185.165	Basset, A.	95.400

续　表

地　产　主	面　积	地　产　主	面　积
Macleod, R. N. and Gregson, R. E. S.	90.864	McLeish, Mrs, N. A.	36.791
Abraham, D. E. J.	90.501	Postes Chinoiscs	33.913
Atkinson, B. and Dallas, A.	90.091	Kimsoo, Y. S.甘月松	32.768
Jardine, Matheson & Co., Ltd	82.843	Yangtsze Insurance Association, Ltd.	31.705
McNeill, D. and Jones, L. E. P.	80.562	Credit Foncierd' Extreme Orient 义品放款银行	30.797
Aglen, F. A.	78.091	Twentyman, J. R.	29.090
Hongkong and Shanghai Banking Corparation	75.778	Castrillo, Rev. G.	28.836
Burkill, A. W.	71.629	Sasaki, D.	27.830
Osaka Godo Cotton Spinning & Weaving Co., Ltd.	64.927	Shanghai Electric Construction Co., Ltd.	27.432
Shahmoon, S. E.	62.739	Shanghai Horse Bazaar Co., Ltd.	26.966
Platt, W. A. C. and Macleod, R. N.	61.921	Anglo-French Land Investment Co., Ltd.	25.283
McKean, S. H	58.055	Teesdale, J. H.	24.917
Hongkong and Shanghai Hotels, Ltd.	58.047	Shanghai Gas Co., Ltd.	24.751
Country Club	54.722	Platt, W. A. C. and Gregson, R. E. S.	24.347
Preston, A. M. and Wing, T.	53.893	Burkill, Mrs. K.	24.159
Wilson, G. L.	50.669	Kawamura, K.	22.734
John, G. A. and Morriss, G.	50.589	Potts, G. H.	21.592
Shanghai Waterworks Co., Ltd.	41.857	Master, R. F. C.	21.573
Davies, C. G. and Thomas, C. W.	41.528	Toeg, Mrs. S.	21.361
China Soap and Candle Co., Ltd.	39.266		

资料来源：Shanghai Municipal Council, *Land Assessment Schedule*, *Western District*, *1924*。

（二）土地形态演变

1920—1924 年，为上海土地交易较为活跃的一个时期。1924 年比 1920 年公共租界西区的道契册地，新增 269 份，总面积 572.5115 亩。主要分布在戈登路与胶州路之间的西部地区，以及静安寺路以南的地区，还有爱文义路、卡德路等其他地区。这一时期的土地分割和土地合并现象较前一期更加强烈，具体而言：

（1）土地分割。同一地籍编号的地产，1924 年的土地面积比 1920 年减少的，共计 175 处，其中减少面积超过 1 亩的有 42 处。从空间分布上看，主要位于租界的南部和中部地区，尤其以静安寺路中部及以南地区、麦根路、新闸路西段，最为显著。

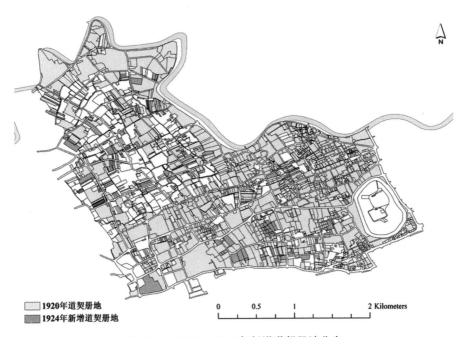

1920年道契册地
1924年新增道契册地

0　　0.5　　1　　2 Kilometers

图 3-5-1　1920—1924 年新增道契册地分布

（2）土地合并。据统计，同一编号地产，1924 年土地面积比 1920 年增加的，共计 154 处。从空间分布上，主要位于新闸路以北的公共租

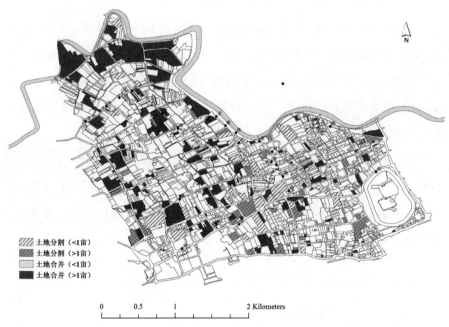

图例：
土地分割（<1亩）
土地分割（>1亩）
土地合并（<1亩）
土地合并（>1亩）

0   0.5   1   2 Kilometers

图 3-5-2 1920—1924 年公共租界西区土地形态变迁

界西区的西北部,尤其以苏州河南岸的叉袋角一带最为显著。这一时期的土地合并仍以满足工业发展需要的土地兼并为主要类型。下文仅举数例说明。

以 Cad.5230 为例。该地产位于澳门路与小沙渡路,在 1920 年这里沿路分布着多块地产,街道内部还有一条河浜从中穿过。其中道契册地 4宗,主要被爱尔德洋行和内外棉占有:Cad.5220(Naigai Wata Kaisha),Cad.5228(Algar and Company),Cad.5230(A. E. Algar)和 Cad.5231(A. E. Algar and P. M. Beesley)。在 1916—1920 年,内外棉先后购买了爱尔德洋行 Cad.5228,5230 和 5231 等三块地产,与此同时,内外棉还购买了这一地区的华人的土地,最后形成一个很大的地产,土地被赋一地籍编号 Cad.5230。据 1924 年地籍册可知,该地产共计 22.324 亩,土地总值71437 银两。

图 3-5-3　1920—1922 年 Cad.5230 土地合并示意图

Cad.4985 是日商内外棉并购土地的另一个案例。这一地块的土地兼并先后经历了两个时期,一是在 1907—1911 年,详见第四节。第二个时期是 1920—1924 年。1920 年内外棉在这个地区拥有 Cad.4970(20.592 亩),

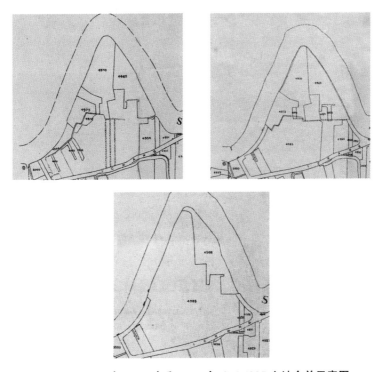

图 3-5-4　1907 年、1920 年和 1924 年 Cad.4985 土地合并示意图

Cad.4985(45.879 亩)。从 1920 年内外棉又购买了 Cad.4971(R. S. Adams),4974(A. R. Burkill,A. W. Burkill and C. R. Burkill)和 4975(A. R. Burkill,A. W. Burkill and C. R. Burkill)等道契册地的土地,还有一部分华人的土地,合并一块较大面积的地产,编号为 Cad.4985,土地面积 104.036 亩,土地价值 520180 银两。

莫干山路一带,在 1918 年修筑后,造成不少地产土地分割,1920 年,沿莫干山路分布着 18 块狭长形的微小地块,共计 55.466 亩(平均每亩 3.467 亩)如梳子的齿子一般,紧密地排列在一起,这是原圩田的土地形态。大地产商看到了这里的巨大发展潜力,纷纷来这里"圈占"土地,通和行就是其中

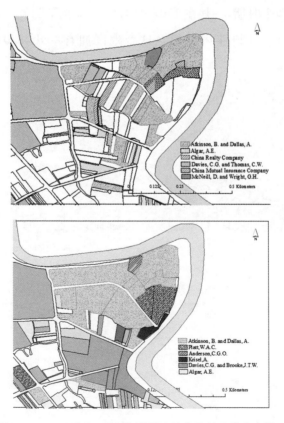

图 3-5-5　1920 年和 1924 年莫干山路街区的土地占有情况

的一个。在 1920 年，Shanghai Life Insurance Company，占有 4 块地产（Cad.4630，4633，4634，4645）共 11.702 亩；F. J. Raven，占有 2 块地产（Cad.4632，4642）共 4.237 亩；C. G. Davies and C. W. Thomas，占有 1 块地产 3.174 亩；"China Realty Company"，占有 2 块地产（Cad.4631，4644）共 6.246 亩。通和行，占有 6 块地产（Cad.4608—4610，4612，4629，4637），共 26.934 亩。除外，通和行还占有苏州河南岸以及澳门路的两块地产，总计占有或言之，在 1920 年通和行为莫干山路所在街区最大的地产主：共占有 19 份土地，共计 135.454 亩土地。

1920—1924 年间，通和行又进行了大量的"圈地"，1924 年共占有 9 份道契册地，共计 216 余亩土地。比 1920 年多了 80.841 亩。同时，将之前的小块的土地进行合并，组成面积较大的地产：Cad.4640，49.183 亩；Cad.4630，12.536 亩；Cad.4606，39.736 亩。

表 3-5-2　1920—1924 年莫干山路街区道契册地土地占有汇总　　单位：亩

业主姓名	1920 年	1924 年	业主姓名	1920 年	1924 年
Algar & Co., Ltd.		4.116	Krisel, A.	8.712	8.712
Anderson, C. G. O.		7.038	Master, R. F. C. and Harris, M. R.	2	
Atkinson & Dallas, Ltd.	135.454	216.295	McNeil, D. and Wright, G. H.	7.088	
Brandt, W.		1.045	Municipal Council,	0.992	2.231
Canning, S. Mrs.	0.449		Parker, R. H.	1.72	
China Mutual Insurance Company	18.511		Platt, W. A. C.	40.478	40.475
China Realty Company	9.664		Raven, F. J.	4.543	
Davies, C. G. and Thomas, C. W.	9.171		Shanghai Life Insurance Company	11.701	
Fleming, W. S.	0.453		总计	248.936	286.081
Hadley, F. W.		4.169			

资料来源：Shanghai Municipal Council, *Land Assessment Schedule*, *Western District 1920*, *1924*。

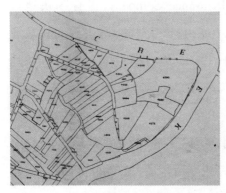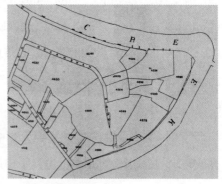

图 3-5-6　1920—1922 年莫干山路的土地合并示意图

二、1930 年西区土地估价、地籍图册及主要内容

(一) 土地占有情况

1930 年西区地籍图册编制于 1930 年 5 月 14 日之后，包括地籍图和土地估价表。其中地籍图，Cadastral Plan of the Western District Foreign Settlement Shanghai(即上海外国租界西区地籍图)，有公共工程处专员署名。

土地估价表，包括领事馆地块索引表、备忘录和主表三部分，与之前年份的相同，不予赘述。货币单位采用了海关银，面积单位亩等于 7260 平方英尺。土地评估的办法，与之前的相同。

简言之，主要是考虑地块的区位，交通，临街面、周边地产估价以及最近一次土地估值等因素。华人业主的地产，采用中英双语标注，与洋商并不放在一起排序，而是统一放在表格的最后，列在洋商地产主之后。

(1) 土地估价表中共有 2128 条数据。土地面积，根据备忘录，本年度该区所有土地，包括免税土地，总计 7812.577 亩(实际统计 7746.424 亩)，土地总值 159869400 银两(实际统计 158583433 银两)。

(2) 各国领事馆登记情况如下：英国领事馆 1722 块，共 6080.84 亩土地,分布甚广;日本领事馆,72 块,790.185 亩土地,增长最为迅速,已跃居第二位,主要位于苏州河南岸;美国领事馆 132 块土地,231.838 亩土地,主要位于静安寺路(今南京西路);法国领事馆,84 块,130.983 亩土地,主要位于静安寺路;比利时领事馆:7 块,15.989 亩土地;瑞士领事馆 10 块土地,8.388亩;德国领事馆:6 块土地 6.998 亩;挪威 1 块土地,9.769 亩,西班牙 1 块土地,2.008 亩。还有一些地块包含了多个领事馆登记的道契,不予统计。另外,未经领事馆 8 块,20.851 亩土地。

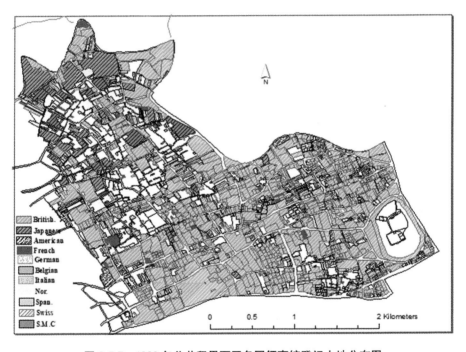

图 3-5-7　1930 年公共租界西区各国领事馆登记土地分布图

(3) 土地业主共有 334 个,其中 20 亩以上的土地业主有 64 个,共占有6613.189 亩土地,占总数的 84.65%。10—20 亩的土地业主有 38 个,共529.899 亩土地,占总数的 6.8%。10 亩以下的土地业主有 232 个,共有603.336 亩土地,占总数的 7.7%。可见土地垄断现象非常严重。

表 3-5-3　1930 年法租界超 20 亩地产主统计表　面积:亩;总值:银两

姓　名	面　积	总　值	数　量
Atkinson and Dallas, Ltd.通和行	819.405	14025602	205
Naigai Wata Kaisha 内外棉株式会社	592.596	4304055	42
Algar and Company 爱尔德洋行	440.2	8688414	254
Shanghai Recreation Ground Trustees	389.128	13619480	1
Brandt and Rodgers 英商泰利有限公司	261.530	4379024	96
Davies, C. G. and Brooke, J. T. W.新瑞和	261.297	4555824	97
Hardoon, S. A.(estate)哈同	260.200	5994182	11
Johnson, G. A. and Morriss, G.(马立司)	258.876	6221581	69
McNeil, D., Wright, G. H. and Holborow, A. C.	206.073	3834924	61
Shanghai Race Club	161.863	7720859	6
Wright, G. H. and Holborow, A. C.	134.567	3486313	27
McNeil, D. and Wright, G. H.	124.207	3281237	48
Brandt, W.白兰泰	122.486	2488085	66
China Realty Company, Fed Inc., U. S. A.普益地产公司	114.941	2755388	54
Shanghai Land Investment Company 上海业广地产公司	112.695	3055832	18
Morriss, H.(estate)马立司	112.320	3659278	16
Denis Land Investment Company	107.981	2978152	26
Macleod, R. N. and Gregson, R. E. S.	102.140	1518831	36
Lester, H.(estate)雷士德	94.106	4737350	11
Moorhead, R. B. and Halse, S. J.马海洋行	90.860	1229475	23
Hongkong and Shanghai Banking Corporation 汇丰银行	89.869	1686237	7
Shahmoon, S. E.斯文	79.355	1826915	4
Hathely, A. H.	76.727	725777	48
Crédit Foncier d'Extrême-Orient 义品放款银行	72.980	999493	47

续　表

姓　　名	面　积	总　值	数　量
McNeil，D. and Jones，L. E. P.麦尼尔	64.970	1600741	18
Osaka Godo Cotton Spinning and Weaving Company 大阪棉纺织株式会社	64.927	435011	1
Wing On Company(Shanghai)永安公司	63.532	1035870	6
Jardine Matheson and Company 怡和洋行	62.947	2201242	9
Platt，W. A. C.哈华托	62.132	756733	17
Midland Investment Company 美商昌业地产有限公司	61.770	1347331	12
Shanghai Municipal Council Bubbling Well Cemetery	61.085	1099530	1
Master，R. F. C. and Harris，M. R.	59.361	669776	33
Wilson，G. L.	58.948	1093172	29
Maze，F，W.	58.617	875872	2
Preston，A. M. and Wing，T.	57.274	606030	7
Country Club 斜桥总会	55.884	1955940	1
Shanghai Municipal Council Trust 工部局	55.103	819185	4
Preston，A. M.	53.268	1232685	17
Shanghai Waterworks Company 上海自来水厂	47.243	394452	5
Abrahm，D. E. J.	42.245	658093	6
McKean，S. H.(estate)	39.390	599897	23
Prices(Cjina)	38.930	369835	1
Platt，W. A. C. and Macleod，R. N.	34.803	810352	6
Postes Chinoises	32.579	424679	2
Davies，C. G. and Thomas，C. W.	31.266	490013	24
Greyhound Racing Association(China)	29.636	166217	4
Shanghai Horse Bazaar Company 龙飞	29.075	889598	4
Anglo-French Land Investment Company 英商英法产业有限公司	28.944	699869	4

续　表

姓　名	面　积	总　值	数　量
Shanghai Gas Company 上海煤气公司	28.171	985985	1
Shanghai Electric Construction Company 上海电厂	27.401	548020	1
Castrillo, Rev. G.	27.152	1184962	2
Shanghai Municipal Council Gordon road police station, training depot and dog kennels	26.917	403755	1
Kumsoo, Y. S.	26.871	472984	8
Ward, H. L. and Seddon, A. E.	26.182	651896	7
Mission du Kiangnan 江南教会	25.404	554139	9
Asia Realty Company, Fed Inc., U. S. A.普益地产公司	25.337	395553	9
Shanghai Municipal Council Singapore park	24.911	174377	1
Bassett, A.	24.394	292958	2
Mission, China Inland 北苏州路十五号/内地会涂先生	22.422	315603	2
Burkill, A. W. and C. R.	20.642	516050	2
Gregson, R. E. S. and Ward, H. I.	20.604	480062	5
Teesdale, J. H.	20.015	472354	11

资料来源:Shanghai Municipal Council, *Land Assessment Schedule*, *Western District*, 1930。

注:爱尔德的数据,包括爱尔德和爱尔德洋行的汇总数据。

其中100亩以上的地产主有19个,占地4526.504亩,占总数的57.97%。具体而言:

英美房地产商,在超20亩以上的大地产商中占据绝对的优势。其中,最大的房地产商是通和行,本年度该地产商在该地区已拥有205块土地,总共819余亩土地,遍布公共租界西区的各个角落。无论是静安寺路、新闸路等较为成熟的城区,还是在苏州河南岸等较为偏远郊区,均有其地产分布,其地产每亩平均估值20057银两。在成熟的市区,地产面积较小,而在苏

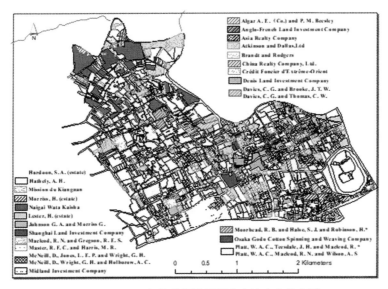

图 3-5-8　1930 年公共租界西区大房地产商分布图

州河南岸的地产,面积普遍较大,比如 Cad.4590,面积 69.72 亩,地价每亩
9000 银两;而其相邻的两块地产,Cad.4640,面积为 49.188 亩,每亩
10000 银两,另一块 Cad.10493,面积 45.345 亩,地价每亩 6400 银两。这
些土地地价普遍较低,均低于该地产商的平均地价,这些土地全部作为工
业用地。

英商爱尔德及其公司,在西区拥有 254 块 440.2 亩土地,地块数量上超
过通和洋行,但土地面积才及通和洋行的一半稍多。其地产同样遍布租界
西区,相对通和行而言,爱尔德洋行的土地普遍较小,每块地产平均为 1.7
亩,且分布非常分散,但主要分布在静安寺路与新闸路之间的城区,每亩土
地平均估价为 19838 银两。

英商泰利洋行及其大班白兰泰,在公共租界西区的地产有 166 块,共
计 387.878 亩土地,仅次于通和洋行和爱尔德公司。其地产在西区分布
甚广,分布特点是整体分散,局部集中,其地产面积平均为 2.337 亩土地,

每亩平均估价为 18791 亩。有几个地方的土地比较集中,比如今南京西路和茂名北路街区,今静安别墅区,几乎全是白兰泰和泰利洋行的地产,这些土地并非一次性购买,而是经过多次不断并购周边土地才形成的。1930 年,这里的地价在 20000—31000 银两/亩。另外,位于今铜仁路、愚园东路的街区,泰利洋行共占有 40 余亩土地,其中一块土地(Cad.2780)的面积为 32.551 亩,1930 年这里的地价是每亩 17000 银两/亩。其他的土地,多沿路分布,单是一块土地独立分布的情况较少,多是几块土地连在一起。而位于郊区的土地,有一些面积较大,比如位于今昌平路、西康路东的一块地产 Cad.6098,面积 45.959 亩,地价为 8000 银两/亩,远低于市区的水平。

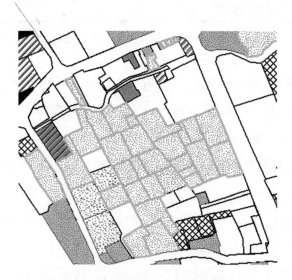

图 3-5-9　今静安别墅 1930 年的产权示意图

普益地产公司,地产分布较为分散,主要分布在静安寺路和新闸路沿路及两条马路之间的区域,另外小沙渡路(今西康路)南段也有部分地产分布。

上海业广地产公司,在本区的地产比其在东区的地产少得多,占有 17块地共 110.503 亩土地。相比其他地产商,业广地产公司的地产分布较为集中麦特赫司脱路(Medhurst Road,今泰兴路)、爱文义路,其中最大一处位于戈登路(今江宁路)以东,与爱文义路(Avenue Road,今北京西路)、静安寺路围合的街区内,面积达 65 亩,仅 Cad.2940 一块地产的土地,为 60.642 亩,土地价值每亩 30000 银两/亩。

马立司(洋行),也是西区百亩以上的大地产主。其地产非常集中,均位于第三跑马场西南:重庆路(Chungqing road)、威海卫路(Weihaiwei)、爱多亚路围合的街区以及周边南北的两个街区内,占有 19 块土地共 117.088 亩土地。

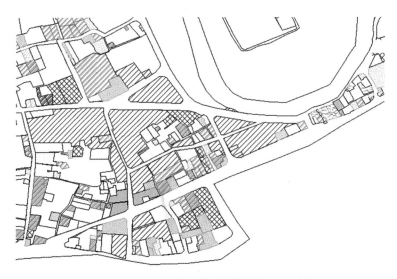

图 3-5-10　1930 年马立司在西区的地产分布图

马海洋行,在西区的地产除了在新闸路、爱文义路东段、苏州河南岸、成都路北段等西区东部地区,还在戈登路、海防路等西部和北部道路沿线拥有部分地产。其中最大的块位于戈登路以东的海防路段,沿路有两块地产较大,Cad.2141,面积 21.48 亩,Cad.2199,面积 24.186 亩,加上 Cad.2207 等其他几个地块,共计 50 余亩。当时的地价为 6500—7500 银两/亩。

哈同,在公共租界西区的地产,共 11 块土地,增至 260.2 亩。哈同的地产均集中在一个街区。即位于静安寺以东，今上海展览中心所在的街区。这里均是哈同的地产。其中最大一块地产面积 170.031 亩，这里建成了哈同花园。

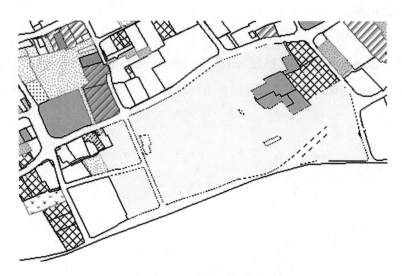

图 3-5-11　哈同在公共租界西区的地产

（二）土地形态演变

1924—1930 年，公共租界西区的土地形态仍发生了剧烈的变化。其中新增的道契册地有 454 份，共计 705.9 亩土地，其中面积最大的是 21.744 亩，平均每宗地产的面积为 1.55 亩。相比前一个时期，新增道契，无论是数量，还是土地总面积，均有了很大增长。从空间上岸，新增的道契，主要位于街道的内部，面积普遍偏小。主要分布在西区的中西部地区，尤其以戈登路与胶州路之间的西部街区分布最广。

（1）土地分割现象。同一地籍编号的地产，通过对 1924 年与 1930 年的两个年份的土地面积的比较，土地面积减少的共计有 253 份，其中土地面积分割超过 1 亩的土地有 90 处。主要位于租界的西南部地区，还有戈登路一带。

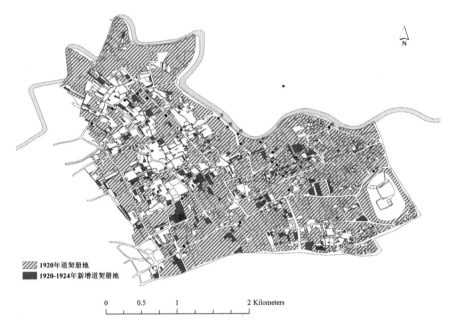

图 3-5-12　1924—1930 年公共租界西区新增道契分布图

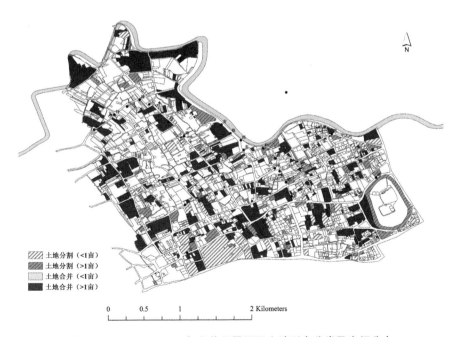

图 3-5-13　1924—1930 年公共租界西区土地形态分类及空间分布

（2）土地合并现象同一地籍编号的地产,通过对1924年与1930年的两个年份的土地面积的比较,土地面积增加的共计有253份。主要分布在胶州路、戈登路、苏州河南岸,静安寺路一带。

这一时期的土地合并和土地分割,主要是由于筑路造成的。以静安寺路(今南京西路)与白克路(今凤阳路)围合的街区为例。在1922年,街区内部并没有修筑道路,只有街区的东部存在一条梅白格路(今新昌路),街道的西侧还有一条河浜。地产沿河浜分布。到了1930年,这里的河浜被填埋,成都路穿过这个街区,实现与北面的路段连接。新筑路之后,原来的沿河分布的地产,如Cad.1240,1241,1246,1274,1260,1265等被分割,重新组合,变为南北向沿路分布的地块,部分地产重新组合后,改变了原来的土地形态。

图3-5-14　1922—1930年成都路(今成都北路)中段的修筑对土地形态的影响

三、1933 年西区土地估价、地籍图册及主要内容

1933 年公共租界西区土地评估表中有 2256 宗地产。土地总面积 7852.6555 亩。各领事馆登记情况如下：英国领事馆：1861 宗；美国领事馆：158 宗，德国领事馆：7 宗，法国领事馆：106 宗；日本领事馆 63 宗；意大利领事馆 9 宗，西班牙领事馆：1 宗，澳大利亚领事馆 1 宗。瑞士 9 宗、比利时领事馆 9 宗、挪威领事馆：1 宗。工部局登记地产 62 宗。

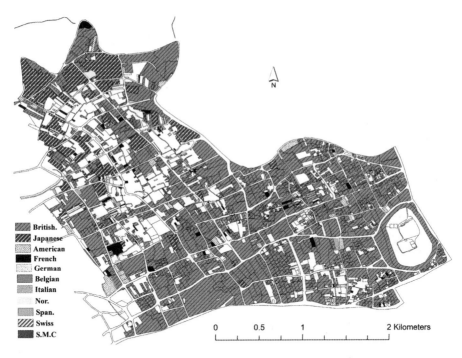

图 3-5-15　1930 年公共租界西区道契册地分布示意图

地产业主 333 人，20 亩以上的地产主有 63 个，计有 6690.7645 亩土地占该区所有纳税地产的 85.2%。其中百亩以上的地产主有 16 人，计有 4380.205 亩土地占该区所有土地的 55.77%。总之，百亩以上的大地产，在该地区的房地产市场的重要地位不容撼动。

其中,英商通和行仍保持第一的位置,相比 1930 年,土地面积减少了 24.204 亩。上海内外棉会社仍保持第二的位置,相比 1930 年,土地面积减少 30.566 亩。爱尔德公司,退居第四位,但部分财产转移到爱尔德个人,公司加上个人所有土地之额,达 482.727 亩,位列第三。"Shanghai Recreation Ground Trustees",位列第四。"Brandt and Rodgers"即英商泰利有限公司,位列第五,其发展势头非常迅猛,土地增加了 39.395 亩。哈同、新瑞和、马立司,紧随其后,之后为"G. H. Wright and A. C. Holborow",上升势头最猛,比 1930 年增长了 80.385 亩,为这一时期增长最快的洋行。另外还有普益地产公司,增长也颇为迅速,比 1930 年增加了 57.033 亩。

相比 1930 年,百亩以上大地产商,其中土地增长 10 亩以上有:"G. H. Wright and A. C. Holborow"、"China Realty Company, Fed Inc., U. S. A."(普益地产公司)、"Brandt and Rodgers"(英商泰利有限公司)、"Shanghai Race Club"。土地面积减少 10 亩以上有:"D. McNeill, G. H. Wright and A. C. Holborow"、"Atkinson and Dallas, Ltd"(通和行)、"Naigai Wata Kaisha"(内外棉株式会社)、"G. A. Johnson and G. Morriss"(马立司)。退出百亩以上大地产主行列的是上海业广地产公司。相比 1930 年,土地面积减少了 18.588 亩。

50—100 亩的地产商 23 人,20—50 亩的地产商 24 人。相比 1930 年,新增的 50 亩以上地产商有:"Dong Shing Spinning and Weaving Company","F. W. Maze","G. Morriss and J. R. Maughan";退出 50 亩以上的地产商有:"H. Lester(estate)"、"F. W. Maze"、"Osaka Godo Cotton Spinning and Weaving Company"(大阪棉纺织株式会社)。1926 年雷士德去世后,其地产也不断减少。1930 年,其地产还有 90 余亩,但到了 1933 年,仅剩余 4 块地产,计 11.81 亩土地。

其中退出 20—50 亩的地产主有:"Greyhound Racing Association(China)", Mission, China Inland(北苏州路十五号/内地会涂先生)、"W. A.

C. Platt and R. N. Macleod，Shanghai Horse Bazaar Company"（龙飞），
"J. H. Teesdale"。

　　10—20 亩的土地业主人数 43 人，占有 593.555 亩。

　　10 亩以下的地产主人数 229 人。占有 568.336 亩土地。人均占有土地进一步减少，仅 2.49 亩。

表 3-5-4　1933 年公共租界西区面积超 20 亩的土地统计　　　　单位：亩

姓　　名	面　积	姓　　名	面　积
Atkinson，B. and Dallas，A.	795.2010	Brandt W.	117.0370
Naigai Wata Kaisha	562.0300	Morriss，H.（estate）	110.3300
Shanghai Recreation Ground Trustees	389.1280	Algar，A. E.	110.3270
Algar and Company	372.4000	Hongkong and Shanghai Banking Corporation	94.6600
Brandt and Rodgers	300.9250	Shanghai Land Investment Company	94.1070
Hardoon，S. A.（estate）	261.8960	Moorhead，R. B. and Halse，S. J.	90.8600
Davies，C. G. and Brooke，J. T. W.	257.4950	Morriss，G. and Maughan，J. R.	86.0290
Johnson，G. A. and Morriss，G.	221.1460	Hathely，A. H.	81.0290
Wright，G. H. and A. C. Holborow	214.9520	Midland Investment Company	79.7890
McNeil，D.，Wright，G. H. and Holborow，A. C.	194.4370	Shahmoon，S. E.	79.5110
Shanghai Race Club	172.8800	Macleod，R. N. and Gregson，R. E. S.	78.9500
China Realty Company，Fed Inc.	171.9740	Denis Land Investment Company	78.3640
McNeil，D. and Wright，G. H.	128.0470	Crédit Foncier d'Extrême-Orient 义品放款银行	76.3420

续　表

姓　　　名	面　积	姓　　　名	面　积
McNeil, D. and Jones, L. E. P.	64.9700	Ward, H. L. and Seddon, A. E.	32.6930
Dong Shing Spinning and Weaving Company	64.9270	Postes Chinoises	32.6290
Wing On Company 永安公司	61.4290	Davies, C. G. and Thomas, C. W.	30.6140
Shanghai Municipal Council Bubbling Well Cemetery	61.0850	Metropolitan Land and Building Company	28.3230
Master, R. F. C. and Harris, M. R.	60.0850	Shanghai Gas Company	28.1710
Jardine Matheson and Company	58.7620	Shanghai Electric Construction Company	27.3780
F. W. Maze	58.6170	Anglo-French Land Investment Company	26.9380
Wilson, G. L.	58.2380	Shanghai Municipal Council Gordon road police station, training depot and dog kennels	26.9170
Preston, A. M. and Wing, T.	57.2740	Kumsoo, Y. S.	26.2660
Platt, W. A. C	56.9320	Morriss, G., Nation, W., Bell, A. D., Porter, H., and Ward, H. L.	25.7310
Country Club	55.8840	Mission du Kiangnan	25.4040
Shanghai Municipal Council trust	55.1030	Shanghai Municipal Council Singapore park	24.9110
Preston, A. M.	53.0215	Bassett, A.	24.3940
Shanghai Waterworks Company	48.3450	China Inland Mission	22.4220
Abrahm, D. E. J.	42.2500	Union Brewery	22.3240
Shanghai Municipal Council Kiaochow park	42.0610	Burkill, A. W. and C. R.	20.6420
McKean, S. H.(estate)	37.4360	Tilley, P.	20.6200
Asia Realty Company, Fed Inc.	33.8340	Gregson, R. E. S. and Ward, H. I.	20.6040
Price's(China)	33.6840		

资料来源：Shanghai Municipal Council, *Land Assessment Schedule*, *Western District*, 1933。

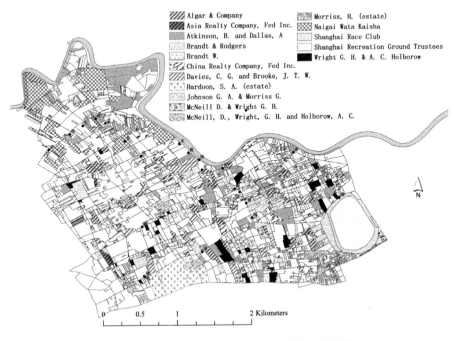

图 3-5-16　1933 年地产超 200 亩大地产商分布图

综上所述,1924—1933 年间,公共租界西区的洋商租地呈现以下特征:

(1) 该地区的纳税土地总额和纳税土地的数量,总体上趋向稳定,增幅放缓,这是城市发展到一定程度的结果。这十年是该地区城市化发展最快的时期,但由于公共租界西区内未开发的土地所剩不多,故出现纳税土地不多的状况。

(2) 地产主的数量趋于稳定,总体上呈小幅上升的趋势。1933 年的地产主数量,比 1924 年多了 55 人,但比 1920 年仅多 18 人。按照地产占有情况,地产主增长最多的是 10 亩以下的小型地产主,土地划分越来越小,以 10 亩以下的地产主的地产计,人均占有地产面积,1933 年 2.49 亩,比 1924 年少 1 亩。

(3) 该地区土地占有情况,仍呈现高度垄断的特征。1933 年,20 亩以上的地产主，仅有 63 人，占总人数的五分之一，但占有该地区总地产的 85.2％。若对比 1920 年和 1924 年，这一比例呈现增长趋势，也就是说，租界内土地垄断越来越严重。其中又以百亩以上的大地产主占有土地最多，1933 年，16 个百亩以上的大地产主，占有该地区总土地的比重超过 55％以上。

四、城市变迁：土地开发与筑路计划

(一) 界内道路

这一时期的土地开发又迎来了新的契机。1920 年 7 月 14 日会议，会议讨论了静安寺路剩余工部局土地的出售问题，董事们同意工务委员会的意见，即工部局绝不是土地投机商。会议决定，今后不论何时，如果该委员会认为任何剩余土地不为市政建设所需，或似可为市政建设所需，则应在委员会确定价格之后，让该土地最后一位业主优先购买。如果他不要，则此价格即作为该土地的最低价格，当众公开拍卖。①

1921 年 1 月 24 日，会议讨论了 1921 年度筑路计划。关于西区关于发展一条新的东西向交通要道的规划，董事们指示，应使爱文义路通往极司菲尔路，其宽度应为 70 英尺；同时要拉直这条路线并把派克路与西藏路之间路段拓宽至 70 英尺，此工程应加紧施工。②关于 1921 年度的修路规划，会议细致研究了几项道路改造措施：关于在爱文义路以东建一条新路线，使之与北京路连接起来，这样从东至西建成一条笔直的大路，以消除交通不方便的转弯。董事们同意此观点，即此项改进将具有非常的重要性，因此，即使遇到极大困难，也要把爱文义路东段上的转弯予以接通。③

1921 年 4 月 22 日会议，讨论了以下几条道路的修筑问题：

① 《工部局董事会会议录》，第 21 册，1920 年 7 月 14 日，第 584 页。
② 《工部局董事会会议录》，第 21 册，1921 年 1 月 24 日，第 627 页。
③ 《工部局董事会会议录》，第 21 册，1921 年 2 月 23 日，第 634 页。

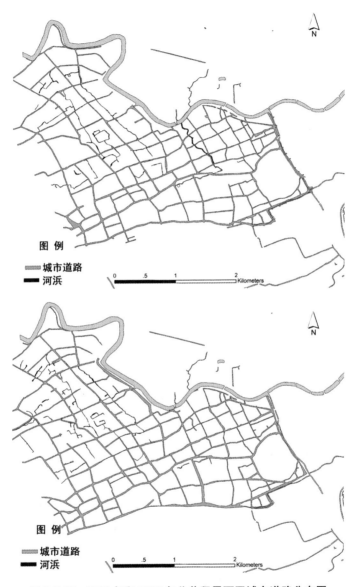

图 3-5-17　1924 年和 1930 年公共租界西区城市道路分布图

　　关于极司菲尔路的延伸问题，董事会已经注意到总办致麦考尔先生私人信件中所述观点，并批准了他通过领袖领事结交涉使的答复，内称工部局从未打算通过极司菲尔路延长路线。

关于自克路的延伸:董事们完全同意在卡德路与北京路之间,以爱文义路取代自克路较为理想。因为工部局已计划将爱文义路和北京路拓宽至70英尺。

关于小沙渡路与极司菲尔路之间的连接:董事会注意到警务处长关于此段道路的延伸应尽可能寻求一条适当路线的看法。但由于董事会已表示:只有在将来需要时方能准备此一延伸,因此目前对于应采取哪是路线,没有必要作出决定。①

减少新闸路交通压力的建议:1921 年 4 月 22 日,上海制造电气有限公司提出的将已获准的沿北苏州路至新闸桥的延伸线路再延长的建议,已获得董事会的批准。但附带条件是要在桥前 200 英尺处停下来,因工部局尚未取得此段道路明确的所有权。②

威海卫路的延伸:几位董事强烈反对把规划中的马路从平面图上去掉。会议指出,这并非是工务委员会的主张。该委员会只是建议把 1906 年规定延伸西摩路与赫德路之间威海卫路的路线继续执行下去。总董和其他某些董事反对批准在规划区域内建造新的房屋,其中包括麦辛台先生,他强调西向交通的重要性. 他说目前严重困难之一是:由东向西通过租界的马路不够,而租界的长度较之宽度要大得多。麦凯先生随即说,工务委员会认为此路的延伸并不如交通要道那样具有很高的价值,而且要使其通行则要付出很高的代价。他又说,大西路尚未充分利用。但吉拉德特先生答复称,此路的交通具有重要性,无疑在未来的年代中,其交通情况将繁重得多。本杰明先生接着说,最近他去过哈同先生的花园,还视察了规划中的那条路线,他发现在该路线上有大批房屋,因此他认为工部局要修建此路的代价极高。会议经过进一步研究后同意暂不作出决定,待工务处长提出购置威海卫路和小沙渡路所需土地的估价报告后,再作进一步研究。工务处长在此报告

---

① ② 《工部局董事会会议录》,第 21 册,1921 年 4 月 22 日,第 651 页。

中还要提出对拆除建筑物的赔偿费，以及对免费转让土地的补贴和支付修缮费。以上所述费用都是合乎情理的。①3月23日会议，获知哈同反对工务处任何工作人员对其地产进行丈量。②

1921年8月12日，为了对所收到的有关几条新建道路的抗议书作出裁决而召开一次特殊会议，这些道路都已载入本年度延伸且拓宽道路规划中。董事会上收到工务委员会7月25日、8月1日和8月4日会议记录，对所有提出的关于西区道路问题的抗议书进行了研究：

大西路第1291号册地：通和律师事务所提出抗议的理由是，延伸此路与静安寺路连接，对该所产业极为不利。董事会决定，由于此路没有修建的必要，应从计划中删除。

九龙路：属于通和律师事务所的第2244和2270号册地、属于文格罗百郎洋行的第2211和2207号册地、属于同孚洋行的第2136号册地，属于斜桥总会的第2020号册地，以上各土地业主以修建此路没有必要为理由提出了抗议。董事会同意所述理由，放弃修建此拟议中的道路。

大沽路：通和律师事务所提出抗战，理由是修建此路将影响其产业。此项抗议所持理由不充分。但会议认为，计划中在同孚路以西对该路的延伸是没有必要进行的，因此将放弃修建所提到的此一路段。1924年2月13日会议，工务委员会主席告知诸董事2月12日会议上作出的决议，建议采纳工务处长所提出的其中一个计划，并指出委员会对于今后将有必要筑一马路直接穿越跑马厅意见尚不一致。讨论中认为对于中心区的任何大面积空地，都能提出充足的理由要有一条马路横穿其间，但是另一方面，会上争论说，跑马厅及其内部场地对本埠来说是块宝贵的中心区空旷地，没有必要让一条马路穿过其间，特别像大沽路及其他主要马路，应符合要求。

考虑到拓宽大沽路的改造耗资巨大，因此在批准拓宽计划前应对马路

---

① 《工部局董事会会议录》，第21册，1921年3月16日，第639页。
② 《工部局董事会会议录》，第21册，1921年3月23日，第640页。

穿越跑马场的必要性作出决定，会议认为这是根本性的，经长时间讨论后，大多数董事决定放弃该马路穿越跑马场的方案，于是会议批准大沽路拓宽计划约耗资 301500 两，该方案将在本年度的筑路计划中显示出来。①

青海路：斜桥总会以此路没有必要修建为由提出抗议。董事会认可此项抗议，此路应从计划中删除。

马尾路：通和律师事务所和爱尔德有限公司所提的抗议为董事会认可，此路应从计划中删除。

弥渡路：内外绵株式会社提出抗议称，修建此路没有必要，因为只服务于私人产业而对公众没有用处，于是此路遂从计划中删除。

马白路：中国肥皂有限公司以此路无公众用途为理由抗议修建，董事会认可此项抗议，因而此路将从计划中删除，与此有关的立登路和苏州河之间的路段也予以删除。②

1921 年 8 月 22 日会议，又讨论了以下道路的修筑问题：

罗别根路：工务处长提出了一项分四年以碎石铺设罗别根路的计划。他声称，为整治此条道路，每年已花费了 2 万两。董事们决定应首先将此事交由工务委员会研究。关于韦克拉姆先生请求出让虹桥路上一小块土地问题，曾有建议提出，在距离市中心较远道路上的居民，如果不同意纳税，就不准有车行道通向这些道路。会上有人提出此一问题，即董事会能否拒绝作这种用途的申请，但也有人指出，董事会如果使这一做法成为惯例，也不会有任何损失，如果要做，则应毫不耽搁地去做。会议推迟对这一总的原则问题作出决定，但董事们批准首先与塔克先生和韦克拉姆先生就这些原则协商。

静安寺路第 2940 号册地：关于马海洋行提出的要求，会议决定对其作出答复前，先等待正由地产委员会处理的案件作出判决，目的是这样做有可

---

① 《工部局董事会会议录》，第 22 册，1924 年 2 月 13 日，第 668 页。
② 《工部局董事会会议录》，第 21 册，1921 年 8 月 12 日，第 691 页。

能加强董事会采取行动的力量。

哈同路：祥茂洋行对于把爱文义路以北的路段穿过已故坎贝尔的花园进行延伸一事提出了抗议。董事们同意，已纳入计划中的此路段是不必要的，而且对上述产业造成了很大影响，因此会议批准从工部局讨划中删掉爱文义路以北的全部延伸路段。①

拓宽极司菲尔路：董事们核准这一意见，为拓宽该路而需土地超过40英尺，不会影响1898年年报所载关于加宽至40英尺路面的协定。②

静安寺路拓宽册地2940号：对上述案件地产委员会已作出裁决，董事们指示工务处代理处长与麦边先生在已批准的基础上协商，也就是说，需11000两白银为该土地所必须给予的补偿费，它是以估价加10%，即8266两，再加上花园补偿费2734两之和。③

青海路：关于英商泰利洋行有关此路的来函问题，由于董事会已放弃将此路作为公用马路的打算，因此会议决定复函表示，该公司所关心的这一路段可以用公款进行维修，但所需的土地要无偿出让给工部局，筑路费用也由其自负。此种做法在租界是常有的情况，即工部局可接受土地作为公共道路之用，甚至认为在交通方面没有绝对必要时，也可这样做。④

1924年度筑路计划会议详细审查并通过工务委员会提出的马路变动和改善计划的概况，并附有关筑路计划待适当时候由总董签字。关于修筑福州路延长段穿过跑马厅的方案，会议决定此改进项目不列入计划，并通知跑马总会和体育场托管会，以保证不再进行其他影响此计划的建筑工程。会议还讨论拓宽大沽路并在龙门路和马霍路之间折弯和爱多亚路交叉的另一方案，或者继续延长马路使其环绕跑马厅。虽然会议认为这是项较好的

---

① 《工部局董事会会议录》，第21册，1921年8月22日，第691页。
② 《工部局董事会会议录》，第21册，1922年1月11日，第531页。
③ 《工部局董事会会议录》，第22册，1922年1月25日，第535页。
④ 《工部局董事会会议录》，第21册，1921年9月21日，第696页。

改进,但是感到今后将迫切需要有条马路穿越跑马厅,大沽路拓宽问题交还工务委员会再作考虑。①

　　1930年10月1日会议上,总董说,胶州路地皮所处的地段正在迅速发展,那里居住着大量的工人,这些人目前都没有空地可供休憩。②到处都在建房子。土地快速发展,也为管理者带来了烦恼,比如门牌号的管理已经跟不上土地开发的节奏。1929年10月23日,麦西先生谈到明年1月1日将按捐务处长的建议把静安寺路所有房屋重新编制门牌号码。他建议采用培根提出的一个将租界所有房屋分区编制门牌号码的方案。总办指出,这个方案,由于付诸实施费用昂贵,很难使它适合本埠情况。捐务长指出,如果有充足的号码留给今后的发展地区,则可对目前马路两边房屋分别用单双数编制号码的方法加以改进。他认为分区编制号码的好处不多,改变编制号码所需的费用昂贵,且很难将此方法适用于租界。他认为,尽管这种方法可能适用于城市早期发展阶段,其总的设计是事前以笔直街道和房屋区的形式计划好的,但很难适用于本埠,因为租界的发展是不规则的,而且有大片地区是以中式房屋发展起来的。歇褒特指出,几年前天津曾采用过类似的方案,尽管乍一看来纳此方案似乎很简单,但随着方案的付诸实施,出现了一些意想不到的困难。因此,在仔细研究任何可供选择方案的实用性以前,他反对进行任何改动。为此,他建议,第一步要求工务处与捐务股合作制定各方案,从外滩到静安寺路的尽头,把南京路和静安寺路上的房屋分区编制门牌号,有了这个方案以后,董事会便能比较容易地判断在整个租界普遍采纳此种方案是否可行。获得会议同意。③

　　(二) 界外路

　　这一时期的界外路,工部局又将目光放在了公共租界西区的越界筑

① 《工部局董事会会议录》,第22册,1924年1月23日,第667—668页。
② 《工部局董事会会议录》,第24册,1930年10月1日,第638页。
③ 《工部局董事会会议录》,第24册,1930年2月12日,第594页。

路区,这里不仅可以为工部局带来更多的财政收入,而且还会推动当地的发展。但越界区中外之间的矛盾也异常激烈,值得深入探讨。越界筑路是工部局时刻关心的重要议题,本时期涉及的界外,主要是涉及以下几条:

1. 大西路的延长工程

1922 年 11 月 22 日会议,宽 70 英尺,长 2.125 英里的拓宽工程已经实施,付款也交给当地委员会。[①] 1923 年 1 月 17 日会议,领袖领事的来函提交会议,信中附转了外事交涉员的三封信的译文,抗议大西路延长工程,该工程继购得所需的土地后于 1922 年将近 11 月底时开工。领袖领事回信中方:工部局正当购买筑路所需的土地并付赔偿金,而且工部局在此问题上的行动是根据《土地章程》第六款(甲)所赋与的权力,因此非常"合乎规定",中国有关当局提出抗议是出于误解和不顾上述事实。[②]

筑路期间发生了李兴联妨碍界外新马路修筑事件。

工部局董事会收到古沃律师事务所的一封信,来信声称他们已收到李兴联的明确意图,除非立即归还土地并将马路从那里移开,否则将向领事公堂提起诉讼。总董称,他听说这一诉讼早已提出了,工务处代理处长声称,为获得这块土地所采用的办法,与获得所有用于建造新路的非注册土地所采用的办法是一样的。关于李氏的土地,工部局执有由地保且本地委员会委员盖印的正式凭证。他说李氏不仅在这一地区采取了阻挠态度,并且当工部局力图在租界内其他地区取得土地时他同样故意地进行阻挠。他接着说,电气处有一份由徐家汇教区长签署寄给一个本地警察官员的通知,通知中提到电气处竖的一些电线杆侵占了教区长约 4 英寸的土地。教区长要求此警官加以制止,并将电线杆移走。天主教神父的代表迫切要求归还此文件,由于李氏曾一度受雇于首善堂,他建议不妨归还该通

① 《工部局董事会会议录》,第 22 册,1922 年 11 月 22 日,第 600 页。
② 《工部局董事会会议录》,第 22 册,1923 年 1 月 17 日,第 611—612 页。

知,以之作为报酬,使天主教神父们运用他们的影响,来为工部局利益对李施加压力。

可是,董事们将此通知看作是工程受到阻挠的重要证明,并指示将它保留在工部局的档案中。巴克博士说,他曾尽力设法与李取得和解,而且在谈判中,李曾两次(口头上)明确表示同意将土地卖给工部局,然而后来由于同工部局的代理人发生了争执,因而他又采取了极端敌视的态度。巴克博士认为目前的事件对工部局在沪西地区获得筑路所需土地,而正在进行的谈判将产生很大影响。他听说20年以前领事公堂曾处理过一个与本事例相类似的案件,只不过那时涉及的是界内的土地,当时领事公堂支持工部局的主张。工部局掌握的有关为修建大西路而出让土地的凭证已经过正当的签名盖章等手续并生效。代理工务处长认为工部局这一案件中的弱点可能在于《土地章程》规定,为修建公共道路所需的土地应该按工部局与洋人或华人土地业主双方所同意的条件来取得。李并未承认他曾授权任何人代表他去谈判。为避免由于不利的判决而使工部局处于不利的地位,就关于取得其他筑路土地而言,他建议,如果有作出不利判决的可能,应尽力设法中止诉讼,以使各方达成和解。在讨论中有人提出,领事公堂除估计损失外,是否还能对本案作出任何决议。经过讨论,会议决定采取一切可能的办法保证工部局在即将举行的庭审中有效地陈述此案。①

1925年6月16日会议讨论了大西路上发生的枪杀事件,有英人一名被杀,另一个人受伤。认为这一事件的结果,很可能华人将借此提出接管工部局在西区新筑马路警权。经总董和巴尔敦先生讨论后,一致认为绝不能容许中国当局取得这些马路的管理权。总董业已指示警务处长继续执行每日巡逻的制度,这事请董事会予以追认,英、美领事将努力把工部局界外马路

---

① 《工部局董事会会议录》,第23册,1925年5月27日,第559页。

的管理权问题和调查 5 月 30 日枪杀事件区别开来。总董知道如果工部局要保持其管理界外马路的权利，很可能不得已而使用武力。但是，如果中国当局一旦取得了这些马路的控制权，工部局再想收回它的管理权是极其困难的。鉴于上项事实，全体董事一致赞同总董的意见，认为在任何情况下，工部局决不放弃它在这一问题上的权利。①

2. 侵占海格路和虹桥路

贝尔先生就工部局马路口因一个中国公司架设电灯线而遭到侵占的情况作了说明。并向董事会汇报。总董说，他已通知奥尔德里奇先生，处理此事的方式要尽量使用外交手腕。

鉴于工部局在紧急状态时所采取的行动，即将大西路延伸过铁路线，他认为这一轻率的行为可能不利于工部局在越界筑路问题上的处境。而且还由于现在的形势，他认为目前不是向中国人提出任何有争议问题的时机。贝尔先生声称，电气委员会并没有注意到就是因为电线穿过工部局马路，因此中国电气公司才有可能试图向在租界与工部局界外马路之间的地区的用户供电。

总办提出，作为一个议事规程，在会议记录中关于指示奥尔德里奇先生与中国当局协商这一点，违反工部局的规定，即在公共事务方面，各处处长不应与中国本地高级当局进行谈判。贝尔先生说，这不是委员会所作出的决定；而是他应当就此问题去会见总裁，总裁补充说，他将采取必要的步骤来处理此事。董事们同意在处理此事中应当小心谨慎，总裁将与奥尔德里奇先生商量，之后如有必要将与中国交涉员一道处理此事。②

1924 年 11 月 19 日会议批准了工务处长提交的两份报告，关于西区新连接的道路网工程和剩余土地的问题，会议注意到这些道路的规划实施得不错，计划中的那些道路看来得到当地乡民的支持。虽然可能会遇

① 《工部局董事会会议录》，第 23 册，1925 年 6 月 16 日，第 575 页。
② 《工部局董事会会议录》，第 23 册，1925 年 11 月 18 日，第 608 页。

到某些正式的反对意见,但预计不会有严重的困难。工务处长还建议做好新道路沿苏州河向西延长的准备,并和罗别根路平行,最后和虹桥路相交,后者将拓宽至 60 英尺,约每亩花费 250 两。[1]这一建议也得到一致通过。

3. 通往佘山的新路

1922 年 1 月 4 日,史密斯坚持认为:建造这样的道路纯属浪费。他还担心造价与养护费无法负担,而且还可能遭到当地人的反对。麦凯先生则认为此时若不购进这片地皮,实是坐失良机。每当机会来临,可以购进地皮时,董事会总是由于某种原因,迟迟不动;而每当他们想行动时,又无法购得。他认为地价可能会飞跃上涨,他深信这片地皮会成为租界的一大笔财产,目前及时购进,不失为深谋远虑之举。而总董宁可把钱花在租界的边缘地带,即建筑与罗别根路交叉的新路。在这一点上他提出建议,工务处应在这一方面尽其全力。莱曼先生赞成放眼于未来。应购进此地皮,因为经常有人指责董事会目光短浅。史密斯先生不愿放弃他的看法,爱凯先生要求把问题付诸表决,拉姆先生反对目前就进行表决,要暂缓讨论。最后会议决定,向哈珀先生征询造价的详细情况,由捕房在该区作详尽调查,看当地对筑这样一条道路是否有反对意见。[2]

1924 年 12 月 10 日会议,按照上次会议的指示,传阅董事会对此工程意见的案卷。总董坚持他原来的意见,此项工程所需的钱以花在界内或贴近租界的马路工程上为好。董事会最近已批准一项以新筑的道路来连接西区的各条马路。考虑到工程所需的经费,他也不赞同在目前修筑一条通往佘山的道路。他还表示,修筑通往佘山道路的计划将肯定会遭到大量华人的正式反对。一位董事说,现在看来修筑这一新路的必要性并不像第一次讨论时那样明显,因为现在已修起了不少新路,而且目前正计划在租界各个地

① 《工部局董事会会议录》,第 22 册,1924 年 11 月 19 日,第 705 页。
② 《工部局董事会会议录》,第 22 册,1922 年 1 月 4 日,第 530 页。

点向外延伸道路的出口,他特别提到最近批准的沿苏州河筑一条向西延长新路的计划。经短暂讨论后,诸董事一致同意这些意见,会议决定对此事不作任何处置。①

1月25日会议,工务处代理处长报告了建筑泥路及道渣和碎石料的费用。关于警务处所作的调查,董事们被告知警务处处长的意见,即不需要调查,因为结果肯定是反对这个筑路工程。举手表决时,以五比三的多数否决继续进行此事,因此暂行搁置。如果以后认为必要的话,留待以后的董事会考虑。②

(三) 电车线路

1920年3月17日会上公布了致上海制造电气有限公司的一封来信,关于延伸电车路线的问题,工务处代处长对此函稿逐段作了研究,并提出了一份报告。在讨论过程中各董事均发表意见,并对该函稿修改如下:

(1) 无轨电车路线——从静安寺路沿极司菲尔路延伸至圣约翰书院。各董事听取了代处长关于无轨电车路线延伸至兆丰公园的陈述后,都不同意从白利南地块沿白利南路延伸,而认为从静安寺沿愚园路再分出一条路线为好,后一种延伸除路程较短,便于去公园的好处外,且不致像沿白利南路方向延伸,将影响到人口密集的华人居住区。③

(2) 无轨电车路线——从卡德路起沿白克路延伸至西藏路。代处长称:规划在白克路上延伸无轨电车路线,肯定能减轻南京路上交通拥挤,对此他详细陈述了种种理由,各董事表示同意,并将相应地向公司提出延伸路线的建议。④

1921年4月22日会议,上海制造电气有限公司要求工部局所提出的路线自外滩沿爱多亚路去马尼拉路与福熙路的交叉点后能继续延伸,以便沿

---

① 《工部局董事会会议录》,第22册,1924年12月10日,第707页。
② 《工部局董事会会议录》,第22册,1922年1月25日,第535页。
③④ 《工部局董事会会议录》,第21册,1920年3月17日,第558页。

福熙路通往与地丰路的交叉点,然后向北进入愚园路,再西行至兆丰公园大门口。会议一致认为至少目前不宜考虑超出马尼拉路与福熙路的交叉点,特别是目前的行车路线也要取决于法公董局的支持、上海制造电气有限公司与法国电车公司之间的协议以及纳税人会议的批准。

第六节 土地空间形态与地价空间演变

一、土地空间形态

　　西区的地块空间形态,可以从该地区的道契册地的面积变化来推断。该地区,既不同于土地利用强度较大的中区,也不同于土地利用强度较小的东区,而是介于二者之间。根据道契地产的面积,将本区的土地分为大于 100 亩,50—100 亩,40—50 亩,30—40 亩,20—30 亩,10—20 亩,5—10亩,1—5 亩和小于 1 亩等九大类,运用 GIS 方法复原各大类土地的空间分布,得出该区在时空序列上土地空间形态演变的动态过程,进而寻找城市化演变的基本规律。本区土地空间形态演变具有如下的几点规律:

　　(1) 时间序列上,总体而言,1—5 亩和<1 亩的两大类土地占总数的比例远超过其各大类所占比重,1—5 亩的地产,尽管有增减变化,但幅度很小,基本维持在 45％左右,而小于 1 亩的地产,1900—1930 年间增长十分明显,增长了 18.43％,这是城市化发展地块被分割再利用后的结果。与此形成鲜明对比的是,5—10 亩地产,其数量下降了 9.52％,同样 10 亩以上各大类地产,其数量所占总数的比重,各自均呈现不同程度的降低,若以 5 亩以上地产计,占总数的比例从 1900 年的 30.99％下降到 1930 年的 14.60％。由此可见,西区城市化过程中,地块的面积呈现逐步减小的趋势。

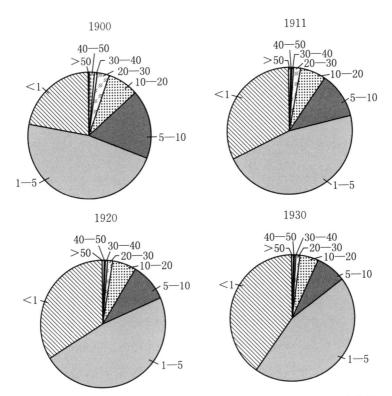

图 3-6-1　1900—1930 年公共租界西区九大类土地所占总数比例变化图

表 3-6-1　1900—1930 年公共租界西区道契面积分类统计表　　单位：亩

类　　别	1900				1911			
	地块数	占总数比	面　积	占总面积比	地块数	占总数比	面　积	占总面积比
＞50	2	0.34	107.427	3.39	6	0.42	768.746	12.63
40—50	8	1.34	351.083	11.07	6	0.42	263.804	4.33
30—40	5	0.84	172.026	5.42	7	0.49	249.237	4.09
20—30	18	3.02	411.171	12.96	26	1.82	627.144	10.30
10—20	49	8.21	669.508	21.10	95	6.63	1260.843	20.71
5—10	103	17.25	719.228	22.67	166	11.59	1161.734	19.08
1—5	281	47.07	667.244	21.03	664	46.37	1508.354	24.78
＜1	131	21.94	74.991	2.36	462	32.26	247.566	4.07
	597	100.00	3172.678	100.00	1432	100.00	6087.428	100.00

续　表

类　别	1920				1930			
	地块数	占总数比	面　积	占总面积比	地块数	占总数比	面　积	占总面积比
>50	10	0.59	1107.288	16.13	11	0.49	1218.296	15.51
40—50	3	0.18	128.753	1.88	7	0.31	311.275	3.96
30—40	9	0.53	316.399	4.61	8	0.35	286.942	3.65
20—30	25	1.48	595.067	8.67	27	1.20	666.067	8.48
10—20	104	6.16	1389.194	20.24	102	4.53	1413.455	18.00
5—10	164	9.72	1142.193	16.64	174	7.72	1205.645	15.35
1—5	799	47.36	1864.878	27.17	1015	45.03	2297.372	29.26
<1	573	33.97	318.865	4.65	910	40.37	453.604	5.78
	1687	100.00	6862.687	100.00	2254	100.00	7852.655	100.00

（2）空间序列上,运用GIS复原了九大类土地的空间分布,从土地面积小于5亩的地产的分布密度来看,西区建成区沿着新筑道路,呈现由东而西逐步西移的过程:首先,面积较大的道契册地的分布,通常位于建成区的边缘,地价较低,大地产商抢购"圈占"土地,于是形成了较大面积;其次,地块面积的变化与筑路直接相关,街区的大小决定了开发的程度,一旦街区被分割细化,街道内的土地被分割,地产的面积变小,土地开发进程加快;第三,位于苏州河沿岸的地产,最初多是浅滩或升科的农田,沿岸的土地被填筑造码头,滨岸及其内部土地开始升值,以通和行为代表的英美大地产商看到这里的发展潜力,疯狂抢购和圈占土地。而包括华商在内的企业来这里办厂,就只能租用或购买这些大地产商的土地。另外,以内外棉为代表的日商开始在这里建造工厂,并积极发展房地产业,房产一度接近600余亩,成为叉袋角最大的地产主。最后,今南京西路一带附近,之所以存在大面积的地产,是因为私人园林和俱乐部的存在。比如哈同公园、张园、愚园、还有乡村俱乐部,均在这条路上。这些私人花园或俱乐部通过多次兼并土地才成为大地产的。

图 3-6-2 公共租界西区的土地分类与空间过程演变

二、地价时空演进

1900 年之后,该地区纳入租界后,工部局投入了大量财政收入,筑路造桥,极大改善这一地区的基础设施,由此吸引了大量人口入住,城市房屋建筑如雨后春笋,拔地而起,布满道路沿线,或者形成了高密度街区,大量的里弄住宅或小区。该地区因东临英法租界、北靠苏州河,占据交通优势,发展速度在四个区中最高,地价水平仅次于中区和北区。下文分阶段论述该地区的地价变迁的时空演变规律:

(一)第一阶段为 1848—1899 年,该地区作为越界筑路区,发展速度远低于英租界和法租界。早在太平天国时期,工部局趁机修筑了静安寺路、新闸路、极司菲尔路等界外路,不少中外富豪、商贾来这里建造跑马场、别墅、花园住宅和私家园林,该地区成为英租界发展的后花园。这一时期,该地区的地价增长较为缓慢,地价水平远低于英租界和法租界。从空间来看,距离市区越近地价越高,其中,静安寺路和新闸路的地价,明显高于其他地区,沿路的地价,高于非筑路区的地价。

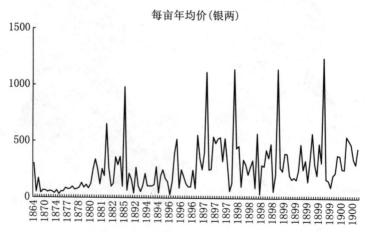

图 3-6-3　1864 年—1900 年每亩土地年均价变化趋向图

资料来源:《上海道契》英册道契部分。

图 3-6-4　1864—1900 年间公共租界西区部分道契册地的地价分布

表 3-6-2　1900—1933 年公共租界西区地价增长率统计表　面积单位：亩
地价：银两/亩

年份	地块数	总面积	宗地平均面积	土地总价	亩价	增长率(%)
1903	854	4003	4.69	8217241	2053	100
1911	1418	7075	4.99	28947033	4091	199
1920	1688	6877	4.07	36681553	5334	260
1933	2255	7853	3.48	220795602	28117	1370

资料来源：Shanghai Municipal Council, *Land Assessment Schedule*, *Western District*, *1903*, *1911*, *1920*, *1933*。

（二）第二阶段为 1900—1910 年，为该地区地价上涨期。1899 年，该地区正式纳入租界范围，成为工部局重点开发的地区，工部局投入大量的财力物力，筑路、造桥，改善基础设施，促进了该地区的发展，人口激增。受其驱动，土地价格上涨了 1.9 倍。空间上看，地价呈现东高西低的特征，也就是距离城市越近,距离越高。1900 年该地区的静安寺路、新闸路和苏州河滨岸为土地较高的三个地带。之后,1907 年,新闸路以南的地区,地价超 3000两/亩,明显高于新闸路以西和以北的地区。北部西部地区是城市化较为落后的地区,地价最低,但也有地价增长较为明显的地块:苏州河南岸,因居住和工厂增多,地价上涨;戈登路(今江宁路),南起静安寺路,北至苏州河,1900 年修筑,建成后带动了道路两边土地的开发,地价上涨显著。

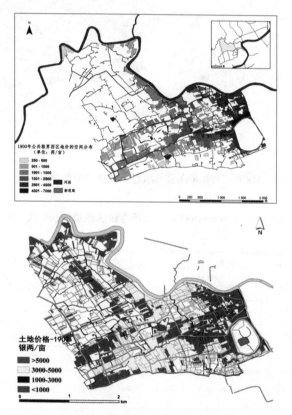

图 3-6-5　1900 年和 1907 年公共租界西区的地价分布图

(三)第三阶段为 1911—1920 年,为该地区地价平稳期。受一战影响,该地区的增速明显低于之前和之后的两个时期,但高于同期的北区和东区。其中 5000 两/亩以上的地价带,继续向西扩展,苏州河沿岸、新闸路西段和

静安寺周边地带，地价 3000—5000 两/亩。其中增长最快的是苏州河南岸
（今宜昌路），主要是因为一战期间，在这里建立不少华资工厂，还有一些外
资工厂，主要是日资企业。建工厂需要大量的土地，之前这里地价较低，但
濒临苏州河，交通区位颇佳，颇受厂家青睐，地价从之前的 1000 亩以下，上
涨为每亩 1000—3000 两。

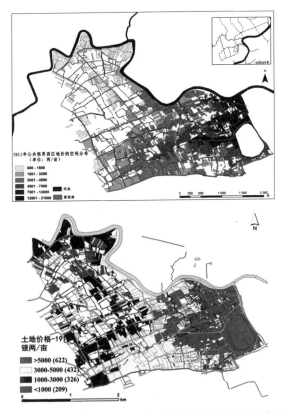

图 3-6-6　1911 年和 1916 年公共租界西区的地价分布图

（四）第四阶段为 1921—1933 年，这是该地区地价快速增长期。其增长
比例，明显高于其他任何一个时期，而且该地区还是同期公共租界增速最高的
地区，本阶段地价增长了 5.27 倍。空间上，高地价区扩展迅速，其中该地区已
有一半以上的地区，地价在 5000 两/亩以上。其中该地区北部的苏州河滨岸

一带,1924 年地价上涨至 3000 两/亩的水平。戈登路及周边地区,仍是该地区最低的区域,但其增速也非常明显,并逐步缩小与其他地区的地价差异。

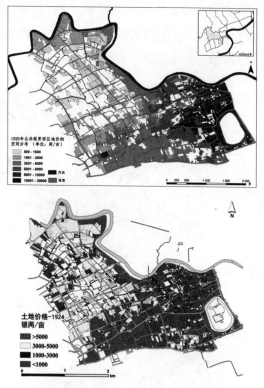

图 3-6-7　1920 年和 1924 年公共租界西区的地价分布图

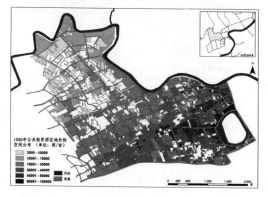

图 3-6-8　1933 年公共租界西区的地价分布图

　　1903—1933 年公共租界西区,经历了从一个城郊的越界筑路区向商业居住混杂的城区转变。其地价的空间演变呈现如下特征:a.地价分布与城市化发展的方向相符,并随着与中心区距离的增加而逐步递减;b.逐步形成了以静安寺路(今南京西路)为轴线的高地价分布带;c.苏州河沿岸地价带,为仅次于南京西路高地价带的区域;d.道路成为推动地价增长的重要因素,而河浜则成为地价增长的重要阻碍物,位于苏州河以南、南京西路以北的中心地带;因河浜的存在,影响了地价的增长速度,成为低价区。地价的增长模式,兼具城市化初期阶段和城市化高级阶段的特征,具体分析如下:

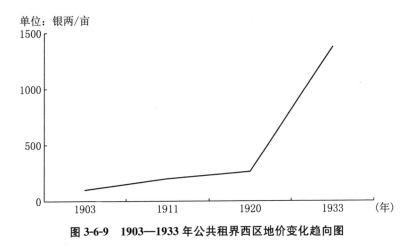

图 3-6-9　1903—1933 年公共租界西区地价变化趋向图

　　(1) 时间序列上,地价增长前低后高,即前 20 年地价增长比较平稳,而1920 年—1930 年为该地区地价增速最快的时期。这一增长比率的变化趋势,与上海经济发展周期密切相关,也与其他区的增速颇为相似。

　　(2) 空间序列上,第一个时期地价增长主要分布在新闸路与静安寺路之间的区域,也是之前城市化水平较高的地区;第二个时期地价增长主要在城市化水平较高的东部地区;第三个时期地价增长在原地价较低的郊区。也就是说,一般经济增长的时期,地价增长以郊区为高,而经济较为低落或特殊时期,则以城区为高。这与中区的特征较为相似。最终,整个区域内的地价差异明显变小。

图 3-6-10　1903—1933 年公共租界西区地价增长比的空间分布

三、土地利用与社会变迁

从工部局调查和公布的人口数据来看,公共租界的人口总人数从 1910 年的 501500 人,到 1920 年增至 783300 人,增加了 56.19%。其中外国人的数量,从 1910 年的 13500 人,至 1920 年增至 23300 人,增加了 72.59%。而公共租界西区的人口数量,增长最为显著,从 1910 年的 69544 人,至 1920 年增至 152652 人,①增长了约 1.2 倍。除了战乱,公共租界工业的发展是促成人口增多的一个重要因素。这一时期,上海正迅速从一个商业贸易城市发展成为一个大工业城市。据《海关十年报告》记载:

> 很多人不理解,上海何以会这样迅速地成为一个大工业城市。因为从发展工业来看,上海不是理想的地方。上海地价贵,水源不洁,房租高,工资又比中国各地高昂。但是,上海凭借其地理位置控制着一些必不可少的工业基本原料,这些原料来源是稳定的。而且上海的产品,除了满足本地居民的需要外,还有长江流域可作它的广大的容易进入的销售市场。上海虽面临着世界经济危机、内乱纷扰、工潮迭起等问题,但其工业在过去十年里仍能继续不断发展,这确实是一件非同寻常的事。这一情况,为上海的未来展示了美好的前景。如果形势恢复正常,上海不但有充分的条件保持作为全国的工业中心的地位,而且在比较短的时期之内,还会成为世界大工业城市之一。②

表 3-6-3　1910—1920 年公共租界人口状况

	1910	1915	1920
外国人	13500	18500	23300
中国人	488000	620000	760000
合　计	501500	638500	783300

　　资料来源:《上海近代社会经济发展概况(1882—1931)——海关十年报告译编》,第191 页。

　　公共租界西区的北部,即小沙渡或叉袋角一带,因靠近吴淞江,交通便

---

① 罗志如:《统计表中之上海》,中研院社会科学研究所集刊 1932 年,第 25 页。
② 《上海近代社会经济发展概况(1882—1931)——海关十年报告译编》,第 277 页。

捷,土地廉价,慢慢发展为上海最重要的一个工业区。这里聚集着华人企业、日商企业等多家工厂,日商企业有内外棉、日华纺织等多家,以内外棉纱厂规模最大。美国斯坦福大学图书馆收藏的一张《民国三十六年上海分区里弄详图》记载了该地区苏州河沿岸以及澳门路、劳勃生路等的工厂及其工房。具体而言:

苏州河沿岸,自东而西排列着 23 个工厂:永安第三纱厂、中纺四厂(内外棉第九纱厂)、新生纱厂、中华纸厂、新裕第二纱厂、信大面粉厂、统益纱厂、信义机器厂、信和纱厂、信孚染织厂、阜丰面粉厂、福新面粉厂、寅丰染织公司、中纺三厂(内外沙厂)、新裕第一纱厂、申新第二纱厂、上海啤酒厂、达

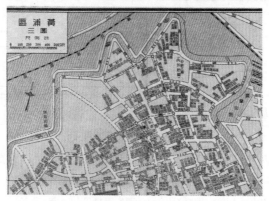

图 3-6-11　1923 年和 1947 年沪西沿苏州河的工业区

隆毛织厂、中纺九厂（同兴沙厂）、益丰石粉厂、中纺二厂（内外第四纱厂）、上海造纸厂、滋丰染织厂等。

澳门路：申新第九纱厂、南洋煤球二厂、中纺纱厂、福新烟厂、振业酒精厂

普陀路：华德漂染厂、光华纸厂

劳勃生路：厘新纱厂、中国窑业公司、公益纱厂

在这些工厂周围是大量供工人居住的工房。

内外棉作为这个区最大的工厂，附近建有大量职工住宿的工房，主要位于沪西小沙渡一带，以劳勃生路、澳门路和普陀路一带最为集中。内外棉工房租金，平房每月2元，楼房每月4元。[①]

表3-6-4　内外棉纺织株式会社工房分布汇总表

工房名称	属　厂	所在地	房　别
南英华里	内外棉一二厂	劳勃生路	楼　房
北英华里	内外棉一二厂	劳勃生路	楼　房
南大旭里	不定	劳勃生路	平屋楼房
北大旭里	不定	劳勃生路	楼　房
梅芳里	内外棉一二厂	劳勃生路、越界筑路	楼　房
东京里	内外棉五厂	东京路	平　方
金绣里	内外棉九厂	槟榔路	楼　房
东瀛里	内外棉三四厂	北英华里后越界筑路	楼房平房
江畔里	内外棉三四厂	药水弄越界筑路	平　房
阳城里	内外棉一二厂	北英华里后面	楼　房

资料来源：《上海产业与上海职工》，上海人民出版社1984年版，第88—89页。

日商日华纺织株式会社第三、四厂工房在劳勃生路该厂对面，叫和丰里。第五、六、七（即喜和一、二、三）厂工房就在厂内，约300家，每座每月5

[①]　朱邦兴、胡林阁、徐声合编：《上海产业与上海职工》，上海人民出版社1984年版，第88—89页。

元,两个簿子才能租一座。①

日商同兴一厂工房在澳门路,房屋比较漂亮,前楼每月三元,后楼每月一元五角,灶间公用。②

华商申新九厂,在澳门路,工房位于厂内,共分为四区:第一区为单身男工房;第二区为单身女工房;第三区为养成工房;第四区为家庭工房。工房内,只准厂内工人住宿,厂外人一律不得进入,房租为每人每月三角,工房内有理发室、浴室、会客厅、消费合作社、洗衣房等,设备较为完善。③

纱厂里打工的中国工人,工资都少得可怜:少的一天一角八分四厘,多的也不过八九角一天,大多数是从四角到五角。④这些工资还要衣食住行,要养活一家老小,所以负担很重。以上的工房,不是一般人可以住得起。抗战全面爆发后,纱厂工人的工资,只能养活个半人,一家六口,需有四人做工不发生意外,才能生活下去。⑤

实际上还有大量的工人居住草棚里。沪西小沙渡西面有个名叫石灰窑的地方,是草棚最多的地方,包括棚户5000余家,棚民超万人,全是下层的纺织工人、黄包车夫、苦力和小贩等。另外,苏州河南岸、延平路上,也分布着不少草棚。⑥

①② 《上海产业与上海职工》,第89页。
③ 同上书,第89—90页。
④ 同上书,第79页。
⑤ 同上书,第80页。
⑥ 同上书,第91页。